Gero Kalt (Hg.)
Wirtschaft in den Medien

MEDIENKRITISCHE REIHE

Gero Kalt (Hg.)

Wirtschaft in den Medien

Defizite, Chancen und Grenzen. Eine kritische Bestandsaufnahme.

Institut für Medienentwicklung und Kommunikation GmbH
in der Verlagsgruppe Frankfurter Allgemeine Zeitung GmbH

IMK

CIP-Titelaufnahme der Deutschen Bibliothek

Wirtschaft in den Medien: Defizite, Chancen und Grenzen; eine kritische Bestandsaufnahme / Institut für Medienentwicklung und Kommunikation GmbH. Gero Kalt (Hg.). – [Frankfurt am (Main)] : IMK, 1990

(Medienkritische Reihe)
ISBN 3-927282-05-7

NE: Kalt, Gero [Hrsg.]; Institut für Medienentwicklung und Kommunikation
<Frankfurt, Main>

Umbruch/Layout: Ute Braun u. Horst Forster, Frankfurt am Main
Umschlaggestaltung: Robert Jungmann, Frankfurt am Main
Druck: Jetprint Druck- und Vertriebs-GmbH, Dreieich
Buchbinder: J. Schäffer GmbH & Co. KG., Grünstadt

Inhalt

Zu diesem Buch

Wer sich mit Medien kritisch befaßt, der kann die Berichterstattung über wirtschaftliche Themen nicht übergehen. So schrieb der renommierte Wirtschaftsjournalist und frühere Mitherausgeber der „Frankfurter Allgemeinen Zeitung", Jürgen Eick, im Vorwort eines seiner Bücher: „Wirtschaft geht jeden an. Vorbei sind die Zeiten, da dieses Feld den in langjähriger Praxis ergrauten Fachleuten vorbehalten war."

Die Zahlen jedenfalls beweisen: Das Interesse der Bundesbürger an Wirtschaftsthemen nimmt ständig zu. 1964 führte das Infratest-Institut seine erste Trenduntersuchung unter dem Titel „Massenkommunikation" durch. Nur 16 Prozent der Befragten bekannten sich damals als regelmäßige Nutzer des Wirtschaftsteils der Tageszeitungen. 1974 war das Interesse immerhin auf 21 Prozent gestiegen, 1984 lag es bei 23 Prozent. Heute, so schätzen Experten, verfolgt immerhin ein Drittel, was über Konjunktur, Unternehmen und Arbeitswelt berichtet wird.

Woran liegt das? Wohl zunächst daran, daß alle mehr Geld haben als früher. So hat sich das Geldvermögen der privaten Haushalte in den vergangenen Jahren verfünffacht – von rund 520 Milliarden Mark im Jahre 1970 auf über 2 600 Milliarden 1990. Gedanklich befassen die Menschen sich also intensiver damit, es zu mehren. Die Qualität einer Geldanlage jedoch kann man nur dann erkennen, wenn man die Grundmechanismen kennt, die aus einem Geschäft ein gutes Geschäft machen. Viele haben ein Haus, das sie mit Hypotheken finanzieren, also interessiert sie zwangsläufig die Zinsentwicklung. Fast jeder denkt darüber nach, wie er Steuern sparen kann. Hinzu kommt der Beruf, der mehr denn je Flexibilität fordert. Welche Branche entwickelt sich wie weiter, wo hat man die besten Chancen? Eine fundierte Berichterstattung über ökonomische Fragen, die dem Bürger nützt, ist also gefragter denn je.

Wie aber ist die Qualität der Wirtschaftsberichterstattung? Kann man sie messen? Kommt sie den Bedürfnissen einer Industriegesellschaft entgegen? Sind die Bürger zufrieden? Der Interessierte sucht nach Antworten und staunt. Will er sich über die Wirtschaftspublizistik informieren, so muß er verwundert feststellen: Wissenschaftler und Fachjournalisten vernachlässigen das Thema. Bücher über „Kultur im Fernsehen" oder „Politiker in den Medien" füllen ganze Regale, auch Themen wie „Gewalt im Fernsehen", „Medien und Moral" oder „Rundfunkpolitik" stapeln sich in den Bibliotheken. Doch aktuelle, grundlegende Werke zum Thema „Wirtschaft in den Medien" sind an einer Hand abzuzählen, andere sind steinalt.

Diese Zurückhaltung verblüfft. Denn sie wird der enormen Bedeutung von Wirtschaftsfragen einerseits und der erschreckenden Unwissenheit vieler Bürger andererseits nicht gerecht. Eine Auseinandersetzung müßte sich also geradezu aufdrängen. Doch die Zahl der Kritiker, die sich der Thematik annehmen, ist eher klein. Nur wenige Publikationen wie der „Medienspiegel" (Institut der deutschen Wirtschaft) und die „Medien-Kritik" (F.A.Z.- Medieninstitut) tragen ihre Urteile regelmäßig vor.

Abhilfe soll dieses aktuelle Buch schaffen. Über 30 Insider schildern darin die Schwachpunkte der Berichterstattung und liefern Anstöße zum Nachdenken. Welchen Anspruch haben die Macher in Fernsehen, Hörfunk und Printmedien? Werden sie ihm gerecht? Wo liegen die Schwierigkeiten in der Praxis? Was denken die, über die berichtet wird? Kann die Zusammenarbeit zwischen den Unternehmen, Verbänden oder Gewerkschaften einerseits und den Journalisten andererseits optimiert werden? ..

Solche Fragen müssen kritisch beleuchtet werden in einer Gesellschaft, in der die Wirtschaft als Grundlage und Motor des Wohlstands und die Medien als „vierte Gewalt" bezeichnet werden. Die Forderung nach einer umfangreichen, fairen und verständlichen Darstellung muß erhoben werden. Die Verantwortlichen müssen sich der Kritik stellen.

Im ersten Kapitel kommen zunächst die Betroffenen der Berichterstattung zu Wort. Spitzenvertreter von Arbeitnehmern und Arbeitgebern prangern grundsätzliche Mängel an. So wirft der „Deutsche Industrie- und Handelstag" (DIHT) den Medien vor, die Vermittlung von Informationen komme zu kurz, Meinung gehe vor Sachlichkeit, der „freie Markt" sei zu Unrecht lange Zeit der Watschenmann gewesen, auf dem man ungestraft herumprügeln konnte. Der „Deutsche Gewerkschaftsbund" (DGB) beklagt, Wirtschaftsjournalisten sähen die Probleme eher aus der Sicht der Unternehmen. Die Arbeitnehmerperspektive werde vernachlässigt. Der kleinste Boß werde zum größten Wirtschaftskapitän hochgepuscht, Leistungen, Leben und Probleme der Massen würden dagegen heruntergespielt.

Die sich anschließenden Kapitel behandeln eingehend die Wirtschaftsberichte von Fernsehen (Kapitel 2), Hörfunk (Kapital 3) sowie den Tageszeitungen und Fachmagazinen (Kapitel 4). In allen drei Kapiteln erläutern jeweils vier Gruppen von Autoren ihre Sicht der Berichterstattung:

1. Die Verantwortlichen, also Intendanten, Herausgeber oder Chefredakteure, stellen ihre Ansprüche dar und erläutern die Grundlagen ihrer Wirtschaftsberichterstattung. Sie geben Antworten auf folgende Fragen: Welche Aufgaben und welchen Stellenwert hat die Wirtschaftsberichterstattung in ihrem Sender oder ihrer Publikation? Welche Ansprüche bestehen, und wie glauben sie, diesen gerecht zu werden? Welche Zielgruppe wird wie angesprochen?

2. Danach kommen Medien-Kritiker zu Wort. Sie haben die Programme der Anstalten beobachtet, die Zeitungen und Zeitschriften kritisch gelesen, nun weisen sie auf Defizite hin. Viele bemängeln, daß die Berichterstattung häufig unverständlich ist, sich eher an Fachleute denn an den Durchschnittsbürger wendet. Wichtige makroökonomische Zusammenhänge würden nicht vermittelt, die Recherchen – vor allem beim wichtigen Medium Fernsehen – seien oft oberflächlich, die Sendezeiten ungünstig. Tageszeitungen oder Fachmagazine enthielten zuviel „Fachchinesisch".

3. Im Anschluß daran beurteilen Öffentlichkeitsarbeiter von Institutionen oder Unternehmen, die häufig die Informanten des Journalisten sind, die Berichterstattung aus ihrer Sicht. Auch sie machen auf Mängel aufmerksam. Darüber hinaus schildern sie Zwänge, denen man als Pressesprecher eines Unternehmens unterliegt. Sie schildern die Probleme bei der täglichen Arbeit mit den Journalisten und entwickeln Vorschläge, wie man die Zusammenarbeit zwischen Pressestelle und Redaktion verbessen kann.

4. Schließlich kommen die eigentlichen Macher, also die Wirtschaftsjournalisten selbst, zu Wort. Sie schildern ihre Schwierigkeiten im Umgang mit der Thematik oder machen auf Chancen und Grenzen ihres Mediums aufmerksam. Natürlich sind auch sie auf Vorgesetzte wie Chefredakteure, Herausgeber oder Blatt- bzw. Programmplaner angewiesen. Welche Schwierigkeiten sich daraus ergeben, wird ebenso angesprochen wie der oft unerfreuliche Umgang mit Vertretern der Unternehmen. Auch die Journalisten entwickeln Vorstellungen darüber, wie die Kommunikation mit den Betroffenen der Berichterstattung verbessert werden kann.

Im fünften und letzten Kapitel schließlich liefern einige Grundsatzbeiträge zusätzliche Hintergrundinformationen. Ergebnisse aus wissenschaftlichen Arbeiten sollen die vielleicht hier und da eher subjektiven Beiträge der ersten vier Kapitel anreichern.

Auf diese Weise ergibt sich eine kritische und abgerundete Bestandsaufnahme der aktuellen „Wirtschaftsberichterstattung in den Medien".

Neue Ideen erfahrener Praktiker liefern Anstöße zu ihrer Verbesserung. Vielleicht kann das Buch sogar dazu beitragen, die „Wirtschaftsberichterstattung" zu verbessern – zum Nutzen einer breiteren Schicht in der Bevölkerung. Daneben soll es die bislang eher vernachlässigte Diskussion endlich beleben.

Zahlreiche Fakten in diesem Buch gehen auf Bild-, Ton- und Pressematerial von „Media Control" (Baden-Baden) sowie der „Frankfurter Allgemeinen Zeitung" (Frankfurt) und des F.A.Z.-Medieninstituts zurück.

Gero Kalt

Frankfurt am Main, Oktober 1990

Hans Peter Stihl

Meinung geht vor Sachlichkeit

Kritikpunkte aus Sicht des DIHT

„Journalisten schreiben, weil sie nichts zu sagen haben, und haben etwas zu sagen, weil sie schreiben.“ Das bissige Wort des überkritischen „Fackel“-Herausgebers Karl Kraus schießt sicherlich über die Wirklichkeit hinaus. In seiner Radikalität sollte es aber Journalisten zum Nachdenken veranlassen über die Rolle als Transporteur von Informationen, als Werter von Ereignissen und als Ratgeber für den Leser. Denn vielfach kommt in manchen Medien in letzter Zeit die Vermittlung der Information zu kurz, geht Meinung vor Sachlichkeit. In der Demokratie ist unabhängiger Journalismus unverzichtbar, ja Voraussetzung für die Kontrolle der Regierenden, die gern so genannte „Vierte Gewalt“ – die Presse – verlangt aber auch Demut vor der Verantwortung.

Gleichzeitig müssen die Unternehmer wieder und wieder ihre Öffentlichkeitsarbeit überdenken und den Veränderungen anpassen. Es gab und gibt eine Reihe von Entwicklungstendenzen in unserer Gesellschaft, die zu Veränderungen der Position des Unternehmers gegenüber der Öffentlichkeit geführt haben und weiterhin führen werden. Auch in der Struktur und öffentlichen Gewichtung der Medien haben sich in den vergangenen Jahren erhebliche Veränderungen ergeben. Ich möchte nur zwei Entwicklungen herausheben, die für die Wirtschaft besonders wichtig sind: einmal die Verlagerung von Wirtschaftsthemen in den politischen und Lokalteil der Printmedien und die wachsende Bedeutung des Fernsehens sowie lokaler Rundfunkstationen für die Meinungsbildung über wirtschaftliche Tatbestände und Probleme.

Die gleichfalls wachsende Bedeutung wirtschaftlicher Faktoren für innen- und außenpolitische sowie sozialpolitische Entscheidungen hat dazu geführt, daß Wirtschaftsthemen immer häufiger in den Redaktionen von Journalisten behandelt werden, die im allgemeinen nicht wie Wirtschaftsredakteure über die notwendigen Sachkenntnisse verfügen und weder willens noch kompetent sind, Meldungen zu recherchieren und fachlich zu bewerten. Ein Dialog mit der Wirtschaftsredaktion findet schon aus Zeitgründen kaum statt.

Über die Problematik der Behandlung von Wirtschaftsthemen im Fernsehen ist schon viel gesagt worden. Wir sollten nie dabei vergessen, daß Fernsehen in erster Linie Unterhaltung, Show ist. Die Bürger, die nach ihrer Arbeit das Gerät anstellen, wollen in erster Linie unterhalten sein und nicht an volkswirtschaftlichen, wissenschaftlichen und politischen Seminaren teilnehmen, unabhängig davon, ob sie sich bei öffentlich-rechtlichen oder kommerziellen Sendern einschalten.

Da Fernsehen und Rundfunk für die Meinungsbildung aber so bedeutend sind, ist es wenig sinnvoll, stets die Mängel dieser Institutionen zu beklagen, sondern die Wirtschaft sollte die gegebenen Möglichkeiten akzeptieren und sie unbefangener und mutiger nutzen. Hier können die Unternehmer viel von den Politikern lernen, die mit großer Überzeugungskraft wenig differenzierte Sachinhalte vortragen, sondern statt dessen Kernsätze vermitteln, die Sympathie von der Person auf den politischen Inhalt übertragen sollen. Fernsehen ist zweifellos ein Feld, das den Unternehmern viele Chancen bietet, sich der Öffentlichkeit verständlich zu machen. Diese Chancen wurden bislang unzureichend genutzt.

Eine Erkenntnis ist wichtig, um das Phänomen Wirtschaft unseren Mitbürgern verständlich zu machen: Wer verstanden werden will, muß zunächst einmal zuhören können, muß aufgeschlossen auf seinen Gesprächspartner zugehen, wie das ein guter Geschäftsmann gegenüber seinen Kunden tut. Er muß tolerant sein, geduldig und ein klares Ziel vor Augen haben. Vertrauen entsteht wie im privaten Bereich aber nur über einen längeren Zeitraum, wenn der Partner sieht, daß Aussage und Handlung übereinstimmen.

Was bedeutet dies etwa konkret für den DIHT? Er muß über seine Pressemeldungen hinaus auch die beste Ebene pflegen, die es im Kommunikationsbereich gibt: das Gespräch mit den Journalisten.

Dies aber erfordert von beiden Seiten Aufwand an Zeit; und die Aussage des DIHT muß Gewicht haben durch inhaltliche Aussage. Anders gesagt: Die Wirtschaft muß im Gespräch mit den Medien „Milch geben“, das heißt, sie muß Stichworte erläutern, die Problematik ausarbeiten und das Umfeld einer Aussage abstecken. Der Aufwand für die Journalisten allerdings wäre nicht minder groß, denn recherchieren – und darum geht es – kostet Zeit. Dieses „Vorfeld“ vor dem Schreiben aber ist ungeheuer wichtig, denn die Recherche entscheidet über die Qualität des Textes: Der Inhalt rangiert vor der Schreibe. Und das ist auch der eigentliche Wunsch der Wirtschaft an die Medien: recherchieren, recherchieren, recherchieren. Das aber ist der steinigere Weg in den Beziehungen zwischen Wirtschaft und Medien. Wir sollten ihn trotzdem gehen.

Wenn unser politisches System auch in Zukunft so vorzüglich funktionieren soll wie in den letzten vierzig Jahren, brauchen wir in dem immer dichter werdenden Medienkonzert vor allem starke lokale und regionale Zeitungen und Rundfunksender. Dazu gehört auch eine gute materielle Basis der Medienunternehmen. Die Wirtschaft kann mit Zeitungsanzeigen und Werbespots das Ihre dazu beitragen. Denn nur dann hat ein unabhängiger Journalismus die Möglichkeit, tagtäglich die Chronik des Tages zu schreiben: So objektiv wie nur irgend möglich; wobei sogar Subjektivität im Interesse der demokratischen Grundrechte weitgehend in Kauf zu nehmen ist. Tendenzberichterstattung, platten, falschen Fakten und Schlußfolgerungen allerdings muß sachlich widersprochen werden. Aber Tendenzberichterstattung wäre schon die Verletzung dieses für uns so wichtigen Gebotes der fairen Recherche im Journalismus. Sie passiert jedoch, nicht nur zuweilen.

Die Wirtschaft müßte über jede Rechercheanfrage erfreut sein, denn es kann nicht in ihrem Interesse sein, daß die Medien „praktisch bloß noch als publizistischer Resonanzraum" fungieren, wie es der Schweizer Publikationswissenschaftler Sächser nennt. Zwar gibt es wissenschaftliche Untersuchungen, wie zum Beispiel der Universität Bochum, die zu dem Ergebnis kommen, daß zwei von drei Meldungen in den tagesaktuellen Medien auf Informationsmaßnahmen der Öffentlichkeitsarbeit beruhen. Wäre das so, müßten wir unser politisches System für gefährdet halten. Denn ohne die unabhängige Presse als wichtigstem Kontrollorgan gibt es keine funktionierende Demokratie und ohne sie nicht die Soziale Marktwirtschaft des Ludwig Erhard.

Die Wirtschaft bietet heute bessere Voraussetzungen für das gemeinsame Gespräch mit den Medien, denn heute sitzt die Generation der Kommunikatoren in den meisten Vorstandsetagen. Sie wissen nicht nur, wie man die Wirtschaft bewegt, sondern sie wissen auch, die äußerst wichtige Funktion der Presse richtig einzuschätzen.

Neben der Aufgabe, erfolgreiche Geschäftspolitik zu machen, muß die Unternehmensspitze wirksame öffentliche Unternehmenspolitik betreiben: Die Wirtschaft muß sozusagen gesellschaftspolitisches Marketing machen. Das öffentliche Interesse und die Wohlfahrtswirkungen aus dem Wirtschaftsprozeß für die Gesellschaft werden neben dem Gewinn die progressive Unternehmenspolitik der Zukunft gestalten. Die Denkrichtung betrieblicher Marketingstrategie kann heute nicht mehr allein Ziel der Unternehmensführung sein. Sie muß vielmehr zum sozialen Werkzeug der Gesellschaftspolitik verlängert werden. Mit anderen Worten: Das Gespräch mit den Medien als wesentlicher Teil des gesellschaftspolitischen Marketings ist eine bedeutende unternehmerische Aufgabe. Ich glaube nicht, daß das bisher überall voll erkannt und akzeptiert worden ist.

Selbstverständlich sind Mitarbeiter, Aktionäre, Kunden und Lieferanten nach wie vor für jedes Unternehmen wichtige Teile der Öffentlichkeit. Sie können aber nie die Breitenwirkung der Medien für die öffentliche Meinungsbildung ersetzen. Deswegen muß die Unternehmerschaft trotz aller kritischen Bemerkungen in den Journalisten ihre Partner sehen, mit deren Hilfe die Gedanken, Vorstellungen und Produkte der Wirtschaft einer breiten Öffentlichkeit vermittelt werden können. Deshalb sollte die Wirtschaft weiter stärker das Gespräch suchen, denn nur so entstehen ein Vertrauensverhältnis und eine Glaubwürdigkeit, die auch schwierigen Situationen standhalten. Glaubwürdigkeit setzt aber voraus, daß Handlung und Aussage erkennbar übereinstimmen

Die öffentliche Unterrichtung und das öffentliche Gespräch – das also sind die großen Aufgaben im gesellschaftspolitischen Marketing einer zukunftsbezogenen unternehmerischen Wirtschaft. Aber öffentliche Unterrichtung und öffentliche Diskussion – das sind auch die fundamentalen Beiträge der Journalisten, die den öffentlichen Geist prägen. Das Gespräch zwischen Medien und Wirtschaft kann also so schwierig nicht sein; allerdings muß man willens sein, es zu führen.

Auch die neue Medienlandschaft in der Bundesrepublik Deutschland, die geprägt ist durch das duale Rundfunksystem von öffentlich-rechtlichen und privaten Programmanbietern, verlangt nach einer neuen Positionierung der Wirtschaftsberichterstattung in den elektronischen Medien. Einschaltquoten und Reichweiten entscheiden über die finanzielle Solidität der konkurrierenden Sender. Das Ringen um die Gunst des Publikums darf aber nicht in einen puren Wettlauf um Unterhaltungssendungen münden.

Das betrifft insbesondere die öffentlich-rechtlichen Rundfunkanstalten. Nicht zuletzt der gesetzlich zugestandene Einzug von Rundfunkgebühren ist für sie mit einem Bildungs- und Informationsauftrag verbunden. In diesen Auftrag gehört eine angemessene Berichterstattung über die Wirtschaft im weitesten Sinne, die durchaus spannend und unterhaltend gestaltet sein kann. Auch im Sinne des Grundversorgungs-Auftrags, den das Bundesverfassungsgericht den öffentlich-rechtlichen Anstalten auferlegt hat, wäre eine Verlagerung auf einen größeren Unterhaltungsanteil zu Lasten der Information im Programm sicher nicht angebracht. Aber auch der private Rundfunk wird in seinem Programm auf Dauer nicht auf eine ausreichende Informationsschiene verzichten können, wenn er im Wettbewerb mit dem öffentlich-rechtlichen Rundfunk mithalten will.

Der Kampf um Einschaltquoten muß sich nach meiner Ansicht langfristig von der Programmquantität auf die -qualität verlagern. Allein mit dem richtigen Musikteppich im Hörfunk oder massenpopulären Spielfilmen und Serien im Fernsehen kann die dauerhafte Hörer-/Zuschauer-Sender-Bindung nicht gelingen, die für die Werbeeinschaltungen entscheidend ist. Nach der Konsolidierung des dualen Rundfunksystems wird gerade auch bei Privatprogrammen das richtige Verhältnis von Unterhaltung und aktueller Information, von Spielfilm, Serie und Nachrichten, Politik und Wirtschaftsinformation, von Sport, Kultur und Wissenschaft den Ausschlag über Zuschauerquoten geben.

Auf der Suche nach einem schärferen Profil geht die ARD nicht an der Wirtschaftsberichterstattung vorbei. Bald verfügen alle Dritten Programme über eigene Wirtschaftsmagazine. Die Wirtschaft muß allerdings auch Bestandteil des Hauptabendprogramms im Ersten Deutschen Fernsehen bleiben. Große Zuschauerzahlen sind vor allem dann zu erwarten, wenn solche Sendungen an attraktive Unterhaltungsblökke angebunden werden. Zusätzlich sollte es wieder mehr Termine für große Ein-Themen-Wirtschafts-Features im Abendprogramm geben.

Wenn die Sender dem Auftrag der Wirtschaftsinformation gerecht werden wollen, müssen sie die finanzielle und personelle Ausstattung der Wirtschaftsredaktionen verbessern. Programm und Präsentation können dann noch attraktiver gestaltet werden. Dabei sollten nicht nur Verbraucherthemen im Vordergrund stehen.

Schwachstellen gibt es nach wie vor bei der Wirtschaftsinformation in den Nachrichtensendungen. Bei der Aufbereitung von wirtschaftlichen Themen in den Nachrichten sollten die TV-Wirtschaftsredaktionen stärker eingebunden werden. Auch für Ökologiefragen gibt es bei den meisten ARD-Sendern keine abgegrenzten Zuständigkeiten. Das Thema wird praktisch querbeet von allen Redaktionen aufgegriffen. Nach ZDF-Vorbild sollte dieses Themenfeld aufgrund seiner engen Verzahnung mit ökonomischen Fragen auch bei der ARD im Kompetenzbereich der Wirtschaftsredaktionen angesiedelt werden.

Speziell für den Hörfunk gilt, daß den Unternehmen Rundfunksender nie zuvor so „nah" waren. Das gilt zumindest räumlich. Neben den vierzig öffentlich-rechtlichen Hörfunkprogrammen sind inzwischen rund 200 private Lokal- und Regionalsender auf der Ätherwelle. Da der Privatfunk sich aus seinen Werbeeinnahmen finanzieren muß, wird die Wirtschaftsberichterstattung kaum zum Hauptthema werden können. In Nachrichten- und Magazinsendungen haben aber Informationen aus Wirtschaft und über Wirtschaft durchaus ihren Platz – wenn sie den Redaktionen nur mediengerecht von den Unternehmen und ihren Verbänden angeboten werden.

Dem wachsenden Interesse der Leser folgend, ist bei den Printmedien das Angebot an Wirtschaftsthemen gestiegen. Etwa ein Fünftel der zeitungslesenden Bevölkerung nutzt heute regelmäßig den Wirtschaftsteil der Tageszeitung. Bei den überregionalen Blättern ist dabei ein stärkerer Trend zur Personalisierung von wirtschaftlichen Vorgängen und eine sehr viel umfangreichere Berichterstattung über personelle Veränderungen festzustellen. In der Regionalpresse sind eine Ausweitung des Wirtschaftsteils und mehr sachkundig geschriebene Wirtschaftsthemen im Lokalteil erkennbar.

Neben der Tages- und Wirtschaftspresse stellen die Spezialtitel ein immer bedeutenderes Segment der Wirtschaftspublizistik dar. Während die traditionellen massenorientierten Zeitschriften größtenteils stagnieren, befindet sich der Markt für Wirtschaftsinformationen weiterhin auf Wachstumskurs. Die Wirtschaftsmagazine haben die Auflage seit 1984 um knapp 25 Prozent pro Ausgabe gesteigert.

Das ist nur eines der Signale, das deutlich macht, wie wichtig die Aufgabe für die Wirtschaft inzwischen geworden ist, sich selbst verständlich darzustellen. Und wie wichtig es für die Journalisten ist, ihrerseits die Wirtschaft verständlich für ihre Leser darzustellen. Im Nachkriegsdeutschland ist es vielen Wirtschaftsjournalisten gelungen, die für den Leser spröde Materie aufzulockern, reizvoller und plastischer zu machen. Im Funk gab es und gibt es Paradebeispiele dafür. Schwieriger war es immer in der Tagespresse und in den Zeitschriften. Die lockere Darstellung von Wirtschaftsfragen ist inzwischen aber weitgehend akzeptiert, die Bedeutung der verständlichen Erläuterung und die Notwendigkeit, wirtschaftliche Denkvorgänge zu übersetzen, sind erkannt.

Die Medien sollten aber auch bestebt sein, über ihren eigenen Tellerrand hinauszuschauen. Denn einer der Gründe, weshalb bei der breiten Leser- und Hörerschaft, aber auch bei der Wirtschaft, zuweilen Mißverständnisse oder gar Unbehagen über Veröffentlichungen aufkommen, liegt in der Unkenntnis über das journalistische Metier. Hier können sich die Journalisten selbst helfen: Sie sollten mehr über sich selbst sagen und schreiben, über ihren Denkprozeß, über die journalistischen Gesetzmäßigkeiten, über technische Zwänge und über den Kampf mit der Uhr. Wäre mehr darüber bekannt, wüchse das Verständnis für die publizistische Arbeit, und die Kritik könnte sachlicher und wirkungsvoller angebracht werden.

Auch der Sachverständigenrat zur Begutachtung der gesamtwirtschaftlichen Entwicklung muß sich auf die verständliche Berichterstattung durch Journalisten verlassen können. Er steht selbst vor einem ähnlichen Problem, obwohl er sich nur an einen ganz kleinen Kreis von Fachleuten wendet. Er hat erkannt, wie schwierig eine allseits verstandene Darstellung ist und stellte in seinem Herbstgutachten 1967 vorsorglich fest, daß „der Gegenstand eine allzu vereinfachende Darstellung verbietet".

Die Autoren sagten damals, sie befänden sich in der gleichen Lage, wie sie von Galbraith in der „modernen Industriegesellschaft" beschrieben worden sei: „Alle, die über volkswirtschaftliche Fragen schreiben, haben zu entscheiden, welchen Teil der Mühe der Gedankenführung sie selbst tragen, und welchen sie ihren Lesern aufbürden. Ohne Zweifel verlangt die Gerechtigkeit, daß vieles dem Leser überlassen bleibt, denn Schreiben ist eine schwere Aufgabe; schwer genug, auch ohne daß man sich verständlich macht. Bei wissenschaftlichen Erörterungen geht es nicht ohne eine Arbeitsteilung zwischen denen, die schreiben, und denen, die lesen." Aber der Sachverständigenrat vertraut darauf, „daß seine Gedanken und Überlegungen durch die Organe, die dazu berufen sind, die breite Öffentlichkeit zu informieren, verständnisvoll weitergegeben werden."

Damit ist eine Situation angesprochen, die gerade heute und vor allem auch für die gesamte Wirtschaft von besonderer Bedeutung ist: die Funktion der Presse als Mittler und Übersetzer moderner volkswirtschaftlicher Erkenntnisse. Das aber bedarf in der Regel einer umfassenden Information und damit auch einer breiten Recherche. Viele interessante Themen, die der Journalist seinem Publikum anbietet, könnten sachlich fundierter und damit vielleicht sogar attraktiver, ja spritziger dargeboten werden, wenn sie umfassender recherchiert wären. Das ist jedoch mühsam, denn das ständige Nachfragen und Nachhaken, um immer neue Aspekte auszuleuchten und zu überprüfen, erfordern viel Zeit und Geduld. Beides ist, wenn „Schnellschüsse" geplant oder gar nötig sind, nicht gefragt. Hier muß in den Redaktionen entschieden werden, ob nicht mehr Zeit und vielleicht auch mehr Geld für die sorgfältige Recherche bereitgestellt werden kann. Mögliche Mißverständnisse zwischen der Wirtschaft und der Journalistik werden geringer, wenn der Blick auf den Leser, den Hörer und den Zuschauer die Bereitschaft zur Recherche wieder wachsen läßt, und wenn im Gespräch offene Fragen geklärt werden können.

Ernst Breit

Einseitiges über Halbwahrheiten

Kritikpunkte aus Sicht der Gewerkschaften

Journalisten und Gewerkschafter gehören zu den Leuten, die sich gegenseitig von oben herab ansehen; aber sie gehören beide nicht zu den angesehenen Leuten unseres Landes. Die herrschende Meinung, die zumindest in diesem Fall die Meinung der Herrschenden ist, verlautbart zwar bei jeder passenden Gelegenheit, daß sie kritische Journalisten und starke Gewerkschaften will. Nur: Wann immer und wo immer journalistische Kritik und gewerkschaftliche Stärke praktisch werden, ist die Gelegenheit leider gerade unpassend.

Der Zustand des Journalismus und der Zustand der Gewerkschaften gehören zu den markantesten Merkmalen für den Zustand der Demokratie eines Landes. Unter undemokratischen Verhältnissen kann sowohl die journalistische als auch die gewerkschaftliche Arbeit nur in unterdrückter oder pervertierter Form stattfinden. Pressefreiheit und Gewerkschaftsfreiheit haben trotz aller verfassungsrechtlichen Absicherung auch heute noch gemeinsam, daß es engagierter Frauen und Männer bedarf, die sich diese Freiheit nehmen, die sich weder von Reichen noch von Einflußreichen einschüchtern lassen.

Daß wir uns dabei gegenseitig kritisch beobachten, daß wir aufeinander aufpassen, ob wir unsere Freiheitsrechte nicht verkümmern lassen, das ist keine Einmischung in fremde Angelegenheiten. Ob Journalismus zum Tingeltangel für die Ohnmächtigen oder zur Lobhudelei für die Übermächtigen verkommt, oder ob gewerkschaftliche Unternehmen zum Selbstbedienungsladen für Vietors ausarten – es wäre unterlassene Hilfeleistung, würden wir die Alarmsirenen nicht schrillen lassen.

Niemand wird bestreiten wollen, daß es in der Bundesrepublik respektable Beispiele couragierten Journalismus gibt, der sich weder in den inneren Hierarchien der Presse- und Funkhäuser zurechtbiegen noch durch den äußeren Druck von Parteien, Wirtschaftsverbänden oder anderen Interessengruppen verdummen läßt.

Die Rahmenbedingungen journalistischer Arbeit sorgen allerdings dafür, daß diese Art der Berufsausübung nicht zur Regel wird. Zu diesen Rahmenbedingungen gehört neben Ausbildungsdefiziten und Abhängigkeitsverhältnissen, Fremdeinflüssen und Wirtschaftlichkeitserwägungen, daß zwar alle ein allgemeines Bekenntnis für kritisch-kontrollierenden Journalismus ablegen, aber jeder ihn konkret verhindern will.

Dagobert Lindlau hat es auf den Punkt gebracht: „Derselbe Mann, der abends zu Hause vor dem Bildschirm sitzt und von uns eine gnadenlose Darstellung der Realität verlangt, der schonungslos darüber informiert werden will, was wirklich los ist, eben dieser selbe Mann ist am nächsten Tag Bürgermeister, Chefarzt, Kaufhausdirektor oder Polizeipräsident, der ein Team sofort hinauswirft, wenn es ein Stück Realität dokumentieren will, das ihm nicht in den Kram paßt.

Und wenn das Team dann insistiert, über den Zaun dreht oder durch halbgeöffnete Türen, dann ist das „Agentenjournalismus", und der Kaufhausdirektor telefoniert mit dem Intendanten. Und der Intendant hat in der Regel sehr wenig Verständnis für die eigenen Reporter und sehr viel Verständnis für den Kaufhausdirektor, denn im eigenen Sender macht er es mit fremden Journalisten natürlich genauso. Jeder Bürger ist zugleich auch Interessenvertreter, der von uns alle Realität verlangt bis auf die eine, die seinen eigenen Interessen zuwiderläuft."

Da er es mit besonders handfesten Interessen zu tun hat, die in den allermeisten Fällen sogar auf Mark und Pfennig ausrechenbar sind, hat es der Wirtschaftsjournalismus am schwersten. Hinzu kommt: Während alle Landespressegesetze, abgeleitet aus der „öffentlichen Aufgabe" der Medien, einen journalistischen Informationsanspruch gegenüber den Behörden festschreiben, existiert eine solche Auskunftspflicht in der Privatwirtschaft nicht. Es ist bekannt und auch wissenschaftlich nachgewiesen, daß Umfang und Qualität der selbständig recherchierten, unabhängigen Berichterstattung in den Wirtschaftsteilen der Print-Medien noch geringer ist als in den anderen Ressorts.

In den Wirtschaftsmagazinen der Funk-Medien wird zwar mehr journalistische Eigenleistung erbracht, aber die Wirtschaftsinformationen insgesamt nehmen im Vergleich etwa zu den Musik- oder Sportprogrammen nur einen winzigen Raum ein. Inhaltlich eher auf die Bedürfnisse von Kapitalanlegern zugeschnitten und politisch im Vergleich zu den anderen Ressorts gewöhnlich am konservativsten – ähneln Wirtschaftsteile für Gewerkschafter nicht selten feindlichem Gebiet.

Wirtschaftsjournalisten haben die Neigung, sich wie Wirtschaftsminister zu verhalten; sie zerbrechen sich den Kopf der Unternehmer, sie sorgen sich um die Einkommen der Unternehmer, und sie leiden mit den Unternehmern, wenn die Gewerkschaften die deutsche Wirtschaft im allgemeinen, die Klein- und Mittelbetriebe im besonderen und das deutsche Handwerk ganz speziell rücksichtslos in den Ruin treiben.

Arbeitnehmer und ihre Familien kommen eigentlich nur als Konsumenten vor. Als solche sollen sie möglichst viel von dem Geld ausgeben, das sie zuvor als abhängig Beschäftigte entweder wegen Inflationsgefahr oder wegen der internationalen Konkurrenz oder wegen der zu dünnen Eigenkapitaldecke der Betriebe oder wegen der viel zu hohen Lohnnebenkosten oder wegen allem gleichzeitig nicht bekommen durften. (Aus gewerkschaftlicher Sicht kann ich den normalen Wirtschaftsjournalismus nur karrikierend beschreiben, weil er mit Arbeitnehmer- und Gewerkschaftsinteressen nur wie die Karrikatur seiner selbst umgeht.)

An Zuverlässigkeit nicht zu übertreffen ist der normale Wirtschaftsjournalist in Tarifkonflikten. Er behandelt sie einerseits unter dem Gesichtspunkt der Kosten für die Kapitalseite, andererseits unter dem Gesichtspunkt der Kosten für die Kapitalseite und, wenn das immer noch nicht genügt, unter dem Gesichtspunkt der Nachteile für die Arbeitnehmerseite angesichts der Kosten für die Kapitalseite. Da er zum Beispiel Arbeitszeit primär als Kostengröße behandelt, kann er Arbeitszeitverkürzung nur negativ bewerten: Er kann immer nur auf den entstehenden Schaden hinweisen und erörtern, ob dieser vielleicht noch verkraftbar oder wohl doch viel zu groß sein wird. Arbeitszeit als Zeit, in der Menschen – alte, junge, starke, schwache – eine konkrete Tätigkeit ausführen, taucht im Blickfeld des normalen Wirtschaftsjournalisten so gut wie nie auf.

In den jahrelangen Auseinandersetzungen um die Verkürzung der Arbeitszeit haben die Gewerkschaften und der Wirtschaftsjournalismus denn auch häufig aneinander vorbeigeredet: Dieser redet über die Zeit, die genutzt werden muß, und jener über die Menschen, die in dieser Zeit ausgenutzt werden. Die Gewerkschaften reden über Streß, über Invalidität, über die Vereinbarkeit von Familie und Beruf, über die Lebenschancen, die sich mit mehr freier Zeit eröffnen; alles Gesichtspunkte, die als Themaverfehlung für jemanden erscheinen müssen, der in den Kategorien des ökonomischen Kalküls schreibt, berichtet und kommentiert.

Der Wirtschaftsjournalismus macht, was er macht, natürlich nicht im Unternehmerinteresse, sondern im Interesse des Allgemeinwohls. Gemeinwohl hat unter den Bedingungen industrieller Privatwirtschaft insbesondere eine Bestimmungsgröße, und die heißt Wirtschaftswachstum. Nun kann man unabhängig von jeder spezifischen Wirtschaftsform festhalten: Die Wirtschaft wächst nur dann, wenn am Ende des Produktionsprozesses der erwirtschaftete Überschuß nicht vollständig konsumiert, sondern zum Teil investiert wird, die Wirtschaft kann um so stärker wachsen, je höher dieser investierte Überschuß ist.

Dieser schlichte Sachverhalt stellt sich unter privatwirtschaftlichen Verhältnissen wie folgt dar: Der größtmögliche Gewinn des einzelnen Arbeitgebers erscheint als die bestmögliche Voraussetzung für höchstmögliches Wirtschaftswachstum. Die Befriedigung des Arbeitgeberinteresses erscheint somit als zentrale Voraussetzung für eine florierende Wirtschaft und damit für das gemeinsame Wohl.

Wir erhalten also die Pointe, daß die Gewerkschaften dem Arbeitnehmerinteresse dort am meisten zu schaden scheinen, wo sie es am konsequentesten, verfolgen das heißt ohne Rücksicht auf Arbeitgeberinteressen und auch ohne Rücksicht auf das Gemeinwohl. Diese Pointe findet sich in vielfältigsten Variationen in den Kommentaren des Wirtschaftsjournalismus. Sie pflegt in den Vorwurf zu münden, den Gewerkschaften könne es gar nicht um Interessenvertretung gehen – denn in Wirklichkeit würden sie ja dem Arbeitnehmerinteresse schaden –, es müsse ihnen um Politik, letztlich um eine andere Wirtschafts- und Gesellschaftsordnung gehen.

Um wenigstens zwei Belege anzuführen: „Da ist die größte Nachkriegsrezession mit Ach und Krach überstanden. Sogar der Arbeitsmarkt, auf dem es Jahre hindurch nur bergab ging, signalisiert lichte Zeichen. Ausgerechnet in solcher Lage brechen Funktionäre der Gewerkschaften gegen den erkennbaren Willen – und die wirklichen Interessen – ihrer Mitglieder einen Streik für eine 35-Stunden-Woche vom Zaune, die doch nur wieder tiefer in die Erwerbslosigkeit hineinzuführen droht", kommentierte die „Süddeutsche Zeitung" am 30. April 1984. Und die „Frankfurter Allgemeine Zeitung" am 14. Dezember 1983: „Es ist inzwischen die Vermutung geäußert worden, daß es der ‚IG Metall' und den sich ihrer Forderung anschließenden Satelliten-Organisationen vielleicht gar nicht um die Verminderung der Arbeitszeit, sondern um die durchgreifende Schwächung der Wirtschaft und damit um die Destabilisierung der Ordnung der Bundesrepublik gehen könnte. Angesichts der starren Haltung der Gewerkschaften sind solche Behauptungen nicht nur Polemik."

Von diesen Gewohnheiten des Wirtschaftsjournalismus zugunsten der Gewerkschaften abzuweichen, erfordert vom einzelnen Journalisten immer besondere Anstrengungen. Eine gewerkschaftsfreundliche Berichterstattung und Kommentierung setzt sich nämlich dem Vorwurf aus, den überparteilichen Standpunkt der Medien zu verlassen; Arbeitgeberfreundliches hingegen läßt sich in den schützenden Mantel des gesamtwirtschaftlichen Interesses hüllen.

Die vorherrschende Trennung von Wirtschaft und Politik suggeriert Übersichtlichkeit; in Wirklichkeit vermehrt sie die Unüberschaubarkeit von Problemzusammenhängen. Wirtschaftsjournalismus, der sich auf der Höhe der Zeit bewegt, kann und darf die Ressortschranken eigentlich nicht akzeptieren.

Was der „Solidaritätskreis gegen Arbeitslosigkeit" (vom DGB angeregt, von prominenten Persönlichkeiten der Wissenschaft und der Kirchen, der Kultur und der Gewerkschaften getragen) in einem Memorandum gegen den Sachverständigenrat formuliert hat, trifft auch den traditionellen Wirtschaftsjournalismus. „Statt der begrenzten Ökonomie, die nur auf die einzelnen Bausteine, auf die Teilrationalität einzelwirtschaftlicher Entscheidungen schaut, brauchen wir eine neue, die das ganze Haus inklusive seines sozialen Lebens, seiner Nachbarn und seiner natürlichen Umwelt im Blick hat.

Wir brauchen eine Ökonomie, die es nicht nötig hat, aus Problemfeldern des sozialökonomischen Umbruchs Problemgruppen zu machen, denen ihre Nöte und Schwierigkeiten als selbstverschuldet angelastet werden; eine Ökonomie, die es nicht nötig hat, die Augen vor den Lebensbedingungen jenseits der nationalen Grenzen zu verschließen, um sich des eigenen Wohlstands nicht schämen zu müssen. Wir brauchen eine politische Ökonomie statt einer ökonomistischen Politik. Nicht die Ökonomie darf die Politik länger auf das begrenzte Ziel der einzelbetrieblichen Gewinnmaximierung verpflichten; die Politik muß die Ökonomie in den demokratischen Streit über vernünftige Entwicklungsperspektiven unserer Gesellschaft integrieren."

Wenn der Wirtschaftsjournalismus, statt das reibungslose Rollen jedes einzelnen Rades zu bejubeln, intensiver darauf achten würde, wohin der Karren fährt, wer und was unterwegs verlorengeht, wäre schon viel gewonnen. Wo steht eigentlich geschrieben, daß nur Feuilletonisten, gegen deren Berufsehre es verstößt, etwas von Ökonomie zu verstehen, in gesamtgesellschaftlichen Zusammenhängen denken, schreiben und reden dürfen?

Der Wirtschaftsjournalismus behandelt noch nicht einmal seinen unmittelbaren Gegenstand umfassend, denn er grenzt die Arbeit weitgehend aus der Wirtschaftsberichterstattung aus. Wie die bunte Warenwelt der Kaufhäuser – auf Hochglanz poliert, dekorativ präsentiert – nichts mehr darüber verrät, daß es sich bei diesen Konsumgütern um Arbeitsprodukte handelt, so verschweigt auch der eher trockene Wirtschaftsjournalismus – auf Scheinobjektivität getrimmt und an Sachzwängen orientiert –, daß etwa das Wachstum einer Branche oder die

Ausschüttung der Dividende auf konkrete Arbeitstätigkeiten zurückgehen.

Kunde und Journalist haben gemeinsam, daß sie keinen Gedanken an die Produzenten der HiFi-Anlage, des Sessels, der Jeans verschwenden. Sie interessiert nicht, was es die Arbeiter und Angestellten gekostet hat, wie gut oder schlecht die Arbeitsbedingungen waren. Die Verdrängung der Arbeitswelt aus der Konsumwelt ebenso wie aus der Medienwelt klappt ziemlich perfekt. Der Arbeitsalltag ist kein öffentliches Thema. Und inzwischen hat sich auch herumgesprochen, daß „die Schwierigkeiten beim Veröffentlichen der Wirklichkeit hinter Fabrikmauern" gesamtdeutsche sind. Wo im Westen vor allem verschwiegen wird, wurde im Osten vor allem gelogen.

Die jeweilige Methode ist systemspezifisch, das Resultat aber mauerübergreifend: das Verschwinden des Arbeitsalltags aus dem öffentlichen Bewußtsein. Der normale Wirtschaftsjournalismus leistet dabei Vorschub statt Abhilfe. Auch deshalb verdienen diese Anmerkungen die Überschrift: Einseitiges über Halbwahrheiten.

Peter Schiwy

Anspruch auf die „erste Reihe“

Was öffentlich-rechtliches Fernsehen leisten muß und kann

Wirtschaft und Fernsehen – ohne Zweifel zwei komplizierte Partner. Einerseits ist das Fernsehen für die Bundesbürger die wichtigste Quelle der Wirtschaftsinformation: Mehr als zwei Drittel, so weisen Umfragen aus, setzen zu ihrer Orientierung in Sachen Ökonomie den Bildschirm an erste Stelle. Männer übrigens mehr als Frauen – und am intensivsten angeblich die Beamten.

Kein anderes Medium schneidet in diesem Vergleich besser ab. Und dennoch: Die Realitäten hinter solchen eindrucksvollen Zahlen sind weitaus differenzierter und geben Anlaß, kritisch nachzufragen. Denn 40 Prozent der Befragten – und dies ist die Kehrseite – sagen auch, sie würden sich für wirtschaftliche Fragen mehr interessieren, wenn sie verständlicher und nicht nur für Spezialisten dargestellt würden. An die Adresse der öffentlich-rechtlichen Fernsehveranstalter wird deshalb immer wieder die Frage gestellt: Programmauftrag verfehlt? Bedient sich mancher Journalist lieber der Fachsprache, um vor allem bei Kollegen und Experten als sachkundig zu gelten? Ist er zu wenig Stimme und Erklärer der Antworten auf die sorgenden Fragen des Zuschauers? Ist unsere Berichterstattung insgesamt geeignet, die Gesamtzusammenhänge eines immer spezialisierteren Wirtschaftsablaufes zu veranschaulichen?

Ein grundsätzlicher Vorbehalt lautet: Da das öffentlich-rechtliche Fernsehen nicht Teil der freien Wirtschaft sei, die sich jeden Tag im Wettbewerb auf dem Markt bewähren müsse, könne es a priori auch keine Aussagen über die freie Wirtschaft machen. Es sei daher nicht geeignet, den Zuschauern Marktphänomene, die es selbst nicht begreifen und erleben könne, nahezubringen.

Dieser doch wohl eher polemisch vorgetragenen Auffassung des Wirtschaftspublizisten Paul C. Martin, vermag ich nicht zu folgen. Dann, so könnte ich nicht weniger polemisch dem populistischen Ökonomiepublizisten Martin entgegnen, wäre es Journalisten generell verwehrt, sich zu Themen zu äußern, die Journalisten fremden Organisationsformen zuzurechnen sind. Man denke nur an den Sport. Fragen wir also besser: Welchem Anspruch soll die Wirtschaftsberichterstattung im öffentlich-rechtlichen Fernsehen genügen? Was wird warum und wie für wen gemacht?

Obwohl Probleme des Arbeitsmarktes und der Renten, der Preisstabilität und des Wachstums, der Energieversorgung und des Umweltschutzes, der Wohnungs- und Verkehrspolitik, der sozialen Sicherheit und des Verbraucherschutzes, von Forschung und Technik jeden am Lebensnerv treffen, und diese Fragen immer noch an Bedeutung gewinnen, gehören sie ausweislich der Zuschauerforschung nicht zu den Publikumsrennern im Fernsehen. In der Hitparade der Sendungen, die der Zuschauer am liebsten, am regelmäßigsten oder am häufigsten sieht, reicht es für Wirtschaftssendungen – ungeachtet ihrer Wertschätzung als Informationsquelle – hinsichtlich ihrer realen Nutzung nur zu einem hinteren Platz, eher auf den „Abstiegsrängen".

Dies liegt sicher zuerst an der spröden Komplexität der Materie; aber auch den spezifischen Darstellungsmöglichkeiten des Mediums Fernsehen sind für diese Fragen enge Grenzen gesetzt.

Selbst dramatische Vorgänge wie Streiks und Tarifkonflikt, Firmenpleiten, Energiekrise, Wirtschaftsspionage, Steuerskandale lassen sich via Bildschirm nicht so hautnah und packend den Zuschauern im Wohnzimmer vermitteln wie ein Fußballspiel, ein Boxkampf oder ein Tennis-Match.

Es führt also kein Weg daran vorbei: Neue Vermittlungs- und Präsentationsformen zu entwickeln, ist notwendiger, zumal die Zusammenhänge nicht nur für den Laien komplizierter werden. Um Distanz abzubauen, muß die ganze Vielfalt der unterschiedlichen Darstellungsformen ausgeschöpft werden.

Weil die Themen aus dem Bereich Wirtschaft für den Einzelnen zumeist sehr unmittelbar spürbare Auswirkungen zur Folge haben, darf nicht an „Otto-Normal-Verbraucher" vorbeigesendet werden, – so schwierig dies in der redaktionellen Praxis immer wieder sein mag. Meldungen aus der Wirtschaft verständlich zu formulieren, die Wechselbedingungen erkennbar zu machen, Grundsätzliches über wirtschaftliche Wirkungszusammenhänge zu verdeutlichen, dies ist die eine Zielsetzung. Bei allem Bemühen um publikumsgerechte Vermittlung ist aber auch Kompetenz und Niveau zu wahren; dies ist die andere Maxime. Gerade im Zeitalter des Infotainments ist dies dringliche Aufgabe öffentlich-rechtlicher Berichterstattung.

Das ARD-Wirtschaftsmagazin „Plusminus" ist ein gutes Beispiel für dieses Bemühen. Öffentlich-rechtliches Fernsehen muß nämlich mehr als nur „Betroffenheit" produzieren. Es muß vor allem Einsicht in Sachzusammenhänge und Notwendigkeiten verdeutlichen. Gerade Maßnahmen der Wirtschafts- und Sozialpolitik – man denke an Gesundheitsreform, Rentenreform, den diffizilen Komplex der deutschen Wirtschafts-, Währungs- und Sozialunion, den EG-Binnenmarkt – sind leicht geeignet, Ängste und Vorbehalte zu mobilisieren, Emotionen statt Argumente zu transportieren. Hier ist es vornehmste Aufgabe öffentlich-rechtlicher Programme, im guten Sinne „aufklärend“ und „rationalisierend“ zu wirken.

Dabei ist vor allem sorgsamer Umgang mit der Sprache geboten. Fachbegriffe dürfen nicht zu Schlagworten verbogen werden, die in erster Linie der verdeckten oder offenen Meinungsmache dienen. In einer Zeit der Informationsüberflutung ist mehr denn je Solidität, Professionalität und Sachlichkeit gefragt. Es kann nicht in erster Linie nur um eine Vermehrung des tagesaktuellen Informationsangebotes – „häppchenweise“ – gehen; wichtiger noch ist das Aufzeigen von größeren Zusammenhängen, langfristigen Entwicklungen und deren Rückwirkungen. Wir brauchen daher auch im Bereich von Feature, Dokumentation, Diskussion mehr Raum für Wirtschaftsthemen. Der Blick sollte dabei insgesamt mehr nach vorn als nach hinten gerichtet werden – mehr lösungs- als problemorientiert sein, weniger mit Zahlen und Bilanzen operierend, sondern mehr qualitative Trends vermittelnd. Insgesamt ist die Wirtschaftsberichterstattung der öffentlich-rechtlichen Fernsehprogramme bei all diesen Zielsetzungen auf einem richtigen und erfolgreichen Weg.

Neuerdings ist aber zunehmend neue Kritik zu hören: Auf der Jagd nach Einschaltquoten würden von den Wirtschaftsredaktionen immer mehr Beiträge mit Tip- und Ratgebercharakter, Themen, die als konflikt- oder skandalträchtig oder amüsant angesehen würden, favorisiert zu Lasten klassischer Berichterstattung über Themen mit direkt wirtschaftspolitischem Charakter und ordnungspolitische Grundsatzfragen. Zu kurz kämen Konjunkturpolitik, die Darstellung unternehmerischen Handelns.

Sicher ist zu prüfen, ob im Bemühen um publikumsgerechtere Akzeptanz Fehler gemacht wurden, aber da das öffentlich-rechtliche Fernsehen auch hier Mehrheiten wie Minderheiten im Rahmen der Grundversorgung zufriedenzustellen hat, ist diese Kritik an einer angeblich zu populistischen Konzeption im Kern verfehlt. Zu dem Bemühen, Wirtschaft aus dem Expertenghetto herauszuholen und zum akzeptierten Bestandteil der Programme zu machen, gibt es keine Alternative.

Fernsehen ist und bleibt ein Massenmedium. Daran muß sich auch die Wirtschaftsberichterstattung orientieren – in Form und Inhalt. Das öffentlich-rechtliche Fernsehen ist geradezu herausgefordert, angesichts der rasanten wirtschaftlichen Veränderungsprozesse seinen Zuschauern verstärkt individuelle „ökonomische Lebenshilfe" zu leisten. Wer sonst, wenn nicht wir? Dies gilt nicht nur für die klassischen Sendungen der Wirtschaftsberichterstattung.

Wirtschaft im Fernsehen – das sind mehr als nur Nachrichtensendungen, Fachmagazine und Spezialdokumentationen. Das umfaßt auch das weite Feld unterhaltender Sendungen. Eine Reihe wie der Wirtschaftskrimi „schwarz, rot, gold" oder die Sendung „Engels und Konsorten" – beides aus dem Hause NDR – haben auf unterhaltende Weise vielleicht mehr an Informationsvermittlung, an Veranschaulichung, an einfühlsamem Heranführen an harten Themen aus dem Bereich der Wirtschaft geleistet als manche kluge Expertenrunde auf höchstem Niveau fachlicher Begrifflichkeit.

Wirtschaft ist bekanntlich zur Hälfte Psychologie. Und das Fernsehen als Medium, das naturgemäß dank der Kombination von Ton und bewegtem Bild besonders stark die Ebene des Gefühls anspricht, muß sehr genau auf die möglichen Wirkungen achten, die gerade Wirtschaftsbeiträge haben könnten. Sind bestimmte Bewertungen geeignet, Klima zu erzeugen, zu verstärken oder Trends zu verändern? Gar ganze Branchen und Berufsgruppen – auch existentiell – zu treffen? Zum Beispiel, wenn im vollen Bewußtsein der Wirkungen von bewegten Bildern ein Wurm in einem einzelnen Fisch eins zu zehn vergrößert in die Wohnstuben flimmert und statt eines einzelnen in der Tat verantwortungslosen Fischverarbeiters die gesamte, ohnehin schwer kämpfende Fischindustrie in eine schwere Umsatzkrise gestürzt wird? Und warum dann nicht auch darüber berichten, wie durch Verbesserung der hygienischen Verarbeitungsprozesse berechtigten Qualitäts- und Gesundheitserwartungen entsprochen wird?

Verzerrungen entstehen aber auch, wenn bestimmte Bereiche unseres wirtschaftlichen Lebens unterrepräsentiert sind – wie zum Beispiel Themen aus dem Bereich des Mittelstandes.

Natürlich ist die Fernsehberichterstattung nicht für das Unternehmerimage verantwortlich – auch wenn von Unternehmern oft eine Negativ-Darstellung beklagt wird – übrigens mehr noch in Fiktions-Programmen des Fernsehens. 1977 hat das Institut der Deutschen Wirtschaft folgende Kritik formuliert: „Die Unternehmer werden so gut wie nie in ihrer wirtschaftlichen und gesellschaftlichen Funktion dargestellt. Statt dessen wird von ihnen ein häufig klischeehaftes, zuweilen karrikierendes Bild gezeichnet, das alle Elemente enthält, die man mit den Begriffen ‚Playboy' und ‚high-live' assoziiert.

Besonders problematisch ist die Charakterisierung der Unternehmer als undemokratische, inhumane und brutale Herrenmenschen. Die stärksten Verzerrungen des Unternehmerbildes finden sich in Kriminalfilmen, in denen sehr oft Unternehmer in Haupt- und Nebenrollen als Kriminelle oder Personen mit kriminellen Neigungen dargestellt werden, sowie in Jugend- und Kindersendungen, in denen Unternehmer aus ideologischen Motiven angegriffen werden. Typisch auch die häufig hölzerne Sprache von Unternehmerfiguren und das fast völlige Fehlen der Gewerkschaften, die doch im modernen Sozial- und Rechtsstaat eine typische Gegenkraft zum Unternehmer darstellen. Ebenfalls auf Unkenntnis ist es zurückzuführen, daß soziale Schutzgesetze und Mitbestimmungsregelungen so gut wie gar nicht erwähnt werden."

Wieviel davon ist wahr? Was von dieser Kritik hat auch heute noch Bestand? Es gibt auch andere Beispiele. Die Serie „Knapp-Familie", die bei Intellektuellen durchaus gute Noten erhielt, löste seinerzeit im Ruhrgebiet heftige Proteste aus, weil sich die Bergarbeiter durch den Serienhelden diffamiert fühlten.

Sorgsamer Umgang ist also geboten. Wir sollten weder eine „heile Wirtschaftswelt" suggerieren, noch zu fragwürdigem Konsum animieren. Auch die unternehmerische Leistung, das Engagement der Wirtschaft für das Gemeinwohl, darf – neben allem Kritischen – auch angesichts ihrer Verantwortung und ihres Risikos öfter und bewußter thematisiert werden. Daß es zwar auch, aber nicht nur um Gewinnmaximierung geht, sondern auch um das Bemühen, den Kunden das für sie jeweils Beste anzubieten – auch hier sollte Wirtschaftsberichterstattung mehr Markttransparenz schaffen. Vertrauen ist das Kapital nicht nur der Wirtschaft, sondern auch glaubwürdiger Berichterstattung. Daher sollten nicht in erster Linie Ängste geschürt werden, sollte nicht allein krisenorientiert berichtet werden, sondern auch positive Entwicklungen gezeigt werden.

Trotz allen Bemühens gibt es offenkundig noch immer Defizite. So kritisierten in einer repräsentativen Umfrage der 13 Industrie- und Handelskammern Norddeutschlands 43 Prozent der Befragten Einseitigkeiten in der Wirtschaftsberichterstattung von ARD und ZDF und das, obwohl diese besser recherchierten als die private Konkurrenz. Was die Kontakte zwischen Wirtschaft und Medien betrifft, so forderten 90 Prozent die Journalisten auf, mehr auf die Wirtschaft zuzugehen. In der Tat gibt es immer noch erhebliche Barrieren. Allerdings wechselseitig. So mancher Wirtschaftskapitän blockiert, wiegelt lieber ab, wo offene Antworten und Gespräche gefragt sind. Manchmal entsteht sogar der Eindruck: Je weiter es in der Hierarchie hinaufgeht, desto verschlossener sind die Türen. Aber insgesamt, so weist auch eine Untersuchung des Münchener Instituts für Kommunikationswissenschaft aus, scheint die Mehrzahl der Führungskräfte mit der Wirtschaftsberichterstattung in der Bundesrepublik Deutschland überdurchschnittlich zufrieden zu sein.

Zu den kritischen Bereichen gehört die junge Generation – sie hat „null Bock" auf Wirtschaftssendungen im Fernsehen: Mehr als zwei Drittel der 12- bis 29jährigen schalten diese Angebote selten oder nie ein. Wir brauchen neue Formen, gerade die junge Generation in marktwirtschaftliche Zusammenhänge einzuführen.

Ein besonders erfolgreiches Beispiel dafür, neue Wege in der Wirtschaftsberichterstattung zu gehen, bieten das Messeradio und das Messefernsehen, das der Norddeutsche Rundfunk zur Hannover-Messe wie zur CeBIT eingerichtet hat. Die Erfahrungen bestätigen, daß diese Angebote für Messebesucher wie Aussteller, aber auch Hörer und Zuschauer zu Hause eine sehr wichtige Funktion gewonnen haben.

Was ist im Blick auf die Zukunft weiter zu tun? Verstärkt müssen vor allem die Bemühungen um qualifizierten Nachwuchs und einen Prozeß verbesserter Auslese talentierter Wirtschaftsjournalisten werden. Unternehmen und Verbände zahlen allerdings vielfach besser als Hörfunk- und Fernsehredaktionen. Hinzu kommt, daß sich der heute dominierende Journalistentyp, der in den 60er Jahren aufgewachsen ist, stärker für politische als wirtschaftliche Fragen und Zusammenhänge interessiert und wenn, dann eher mit einem „systemkritischen Ansatz" und einer gewissen Distanz zum „Kapital". Aber gerade der bevorstehende große Strukturwandel, die Herausbildung der neuen Märkte, fordert auch hier zu neuen Anstrengungen heraus. Ich wünschte mir daher – ähnlich wie in den USA – mehr personellen Austausch zwischen Wirtschaft, Wissenschaft und Medien, um Kommunikationsbarrieren abzubauen und „die Gegensicht" der Zusammenhänge zu verbessern.

Zwischen der „Informationsbörse" der Medien und dem Börsengeschehen in der Wirtschaft bestehen schließlich durchaus Parallelen – einschließlich aller Eitelkeiten, Irrationalitäten, atmosphärischen Schwankungen. Noch ein Gesichtspunkt: Wirtschaftliches Geschehen, wirtschaftspolitische Ideen wirken immer mehr hinein in den Bereich der Kultur. Kultursponsoring ist nur ein Stichwort. Die Trennung in scheinbare Gegensätze – hier die schnöde Wirtschaft, da die hehre Kultur – sollte überdacht werden. Was zum Beispiel würde passieren, wenn ein Kulturredakteur zumindest gelegentlich in die einschlägige Wirtschaftsberichterstattung einbezogen würde – und umgekehrt? Warum sollte dies undenkbar sein? Insgesamt wünsche ich mir für die Zukunft: Mehr Unkonventionelles, Überraschendes, Weiterführendes – dann kann auch Wirtschaftsberichterstattung im öffentlich-rechtlichen Fernsehen sehr wohl spannend sein. Es ist eine durchaus spannende Aufgabe, die scheinbar so trockene, komplizierte und spröde Welt der Ökonomie so verständlich zu machen, daß Wirtschaft „zum Anfassen" entsteht.

Für die Zukunft des öffentlich-rechtlichen Rundfunks ist die Beurteilung seiner Leistung im Bereich der Wirtschaftsinformation von zentraler Bedeutung – hier kann er neues zusätzliches Profil gewinnen – einfach deshalb, weil wirtschaftlichen Fragen angesichts des tiefgreifenden sozialen Wandels, der gesellschaftlichen Innovation, der dramatischen Veränderungen der ökonomischen Rahmenbedingungen in Deutschland, Europa und der Welt eine immer größere Bedeutung zukommt. Mehr denn je gilt das Wort des Staatsmannes Walter Rathenau: „Die Wirtschaft ist unser Schicksal." Der gebührenzahlende Bürger hat Anspruch, im öffentlich-rechtlichen Fernsehen gerade dabei stets in der ersten Reihe zu sitzen.

Helmut Thoma

Einschaltquoten entscheiden

Was das Privatfernsehen leisten kann

Privatfernsehen ist die Kunst, Programm für das Publikum mit dem Geld der Wirtschaft zu machen. Es ist einfacher und folglich weniger Kunststück, Zuschauergebühren über Programmangebote abzuarbeiten. Eine solch begünstigte Ausgangslage würde uns von der Last der immer aktuellen Fragen, die private Programmacher und Programmverantwortliche gleichermaßen professionell bewegen, und auf die sie täglich gültige Antworten finden müssen, befreien: Was gebe ich wie auf den Sender, womit erreiche und halte ich mein Publikum, wie setze ich Akzeptanz in wirtschaftlichen Erfolg um?

Wenn Nachfrage weitgehend das Angebot regelt, Einschaltquoten und Reichweiten die Spotpreise bestimmen, und die privaten Sender sich ausschließlich aus Werbeeinnahmen finanzieren, ist dann aber unsere (auch noch selbstgestellte) Programm-Aufgabe nicht leicht zu lösen? Leider hängt das Fangergebnis nicht in erster Linie von der Größe der Netze und Enge der Maschen ab, sondern von der Fähigkeit der Mannschaft, die Fanggründe auszumachen. Diese Erkenntnis mündet, übertragen auf die Verhältnisse der privaten Programmanbieter, in die Frage: Wo steht unser Publikum? Welchen Kanal bevorzugt es, und warum tut es das?

Ein unterhaltungsorientiertes Vollprogramm wie das von RTLplus sucht zwar nach einer breiten Zustimmung für sein vielfältiges Programm-Angebot, das im Wettbewerb mit der privaten und öffentlich-rechtlichen Konkurrenz steht und behauptet jedoch seine Stellung im Markt durch ein unverwechselbares Programm-Profil.

RTLplus trägt dem Wunsch des Zuschauers nach Unterhaltung und Information gleichermaßen Rechnung wie dem Verlangen der Programmacher nach eigener „Farbgebung“. Die ganze Farbpalette aber mit eigener Farbenlehre, lautet die Forderung. Dennoch gibt es bei allem redlichen Mühen, ein möglichst buntes Bild auf die Schirme zu bringen, auch Grenzen, die von den ökonomischen Zwängen diktiert werden. Nicht alles, was aus Gründen der Imagebildung und -prägung sinnvoll und notwendig wäre, dann aber, gemessen an Einschaltquoten, keine ausreichende Würdigung findet, erhält einen günstigen Sendeplatz.

Dieses ist eine verallgemeinerungsfähige Feststellung, wenn von Sendungen der Privaten die Rede ist. Masse und Kasse reimt sich eher als Klasse und Kasse. Gegenwärtig gibt es bei den zwei großen TV-Privatsendern RTLplus (31,6 Millionen empfangsbereite Zuschauer im Gesamtsendegebiet) und Sat 1 (28,8 Millionen) sowie den kleineren privaten Fernsehstationen Tele 5 (13,2 Millionen) und PRO 7 (11,8 Millionen) im Hauptabendprogramm in der Zeit zwischen 19.30 Uhr und 22.30 Uhr keine festen Sendeplätze für Wirtschaftsthemen. Dieses ist ein Mangel, den zunächst einmal nicht die Zuschauer beklagen, sondern verständlicherweise die Wirtschaft selbst. Allerdings verfährt sie dabei nach der Methode, lerne klagen ohne zu leiden.

Seit es Privatfernsehen gibt, wird der Wirtschaft mehr Sendeplatz eingeräumt als je zuvor. Aber die Unternehmen nutzen das Angebot nicht oder besser gesagt, unterstützen die Sender nicht ausreichend. Eine Umfrage der 13 Industrie- und Handelskammern Norddeutschlands hat ergeben, daß nur neun Prozent der Unternehmer sich vom Fernsehen über das Wirtschaftsgeschehen informieren lassen.

Das hindert sie allerdings nicht daran, an der Berichterstattung im Fernsehen über Wirtschaftsthemen harsche Kritik zu üben. Etwa zwei Drittel der befragten Unternehmer sind mit der Wirtschaftsberichterstattung im Fernsehen, die sie nicht sehen, unzufrieden. Diese Unzufriedenheit ließe sich rasch beheben, wenn die Unternehmer die „Zeitmaschine" Videorecorder für sich entdecken und nutzen würden. Diese fabelhafte Erfindung könnte sie freimachen von zeitlichen Zwängen.

Einer der Gründe für das negative Urteil ist darin zu suchen und auch zu finden, daß der Unternehmer in der öffentlich-rechtlichen Berichterstattung über seine Rolle in Wirtschaft und Gesellschaft überwiegend am Pranger und damit unter Begründungszwang steht. Die ideologische Brille, die den Unternehmer als soziologisch fragwürdige Randgruppe sieht, ist auch für dessen Erscheinungsbild in Unterhaltungsprogrammen verantwortlich. Generationen von Krimiautoren überwinden unkritisiert und unkritisch ihr schöpferisches Tief mit dem Griff in die Klamottenkiste, wo nicht nur der Gärtner in seiner Eigenschaft als Mörder auf einen Ta(ö)tort-Einsatz wartete. Der ältliche Filmboß, der seine lebenslustige junge Frau durch Gestalten aus dem Milieu beseitigen läßt, gehört zum Sujet Fernsehkrimi in ARD und ZDF, wie der Kapitalist mit der Zigarre zum Klassenkampf. Eine unsympathische Visage mag im Fernsehfach eine arbeitsplatzsichernde Ressource sein, zum wahren Leben eines erfolgreichen Unternehmers paßt sie ebensowenig wie zu einer sachlichen, auch kritischen, Berichterstattung über seine Rolle und sein Wirken als Arbeitgeber.

Die Krimis mögen ohne Bösewichte nicht auskommen. Wirtschaftssendungen sollten im Interesse einer objektiven Berichterstattung darauf verzichten, Klischees statt abgewogene Urteile abzugeben, Ausrufungszeichen anstelle von Fragezeichen zu setzen. Ob das Bild des Unternehmers und der Unternehmen in der Öffentlichkeit von schrillen Farben auf Pastelltöne wechselt, hängt auch von den Betroffenen selbst ab. Wir müssen Kooperationsmodelle beziehungsweise Sendeformen finden, die im Ergebnis eine Integration der Wirtschaft im Programm anstreben.

Fakten sprechen hier eine deutliche Sprache. Die privaten Fernsehveranstalter wie die F.A.Z., „Capital" und die „Tele-Börse" haben eindrucksvolle statistische Daten auf ihrer Seite: Das Geldvermögen der privaten Haushalte hat sich in den vergangenen 20 Jahren verfünffacht: von rund 518 Milliarden im Jahr 1970 auf weit über 2600 Milliarden Mark im Jahre 1990. Im statistischen Durchschnitt entfällt damit auf jeden Bürger der Bundesrepublik ein Geldvermögen von über 40 000 Mark. Die Banken spüren, daß ihre Zinsspanne kleiner wird, weil die Sparer ihr Vermögen nicht mehr nur aufs Sparbuch legen. Der Anteil des Bankspareus an der laufenden Geldvermögensbildung hat sich seit 1975 mehr als halbiert und liegt heute unter 30 Prozent, bekennt die „Commerzbank".

Die Geldinstitute registrieren eine Entwicklung beim Kunden vom Sparer zum Investor. Es sind die attraktiven Renditen, denen seine volle Aufmerksamkeit gilt. Für Wertpapiere wendete der private Anleger 1988 rund ein Drittel seiner verfügbaren Geldmittel auf, 1975 waren es noch ganze neun Prozent. Das Versicherungssparen hat deutlich zugenommen, der Kauf festverzinslicher Wertpapiere ebenfalls. Das ist der Stoff, aus dem Wirtschaftsthemen sind, und ein Sujet, das mit Publikum rechnen kann. Die Ausgangslage für Wirtschaftssendungen ist also glänzend, dennoch sind nicht alle Fakten voll befriedigend.

Um als Unternehmer oder Unternehmen gut ins „Bild" einer Wirtschaftssendung zu kommen, sollten sie das Gesetz des Handelns nicht ausschließlich anderen überlassen. Die Subjekt-Objekt-Beziehung muß, im Interesse einer fairen Berichterstattung und einer objektiven Information des Zuschauers, auf die partnerschaftliche Ebene umgestellt werden. Eine Zusammenarbeit muß für alle Beteiligten ersprießlich sein. Es leuchtet ein, daß eine ideologische Untermalung von Börsenkursen in der Programmsparte Wirtschaft weder dem Anspruch auf sachliche Information gerecht würde noch dem journalistischen Grundsatz, Kommentar und Bericht nicht miteinander zu vermischen. Das gilt für das Gestaltungsprinzip.

Der Privatfunk orientiert sich streng an ökonomischen Grundsätzen. Sendungen, die keine hohen Einschaltquoten und damit Werbeeinnahmen bringen, müssen erfolgreicheren Sendungen weichen und landen bestenfalls auf ungünstigeren Sendeplätzen. Diesen Programm-Darwinismus haben wir nicht zu verantworten, sondern der Gesetzgeber, der den Privaten im dualen Rundfunksystem der Bundesrepublik nur Werbeeinnahmen als Einnahmequelle erschlossen hat.

Die Vorstellung, daß die Privatsender als privatrechtliche Unternehmen selbst ein Interesse an einer umfassenden, sachlichen, vorbildlichen Wirtschaftsinformation haben müßten, ist darum realitätsfern. Kooperation zwischen Wirtschaft und privaten Programmanbietern darf sich nicht ausschließlich in der Gestaltung von Sendungen und Abstimmung über Sendeinhalt erschöpfen, sondern sie muß sich auch auf die Finanzierung erstrecken.

Die Erwartung der Wirtschaft, der Privatfunk werde eine sachliche und entideologisierte Wirtschaftsberichterstattung liefern, kann sich erfüllen, wenn die Unternehmen bereit sind, ihren Beitrag dazu zu leisten. Wer sich Einfluß sichern will, sollte nicht auf „1000-Seher-Preise" schielen und die Finanzierung der Werbung im Rahmen einer Wirtschaftssendung aus seinem Marketing-Budget vornehmen, sondern solches Engagement muß aus dem Chef-Etat kommen. Das wäre nicht nur ein Akzent, das wäre ein unübersehbares Signal. RTLplus bietet Chancen für die Aktivierung des Themas, zum Beispiel Live-Sendungen in Zusammenarbeit mit der Industrie und Messefernsehen.

Mit der Aufnahme des Sendebetriebs haben die privaten Programmanbieter Bewegung in die statische Medienlandschaft gebracht und einiges bewegt. Die Tatsache, daß sich die privaten Sender der Wirtschaft angenommen haben, hat dazu geführt, daß Wirtschaft in den öffentlich-rechtlichen Sendungen jetzt wieder häufiger anzutreffen ist, und diese Programmsparte mehr Aufmerksamkeit erhält und erzielt.

Dazu ein Beispiel. Die ZDF-Wirtschaftssendung „WISO" erreichte im Januar 1990 eine Einschaltquote von 18 Prozent. Mit seinen Politikmagazinen dagegen kam der Mainzer Sender nur auf eine Quote von 13 Prozent. Ja, sogar alte Berührungsängste und Tabus legten die öffentlich-rechtlichen Programmanbieter ab, seit die private Konkurrenz Wirtschaftsthemen stärker in den Vordergrund ihrer Berichterstattung stellt. Die Frankfurter Börse und das öffentlich-rechtliche 3SAT-Programm fanden auf diese Weise zusammen, was vor wenigen Jahren noch undenkbar gewesen wäre.

Die Ursache für das wiedererwachte öffentlich-rechtliche Interesse an Wirtschaftsthemen ist nicht nur im natürlichen Nachahmungstrieb seiner Programmacher zu suchen, die immer häufiger einen Blick über den Zaun ins private Gehege wagen und von dort Anregungen für die eigene Programmgestaltung erhalten, sondern ist auch aus der Erkenntnis heraus erwachsen, daß Wirtschaft ihr Publikum hat, wenn es nur richtig angesprochen wird. Im Oktober 1987 ging die „Tele-Börse" auf Sendung, die täglich zunächst 30 Minuten, inzwischen schon eine Stunde lang über SAT 1 live aus dem Frankfurter Börsensaal über das Börsengeschehen informiert. Die stürmische Entwicklung auf dem Arbeitsmarkt steht allerdings im krassen Widerspruch zu den Einschaltquoten dieser Sendung, die doch eher niedrig sind.

Auch in der Gesellschaftsstruktur wurde das Interesse der Wirtschaft an Wirtschaftssendungen im Fernsehen sichtbar: Neben den Verlagen des „Handelsblattes", der „Börsenzeitung" und der „Springer AG" sind die „Deutsche Bank" und, mit kleineren Anteilen, die „Dresdner Bank", die „Commerzbank", die „BHF-Bank" und die „Girozentrale-Deutsche Kommunalbank" beteiligt. Mit dem journalistisch bedenklichen Nachteil allerdings, daß nahezu ausschließlich Analysen der beteiligten Banken-Experten Verbreitung finden.

RTLplus bietet seinem Publikum als Wirtschaftssendung beispielsweise „netto" an, das mit großer Fachkompetenz von „Capital" und F.A.Z. gestaltet wird und von Montag bis Freitag in der Zeit von 15.45 bis etwa 16.00 Uhr ausgestrahlt wird. Es enthält Nachrichten und Filme zum aktuellen Wirtschaftsgeschehen, Verbrauchertips, Interviews mit Wirtschaftsredakteuren sowie „Wirtschafts-Rätsel" als dem unterhaltenden Element.

Kein Wunder, daß bei der Vorarbeit der privaten Fernsehveranstalter die Öffentlich-Rechtlichen nachziehen. Nach der Funkausstellung in Berlin 1989 entdeckten sie die aktuelle Wirtschaftsberichterstattung als Lücke im Programm und versuchten, diese mit dem „Mittagsmagazin" von ARD und ZDF oder „3SAT-Börse" seither zu schließen. Außerdem steigt der Bedarf nach Wirtschaftsinformationen, was kein Sender auf Dauer ungestraft ignorieren kann.

Dennoch laufen uns deshalb die Zuschauer nicht gleich scharenweise zu. Es gibt eine Reihe medienspezifischer Fakten, die uns Programmanbieter nachdenklich stimmen sollten. Wissenschaftlich belegt ist, daß bei großer Programmvielfalt, wie im Kabel etwa, das Thema Wirtschaft zwischen 40 und 50 Prozent der Zuschauer verliert. Das gilt allerdings auch für Politik und Kultur, was uns nicht freuen sollte.

Nach Meinung vieler Fachleute wird Wirtschaft nicht verständlich genug erklärt. Die Berichterstattung, bemängeln sie, sei stark ritualisiert, und wer Gelegenheit hat, zum Beispiel die monatlichen Berichte über die neueste Arbeitslosenstatistik zu sehen, wird diese Kritik ohne Abstriche teilen. Wer aber nicht nah genug an seinem Publikum und dessen Interessen dran ist, wird mit Abschaltquoten bestraft. Das gilt ganz besonders für die Zielgruppe „Jüngere Generation“, die bisher ein geringes Interesse an Wirtschaft zeigt.

Gero Kalt

Info-Transport mit Schlagseite

Defizite bei den Nachrichtensendungen von ARD und ZDF

„Interessant und informativ, gefällig bis auffällig und vor allem verständlich“ sollen Nachrichtensendungen im Fernsehen sein. Sie müssen sich aus der Ereignislage des Tages ergeben und natürlich eines bringen: „das Wesentliche“. Dies forderte Dieter Kronzucker, vor Jahren selber verantwortlicher Nachrichtenmann beim ZDF.

Was aber ist das Wesentliche? Da rattern täglich 1200 Meldungen aus aller Welt auf die Redaktionstische, da stapeln sich 18 000 Schreibmaschinenzeilen, die alle wichtig scheinen. Kein Problem wäre es da, jeden Tag ein Taschenbuch mit 450 Seiten zu füllen. Doch eine 15-Minuten-Sendung? Da heißt es rigoros streichen.

Und wann ist etwas verständlich? Wer vom Bruttosozialprodukt redet, muß etwas bildhaft machen, was noch keiner gesehen hat. Dennoch geht seine Entstehung und Verwendung jeden Bürger an. Es dem Zuschauer angemessen zu erläutern, fällt nicht leicht. Tatsache aber ist: Professor Neunmalklug und Otto Normalverbraucher sitzen gleichzeitig vor dem Bildschirm, der eine blickt früher durch, der andere nie.

Eines, das versichern zumindest die Ökonomen immer wieder, gehört in jede Sendung: das Thema „Wirtschaft“. So bemüht sich Michael Jungblut, Leiter der ZDF-Wirtschaftsredaktion, unermüdlich darum, seinem Ressort eine Bresche ins Programm zu schlagen. Er begründet dies so:

„Ein Putsch in Südamerika, die Vertreibung eines korrupten Diktators in Fernost, eine Naturkatastrophe in Afrika bewegen zwar auch bei uns die Gemüter, aber wir bleiben dabei Zuschauer. Ganz anders bei ökonomischen Entwicklungen, da geht es um eigene Interessen, persönliche Sorgen, die eigene Lebenssphäre, denn jeder vor dem Fernseher ist selber Teil der Wirtschaft ... Ob Löhne, Preise oder Renten steigen, neue Arbeitsplätze geschaffen werden oder die Arbeitslosigkeit zunimmt, der deutsche Export durch protektionistische Maßnahmen gefährdet wird, eine neue Welle von Ölpreiserhöhungen droht, Chemieunfälle das Trinkwasser verseuchen, der Konkurs eines Großunternehmens Arbeitsplätze kostet – all dies sind keine abstrakten Vorgänge. Es sind vielmehr Ereignisse, die Tausende oder gar Millionen Menschen ganz unmittelbar und konkret betreffen oder betroffen machen. Es wäre deshalb mehr als merkwürdig, wenn beim breiten Publikum grundsätzlich kein Interesse an wirtschaftlichen und sozialen Fragen vorhanden oder zu wecken wäre."

Dies klingt plausibel. Und wird auch von anderer Seite verfochten. So stellt der frühere Herausgeber der „Frankfurter Allgemeinen Zeitung", Jürgen Eick, einem seiner Bücher kategorisch den Satz voraus: „Wirtschaft geht jeden an." Und der Nobelpreisträger Paul A. Samuelson weist im Vorwort zu seinem Standardwerk „Volkswirtschaftslehre" darauf hin: „Man wird während seines ganzen Lebens mit wirtschaftlichen Problemen konfrontiert. Als Wähler muß man Dinge beurteilen, die ohne grundlegende volkswirtschaftliche Kenntnisse kaum verstanden werden können." Was liegt also näher, als die täglichen Nachrichtensendung – die Transporteure alles Wichtigen – großzügig mit „Wirtschaft" zu beladen?

„Dem wird wohl so sein", mag der Durchschnittsbürger in seinem unerschütterlichen Glauben an einen fast offiziellen Auftrag der Institutionen „Tagesschau" und „heute" denken. Alles was wichtig sei, werde hier doch wohl aufgegriffen. Und alles was hier verkündet werde, sei auch wichtig.

Wenn dann aber Kritiker das Gegenteil behaupten und die „heiligen Kühe" des Fernsehens aufscheuchen, schreckt der Durchschnitts-Zuschauer verblüfft auf. Er muß sich fragen: Liefern uns Friedrichs, Eser, Berghoff, Wieben und Co. etwa doch nur die halbe Wahrheit ins Haus? Gibt es Brisantes, Wissenswertes oder Nützliches, von dem uns die Götter des Bildschirms nichts verkünden? Verstehe ich eigentlich wirklich alles, was mir da serviert wird?

Den aufmerksamen Medien-Beobachter überrascht die Kritik an den Nachrichtensendungen von ARD und ZDF dagegen nicht. Seit Jahren fordern Kritiker vor allem mit Blick auf die Wirtschaftsberichterstattung Verbesserungen ein. So monierte der Journalist und Leiter der Georg-von-Holzbrinck-Schule für Wirtschaftsjournalisten, Ferdinand Simoneit: „Wir sagen so gern das edle Wort: ‚Im Mittelpunkt der Wirtschaft steht der Mensch.' Ja, da steht er wirklich – und ist verwirrt. ‚Währungsschlange' hört dieser Arme, sieht abends im Fernsehen, wie ein Rastelli mit einem Dutzend Telefonen jongliert und liest am nächsten Tag, gestern abend habe die Bundesbank den Dollar wieder mit 80 Millionen ‚stützen' müssen."

Simoneit verweist auf eine Umfrage der Gesellschaft für Sozialpsychologie. Von 2300 Bürgern hielt nur „jeder fünfte Befragte Berichte über wirtschaftliche Ereignisse für verständlich". Das muß die Journalisten aufschrecken. Denn: 40 Prozent der Berufstätigen und 52 Prozent der Arbeiter erklärten, sie würden sich stärker für wirtschaftliche Themen interessieren, wenn ihre Darstellung verstehbarer wäre.

Auch andere Kritiker – vor allem in den beiden wöchentlich erscheinenden Informationsdiensten „Medienspiegel" und „Medien-Kritik" – prangern regelmäßig Lücken an. Folgende Klagen sind zu lesen:

- Wirtschaftsthemen fristen in den Nachrichtensendungen ein klägliches Schattendasein; nur ein Bruchteil der täglichen Meldungen behandelt ökonomische Fragen. Die Sendungen sind auf wenige Themen getrimmt, die an einer Hand abzuzählen sind.
- Den meisten Meldungen mangelt es an notwendigen Erläuterungen, Zusammenhängen und Hintergründen. Welcher Zuschauer kann schon einschätzen, was Lombardsatz, Teuerungsrate oder Subventionen sind, und welche konkreten Auswirkungen die eben verkündete Neuigkeit für seine persönliche Situation hat?
- Der Wirtschaftsbürger sieht sich mit einer immer größeren Flut von Einzelinformationen und Detailwissen konfrontiert, findet sich gleichzeitig in seinem wirtschaftlich-sozialen Umfeld aber immer weniger zurecht.
- Die Auswahl der Themen hängt allzu oft von subjektiven politischen Vorlieben der Journalisten ab. Diese orientieren sich allzu häufig an Kollegen und Vorgesetzten, weniger an den Bedürfnissen des Publikums.
- Die Moderatoren der Journale tendieren dazu, ihre persönliche Meinung überzubetonen, auch wenn ihr Beitrag nicht als Kommentar gekennzeichnet ist.
- Die Journalisten greifen Wirtschaftsthemen oftmals erst auf, wenn es etwas zu enthüllen oder anzuklagen gibt. Es muß erst ein Unglück geschehen, um ihre Aufmerksamkeit zu erregen. Dies aber führt insgesamt zu einer Verzerrung der Wirklichkeit.
- Verlautbarungen verdrängen die wirklichen Ereignisse, „inszenierte" Nachrichten, ausgelöst durch Pressekonferenzen oder Mitteilungen interessierter Kreise, dominierten.
- Die Präsentation ist stereotyp und langweilig, sie kann die notwendige Aufmerksamkeit nicht erregen.

Solche Vorwürfe verlangen nach einer Überprüfung. Hierzu analysierte der Autor die Nachrichtensendungen bei ARD und ZDF vom 30. März 1990 bis zum 30. April 1990. Unter der Woche wurden „Tagesschau“ (20 Uhr),„Tagesthemen“ (22.30 Uhr), „heute“ (19 Uhr) und das „heute-journal“ (21.45 Uhr) ausgewertet, am Wochenende ersetzten die Spätnachrichten gegen 22 Uhr die beiden Journale.

Insgesamt wurden 126 Sendungen analysiert. Sie enthielten 1949 Einzelmeldungen (kurze Ansagen oder Filmbeiträge). Lediglich 316 davon (16,2 Prozent) behandelten Wirtschafts- oder Finanzthemen. ARD und ZDF zeigten dabei eine erstaunliche Ausgeglichenheit. 164 (51,9 Prozent) sendete die ARD, 152 (48,1 Prozent) das ZDF. 252 Wirtschaftsmeldungen betrafen Deutschland, 64 den Außenhandel oder ganz das Ausland.

Die Zahlen zeigen, daß der Anteil an Wirtschaftsbeiträgen in den Nachrichten nicht sehr hoch ist. Anlaß zum Nachdenken müßte weiterhin die inhaltliche Verteilung geben. Bei den Deutschlandthemen dominierten drei Bereiche. So war das Thema Währungsunion/Umtauschkurs mit 115 Nennungen der absolute Renner. Es folgten die „Tarifverhandlungen“ in unterschiedlichen Gewerben (39) und die „U-Boot-Affäre“ um den Handel mit Südafrika (9). Insgesamt belegten diese drei Komplexe 64,6 Prozent der gesamten Wirtschaftsberichterstattung. Weitere rund 40 Einzelthemen wurden nur kurz angeschnitten (meist je ein bis zwei Meldungen) und verschwanden dann wieder aus den Schlagzeilen. Das Themenspektrum wurde noch zusätzlich eingeengt. Denn auch die meisten Einzelthemen hingen mittelbar mit der Währungsunion zusammen, zumindest aber mit der Vereinigung der beiden deutschen Staaten. Einige Beispiele: „DDR-Produktion“, „Mietrecht DDR“, „DDR-Kredite“, „Tankstellen in der DDR“, „Erdgas in die DDR“, „Berlin-Zulage“, „Beteiligung an volkseigenen Betrieben“.

Aktuelle Informationen aus der Bundesrepublik zu Themen wie „Baupreise“, „Konjunkturprognose 90“, „Aufschwung am Arbeitsmarkt“, „Verbraucherpreise“, „Schäden durch Schwarzarbeit“ hatten Seltenheitswert.

Ähnlich unbefriedigend war die Auswahl bei den Auslandsthemen. Führend war hier der Wirtschaftsboykott der UdSSR gegen Litauen (28 Meldungen; 43,8 Prozent). Es folgte die EG-Agrarpolitik (11; 17,2 Prozent) und die KSZE-Konferenz (9; 14 Prozent). Diese drei Felder besetzen somit 75 Prozent der Wirtschaftsmeldungen aus dem Ausland. Lediglich 16 Meldungen (25 Prozent) verblieben für andere Themen.

Nun könnte man unterstellen, daß es im Beobachtungszeitraum keine wichtigen Wirtschaftsthemen gab. Ein Blick in die überregionalen

Tageszeitungen belegte aber das Gegenteil. Hier eine Auswahl von Themen, denen jeweils aktuelle Meldungen zugrunde lagen: „Freie Berufe in EG haben große Chancen“, „Günstige Wirtschaftsentwicklung für Textilindustrie“, „Stimmungsumschwung an internationalen Rohstoffmärkten“, „Unzufriedenheit mit Arbeitsämtern“, „Mit Kernenergie gegen Luftverschmutzung“, „Wachstumsbremse im verarbeitenden Gewerbe“, „Handel investiert am Binnenmarkt“, „Banken rechnen mit steigenden Zinsen“, „EG-Kommission will Versicherungsmarkt liberalisieren“, „Dauerstreit um Zins- und Tilgungsrechnung – Stiftung Warentest rügt Kreditinstitute“, „Umweltsonderausgaben verfehlen oft ihr Ziel“, „Kräftiger Preisanstieg für Metalle“.

Der Vergleich zeigte: Branchenentwicklungen und Meldungen über die EG spielten in den Nachrichten nur äußerst selten eine Rolle. Dies ist unverständlich. Denn nahezu alle Arbeitnehmer und Arbeitgeber im Exportland Bundesrepublik sind von den Brüsseler Weichenstellungen betroffen. Sie enthielten Informationen, die für Millionen von Zuschauern interessant gewesen wären. So gut wie gar keine Rolle spielte der Mittelstand, der immerhin die Stütze unseres Wirtschaftssystems ist. Auch das Jahrhundertthema „Arbeitslosigkeit“, eines der Kernprobleme aller Industrieländer, spielte immer nur dann eine Rolle, wenn die „Bundesanstalt für Arbeit“ wieder einmal ihre monatlichen Zahlen vorgelegt hatte.

Fairerweise muß natürlich gefragt werden: Waren die tatsächlich gesendeten Themen wichtiger? Wohl kaum. Hier eine Auswahl von Meldungen, die von Hauptnachrichtensendungen mit ihrem Massenpublikum (ca. 10 Millionen Zuschauer) nicht unbedingt hätten behandelt werden müssen: „Wahlen in Zimbabwe“, „Explosion in einem australischen Flüssiggaslager“, „Italien: Festnahme eines Mafia-Mitgliedes“, „Wahltermin in Bulgarien festgelegt“, „Peru vor den Parlamentswahlen“, „Tel Aviv: Demonstration für Reform des Wahlsystems“, „Kanadische Bisons durch Seuche gefährdet“, „Italiens Kirche in finanziellen Nöten“, „Japan: erste internationale Gartenausstellung in Osaka“.

Warum wählten die Verantwortlichen diese Beiträge trotzdem aus? Es ist zu vermuten, daß die Redaktionen ihre Sendungen abwechslungsreicher gestalten wollten. So streute man neben einigen obligatorischen „hard news“ eben die oftmals unwichtigeren aber bunteren Filmchen und Bilder aus Kultur und Sport ein. Ob das Kriterium der „Abwechslung“ allerdings für reine Informationssendungen angemessen ist, darf bezweifelt werden.

In den meisten Fällen hielten die Journalisten solche Ereignisse für sendefähig, die eine Veränderung der Wirklichkeit anzeigten. Das

„Normale“ kam kaum vor. Wissenschaftler melden zu diesem Trend Bedenken an: Es seien vor allem die Nachrichtensendungen von ARD und ZDF mit ihrer hohen Glaubwürdigkeit, die Werte und Normen vorgäben, nach denen Themen – zumindest nach ihrer Wichtigkeit – beurteilt werden. Dominierten hier Abweichungen von der Norm, so führe dies zu einer falschen Einschätzung der Wirklichkeit. Zumindest werde dem Zuschauer ein Zerrbild vermittelt. Er halte das Außergewöhnliche für normal, den Normalfall für abwegiger.

Ein Beispiel hierzu lieferte Professor Dr. Kurt Biedenkopf in einer Rede vor dem Verband deutscher Zeitschriftenverleger Ende 1989. Sein Institut hatte eine Umfrage über die Wohnungssituation in der Bundesrepublik gemacht. Fast 80 Prozent der Befragten bezeichneten dabei ihre Wohnverhältnisse als gut bis sehr gut. Trotzdem meinten 65 Prozent, es herrsche eine Wohnungsnot in der Bundesrepublik. Ähnliches zeigte eine Umfrage bei Rentnern. 80 Prozent seien mit ihrer Rente zufrieden gewesen. Aber eine fast gleich große Zahl war der Meinung, die Rente insgesamt sei unzureichend.

Biedenkopf kam zu dem Schluß: Die Befragten hatten als allgemeine Befindlichkeit reproduziert, was ihnen via Medien als Wirklichkeit vorgestellt wurde. Dieses Phänomen könne schlimme Konsequenzen haben. Denn: „Die Politik handelt auf der Grundlage der vorgestellten Wirklichkeit. Es ist die einzige Wirklichkeit, die man als Befund diskutiert.“ So bestehe die Gefahr, daß politische Fehlentscheidungen getroffen werden. Biedenkopf: „Dann findet politisches Handeln mit Wirkungen statt, die kein Mensch voraussehen kann.“

Eine Besonderheit zeigten die „Tagesthemen“: Subjektive Elemente waren hier häufiger als in den anderen Sendungen. Trotz der zahlreichen Kommentare – es gab in jeder Sendung einen – nahm der Moderator Hanns Joachim Friedrichs immer wieder Stellung zu einzelnen Beiträgen. Friedrichs versteht sich weniger als „Ansager“ denn als „kommentierender Überleiter“. Abgesehen davon bleibt aber festzuhalten: Vorwürfe der gezielten Manipulation bestätigten sich insgesamt nicht.

Die gelegentlich geäußerte These, die ARD bevorzuge eher „linke“ Themen, während das ZDF eher „rechte“ Themen akzentuiere, ließ sich nicht nachweisen. Hierbei ist allerdings anzumerken: Um eine halbwegs tragbare Aussage machen zu können, hätte die gesamte Nachrichtenlage überprüft werden müssen. Dies war nicht möglich.

Interessant war auch die Positionierung der Beiträge im Ablauf der Sendung. Unterstellt man, daß die Themen entsprechend ihrer Wichtigkeit hintereinander aufgereiht werden, bestätigte sich: Wirtschaft führt ein Schattendasein. Lediglich 22mal rangierten Wirtschaftsthemen an erster Stelle. Alleine 16mal davon betraf es das Thema Währungsunion/Umtauschkurs, ein gleichfalls hochpolitisches Thema. Nur sechsmal rückten andere ökonomische Themen nach vorne, unter diesen dominierte der Streik in der Metallindustrie.

Deutlich zeigt sich die Wirtschaftsabstinenz auch in den Kommentaren. Die wohl eher geisteswissenschaftlich ausgebildeten Chefredakteure der ARD bezogen in ihren 22 Kommentaren nur viermal Stellung zu ökonomischen Fragen. Das sind gerade 18,2 Prozent. Geradezu typisch für die Wirtschaftsabstinenz der Oberen ist ein Interview mit dem für „heute" und „heute-journal" verantwortlichen Leiter der ZDF-Hauptabteilung „Aktuelles", Peter Voß. Im Juni 1989 gestand er der „Welt": „Wir müssen noch stärker sichtbar machen, daß Nachrichten nicht nur aus Politik bestehen, sondern aus Kultur, Sport, aus Architektur und Mode, vor allem aber aus Naturwissenschaft und Technik – da haben wir Defizite." Wem ist es aufgefallen? Die Wirtschaft wird gar nicht erwähnt.

Ein weiterer Punkt untermauert statistisch den Mangel. So fand der Mainzer Kommunikationswissenschaftler Professor Dr. Hans Mathias Kepplinger für das Jahr 1986 heraus: Die Berichterstattung über die Wirtschaftspolitik ging vom Jahresanfang bis zum Jahresende mit einigen Schwankungen insgesamt deutlich zurück (in: „Der Einfluß der Fernsehnachrichten auf die politische Meinungsbildung", München 1989). Demnach war der von mir untersuchte Monat April ein eher günstiger Zeitraum für Wirtschaftsthemen. In anderen Monaten griffen die Redakteure noch seltener zu.

Ein zweiter Aspekt belegt die Befürchtung: Im Frühjahr 1990 dominierte mit der Wirtschaftsunion ein ebenfalls politisch hochbrisantes Thema. Ähnlich vorherrschende ökonomische Themen gibt es selten, mit Ersatz ist daher in „normalen" Zeiten kaum zu rechnen.

Einige Kritikpunkte zur Nachrichtenauswahl sollen jetzt kurz an den Beispielen „Tarifkonflikt in der Metallindustrie" und „Litauen" dargestellt werden.

Insgesamt berichteten ARD und ZDF 39mal über die Tarifparteien. Hatte sich die Redaktion zu einer Meldung entschlossen, so waren meist bestimmte Auslöser vorangegangen. Entweder hatte es einen Streik gegeben, oder ein führendes Mitglied einer Tarifpartei hatte sich publikumswirksam zu Wort gemeldet. So sah der Zuschauer vorwiegend Demonstranten mit Transparenten oder Funktionäre, die ihre Verhandlungen öffentlichkeitswirksam vor den Kameras weiterführten.

Hier zeigte sich ein typisches Auswahlkriterium für die Berichte. Die Initiative zur Berichterstattung ging in den seltensten Fällen von den Redaktionen aus. Obwohl die Kontrahenten seit einigen Wochen verhandelten, versuchte man selten, Hintergründe oder Zusammenhänge der Konflikte zu verdeutlichen. Niemand versuchte eine Erklärung, welche Auswirkungen eine Lohnerhöhung von x-Prozent auf Unternehmen und Wirtschaft haben. Es gab keine Erläuterung, ob denn nun die 35-Stunden-Woche wirklich Arbeitsplätze schaffen kann. Etwas ausführlicher waren die Journale, doch auch sie kamen dem Informationsbedürfnis nur selten zufriedenstellend nach.

Daß Streiks und Demonstrationen der Gewerkschaften besonders häufig gezeigt wurden, dürfte sich aus den Anforderungen des Mediums Fernsehen ergeben haben. Es verlangt nach aussagefähigen Bildern. Filmberichte von originellen Aktionen, wütenden Arbeitern und protestierenden Demonstrationszügen vermittelten bleibendere Eindrücke als die immer wieder monoton wiederholten Statements der Verantwortlichen beider Seiten. Ein Kritikpunkt der Arbeitgeber, das Fernsehen werde so zum „Werbeträger“ für Gewerkschaftsforderungen, war durchaus berechtigt. Stimmungsbilder waren gefragt. Und die lieferten die mobilisierten Arbeitnehmer. So mangelte es an Hintergrundinformationen, die auch nicht von den Wirtschaftssendungen geliefert wurden.

Auch die Wirtschaftsberichterstattung über Litauen basierte alleine auf Tagesaktualität und offiziellen Verlautbarungen. Die 28 Berichte (16 ARD; 12 ZDF) erläuterten meist schlagwortartig den neuesten Stand: „Moskau droht Litauen mit Boykott“, „Beratungen in Litauen über Boykottdrohungen“, „Moskau kürzt Gaslieferungen“, „Präsident Bush verhängt keine Sanktionen gegen Moskau“, „Moskau will Wirtschaftsblockade leicht lockern“.

Diese Berichterstattung ähnelte einem Ping-Pong-Spiel. Das Thema wurde kurz angetippt, damit war die Sache erledigt. Zusammenhänge wurden selten hergestellt. Die Meldung von gestern hatte schon heute keine Bedeutung mehr.

Was fehlte? Gelegentlich hätte man in ein oder zwei Nebensätzen etwas zur Unabhängigkeitserklärung Litauens anmerken müssen. Wichtig wären Informationen zur wirtschaftlichen Lage des Landes gewesen. Wie sind die Beziehungen zur UdSSR? Wer ist in welchen Bereichen von wem abhängig? Welche Auswirkungen haben die Boykotte für wen? Wie steht es um den litauischen Außenhandel? In welchen

Bereichen ist Litauen auf Hilfe angewiesen, wo ist das Land selbst stark? Etwas informativer waren hier die Journale.

Die vordergründige Berichterstattung sowohl über Litauen als auch über die Tarifkonflikte hatte oft ein und dieselbe Ursache: die zahlreichen nichtssagenden Statements und Gegenstatements von Politikern und Interessenten. Kam einmal ein Beteiligter zu Wort, so wurden nicht selten alle anderen am Prozeß Beteiligten ebenfalls gehört.

Das Schema ist immer gleich. Da stellt ein Vertreter der einen Partei eine Forderung, die vom Experten der anderen anschließend verworfen wird. Um den Proporz zu wahren, kommen dann noch eine dritte oder vierte politische Gruppierung zu Wort. In gleicher Länge. Damit kommen die Erbsenzähler zu ihrem Recht, obwohl kein Befragter etwas Konkretes sagt. Kostbare Zeit wird so vertan.

Typisch war die Sendung „heute“ am 30. April 1990. Sprecher Claus Seibel erläuterte die Lage: „Erste Warnstreiks in der Metallindustrie nach Ablauf der Friedenspflicht. Nach Angaben der „IG-Metall“ beteiligten sich dort rund 65 000 Arbeitnehmer, die Arbeitgeber sprachen von 28 000. Die Gewerkschaft wertete die Warnstreiks als vollen Erfolg und als Prüfstein für einen eventuellen Arbeitskampf. Die Forderungen in der noch laufenden Tarifrunde lauteten Einführung der 35-Stunden-Woche und 8,5 Prozent Lohnerhöhung. Die Arbeitgeber haben bisher 5 Prozent angeboten und wollen erst später in Verhandlungen über eine Verkürzung der Arbeitszeit eintreten.“ Damit waren die Positionen klar.

Der interessierte Zuschauer hätte jetzt eine Einschätzung der unterschiedlichen Positionen erwarten können. Was bedeuten eigentlich diese Forderungen? Sind sie angemessen? Finanzierbar? Sicherlich hätten die Gewinnentwicklung der Unternehmen in den vorangegangenen Jahren, eine Konjunkturprognose für die Metaller, die Auftragslage oder ähnliches zum Verständnis beigetragen. Statt dessen folgte ein Filmbericht, in dem exakt die Fakten wiederholt wurden, die der Sprecher vorher verkündet hatte. Der Vertreter des Verbands der Metallindustrie, Dieter Hundt, hielt vor einem Wahlplakat seines Verbandes stehend ein Statement zur Einschätzung der Streikbereitschaft – „Beteiligung gering, weniger als ein Drittel der Beschäftigten“. Das Gegenteil behauptete Edgar Schmidt von der „IG-Metall“. Der Gewerkschafter machte ähnlich in Propaganda und sprach von einem „guten Tag für die ‚IG-Metall‘“. Wenn die Arbeitgeber den Erfolg der Aktion nicht sähen: „Das kann uns nicht jucken.“

Danach stellte „heute“ noch die Spitzenvertreter der beiden Gegenparteien vor und gab auch ihnen die Möglichkeit, die bereits genannten

Forderungen erneut zu propagieren. Franz Steinkühler kritisierte eine „Leistungsschraube der Arbeitgeber“. Arbeitgeberpräsident Klaus Murmann forderte, die Gewerkschaft solle seinen „Kompromiß jetzt endlich verhandeln“. Das Angebot sei gut. „heute“ präsentierte Floskeln, wie sie von Tarifpartnern während schwieriger Verhandlungen nicht anders zu erwarten sind. Informationen, die es dem Zuschauer ermöglichten, sich ein eigenes Urteil zu bilden, gab es keine.

Die Nachrichtenredakteure wehren sich natürlich gegen solche Vorwürfe. Ihre Antworten auf die Kritik:

- In den wenigen Minuten, die kurz zuvor der Hollywoodheld für seinen Schmerzentod brauchte, rasten nun drei Minister, zwei Kriege, drei Konkurse und vier Länder über den Bildschirm. Für Erläuterungen sei eben wenig Zeit, wenn man bedenke, daß in einer 15-Minutensendung gerade soviel Text gesprochen werde wie auf eine Drittel Zeitungsseite passe. Quantität – erst recht in Wirtschaftsfragen – sei ihre Sache daher nicht. Wirtschaftsthemen seien nur dann interessant, wenn sie Auswirkungen auf grundsätzliche politische Strukturen hätten. Und da gebe es eben nur wenige.
- Das Fernsehen sei nicht die Schule der Nation, die Nachrichtensendungen schon gar nicht. Für Analysen gebe es spezielle Wirtschaftssendungen.
- Das Massenpublikum sei so heterogen, daß gerade Sendungen mit zehn Millionen Zuschauern nicht auf jeden einzelnen Rücksicht nehmen könnten.
- Die Auswahlkriterien müßten sich an der Aktualität orientieren, die Nachricht müsse gerade „am kochen“ sein.
- Die Präsentation habe sich bewährt, dies zeige vor allem die hohe Glaubwürdigkeit. Die geforderte Objektivität sei durch stereotype, eingefahrene und jahrelang erprobte Formeln am ehestens zu gewährleisten. Spielereien verstärkten den subjektiven Effekt.
- Manipulation werde nicht versucht. Zu Kritisierendes müsse eben beim Namen genannt werden, und eine negative Meldung sei journalistisch immer noch interessanter als der funktionierende Alltag. Außerdem sei „Objektivität“ ein Kriterium, dem niemand entsprechen könne.
- Warum soll man Sendungen verändern, die von vielen Zuschauern immer wieder eingeschaltet werden. Man sei nicht umsonst in Sachen Information gegenüber den Privaten führend.

Argumentationshilfe bekommen die Macher vom Dortmunder Wissenschaftler Jürgen Heinrich. Er nennt einige Ursachen dafür, warum gerade Wirtschaftsnachrichten so schwierig in Kürze zu vermitteln sind:

„Für die Wirtschaft sind Darstellungsformen wichtig, die erklären, analysieren, argumentieren und Zusammenhänge aufzeigen; Meldungen sind daher weniger geeignet als Bericht, Kommentar und Analysen. Notwendig sind Darstellungsformen, die das inhaltlich oft fehlende Unterhaltungselement bieten können, also Reportage, Glosse, Interview oder Porträt."

Auch sei das Kriterium der Aktualität für die Wirtschaft nur begrenzt tauglich. Wirtschaft sei sehr komplex und eher als langwieriger Prozeß angelegt. Wirtschaftsthemen seien oft nicht anschaulich, eindeutig, einfach, konkret, präzise und zeitpunktbezogen. Hinzu komme: Wirtschaft habe keinen Unterhaltungswert. Prägende Elemente wie Prominenz des Handlungsträgers, Dramatik, Kuriosität, Sex und Konflikt tauchten nur selten auf.

Die Zwänge sind also da. Sie laden die Verantwortlichen nicht gerade zum Zugreifen ein. Trotzdem müssen auch die Verantwortlichen von „Tagesschau" und „Tagesthemen", „heute" und „Heute-journal" immer wieder über die Verbesserung der Sendungen nachdenken. Sie sollten erkennen:

- Wirtschaft betrifft jeden, als Konsumenten, Autofahrer, Versicherten, Angestellten, Häuslebauer, Kleinanleger, Rentner, Sparer oder Unternehmer. Für die meisten ist das Fernsehen die Informationsquelle Nummer eins.
- Das Interesse an Wirtschaftsthemen hat in den letzten Jahren enorm zugenommen. Diese Entwicklung hängt auch damit zusammen, daß immer mehr Menschen am Produktivkapital beteiligt sind. Millionen sind zu Beteiligten geworden, was in den fünfziger und sechziger Jahren noch nicht der Fall war.
- Nur wenn Nachrichten verständlich sind und den Eindruck vermitteln, daß man persönlich angesprochen ist, bleiben sie haften. Zwar verweisen die Anstalten darauf, daß ihre Nachrichtensendungen wahre „Einschaltrenner" (oft 10 Millionen Zuschauer) sind. Doch eine Untersuchung des Duisburger Sprachwissenschaftlers Ulrich Schmitz, der von 1978 bis 1988 die „Tagesschau" analysierte, kam zu folgendem Ergebnis: Die meisten Zuschauer haben nach der Sendung Themen und Inhalte der meisten Beiträge vergessen. Sie

hätten nur das trügerische Gefühl, etwas verstanden zu haben, weil ihnen die sich immer aufs neue wiederholenden sprachlichen Elemente so vertraut sind. Eine Untersuchung an einer Hauptschule, die die „Süddeutsche Zeitung" im August 1988 veröffentlichte, unterstreicht diese Ergebnisse: „Unsere Hauptschüler verstehen die Nachrichten kaum." Von den insgesamt 2259 abgegebenen Erklärungen zu gängigen Fremdwörtern waren nur 94 (4,2 Prozent) richtig. „Binnenwirtschaft" wurde zur „Wirtschaft auf Flüssen", mit den Begriffen „Lobby" oder „Diskontsatz" konnte keiner etwas anfangen, das Zauberwort der EG-Agrarpolitik, „Subventionen", wurde nur von einem Schüler richtig erfaßt. Schlagwortartige Nachrichten ohne einen erläuternden Satz zu diesen Komplexen und damit die journalistische Arbeit sind für diese Zielgruppe überflüssig.

- Gerade ökonomische Themen können nicht ohne Zusammenhänge verstanden werden. Die Meldung „Subventionen erhöht" ist nur dann interessant, wenn man den Kreislauf kennt und weiß, wie und wo sich die Änderung konkret für einen persönlich auswirkt.

- Zwar verbesserte sich die Berichterstattung in den letzten Jahren nicht zuletzt unter dem Druck der privaten Konkurrenz erheblich – neue Magazine mit neuen Ideen wurden vor allem in den Dritten Programmen eingeführt. Doch dies reicht nicht aus. Es dominieren mikroökonomische Themen, eher willkürlich herausgegriffene Tips und Ratschläge. Es fehlt der Überblick.

- Die Betroffenen klagen. So ergab eine Umfrage bei rund 6400 Unternehmern und Managern, die von den 13 Industrie- und Handelskammern Norddeutschlands im Juli 1989 durchgeführt wurde: Zwei Drittel waren mit den Wirtschaftsinformationen von ARD und ZDF nicht zufrieden. Moniert wurde vor allem eine schlechte Recherche. Die Konsequenz: Führungskräfte in der Wirtschaft informieren sich eher in Printmedien.

- Die Einschaltquoten gehen seit Jahren zurück.

- Wer seine Zukunft darauf aufbauen will, gerade in Sachen Information unschlagbar zu sein, der muß auf der Hut sein. Als Konkurrent könnte schon bald ein Nachrichtenkanal à la „Cable Network News" (CNN) in der Bundesrepublik auftauchen, der rund um die Uhr wichtige Informationen und Hintergründe liefert und ARD und ZDF in diesen wichtigen Informationsbereich verdrängt. In den USA rangiert Ted Turners CNN bereits auf dem zweiten Platz der Beliebtheitsskala im Kabelfernsehen, etwa 35 Millionen Haushalte verfolgen regelmäßig die aktuellen Nachrichtensendungen. Auch Franzosen bereiten sich auf ein solches Programm vor, die Engländer haben es bereits mit „Sky News“.

Selbstverständlich mußten sich die Verantwortlichen in den vergangenen Jahren immer wieder der Diskussion stellen. Dies bleibt bei einem Medium, das in der Öffentlichkeit eine derartige Beachtung findet, nicht aus. Hinzu kommt der immer drückender werdende Konkurrenzkampf. Die Privaten zwingen ARD und ZDF – die sich immerhin als Informationssender Nummer eins verstehen – zu permanenter Selbstreflexion. Dabei gab es auch immer wieder Anregungen:

- Mehr Menschen und Trends gehören in den Mittelpunkt. Die Meldungen werden anschaulicher und verdaulicher;
- Die Sendungen müßten länger werden. So könnte an einem Tag, an dem eine Redaktion etwa die Tarifverhandlungen als Thema Nummer eins einstuft, ein kurzer Hintergrund im Anschluß Zusatzinformationen vermitteln. Darüber hinaus könnte darüber nachgedacht werden, ob eine längere Nachrichtensendung (etwa 45 Minuten) nicht auch am früheren Abend (18.30 Uhr) sinnvoll wäre. In den USA hat sich diese Zeit jedenfalls bewährt. Eine Hauptnachrichtensendung um 22.30 Uhr dürfte für den selbsternannten Info-Kanal Nr. 1 eigentlich ein Witz sein. Auch wenn dies eine Diskussion über die Ausdehnung der Werbezeiten wieder in Gang setzt;
- Die Visualisierung könnte verbessert werden. Kurze Erklärstücke mit Graphiken, Tabellen, Synopsen, Zeichnungen oder Schaubildern gehören öfter dazu;
- Mehr Kommentare müßten Wirtschaftsfragen behandeln, da sich die Kernpunkte in dieser journalistischen Stilform besser herausarbeiten und einordnen lassen;
- Intensiver müßten Gutachten unabhängiger Institute erläutert werden. Sie bieten immer wieder aktuelle und wichtige Ansatzpunkte. Das bloße Erwähnen von Kernzahlen reicht nicht aus, dafür geben die Berichte zu viel Fundiertes her;
- Die Journalisten sollten häufiger externe Wirtschaftsexperten zu Rate ziehen, deren Urteilsvermögen bei der Themenauswahl- und aufbereitung nützlich sein kann;
- Die Verantwortlichen müssen mehr Sinn und Gespür für die Wichtigkeit wirtschaftlicher Themen entwickeln. Dies könnte durch eine gelegentliche Rotation erreicht werden. Für einen gewissen Zeit-

raum sollten die Nachrichtler bei den Wirtschaftlern hineinschnuppern und umgekehrt.

- Zwischen den Redaktionen müßte eine optimale Abstimmung erfolgen. Nach der Meldung kann der „Tagesschau"-Sprecher kurz auf erläuternde Hintergrundbeiträge im Magazin hinweisen.
- Auch könnte der Einfluß der Wirtschaftsredaktionen bei der täglichen Nachrichten-Konferenz verstärkt werden. Warum sollte man den Wirtschaftsredaktionen an normalen Tagen nicht einen bestimmten Prozentsatz der Meldungen zubilligen? Wie bei einigen amerikanischen Sendern könnten thematische Spartenblöcke eingeführt werden, die Mindestzeiten für Themenschwerpunkte garantieren.

Johannes Gross / Manfred Schumacher

Publikumswirksamer Meinungsjournalismus

Defizite bei den Polit-Magazinen von ARD und ZDF

„Unabhängig oder einseitig, solide recherchiert oder oberflächlich, aktuell oder verstaubt, spannend oder langweilig: Wie empfinden Sie die Berichterstattung über Wirtschaft in politischen Magazinen von ARD und ZDF?" Eine Frage, die, von einem Meinungsforscher wirklich repräsentativ gestellt und ausgewertet, im Detail zweifellos aufschlußreiche Ergebnisse zu Tage brächte. Mit stark differierenden Ein- und Ansichten je nach Sendungstyp und soziologischer Struktur der Befragten selbstständlich.

Idealerweise käme ein getreues Spiegelbild der Meinungen und Sehweisen von fünf bis sechs Millionen Bundesbürgern zustande, die sich mehr oder weniger regelmäßig eines oder mehrere der von ARD und ZDF ausgestrahlten Politmagazine von „Report", „Panorama" über „Monitor" bis „Kontraste" und „Studio 1" anschauen. Allerdings liegt die Vermutung nahe, daß sich in der Addition der Zuschauer aller politischen TV-Magazine eine wesentlich höhere Zahl ergibt, weildie meisten dieser Sendungen über eine weitgehend geschlossene und treue Anhängerschaft verfügen. Es erübrigt sich fast zu erwähnen: Eine derart qualitative und aufwendige Untersuchung steht bislang aus.

Klarheit herrscht allerdings darüber, was die direkt Betroffenen, die Akteure des Wirtschaftens also, von der Berichterstattung über Wirtschaft generell im deutschen Fernsehen halten. Wobei die Umfrage den Vorzug relativer Frische besitzt, aber mit dem Makel behaftet ist, daß sie nicht von einem unabhängigen Institut, sondern von der Zielgruppe selbst, repräsentiert von 13 bundesdeutschen Industrie- und Handelskammern, definiert und durchgeführt wurde. Bei so direkter Betroffenheit fällt es verständlicherweise besonders schwer, subjektive Eitelkeiten von objektiven Argumenten sauber zu trennen.

Das Urteil der befragten 6400 Unternehmer und Manager jedenfalls fiel in jeder Hinsicht vernichtend aus. Gut zwei Drittel zeigten sich unzufrieden mit der Berichterstattung in ARD und ZDF – die privaten

Sender schnitten keineswegs besser ab. Die Industriekapitäne fühlten sich schlecht behandelt, ihre Aktivitäten falsch verstanden und interpretiert. Ihre Vorwürfe gipfelten in der Ansicht, die Berichte seien „einseitig" in ihrer Darstellung – das meinten 43 Prozent der Befragten – und „nicht ausreichend recherchiert" (41 Prozent). Womit die politischen Magazine ausdrücklich ebenso gemeint sind wie Nachrichtensendungen oder aktuelle Sonderberichte und ausgesprochene Wirtschaftsmagazine.

Wie der normale, politisch interessiertere Fernsehzuschauer auf die eingangs definierte Frage reagieren würde, darüber können bislang nur Mutmaßungen angestellt werden. Wobei die Vermutung naheliegt, daß die Spalte „Weiß nicht" oder „Keine Meinung" besonders häufig frequentiert würde. Die Rechercheure liefen wahrscheinlich sogar Gefahr, mit Gegenfragen konfrontiert zu werden: Was hat Wirtschaft in „Politischen Magazinen" zu suchen, das findet dort doch gar nicht statt?

Man muß gestehen, auch die eigene Reaktion wäre vermutlich spontan nicht anders gewesen. Wobei möglicherweise eine Rolle spielt, daß wirtschaftliche Inhalte in diesen Magazinen für das Zielpublikum der Nicht-Fachleute derart generalisiert werden, daß sie als solche von Fachleuten nicht mehr zu erkennen sind. Durch die Erfahrung intensiveren Hinschauens eines Besseren belehrt, fällt das Urteil freilich differenzierter aus.

Ganz offenbar versteht jeder – Fernseh-Rezipienten, -Produzenten und -Kritiker eingeschlossen – etwas anderes unter Wirtschaft. Wer will es ihnen allerdings verdenken, wenn selbst das Gabler Wirtschaftslexikon den interessierten Leser in dieser Hinsicht im Regen stehen läßt. Die renommierten Fachautoren bemühen sich zwar auf knapp 80 Seiten, mannigfaltige Koppelwörter wie Wirtschaftlichkeit und Wirtschaftsinformatik zu definieren, passen aber vor dem nackten Begriff „Wirtschaft", der selbst den Ökonomen zu schwammig zu sein scheint.

Mehr Glück hat der Wissensbegierige schon unter dem Stichwort „Wirtschaftspolitik". Darunter nämlich seien die „wirtschaftlichen Aktivitäten staatlicher Instanzen" zu verstehen, „welche darauf gerichtet sind, nach gestimmten Zielen die Wirtschaftsordnung zu gestalten und zu sichern". Was dem Verständnis der Redaktionen von Wirtschaft scheinbar näher kommt. So formuliert Klaus Heinz Mertes, Leiter von „Report" (München), was ihn unter „wirtschaftlichen Gesichtspunkten" an Themen interessiert: „Wir wenden uns besonders unternehmens-, branchen- oder industriepolitischen Weichenstellungen zu, denen Rahmendaten vom Staat gesetzt sind, beispielsweise der Raumfahrtindustrie.“ Die Betonung liegt ganz eindeutig auf dem zweiten Teil der Koppelworte: Umwelt-, Sicherheits-, Wirtschafts- oder Industriepolitik.

Es ist in der Tat objektiv unwahr, daß Themen von wirtschaftlichem Belang die Redaktionen von „Report“ & Co. kalt lassen. Wann und unter welchen Bedingungen sie sich dafür erwärmen, was sie unter „Wirtschaft“ verstehen, und wie sie deren Akteure sehen, da öffnet sich freilich eine große Spannbreite der Sichten.

„Das Themen- und Berichtsfeld Wirtschaft gehört zu unserem Standard“, formulierte Mertes in einem Interview mit dem vom „Kölner Institut der Deutschen Wirtschaft“ herausgegebenen „Medienspiegel“ seine Einordnung dieser Materie und ist sich in dieser Hinsicht weitgehend einig mit seinen Kollegen von „Report Baden-Baden“ oder „Panorama“.

Klaus Bednarz von der WDR-Variante „Monitor“ und laut Eigendefinition ein „Verfechter des investigativen Journalismus“ gab sogar eine noch intensivere Gangart vor: „Das Thema ‚Wirtschaft‘ hat für uns einen hohen Stellenwert, wobei der Begriff Wirtschaft von uns in einem sehr weiten Sinne verstanden wird.“

Keine aus der Luft gegriffene Behauptung, wie sich in einer Analyse über etwa sechs Monate herausstellt. Von Dezember 1989 bis Mai 1990 beschäftigten sich die obenbenannten politischen Magazine von ARD und ZDF mit etwa 150 verschiedenen Themenbereichen: ein Betrachtungszeitraum im übrigen, in dem der deutsch-deutsche Einigungsprozeß verständlicherweise breiten Raum in den Drehbüchern einnahm, und in dem die Redaktionen erfreulich häufig von der Möglichkeit Gebrauch machten, die Standardsendung aus aktuellem Anlaß durch Sonderberichte zu ersetzen.

Umso mehr fällt die Tatsache ins Auge, daß in gut 30 von 100 Themen wirtschaftliche Hintergründe „im weitesten Sinne“ nicht zu verleugnen waren. Und die neuen Programmschemata von ARD und ZDF bestätigen den Eindruck, daß Wirtschaftsthemen generell von den öffentlich-rechtlichen Sendern ernster genommen und mit entsprechenden Sendeplätzen bedacht werden. „Das Fernsehen zollt den Erfolgen des marktwirtschaftlichen Systems zunehmend Respekt“, resümiert der „Medienspiegel“ mit einer gewissen Befriedigung.

Marktanteil von Wirtschaftsthemen in politischen Magazinen:

Sendung	Tag	Zahl der Themen	davon Wirtschaft	gleich Prozent	Die Wirtschaftsthemen
Report München	05.12.	5	2	40	Spielbankaffäre Hannover
	16.01.	7	1	14	Vergiftet: Buna-Werke Halle
	20.02.	5	2	40	DGB in DDR/taz-Berlin
	27.03.	4	2	50	DDR-Mark/ Hans. Wohnungsbaupolitik
	08.05.	4	1	25	Neue Heimat Bayern
Summe		25	8	32	
Report Baden-Baden	14.11.	6	2	33	Bomber F 15 E/Umweltsünden der BRD
	30.01.	5	1	20	Deutsche Gewehre als Exportschlager
	06.03.	4	1	25	Naturkatastrophen-Klimaveränderung
	10.04.	5	2	40	Mülheim-Kärlich/Fischzucht
Summe		20	6	30	
Panorama	07.11.	5	2	40	KKW Brunsbüttel/Sondermülltransport
	12.12.	5	2	40	Salzgitter-Imhausen/ Medikamente
	23.01.	5	2	40	DDR-Reichsbahn/DDR-Übersiedler
	27.02.	4	1	25	Altlasten-Sanierung Dortmund
	03.04.	4	1	25	U-Boote für Südafrika
	15.05.	4	2	50	DDR-Ostküste/Krebsgift Benzol
Summe		27	10	37	
Monitor	28.11.	5	1	20	Bundeswehr
	29.01.	4	2	50	Atomexplosionen/Pillen gegen Panik
	20.03.	5	1	20	Stoltenberg: U-Boot-Geschäfte
	24.04.	5	2	40	U-Boote Südafrika/Bundestag-Computer
Summe		19	6	32	
Studio 1	13.12.	6	1	17	Lachs aus dem Gitter-Käfig
	27.12.	5	0	0	
	03.01.	5	2	40	35-Stunden-Woche /Euro-Tunnel
	17.01.	5	1	20	NRW: Müllverbrennung
	31.01.	6	3	50	DDR-Uran/Müllentsorgung /Subventionen
	14.02.	5	2	40	Billiger Strom/Modrow-Wirtschaft
	28.02.	3	1	33	Geschäfte mit der Wohnungsnot
	14.03.	1		0	(DDR-Wahl)
	28.03.	3	1	33	Kinderarbeit in Portugal
	11.04.	4	1	25	Gifteinsatz nach Sturmschäden
	25.04.	5	1	20	Porträt DDR-Wirtschaftsminister
	09.05.	6	1	17	Verbraucherschutz in der EG
	23.05.	6	2	33	Dioxine/Mogelpackungen
Summe		60	16	27	
Summe aller Send.		146	44	30	

Die Betonung allerdings liegt wiederum, wie Bednarz ausdrücklich formuliert, auf „im weitesten Sinne“. Wobei sich ein Streit darüber erübrigt, ob der Marktanteil von einem runden Drittel vor dem Hintergrund angemessen ist, daß wirtschaftliche Faktoren heute in fast in jedem politischen Entscheidungsprozeß eine wichtige Rolle spielen. Deutlich wird aber auch, daß an „Wirtschaft“ im engeren Sinne, also an eine Darstellung von Beweg- und Hintergründen wirtschaftlichen Handelns, weniger oder gar nicht gedacht ist. Das zeigt sich vor allem in der Wahl der Themen und ihrer Aufbereitung. Die Schwerpunkte werden eindeutig auf Fragen der Umwelt- und Sicherheitspolitik gelegt, bei denen die Konfliktsituation mit dem Establishment erfahrungsgemäß erhöhte Aufmerksamkeit der Zuschauer sichert.

Unmittelbar einsichtig: Die Entscheidungsträger in Politik und Wirtschaft können in dieser Konfrontation nur verlieren, weil sie zwangsläufig hinter den Forderungen engagierter Journalisten und Oppositioneller zurückbleiben. Außerdem lassen sich Umweltsünden nun einmal publikumswirksamer ins Bild setzen als Fortschritte in Abrüstung und Umweltschutz. In diesem Punkt ist sich Report-Moderator Franz Alt durchaus einig mit der Führungsspitze des öffentlich-rechtlichen Fernsehens: „Ökologische und sicherheitspolitische Fragen sind nach unserer Überzeugung die großen Herausforderungen unserer Zeit.“

Die Praxis: Fast zwei Drittel der im Beobachtungszeitraum behandelten „Wirtschaftsthemen“ hatten derartige Fragen zum Gegenstand. Wobei trotz allen Wohlwollens mit der Marktwirtschaft und bei aller Phantasie eine kritische Berichterstattung über den Bomber F 15 E, über Exporterfolge mit deutschen Gewehren, den Transport amerikanischer Chemiewaffen oder die Lieferung von U-Booten an Südafrika für die Beteiligten kaum imagefördernd ausfallen kann. Ähnliches gilt für die meisten Berichte aus dem Arbeits- und Sozialleben oder über Affären in Politik und Wirtschaft. „Panorama“-Chef Joachim Wagner bringt die Sache auf den Punkt: „Berichte über die ‚Neue Heimat‘, den Filz auf dem Baumarkt oder das Innenleben der Geheimdienste interessieren mehr als scharfsinnige Analysen und gescheite Meinungen.“ Mit der Wahl des Themas liegt oft auch die Tendenz fest.

Andererseits überschneiden sich die Themen zwangsläufig und sind selten klar einem bestimmten Bereich zuzuordnen. So besitzt zum Beispiel die nicht enden wollende Affäre „Neue Heimat“, hier Schauplatz Bayern, ohne Zweifel starke politische Komponenten, was in dem infrage kommenden Bericht von „Report“ (München) durch entsprechende Statements klar zum Ausdruck kam. Die entscheidenden Faktoren beim Ausverkauf der „Neuen Heimat Bayern" waren jedoch ökonomische, die in den seltensten Fällen hinreichend ausgeleuchtet werden. Ähnlich verhält es sich bei den meisten, hier als „wirtschaftlich" eingestuften Themen (siehe Grafik).

Spektrum der Wirtschaftsthemen

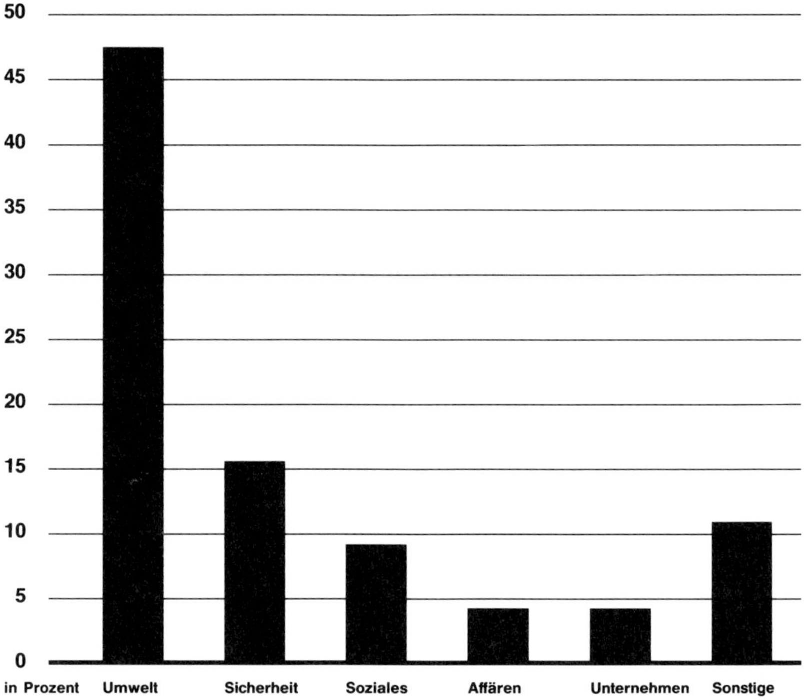

Das Themenspektrum zeigt freilich auch: Das Unternehmen im engeren mikroökonomischen Sinne, der Unternehmer als treibende Kraft der Marktwirtschaft ist den Machern politischer Magazine selten eine Analyse wert, wobei das Feld „Unternehmen" in dieser Betrachtung wirklich sehr weit gefaßt ist. Zwar mag es „den ‚nur' bösen Unternehmer" im deutschen Fernsehen nicht mehr geben, wie Karl Schawinsky, leitender Redakteur des Kölner „Medienspiegel", beobachtet hat. Dennoch läßt sich der Eindruck nicht ganz verdrängen, daß das Verhältnis von Fernsehjournalisten zu Unternehmen und Unternehmern nicht nur atmosphärischen Störungen unterliegt.

Wo immer die tieferen Ursachen zu suchen sind, in Dünnhäutigkeit und unterentwickelter Kritikfähigkeit von Verantwortlichen in der Wirtschaft oder mangelnder Kompetenz und Hochnäsigkeit der Journalisten: Alle gut gemeinten Ansätze, diese Störungen zu überwinden, haben letztlich nicht gefruchtet. Wozu das Selbstverständnis vieler Presse- und PR-Abteilungen in der Industrie zweifellos ebenso beiträgt wie das Proporz-Prinzip im öffentlich-rechtlichen Fernsehen oder die Tatsache, daß eine Magazinsendung ohne Meinungsjournalismus nach dem Selbstverständnis der Macher nicht auskommen kann – Ausnahmen wie „Studio 1" bestätigen die Regel.

Beispiel: „Report" (Baden-Baden) am 10. April 1990 über das Atomkraftwerk Mülheim Kärlich, dessen Stillegung kontrovers und engagiert von Betreibern, Bürgerinitiativen, Umweltschützern und Politikern diskutiert wird. Alle Seiten kommen in einem relativ ausgewogenen Verhältnis zu Wort. Zum Schluß der Kommentar des Moderators, der alle Versuche objektiver Berichterstattung vergessen läßt: „Es wäre ein politisches Wunder, wenn die CDU-geführte Landesregierung von Rheinland-Pfalz die Genehmigung von Mülheim Kärlich verweigern würde." Nicht nur für Franz Alt ist „Ökonomie oder Vernunft" immer noch ein kaum zu überbrückender Gegensatz: eine Position, die kaum geeignet ist, den Vorwurf der Einseitigkeit zu entkräften.

Daß auch mit anderen Konzepten und „unpolemischer Machart" (so der Branchendienst „Medien-Kritik") beachtenswerte Reichweiten zu erzielen sind, beweist „Studio 1", die Nachfolgesendung des „ZDF-Magazin". Wobei die Redaktion gegenüber den Konkurrenten von ARD den erheblichen Vorteil eines 14täglichen Senderhythmus besitzt. Das erleichtert die Suche nach exklusiven Nachrichten und Berichten und erlaubt eine Themenplanung, die sich tatsächlich an der Aktualität orientiert.

Was unmittelbar zu der von Produzenten und Nachfragern gleichermaßen gestellten Forderung nach Exklusivität und Aktualität von Informationen führt, der sich ein so schnelles Medium wie das Fernsehen mehr als andere stellen muß und bei der die politischen Magazine zumindest im ARD Printmedien fast kampflos das Feld überlassen. Die meist genannten Argumente – zu dünne Personalreserve, mangelnde Kompetenz in Wirtschaftsfragen, Zeitverluste durch den Zwang des bewegten Bildes und ungünstiger Senderhythmus – mögen für die hausinterne Diskussion reichen, befriedigen können sie weder den Zuschauer noch die Programmverantwortlichen.

Gibt es schließlich einen qualitativen Unterschied im Verständnis und der Behandlung von Wirtschaftsthemen in politischen Magazinen und darauf spezialisierten Sendeformen wie „Plusminus“ oder „WISO“? Unübersehbar, erstens weil die Redaktionen denkbare Synergieeffekte laut eigenem Urteil selten wahrnehmen, zweitens – das ist das gewichtigere Moment – weil sich die Wirtschaftsmagazine in den letzten Jahren mehr und mehr verbrauchernahen „Nutzwert“ und „Service“ auf die Konzeptfahne geschrieben haben. Das sind Leitlinien, mit denen politische Redakteure verständlicherweise ihre liebe Mühe haben – die bisherige (treue) Kundschaft möglicherweise ebenfalls.

Die Frage muß erlaubt sein, ob solche „Gemischtwarenhandlungen“ – so bezeichnen die TV-Macher selbst dieses die Themenvielfalt pflegende und sich nicht an eine spezielle Gruppe von Zuschauern wendente Sendungskonzept – noch zeitgemäß sind, und ob so dem öffentlichen Auftrag, die Demokratie durch Aufklärung (auch über die Marktwirtschaft) zu stützen, gerecht zu werden ist. Die Einschaltquoten, die natürlich auch im öffentlich-rechtlichen Fernsehen weite Teile des Programms bestimmen, scheinen das bisherige Konzept zwar noch zu bestätigen. Nicht nur das (teils von Eitelkeiten gefärbte) Urteil der betroffenen Manager und Unternehmer läßt jedoch darauf schließen, daß wirtschaftliche Hintergründe in politischen Sachverhalten in den zur Diskussion stehenden Magazinen häufig nicht transparent werden.

„Die ideologischen Töne der 70er Jahre, als die Unternehmen bevorzugte Prügelknaben vieler TV-Autoren waren, sind weitgehend verschwunden“, meint zwar der den Unternehmern nahestehende „Medienspiegel“, Reste von Ressentiments flackern jedoch gerade in politischen Magazinen immer wieder auf. Fernsehjournalisten haben anscheinend selbst nach dem haushohen Punktesieg des Kapitalismus markt- und sozialwirtschaftlicher Prägung über den real existierenden Sozialismus ihre Probleme, marktwirtschaftlicher Prozesse in all ihren Schattierungen und Abhängigkeiten angemessen ins Bild zu setzen – das heißt in einer Form, die es auch dem allgemeininteressierten Zuschauer erlaubt, sich eine Meinung zu bilden und nicht nur seine Vorurteile bestätigt zu finden.

Mit Sicherheit läßt sich dieses Problem entschärfen, wenn sich in den Redaktionen der politischen Magazine mehr wirtschaftlicher Sachverstand breit macht. „Die Gefahr, daß politische Parteilichkeit und nicht Fakten Inhalt und Tendenz eines Berichts bestimmen“, resümiert die Medienforscherin Brigitte Spieß völlig zu Recht, „vergrößert sich auch hier mit einer unzureichenden fachlichen Ausbildung.“

Viele Fragen bleiben offen: Wie wichtig nehmen sich unsere Fernsehjournalisten oder anders ausgedrückt: Steht ihnen das Informationsbedürfnis der Zuschauer wirklich näher als ihr Ego? Wollen sie dozieren, Meinung verbreiten, Stimmungen erzeugen, verstärken, kurz Einfluß nehmen, sich selbst etwas beweisen – oder „nur" seriös recherchieren und informieren? Wie ernst meinen sie das Schlagwort vom unabhängigen, investigativen Journalismus? Wie glaubhaft ist es schließlich, wenn Fritz Pleitgen, Chefredakteur des WDR-Fernsehens, versichert, es könne „in unserem Fernsehen schon eine Spur unterhaltender und investigativer zugehen", und er gleichzeitig keinen Bedarf an Innovation der Sendeformen erkennt? Übrigens im Gegensatz zu Stefan Aust, dessen „Spiegel-TV" manchen öffentlich-rechtlichen Magazinmacher zu tiefem Nachdenken verhalf: „Es ist sicher an der Zeit, über neue Formen von Wirtschaftssendungen nachzudenken."

„Nur wer in Wohlstand lebt, lebt angenehm" – der Ausspruch Bert Brechts wurde auffallend häufig am 1. Juli 1990 zitiert, als die Wirtschafts-, Währungs- und Sozialunion nicht nur das Fernseh-Programm bestimmte. Aus beiden Blickwinkeln der neuen deutsch-deutschen Wirklichkeit – den öffentlich-rechtlichen wie privaten.

Jürgen Kirchner

Spektakulär statt sachkundig

Defizite bei den Polit-Magazinen von RTLplus und Sat 1

In den deutschsprachigen Programmen der privaten Anbieter, das sind RTLplus, Sat 1, Pro 7 und Tele 5, gibt es ein überwiegend durch Unterhaltung bestimmtes Angebot. Neben den dort integrierten Nachrichtensendungen findet man zielgruppenspezifische Informationssendungen und seit Mai 1988 – allerdings nur in RTLplus – auch Politische Magazine. Sie nehmen aber in Relation zum sendereigenen Gesamtangebot oder zur Informationsleistung der öffentlich-rechtlichen TV-Anstalten einen lediglich untergeordneten Stellenwert ein.

Die anschließenden Ausführungen beziehen sich auf die drei Magazinreihen „Spiegel-TV", „Explosiv" und „Stern-TV". Die in Sat 1 regelmäßig ausgestrahlte Sendung „News & Stories" soll hier nicht einbezogen werden, da – bis auf die ausschnitthafte Wiederholung von „Spiegel-TV" des Vortages – Konzeption und Inhalt nicht den Kriterien eines politischen Magazins entsprechen.

Akzeptanz oder Ablehnung von Sendungen äußert sich bekanntlich einerseits durch die stetig ermittelten Einschaltquoten (quantitative Ebene), denen in allen Rundfunkanstalten großer Wert beigemessen wird, und durch einen Zustimmungskoeffizienten (qualitative Ebene). Gerade über diese letztgenannte inhaltliche Bewertung von politischen Magazinen, das gilt für die Privaten ebenso wie für die Öffentlich-Rechtlichen, gibt es keine – zumindest publizierte – wissenschaftlichen Standards entsprechenden Erkenntnisse. Erst im Sommer 1990 hat die ARD-/ZDF-Medienkommission beschlossen, eine qualitative Zuschauerforschung zu entwickeln, weil die Einschaltquoten als alleiniger Maßstab für den Erfolg/Mißerfolg eines Programms nicht ausreichend erscheinen.

Um die Einschaltquoten der von den privaten Anbietern ausgestrahlten Magazinsendungen relativieren und richtig interpretieren zu können, müssen als Bezugsgrößen auch die sogenannten Basiszahlen – also die Anzahl der Haushaltungen und Personen, die diese Sender überhaupt empfangen können – berücksichtigt werden. Diese Basiszahlen haben sich in den letzten Jahren permanent erhöht, sowohl durch die ständig wachsende Zahl verkabelter Haushaltungen als auch durch die terrestrischen Empfangsmöglichkeiten für viele Nicht-Verkabelte.

RTLplus erreichte 31,27 Millionen Personen in 14,15 Millionen Haushalten (Stand: Erstes Quartal 1990). Die durchschnittliche Einschaltquote von „Spiegel-TV" in diesem Zeitraum betrug 6,03 Prozent (2,24 Millionen Zuschauer). „Explosiv" gewann im Schnitt 1,58 Millionen Zuschauer (= 4,73 Prozent), und „Stern-TV" erzielte eine Einschaltquote von 4,50 Prozent (= 1,49 Millionen Personen). Diese wenigen Zahlen über die Reichweiten der in den privaten Programmen ausgestrahlten Magazine belegen, daß diese Informationsinseln sich – wider die Erwartungen mancher Kritiker – aus programmgestalterischen Aspekten und auch aus ökonomischen Gründen als sinnvoll erweisen. Die Polit-Magazine, das gilt vor allem für „Spiegel-TV", finden auch in den Privaten ihr Publikum, gewinnen sogar Zuschauer hinzu, die sich explizit zu diesen Sendungen zuschalten. Nicht zuletzt dürften die dahinterstehenden zugkräftigen Print-Magazine einen entsprechenden „Push" auslösen.

Betrachtet werden soll im folgenden die Wirtschaftsberichterstattung unter dem Aspekt ihres Stellenwertes innerhalb der gesamten Themen-Palette (quantitative Ebene). Zugleich wird auch – bewußt aus der Zuschauerperspektive – die Frage betrachtet, „wie" die ökonomischen Sachverhalte in diesen Sendungen recherchiert und präsentiert werden.

In diesem Zusammenhang lassen sich Probleme des Informationstransportes skizzieren, die mit der Aufbereitung des Materials verbunden sind beziehungsweise aus ihr resultieren (Konzeption der Beiträge, Bild, Sprache, Bild-Text-Relation, journalistischer Ansatz, Verhältnis informare – delectare). Genereller Anspruch aller Sendungen ist der der Informationsleistung, unabhängig davon, auf welche Weise dies geschehen soll, ob mehr unterhaltsam oder mehr traditionell-seriös, ob das kostbare Gut Information in eine Unterhaltungsfolie verpackt oder „pur" serviert wird.

Was die Themenauswahl betrifft, so ist die Bandbreite in allen drei wöchentlich ausgestrahlten Magazinreihen „Spiegel-TV", „Stern-TV" und „Explosiv" größer als in den vergleichbaren ARD- und ZDF-Reihen. Da bei den privaten Anbietern eine Aufsplittung der Ereignisfülle in verschiedene Magazin-Kategorien (Wirtschaftsmagazin, Auslandsmagazin, Kulturmagazin) nicht in der gleichen Stringenz praktiziert wird wie bei ARD und ZDF, ergibt sich zwangsläufig ein Themenpotpourri von Berichten aus dem In- und Ausland über Politik, Wirtschaft, Soziales sowie die Präsenz etlicher Boulevard-Themen. Deshalb erscheint die Etikettierung „Polit-Magazin" zumindest bei „Explosiv" und „Stern-TV" aus dem thematischen Kontext nicht zwingend. Denn zahlreiche Themen sind gerade in diesen Informationsreihen unpolitisch (kein Vorwurf!), und sie werden auch nicht unnötig politisiert.

Erkennbarer Themenschwerpunkt der ersten sechs Monate 1990 waren die Vorgänge und Entwicklungen in der DDR. Korrigiert und ergänzt werde die wegen Behinderung durch staatliche Organe jahrelang unzureichende Berichterstattung über die politischen, ökonomischen, sozialen und ökologischen sowie kulturellen Verhältnisse in diesem Land. Im Unterschied zu den Pendants in den öffentlich-rechtlichen Programmen wurden in allen drei Magazin-Reihen die traditionellen innenpolitischen Themen (Parteien und Institutionen) nur ausgesprochen selten aufgegriffen mit der Konsequenz, daß die oft zweifelhafte ausgewogenheitsfanatische Befragung von Vertretern der Regierungs-(parteien) und der Opposition weitgehend unterblieb.

Dagegen fand das breite Feld der Kriminalität immer wieder Eingang in die wöchentliche Berichterstattung, vor allem des „Spiegel-TV“ und bei „Explosiv“, und zwar in allen Variationen: politische Kriminalität wie Korruption und Neonazis/Neue Rechte, Gewaltkriminalität, Attentate auf Politiker, Drogen („Explosiv“: „Morde auf Ibiza“, „Kolumbien: Medelin-Kartell“, „NL: Selbstjustiz gegen Dealer“, „Bürger gegen autonome Schläger“, „Brandstifter-Mafia“, „Kriminalität in Übersiedlerlagern“, „Der Pennerkiller von Mainhattan“; bei „Spiegel-TV“: „Neonazis in der DDR“, „Illegaler Öl-Export“, „Drogentragödie in Lampertheim“, „Stasi-Mord in Güstrow“, „Penner-Morde in Frankfurt“, „Heroin im Knast“).

Auffallend häufig widmeten sich „Explosiv“ und „Spiegel-TV“ Ereignissen und Problemen, die mit Sexualität zu tun hatten („Explosiv“: „Pornoakademie in Münster“, „Frauenarzt filmt Patientinnen“, „Hausmeisterehepaar im Stasi-Puff“, „West-Berliner Nutten gegen Ost-Nutten“; „Spiegel-TV“: „Sex in der DDR“, „Salambo“, „Liebesschulen“), erreicht man doch damit das Voyeuristische im Zuschauer. In diesen Beiträgen und ebenso in der Neigung zu Boulevard-Berichten offenbart sich auch der Illustrierten-Charakter, der „Explosiv“ und „Stern-TV“ zu eigen ist.

Gegenüber diesen Themen spielte die Wirtschaftsberichterstattung insgesamt eine vergleichsweise untergeordnete Rolle. „Reine“ Ökonomie-Themen wie etwa „Konjunkturentwicklung“, „Börsenkrach“ oder „Arbeitslosigkeit“ suchte man in diesen drei politischen Magazinen der Privaten vergeblich. Wirtschaftliche Fragen oder Probleme und Entwicklungen mit ökonomischen Ursachen oderAuswirkungen wurden fast immer mit anderen thematischen Aspekten (Politik, Soziales) verschweißt und in einen publikumswirksamen Kontext gebracht, wobei der traditionelle Zielkonflikt Ökologie – Ökonomie noch nichts von seiner Attraktivität verloren hat, wenn beispielsweise über „Giftmüllverschiebung“ und die Gewässerverschmutzung am Beispiel der Werra berichtet wurde, oder die „Gaskinder von Espenhain“ einen Bericht wert sind sowie die Diskussion über die Sicherheit der Atomenergie am Beispiel der DDR-Kernkraftwerke wieder in die öffentliche Diskussion gebracht wurde. Primäre Auswahlkriterien scheinen auch bei Wirtschaftsthemen zu sein: Spektakuläres, Exotisches, menschliches Schicksal.

Drei Erklärungen können für die Wahl der Wirtschaftsthemen und ihre Präsentation angegeben werden:

1. Es gibt bei RTLplus eine nahezu täglich ausgestrahlte Wirtschafts-/-Börsensendung für Wirtschaftsnachrichten und -berichte.

2. Ökonomische Themen stehen bei Redakteuren und Journalisten in dem Ruf, sachlich anspruchsvoller, von der Materie eher langweilig und journalistisch schwerer umsetzbar zu sein.

3. Die meisten TV-Redaktionen verfügen nicht immer über kompetente Fachkräfte mit dem entsprechenden ökonomischen Sachverstand und dem wünschenswerten didaktischen Geschick für eine zuschaueradäquate, laienverständliche Umsetzung der nicht einfachen Themen. Viele Journalisten sind ausgebildete Sozialwissenschaftler, gewohnt, den politischen Gehalt herauszuarbeiten, zu analysieren und zu problematisieren; der ökonomische Kontext wird dann nur am Rande und nicht mit dem richtigen Stellenwert hergestellt.

Die Popularität von Umweltthemen bei Journalisten erklärt sich nicht zuletzt auch aus deren Betroffenheit, die die Darstellung von Belastungen und Zerstörungen des Lebensraumes hervorruft. Schnell erzielt man mit den tatsächlichen oder auch nur potentiellen gesundheitlichen Gefahren einen hohen Aufmerksamkeitswert und auch eine Emotionalisierung der Zuschauer. Wie demoskopische Umfragen ergaben, rangiert bei den Bundesbürgern „Umwelt und Gesundheit“ auf Platz eins der Sorgenskala – noch vor dem gesellschaftlichen Problem Arbeitslosigkeit. Die meist guten Visualisierungsmöglichkeiten mit authentischen, dramatischen und aufrüttelnden Bildern tragen nicht unwesentlich zu diesen Effekten bei. Die „optimale Kombination“ ist demzufolge ein Ökologie-Skandal aus dem Lebensmittelbereich, der sich durch spektakuläre Bilder umsetzen läßt.

Schon für eine Wirtschaftsredaktion ist es nicht einfach, den Stoff an den Zuschauer zu bringen. Nur durch eine entsprechende Aufbereitung mit Grafiken, Sketchen, Erklärstücken und unter Einbeziehung von Verbrauchertips erreicht man sein Publikum. Sehr gut deutlich wurden diese Produktionszwänge, als die ehemalige ZDF-Wirtschaftsreihe „Bilanz“ durch „WISO“ abgelöst wurde. Für Redakteure und Journalisten von Politischen Magazinen ohne den souveränen Sachverstand stellt sich dieses Präsentationsproblem noch viel drastischer, zumal die eher trockenen ökonomischen Hintergrundinformationen nicht unbedingt kompatibel sind zu der redaktionseigenen Programmphilosophie und den Programmansprüchen.

An einigen Beispielen können diese Schwierigkeiten illustriert werden.

Beispiel: „Spiegel-TV“: Die sogenannte Programmphilosophie von „Spiegel-TV“ läßt sich in wenigen Sätzen zusammenfassen: Auf die Fahnen hat sich die TV-Redaktion, genauso wie die Print-Kollegen dies tun, den investigativen Journalismus geschrieben. Es geht um „Stoffe, die die Betroffenheit von einzelnen in der gesellschaftlichen Realität deutlich machen. Dabei verzichten wir auf Kommentierung durch Politiker und prominente Personen, sondern lassen bei zu filmenden Ereignissen die Betroffenen selber zu Wort kommen“ (Redaktionspaper).

Redaktionsleiter Aust will „konsequent Fernsehen“ machen und Informationen über „aufschlußreiche, aufregende Bilder“ vermitteln. Das gelingt auch in den meisten Fällen. Denn insgesamt dominieren nicht die spektakulären, hastigen Aufnahmen, die vielen kurzen Einstellungen mit ihren kommunikationsstörenden Auswirkungen, hinter denen der beanspruchte Zuschauer hinterherhechelt, sondern die „Spiegel“-Bildreportagen sprechen für sich, sind eher zu begreifen als Zeitdokumente und trotz der bestimmt noch hektischeren Arbeitsbedingungen als in den öffentlich-rechtlichen Fernsehanstalten chronologisch angeordnet und mit sinnvollem Text kombiniert. Bilder, die nüchtern, weniger suggestiv und somit eher eindringlich, aber nicht aufdringlich wirken. Eine Fülle von Bildern, aber keine Bilderflut, in der der sogenannte Rezipient am heimischen Bildschirm zu ertrinken droht.

Ausnahmen gibt es auch hier, Bilderteppiche und Bild-Text-Scheren lassen sich wohl nicht gänzlich vermeiden. Aber meist wird der Skandal, der Mißstand transparent durch das, was der Zuschauer sieht, nicht durch das, was er durch eine plakative, montierte, zurechtgeschnittene, aggressive Bildsprache sehen soll. Ob es sich um die zerfallene Bausubstanz in den DDR-Städten handelt oder das menschliche Leid von Kindern in rumänischen Euthanasie-Kinderlagern dargestellt werden soll, die Bilder gehen unter die Haut, ohne eine falsche –

visuelle – Gewichtung des „Themas“ zu bewirken. Aber gerade diese Orientierung an Vorzeigbarem begrenzt die Möglichkeiten, Hintergründe aufzudecken.

Obwohl sich „Spiegel-TV“ von allen drei politischen Magazinen in den Privaten am gründlichsten den Ereignissen und Entwicklungen in der DDR widmete, wurden nicht im angemessenen Umfang wirtschaftliche (Hintergrund)-Informationen einbezogen. So wird beispielsweise in dem über dreißig Minuten langen Beitrag mit dem reißerischen Titel „Das Kapital greift an“ zwar facettenreich und auch vielschichtig der wirtschaftliche Umbruch in der DDR beschrieben – aber eben nur beschrieben. Zu dürftig arbeiteten die Redakteure die ökonomischen Ursachen für die Misere heraus, legten die Wurzeln nur bruchstückhaft bloß, die für den Fehlwuchs verantwortlich sind. Es wurde nur der Ist-Zustand eindrucksvoll mit der Kamera eingefangen; aber doch zu wenig durchdrungen. Die alleinige Orientierung an dem, was sich bebildern läßt, bedeutet auch, daß man oft nur die Fassade zeigt, jedoch der meist komplexe und komplizierte Hintergrund nur ausschnitthaft und somit verzerrt wiedergegeben werden kann.

Das „Spiegel-TV“ bevorzugt bekanntlich Themen, die sich visuell umsetzen lassen und personifizierbar sind, das heißt den Konflikt unterschiedlicher individueller oder gesellschaftlicher Interessen enthalten. So werden die Kontrahenten eines Konflikts gegenübergestellt und in der unmittelbaren Auseinandersetzung gezeigt. Der emotionale Zusammenprall von Westdeutschen, die in der DDR ihre verstaatlichten und wieder verkauften oder vermieteten Immobilien besichtigten, war ohne Kommentierung sicherlich ein zeitgeschichtliches Dokument. Aber die erklärenden Fakten, die zu dieser schwierigen Situation führten, wurden leider nicht eingespeist.

Mit diesem journalistischen Ansatz, dessen Legitimität nicht angezweifelt werden soll, lassen sich weder große Wirtschaftsthemen fassen noch die ökonomischen Hintergründe und sozialen Auswirkungen politischer Probleme aufschlüsseln. Interessant wäre es beispielsweise gewesen, die politischen und ökonomischen Fehlentscheidungen explizit herauszuarbeiten, die zu dieser prekären wirtschaftlichen Situation in der DDR geführt haben.

Die gewissenhafte Recherche und zuschaueradäquate Umsetzung im großen Feld der Wirtschaftsthemen ist eine anspruchsvolle Aufgabe. Weil wirtschaftliche Informationen nun einmal schwierig sind, bedarf es auch einer angemessenen textlichen Begleitung der Bildmaterialien. Und da wird „Spiegel-TV“ manchmal Opfer seiner saloppen Sprache, wenn er in den Beiträgen durch die verbale Lässigkeit pauschalisiert, jede Differenzierung vermeidet, nur bemüht ist um einprägsame Sprachbilder und verbale Pointen, wie zum Beispiel „so zerteilen in eleganter Umgebung der Geldhaie des Westens den noch frischen DDR-Kadaver und nehmen mit, was sie kriegen können. Makabrer Festschmaus einer Gesellschaft, die den Hals nicht vollkriegen kann“ (Sendung vom 18. Februar 1990). Letzteres ist dann doch nur ein klebriges Sprachbonbon, weil der Zuschauer eine informatorische Auflösung eben nicht erhält, sondern als individuelle Meinung ohne Darlegung eines sachlichen Hintergrundes und differenzierte Betrachtung der breiten Motiv-Lage westdeutscher Unternehmer – und der durchaus vorhandenen Abenteurer – serviert wird. Nachdenklichkeit ist angebracht, wenn die sprachliche Saloppheit zur Verfälschung beiträgt, und wenn die Klischee-Vorurteilskiste einfach nicht geschlossen wird. Hier wird, durchaus eine Ausnahme, erkennbar die Ebene der Dokumentation verlassen und der Bereich der Spekulation betreten. Allerdings kann aus diesen Zitaten nicht etwa eine generelle wirtschaftsfeindliche Berichterstattung abgeleitet werden.

Bei „Explosiv“ findet die Aggressivität des Sendetitels ihre Ergänzung in der redaktionseigenen Programmphilosophie, wenn betont wird: „Explosiv“ – das Magazin will keine Satireshow sein wie bei den öffentlich-rechtlichen Alternativen. Das Bild zeigt die vor allem bildlich plakative Reportage, die den Zuschauer in Lebensbereiche bringt, die den meisten unzugänglich sind. Das Magazin hilft dem Einzelnen gegen schier übermächtige Apparate ... Das Magazin greift Themen auf, denen andere Sendungen mit Bedacht ausweichen.“

In der Tat ist man ständig auf der Jagd nach Ungewöhnlichem, Sensationellem, Skandalösem. Und davon ist auch die Wirtschaftsberichterstattung in dieser politischen Magazinreihe geprägt. In vielen Beiträgen steht ein Einzelschicksal oder das einer Gruppe im Mittelpunkt (diejenigen, die Schmiergelder zahlen müssen, um aus Ceaucescus Gulag auszureisen; diejenigen Babys, die an einer Netzhautablösung leiden und keine Hilfe in Deutschland erwarten können, oder diejenigen DDR-Bürger, die nach Öffnung der Grenze mit überteuerten Ramschprodukten westdeutscher Händler konfrontiert werden). Aus dieser „Opferperspektive“ wird recherchiert, also bewußt eine Variante des „anwaltschaftlichen Journalismus“ gepflegt. Es geht nicht um die sachliche („ausgewogene“) Aufbereitung eines nüchternen Tatbestandes oder einer beliebigen Entwicklung, sondern der „human touch“ ist stets dabei – ohne aber penetrant zu wirken. Mit diesen in etlichen Beiträgen nachweisbaren emotionalisierenden Effekten sichert man sich die Aufmerksamkeit der Zuschauer daheim an den Bildschirmen.

Verallgemeinert: Das Ziel ist nicht, nur sauber recherchierte Informationen leidenschaftslos zu präsentieren, um den Zuschauer zur selbständigen, unvoreingenommenen Meinungsbildung zu animieren, also den Begriff „Politik“ (einschließlich „Wirtschaftspolitik“) im politischen Magazin als das Strittige, noch nicht Entschiedene zu begreifen. Es geht dem „Explosiv“-Team darum, Defizite aufzuzeigen, Mißstände zu beschreiben, den oder die Täter sogleich mitzuliefern und dem Opfer durch Herstellung einer Öffentlichkeit helfen zu wollen.

Zielstrebig arbeiten die Redakteure in ihrer Beitragskomposition auf die Darstellung des Problems hin, der Konfrontation unterschiedlicher Interessen (Bürgermeister versus Unternehmer, der eine Disco eröffnen möchte), den Konflikt zwischen Menschen (DDR-Übersiedler im Wohnheim und mit ihrer Umwelt). Nur selten werden diese Kurzreportagen unterbrochen durch Interview-Sequenzen. Das Bild führt und bestimmt, der Text begleitet, ordnet sich dem Visuellen unter. Ein derartiger journalistischer Ansatz stößt in den ARD-Magazinen, sofern er in dieser klaren Form vorkommt, immer auf Ablehnung durch hausinterne Kontrollgremien oder betroffene gesellschaftliche Gruppen.

Während bei „Spiegel-TV“ die Herausarbeitung des Konflikts – trotz der inhärenten konzeptionellen Mängel – wegen der gelungenen Bilddokumente meist gelingt, ist dies bei „Explosiv“ alles eine Spur plakativer, simpler, in gewisser Weise simplifizierend. Das Engagement des anwaltschaftlichen Journalisten ist geblendet, wird eingepreßt in eine Täter-Opfer-Schablone, die nichts Differenzierendes zuläßt, keine Einschränkung vorsieht. So werden „BRD-Geschäftemacher“, die ihren „Ramsch in Leipzig“ verscherbeln, zu Repräsentanten des Kapitalismus (= der sozialen Marktwirtschaft) erklärt. Diese Gleichsetzung wird erzeugt durch eine geschickte Montage von Kohl-Zitaten in den Beitrag, die pikanterweise gerade die Einführung der sozialen Marktwirtschaft als den einzigen Ausweg aus dem wirtschaftlichen Abseits verheißen. Damit wertet man den Einzelfall zum Normalfall auf – die Auswüchse des Kapitalismus werden zu ihren Grundprinzipien –, rückt einen Randaspekt in den Mittelpunkt, akzentuiert somit erkennbar falsch und einseitig. Die berechtigte Kritik zielt auf Einzelphänomene und trifft das Grundsätzliche.

Alternierend zu den Magazin-Ausgaben gibt es noch den „heißen Stuhl“ als eine forensische Variante. Das Konzept ist ebenso simpel wie effektvoll: „Ein Mann/eine Frau mit einer aktuellen, provozierenden Aussage sitzt auf dem „heißen Stuhl“. Er/Sie verteidigt ihre Meinung gegen fünf Gegner am Stehpult. Im Studio: Je zur Hälfte Anhänger und Gegner des Mannes/der Frau auf dem „heißen Stuhl". Eine kompromißlose Diskussion, die dem Mann/der Frau auf dem „heißen Stuhl" heftig zusetzt."

Soweit die Spielregeln. Der „heiße Stuhl" ist also bewußt auf Konfrontation von Positionen angelegt, er ist eine Art Brennspiegel komplizierter Sachfragen und vielschichtiger Probleme, die auf eine These reduziert und polarisierend diskutiert wird. Nicht (nur) die sattsam bekannten Exponenten bestimmter Ansichten (Vertreter von Parteien, Verbänden und Organisationen) kommen zu Wort, sondern durch die Einbeziehung der Studiogäste wird eine Art „Bürger-TV" versucht mit Arena-Atmosphäre. Die These ist oft schon provokativ genug, die sie vertretende Person setzt meist noch eins drauf, wenn der CDU-Politiker Heinrich Lummer meint, „Die CDU muß weiter nach rechts!", oder der Kölner Regierungspräsident Antwerpes fordert, „Macht die Städte dicht für den Autoverkehr!". In der „Explosiv"-Ausgabe „Der heiße Stuhl" werden auch immer wieder wirtschaftliche Themen diskutiert, sei es der „Ladenschluß-Streit", die „Wohnungsnot"; dann wiederum sind es „die faulen Deutschen" oder die provozierende Forderung „Macht die DDR-Grenze wieder dicht!".

Zwischen dem durchaus originellen Sendekonzept und seiner Realisation zweimal monatlich klaffen aber oft erhebliche Lücken. Statt an der Sache orientiert zu diskutieren, dominiert nach kurzer Zeit die Phonstärke über die Qualität der einzelnen Argumente, die selbst bei interessanten wirtschaftlichen Diskussionsthemen schnell in eine vordergründig-allgemeine Auseinandersetzung münden. Der Schlagabtausch versiegt in ein Durcheinander, zumal mancher der (ein-)geladenen prominenten Kritiker auf Show-Effekte und Profilierungsversuche nicht verzichten möchte. Dem jeweiligen Moderator gelingt es manchmal nur unter großem Aufwand, die Sendung formal gesittet zu Ende zu führen.

Die Folge: die einzelnen Aussagen und Statements bleiben Mosaiksteine, die kein Gesamtbild ergeben und durch ihren fehlenden Zusammenhang nicht zu einer inhaltlichen Auseinandersetzung mit den meist interessanten Themen beitragen. Denn der Zuschauer sollte nicht nur seine voyeuristische Rolle genießen, sondern auch zur Reflexion der eigenen Meinung angeregt werden.

Der Mangel an einer konzeptionell stärkeren Strukturierung des Ablaufs, beispielsweise durch eine thematische Gliederung in Schwerpunkte der meist umfassenden Ausgangsthese, durch Einspielen von Beiträgen, Grafiken, interessanten Zitaten et cetera, kann nicht durch die Lebhaftigkeit der Inszenierung ausgeglichen werden. Solche Hilfsmittel geben neue Impulse, sich mit der vorgegebenen These kritisch und vielschichtig auseinanderzusetzen und führen auch auf den (ökonomischen) Kern des Problems zurück.

Nächstes Beispiel: „Stern-TV". Die Erwartungen an das dreißigminütige Magazin waren sehr hoch, nicht zuletzt gespeist durch die programmatischen Aussagen vor Sendebeginn. „‚Stern-TV' soll durchaus mit anderen Politik-Magazinen der öffentlich-rechtlichen und privaten Anstalten konkurrieren können" und eine „phantasievolle" Umsetzung der „klassischen Politikthemen" leisten. „Seriös und rücksichtslos, hart und einfühlsam, frech und informativ" wolle man sein, „politische Berichterstattung ein Stück farbiger, interessanter und verständlicher" machen. Schließlich gäbe es den „Anspruch, auch im privaten Fernsehen Qualität, Authentizität und unabhängigen Journalismus" zu realisieren.

Übereinstimmung gibt es zu den beiden anderen Polit-Magazinen einerseits in der Bandbreite der berücksichtigten Ereignisse und Themen, andererseits in der Dominanz des Bildes in der konkreten journalistischen Umsetzung des Stoffes. Ein wesentlicher Unterschied mit Auswirkungen auf die Wirtschaftsberichterstattung besteht in der erkennbaren Experimentierfreude des Redaktionsteams. Und dieser Lust zu Neuem, zu Ungewöhnlichem in Form und Inhalt haben sich die Rechercheergebnisse unterzuordnen.

Die Bilanz der ersten vier „Stern-TV"-Ausgaben: Dreißig Minuten „Stern-TV" ähneln einer Nummern-Revue, in der die Information ein Opfer der Animation wurde, weil die durchaus schwierige Gratwanderung zwischen einer gut recherchierten Information und einer zuschauerfreundlichen Präsentation noch nicht gelingt.

So ist zum Beispiel das „Bonner Tagebuch", das in jeder Ausgabe von zwei rasenden Redakteurinnen aufgeschlagen wird, ein völlig belangloses Filmchen mit Füllbildern ohne eigenen Informationswert, durchsetzt von belanglosen Politiker-Statements auf meist noch belanglosere Fragen (die Antwort des CDU/CSU-Fraktionsvorsitzenden Alfred Dregger, was die Fraktion denn Kanzler Helmut Kohl zum Geburtstag schenken werde) und den konsequenten Verzicht auf jede Aussage jenseits der Regenbogen-News. Zum Thema „Haushaltsausschuß des Deutschen Bundestages" und „Nachtragshaushalt" wurde nichts Substantielles beigetragen. Information wird durch Hektik ersetzt, der „Einsdreißig"-Bildfetzen-Journalismus von Nachrichtensendungen feiert hier fröhliche Urstände.

Auch in zahlreichen anderen Berichten fällt ein Phänomen auf, das hier noch deutlicher auftritt als in den Pendants der öffentlich-rechtlichen Anstalten: die sehr kurzen Einstellungen, die zum Teil hektischen Schnitte, welche ein ungeheures Tempo entwickeln und den Zuschauer hinterherhecheln lassen, das Rastlose, das Staccatohafte. Der nur in wenigen Einstellungen überhaupt noch verwirklichte Anspruch, sich in Ruhe mit den präsentierten Fakten auseinanderzusetzen, also kritisch gegenüber kritischen Informationen zu sein, gelingt bestenfalls in Ansätzen. Wenn dem Zuschauer etwas gezeigt wird, bedeutet das noch lange nicht, daß er etwas sieht und wahrnimmt. Damit konterkariert man, vermutlich ohne Absicht, den hohen Anspruch, den mündigen, aufgeklärten Bürger auch durch seine Informationssendungen anzusprechen, dessen Problembewußtsein geschärft und dessen kritisches Bewußtsein wachgehalten werden soll und züchtet dadurch den unkritischen, TV-konsumentenorientierten Rezipienten.

Diese neuen journalistischen „Formen" („Bonner Tagebuch") sichern weniger einen neuen Zugang zu Ereignissen, Entwicklungen, Problemen oder Skandalen, zu strittigen Fragen, komplizierten Sachverhalten. Es herrscht der latente Verdacht vor, daß bestimmte, interessant erscheinende journalistische Formen einfach ausprobiert werden sollen – und einem Thema nach dem Zufallsprinzip zugeordnet werden. Die Aufbereitung und Präsentation ist von der Information weitgehend abgekoppelt: Selbst die wenigen Beiträge mit einem ernsthaften Anliegen und einem überzeugenden Informationssubstrat geraten in Gefahr, durch die nächste „Nummer" entwertet zu werden, etwa der Bericht über die NS-Vergangenheit der „Dresdner Bank" (Sendung vom 11. April 90), der von der inhaltlichen Brisanz kaum in das Ambiente dieses Magazins paßte und übrigens sehr in Aufbau, Aussage und Qualität einem „Monitor"-Bericht über die „Deutsche Bank" von Januar 1986 ähnelte.

Etliche der „Stern-TV"-Reportagen verharren im Deskriptiven, kratzen nur an der Oberfläche, verzichten auf eine analytische Erfassung und Durchdringung des Themas, der Bloßlegung von Ursachen und Zusammenhängen, auf die Auseinandersetzung mit dem Substantiellen (etwa ein Bericht über die „Neue Armut in Ungarn"). Die Dominanz der Bilder, das bloße Abfilmen dessen, was man sieht, erweckt den Eindruck des Unmittelbaren, des Authentischen, motiviert zugleich den Zuschauer, bezieht ihn ein – aber er liefert nicht den notwendigen Info-Output.

Voraussetzung für eine erfolgreiche Recherche ist die Kombination von Engagement und Unvoreingenommenheit gegenüber der Person oder dem Gegenstand. Davon kann aber in etlichen Berichten keine Rede sein, wenn beispielsweise „Kapitalismus", „soziale Marktwirtschaft" und „freie Marktwirtschaft" synonym verwendet werden, wenn vom „perfekten Anschluß" die Rede ist und „die Vorboten des Kapitalismus ... den Markt" sondieren. In den wenigen analysierten Berichten geht es nicht um die Ausleuchtung der ökonomisch bestimmten Hintergründe und Zusammenhänge, hier orientiert man sich an seinen Vorurteilen und Klischees, umgesetzt in Momentaufnahmen und individuelle Beobachtungen.

„Stern-TV" gibt den Vertretern der Konvergenz-Theorie, der Annäherung von Information und Unterhaltung, neuhochdeutsch „Infotainment" bezeichnet, recht. Die Grenzen verwischen gerade in diesem jüngsten politischen Magazin der Privaten derart, daß Unklarheit darüber besteht, inwieweit es sich um eine unterhaltsam aufbereitete Informationssendung oder aber eine informative Unterhaltung handelt. Die Beiträge orientieren sich direkt an den Nutzer zu Hause am Bildschirm und seinem (unterstellten) Unterhaltungsbedürfnis. Dem Zuschauer präsentiert man leicht verdaulichen „fast-food-Journalismus", erweckt bei ihm den Eindruck, informiert zu sein, aber letztlich ist er es nicht oder nur völlig unzureichend.

Es zeigt sich: Ein Kritikpunkt an den traditionellen politischen Magazinen ist ihr unzureichender Sachverstand bei schwierigen ökonomischen Fragen, ihre ideologische Betrachtungsweise. Hier versprachen sich die Protegés der privaten TV-Alternative bessere Zeiten.

Bezogen auf die politischen Magazine kann festgestellt werden, daß in allen Magazinreihen, zumindest im zugrundegelegten Zeitraum, eine Wirtschaftsberichterstattung kaum stattfindet und sich in keiner Weise von den sogenannten und gescholtenen linksliberalen Magazinen unterscheidet. Aber gerade im Bereich wirtschaftlicher Themen zeigen sich die unangenehmen Folgen einer zu saloppen Sprache, einer undifferenziert vorgebrachten Information und der Hang zur Vereinfachung, wenn beispielsweise von der Einführung der „freien Marktwirtschaft" in der DDR gesprochen wird, oder der Umtauschkurs ohne Einschränkungen als 1:1 wiedergegeben wird (diese unkorrekte Aussage wurde dann vom Studiogast später korrigiert). Denn die Sprache ist ein Abbild des Denkens, ist die sichtbare oder hörbare Wiedergabe eines Wissens (oder aber Nicht-Wissens).

Die häufig zu Recht beklagte defizitäre Wirtschaftsberichterstattung findet oft, und auch hier in diesen politischen Magazinen, ihre Ursache in der Simplifizierung ökonomischer Sachverhalte und Nicht-Berücksichtigung wirtschaftlicher Zusammenhänge, zumal ja die politische Dimension des Problems viel einfacher darstellbar ist und für die Redakteure meist auch interessanter zu sein scheint. Entsprechend wurden in den Berichten aller drei Magazine über die derzeit sich in der DDR vollziehenden wirtschaftlichen und sozialen Veränderungen zu wenig analysiert und „fachlich" reflektiert.

Wirtschaftsberichterstattung findet in den politischen Magazinen der privaten Anbieter nicht im gewünschten Umfang und in der erstrebenswerten Qualität statt. Möglicherweise ist eine Ursache in der nahezu täglich ausgestrahlten „reinen" Wirtschaftssendung zu sehen. Dennoch: gerade die sensationellen gesellschaftlichen Veränderungen in den osteuropäischen Ländern, insbesondere in der DDR, sind ja nicht in erster Linie nur politische Prozesse, sondern zugleich auch, untrennbar verbunden, wirtschaftliche Entwicklungen, werden sogar nicht unerheblich von ökonomischen Tendenzen gesteuert. Diese Komponente wird in vielen Beiträgen subsumiert unter einer rein politischen Sichtweise des Themas.

Ein wesentlicher Grund kann darin gesehen werden, daß die politischen Magazine der Privaten ihre Informationen weitgehend über Bilder präsentieren – aber wirtschaftliche Zusammenhänge sind nur schwerlich über Bilder transparent zu machen. Zudem ist ein handfester politischer Skandal immer noch besser als eine trockene Wirtschaftsnachricht. In den Magazinen der öffentlich-rechtlichen Sendeanstalten erscheint die „Wirtschaft" häufig kombiniert mit Korruptionsvorwürfen, Öko-Skandalen und im Kontext von Verbraucherschutzfragen. Eine sachgerechte Darstellung des meist vielschichtigen Netzes ökonomischer Faktoren mit ihren sozialen und politischen Auswirkungen wird aber bei den Privaten ebensowenig versucht wie in den meisten ARD- und ZDF-Reihen. Hier böten sich auch Experimentierfelder an, eine sachgerechte und didaktisch sinnvolle Aufbereitung dieses ebenso relevanten wie auch interessanten Stoffgebietes zu versuchen. Voraussetzung dafür ist aber, daß in den derzeit noch knapp besetzten Redaktionen der entsprechende Sachverstand vorhanden ist.

Peter Sweerts-Sporck

Ressort im Abseits

Defizite der Wirtschaftssendungen von ARD und ZDF

„Wirtschaft ist unser Schicksal“, meinte Walter Rathenau vor siebzig Jahren. Als ehemaliger AEG-Chef und späterer Reichsaußenminister, der 1922 den Rapallo-Vertrag abschloß, wollte er damit nicht ein Primat der Wirtschaft gegenüber der Politik befürworten. Er wollte vielmehr bewußt machen, daß Politik nur dann erfolgreich sein kann, wenn sie von einer Basis aus operiert, die ökonomisch fundiert ist. Regierungen in demokratisch-parlamentarischen Systemen sind dann stabil, wenn Staat und Gesellschaft ökonomisch erfolgreich handeln, wenn sie über eine starke und aufwärts strebende Wirtschaft verfügen.

Diesen Zusammenhang den Bürgern zu verdeutlichen, davon war und ist das Fernsehen weit entfernt. Intendanten, Chefredakteure und Programmdirektoren der öffentlich-rechtlichen Rundfunkanstalten werden zwar nicht müde, in ihren Sonntagsreden den Nutzen und die Wichtigkeit des Themas Wirtschaft zu beschwören. Doch das ändert nichts daran, daß die Wirtschaft in ARD und ZDF „ein Dasein irgendwo zwischen Volkshochschule und Ratgeber“ führt, wie dies ein Insider formulierte.

An welchem Maßstab ist die Arbeit der Fernseh-Wirtschaftsredaktionen zu messen? Zunächst an den Verfassungsgrundsätzen von Pluralismus, Sachlichkeit, Ausgewogenheit und Achtung vor dem anderen. Der Zuschauer hat ein Recht auf Information, die Medien stehen im Dienste des Bürgers, nicht umgekehrt. Die Öffentlichkeit hat also einen Anspruch darauf, so sachlich und umfassend informiert zu werden, daß jedermann sich selbst ein Urteil bilden kann. Das gilt für alle Lebensbereiche, für die politischen Entscheidungen des Parlaments und der Regierung ebenso wie für die wirtschaftspolitischen.

An diesem Maßstab gemessen, läßt sich auf der Grundlage einer zwölfjährigen Programmbeobachtung generell feststellen: Die Wirtschaftsberichterstattung weist erhebliche Lücken, Einseitigkeiten, Mängel in der sachlichen Fundierung und sachfremde Übertreibungen auf. Sylvia Wiebe-Grabicki, ehemals Leiterin des Wirtschaftsressorts beim NDR analysierte in einem Vortrag vor der Hermann-Ehlers-Gesellschaft in Kiel am 3. Februar 1980 die Situation, die sich bis heute nicht grundlegend geändert hat:

„Die Leiter der Fernseh-Wirtschaftsredaktionen in der ARD fristen ein eher geduldetes Dasein, ohne wirksames Mitgestaltungsrecht am Abendprogramm, wenn man von ihren eigenen Sendungen einmal absieht. Woher kommt das? In der deutschen Wirklichkeit ist das Verhältnis zwischen Wirtschaft und dem Massenmedium Fernsehen gestört, von außen nach innen und anstaltsintern. Unternehmen sehen ihre Position zu wenig berücksichtigt und ihre Personen häufig verunglimpft. Fachredaktionen wie Politik und Wirtschaft verdächtigen sich gegenseitig ideologischer Verzerrungen. Vielleicht liegt es daran, daß Journalisten, die in einem öffentlich-rechtlichen Medium arbeiten, wie es die deutschen Rundfunk- und Fernsehanstalten sind, ein Medium, dessen eigene Unternehmung keinem von Wettbewerb begünstigten Leistungsdruck ausgesetzt ist, für das Anliegen der freien Wirtschaft nicht das richtige Augenmaß mitbringen. Doch schlimmer noch – es gibt tiefgreifende ideologische Vorurteile."

Wiebe-Grabicki zitierte in diesem Zusammenhang Egon Bahr, der als Vorsitzender der SPD-Medienkommission geäußert hatte, Wirtschaftssendungen im Fernsehen seien Tummelplätze für diejenigen, die das Sagen in der Wirtschaft haben: „Diese Argumentation nehmen dann die Systemkritiker und ihre parteipolitischen Helfershelfer auch zum Anlaß, in den Rundfunk- und Verwaltungsräten wieder zu versuchen, solche konservativen Einseitigkeiten umzukehren. Dort, wo sie auf keinen Widerstand stoßen, sorgen sie dann teils offen, teils verdeckt dafür, daß brisante ökonomische Themen in die von ihnen besser kontrollierten, nicht sachgebundenen, meist politischen Redaktionen Eingang finden, daß parteipolitische Personalpolitik betrieben wird, Sendezeiten fachlicher Wirtschaftsberichte beschnitten . . . werden."

Das parteipolitische Proporzdenken in den Rundfunkanstalten ist einer der Gründe, die einer sachgerechten Wirtschaftsberichterstattung entgegenstehen. Die Dominanz der politischen Redaktionen führte tatsächlich dazu, daß brisante wirtschaftspolitische Themen immer häufiger in den politischen Fernsehmagazinen behandelt wurden, und zwar meist durch Nichtfachleute.

Ein weiterer Grund, der eine sachlich fundierte Wirtschaftsberichterstattung erschwert: Da außergewöhnliche Ereignisse für Journalisten einen hohen Informationswert haben, insbesondere ungewöhnlich negative Ereignisse, erhält dieses Genre einen unangemessen hohen Stellenwert. Hieraus erwächst die Versuchung, Sachverhalte aufzubauschen und unverstandenes Normalverhalten zum „Skandal" hochzustilisieren. Hinzu tritt ein genereller Hang der Journalisten zum Negativismus.

Außerdem: Ein Zwang besonderer Art bestimmt die Arbeitsweise des Fernsehjournalisten. Professor Steinbuch beschrieb ihn so: „Was über den Sender ausgestrahlt wird, müssen Millionen Empfänger ohne Rückfrage verstehen können. Deshalb hat fast nur das Einfachste die Chance, ausgestrahlt zu werden, simple Denkmodelle verdrängen differenzierende, und Ideologien mit den krudesten Denkmodellen setzen sich durch. War früher die geistige Entwicklung durch immer bessere Unterscheidungen bestimmt, so dominiert in unserer Zeit eine gigantische Simplifikationsmaschine."

All dies zusammengenommen fördert die Neigung der Fernsehjournalisten, bevorzugt über aktuelle Konflikte zu berichten. Wenn über Konflikte berichtet wird, dann stellt sich meist die Frage nach dem „Schuldigen". In solchen Situationen schlüpfen viele Journalisten gerne in die Rolle des Staatsanwaltes und zugleich auch in jene des Richters.

Da kann es nicht überraschen, daß negative Erscheinungen des Wirtschaftslebens (Streiks, Pleiten, Wirtschaftskriminalität, Umweltverschmutzung und so weiter) bevorzugt dargestellt werden. Auf ein Minimum beschränkt bleiben dagegen Berichte über positive Ereignisse und positive Entwicklungen volkswirtschaftlicher und betriebswirtschaftlicher Natur. Hieraus ergibt sich, daß prozeßhafte Entwicklungen kaum behandelt werden.

Dieser Zusammenhang ist politisch bedeutsam, denn angesichts der Informationsflut, die ohnehin mit einer „Atomisierung" der Information verbunden ist, wächst der Bedarf an Verknüpfung, Erklärung, Hintergrundanalyse, Kontinuität in der Themenbehandlung zusätzlich. Doch dieser Bedarf wird nicht befriedigt.

Die Eigengesetzlichkeit des Mediums Fernsehen ist eine der Hauptursachen dafür, daß analytisch veranlagte Wirtschaftsjournalisten mehr dazu neigen, in der Presse tätig zu sein. Je höher ihre fachliche Kompetenz ist, desto vorsichtiger sind sie angesichts der Komplexität der Probleme mit ihrem Urteil. Schreibend können sie dem besser gerecht werden als filmend. So ist es zu verstehen, daß es im Fernsehen nur relativ wenige fachlich gut vorgebildete Wirtschaftsredakteure gibt. Es fehlt an Spezialisten, zum Beispiel für Währungsfragen, Wirtschaftsrecht, Betriebswirtschaft usw. Die Fernseh-Wirtschaftsredaktionen sind meist knapp besetzt, verfügen selten über mehr als zwei bis drei Redakteure mit einem abgeschlossenen Studium der Volks- und Betriebswirtschaft. Im Kreise der freien Mitarbeiter sieht es nicht anders aus.

Die Wirtschaftsberichterstattung des Fernsehens litt auch stark darunter, daß im Gefolge der 68er Studentenrevolte eine Vielzahl neomarxistisch denkender Journalisten in die Funkhäuser drängte und dort die Tendenz zu ideologisch einheitlich ausgerichteten Redaktionen verstärkte. Nicht Sachkompetenz regierte die Stunde, sondern die Gesinnung. Was heute anachronistisch klingt, war in den 70er und 80er Jahren selbstverständlich: Die soziale Marktwirtschaft wurde diffamiert.

Leistung und Konkurrenz wurden als inhuman angeprangert, der wachsende Massenwohlstand als Folge eines angeblichen „Konsumterrors" verteufelt. Und das Bemühen der Wirtschaft, Einfluß auf die Gestaltung der Rahmenbedingungen zu nehmen, die unternehmerisches Handeln maßgeblich beeinflussen, wurden als illegaler Lobbyismus denunziert. Seit dieser Zeit gilt die Wirtschaft als unfähig, dem Gemeinwohl zu dienen. Wer als Journalist im öffentlich-rechtlichen Rundfunk die Marktwirtschaft verteidigt und Verständnis für Unternehmen zeigt, der macht sich verdächtig. Viele seiner Kollegen beäugen ihn mißtrauisch.

Einer zweiten Diffamierungskampagne ausgesetzt sah sich die Marktwirtschaft durch die Öko-Sozialisten. Die Grünen aller Schattierungen bedienen sich dazu des Vorwurfes, Marktwirtschaft sei gleichzusetzen mit Umweltzerstörung. Wenn Probleme des Umweltschutzes thematisiert werden, dann läuft dies im Fernsehen meist nach einem „grünen Ritual" ab:

Reportagen und Feature-Sendungen über den Umweltschutz beginnen immer wieder mit pathetischer Musik-Untermalung im Stile von Beerdigungsfeierlichkeiten. Als Kulisse sind abgestorbene Baumskelette ebenso beliebt wie Kamera-Schwenks über blühende Wiesen und nebelverhangene Kraftwerkssilhouetten, deren Kühltürme Wasserdampfschwaden ausstoßen, die giftigen Rauchfahnen gleichen. In vielen Sendungen wird das grüne Credo wie eine Litanei abgespult: Der Wald stirbt jeden Tag, Wasser und Boden werden vergiftet, die Luft wird verpestet, die Landschaft zubetoniert, die Dritte Welt durch Industrieexporte neu kolonialisiert, unser Überfluß bringt den armen Völkern der Welt den Hungertod und die Vergiftung durch die Chemie.

Auf dieser geistigen Basis entwickelte sich ein „kritischer Journalismus", der sich so beschreiben läßt: Mit großer anklägerischer Geste wird auch noch der kleinste Mißstand zur Großreportage aufgebläht. Das Gute und Erträgliche wird übergangen und denunziert. Das ist der Boden, auf dem die Desinformation gedeiht.

Nach diesem Muster arbeiten Wirtschaftsredaktionen nur selten. Gang und gäbe ist diese Tonart jedoch in jenen politischen Redaktionen, die umstrittene wirtschafts-, sozial- und umweltpolitische Themen usurpiert haben. Durchweg ist zu beobachten, daß die unter Verantwortung der Wirtschaftsredaktionen stehenden Magazine, wie ARD-„Plusminus", ZDF-„WISO" und die Wirtschaftsmagazine der dritten ARD-Programme sich von Jahr zu Jahr stärker von dieser Thematik abgekoppelt und zu reinen Verbrauchersendungen entwickelt haben. Typisch für deren Programme sind Themen wie „Lehrstellen: Warum fehlt es in aussichtsreichen Berufen an Nachwuchs? – Frauenfrage: Wird die geplante Rentenreform den Müttern gerecht? – Schneckenpost: Weshalb kommt die moderne Telekommunikation nicht rascher voran? – Steuertip: Was erkennt das Finanzamt an Berufskleidung an? – Luftkampf: Sorgt neue Konkurrenz für frischen Wind im Flugverkehr? – Aderlaß: Verlieren die Ortskrankenkassen ihre zahlungskräftigsten Mitglieder? – Erbfolge: Wie lenkt man den Nachlaß in die richtigen Hände?"

Bei solcher Programmatik bleiben für die aktuellen konjunktur- und wirtschaftspolitischen Themen nur Kurzbemerkungen oder Informationsfetzen übrig. Garniert wird das Tip-Repertoire noch durch Randthemen, die als skandalträchtig oder amüsant angesehen werden. Dies geschieht offensichtlich in der Hoffnung, die Akzeptanz der Magazine beim Publikum zu erhöhen und damit dem Trend sinkender Einschaltquoten entgegenzuwirken.

In einer Analyse über die Wirtschaftsmagazine stellte Hans-Peter Fröhlich in der Zeitschrift „Das Parlament" (13./20. Juni 1987) fest: „Themen mit direkt wirtschaftspolitischem Charakter sind vergleichsweise wenig vertreten. Die Programmverantwortlichen begründen dies damit, daß derartige Themen in der aktuellen Wirtschaftsberichterstattung der Nachrichtensendungen behandelt werden. Das trifft zwar zu, läßt sich aber auch als Gegenargument verwenden: Für mehr als ein paar Schlagzeilen – oft angereichert mit widersprüchlichen Stellungnahmen betroffener Interessengruppen – ist dort in der Regel kaum Platz. Unter diesen Umständen muß sich der weniger sachkundige Zuschauer von den Nachrichten eher im Stich gelassen als umfassend informiert fühlen. Hier haben die Magazine eine Chance verpaßt. Sie könnten, aufgehängt an aktuellen Geschehnissen und dennoch unabhängig von der reinen Tagesaktualität, stärker Grundsäztliches über wirtschaftliche Wirkungszusammenhänge vermitteln. Angesichts der kümmerlichen Aufklärungsarbeit der Schulen scheint hier allemal ein Bedarf zu bestehen."

Das gilt beispielsweise für das Thema Arbeitslosigkeit. Bis heute versäumte es das Fernsehen, die Struktur der Arbeitslosigkeit zu durchleuchten. Es suggerierte in vielen Sendungen, der Arbeitslose stehe im besten Mannesalter, als Alleinverdiener ernähre er eine Familie mit Kindern, möchte arbeiten, finde jedoch keine Stelle, die Untätigkeit mache ihn und seine Familienangehörigen depressiv. Da er über keine Ersparnisse verfüge, reiche das Arbeitslosengeld kaum für das Notwendigste. Die „Neue Armut" habe diese Familie erfaßt. Wenn von „Massenarbeitslosigkeit" berichtet wurde, dann stand dieses Stereotyp hinter dem Begriff. Und es war mit der Assoziation verbunden, bei den Arbeitslosen handele es sich im wesentlichen um eine homogene Zwei-Millionen-Gruppe – also um einen Skandal.

Nicht vermittelt wurde dem Fernsehpublikum, daß es sich bei der Arbeitslosigkeit nicht um einen festen Bestand handelt, sondern daß die Personen rechnerisch fast zweimal im Jahr ausgetauscht werden. Durchschnittlich ist knapp ein Drittel der Arbeitslosen weniger als drei Monate arbeitslos, ein gutes Drittel drei Monate bis zu einem Jahr und nur das restliche Drittel mehr als ein Jahr: die Dauerarbeitslosen.

Nicht erläutert wurde, daß die Dauerarbeitslosen in überdurchschnittlichem Maße vermittlungshemmende Merkmale aufweisen: 57 Prozent haben keine abgeschlossene Berufsausbildung, 29 Prozent sind gesundheitlich angeschlagen, 21 Prozent sind über 55 Jahre alt, 21 Prozent hatten vor der Arbeitslosmeldung die Erwerbstätigkeit unterbrochen und 13 Prozent suchen ausschließlich eine Teilzeittätigkeit.

Diese und viele andere Probleme wie beispielsweise die Tatsache, daß Frauen verstärkt ins Berufsleben drängen, jedoch überwiegend nur Teilzeitarbeit suchen, wurden der Öffentlichkeit nicht vermittelt, auch nicht die Tatsache, daß nur rund ein Drittel der amtlich ausgewiesenen Arbeitslosen dem Arbeitsmarkt uneingeschränkt zur Verfügung steht.

Tabuisiert wurde im Fernsehen bisher auch ein Tatbestand, den Professor Eberhard Hamer („Welt am Sonntag", 16. Juni 1985) so beschrieb: „Das Problem unserer Arbeitslosigkeit ist nicht nur Schicksal für viele echte Arbeitslose, sondern auch die Chance für Schwarz- oder Scheinarbeitslose. Die kartellartige Regelung der Tarifverträge und die Überbelastung des Faktors mit Steuern und Sozialabgaben haben zur Massenbewegung der Schwarzarbeit von etwa einem Viertel der arbeitsfähigen Bevölkerung geführt. Umgekehrt haben die steigenden öffentlichen Begünstigungen dazu beigetragen, daß sich immer mehr Menschen vor die Frage gestellt sehen, ob sie, statt hoch besteuert zu arbeiten, nicht lieber unversteuert von öffentlichen Transfer-Leistungen leben wollen ... Unser Mittelstands-Institut Niedersachsen schätzt, daß etwa ein Drittel der derzeitigen Arbeitslosen ganz oder zum Teil solche Schwarz- oder Scheinarbeitslosen sind."

Die Abstinenz der Wirtschaftsmagazine gegenüber wirtschaftspolitischen Themen ist wohl eine Fehlkalkulation. Tips und Ratschläge, die den Zuschauer an die Magazine fesseln sollen, sind oft recht primitiv und banal. Die Konflikt- und Skandalthemen aus dem Wirtschaftsbereich können mit jenen aus Politik und Halbwelt selten konkurrieren. Deshalb spricht einiges für den Umkehrschluß: Gerade weil die heiklen, für die Zuschauer jedoch existentiell bedeutsamen Themen der Wirtschafts- , Sozial- und Gesellschaftspolitik aus den Sendungen verbannt wurden, sind die Einschaltquoten tendenziell rückläufig. Selbst in der „heißen Phase" der Verhandlungen zwischen der Bundesregierung und der DDR-Regierung über die Währungs-, Wirtschafts- und Sozialunion blieben die Wirtschaftsmagazine im Abseits. Informationen boten sie nur häppchenweise, ohne Systematik und verzichteten darauf, unser Wirtschafts- und Sozialsystem zu erläutern.

Aus der Sicht der Wirtschaftsredaktionen ergibt sich allerdings eine andere Perspektive. Im SWF-"Journal" vom September 1989 skizzierte die Wirtschaftsredaktion die Situation so:

Über Wirtschaft zu berichten, bleibe eine Herausforderung, denn der Stoff sei „abstrakt, schwer verständlich und zäh". Fernsehen lebe vom Bild, aber das richtige zu finden, sei mitunter ein Problem. „Konjunkturprognosen lassen sich nicht immer mit Montagebändern illustrieren, Zahlen und Statistiken langweilen, zumal der Zuschauer auch beim ‚staubigsten' Thema offensichtlich noch ‚action' sehen will." Der Zuschauer wolle mehr Hintergrundinformation, Service, Tips geliefert bekommen, mit denen er etwas anfangen könne. „Aus dem Ärmel zaubern läßt sich das allerdings nicht. Produktionstechnischer Pferdefuß: Ein Tag im Betrieb gleicht einer Minute Sendezeit, die Aktualität rückt ins zweite Glied, Presse und Hörfunk sind schneller."

Aus dieser Stellungnahme, die für den Fernseh-Wirtschaftsjournalismus typisch ist, klingt Resignation. Die Wirtschaftsredakteure befinden sich in einem Dilemma. Während die im Informationsbereich dominierenden politischen Redaktionen über eine Vielzahl günstiger Sendeplätze verfügen, sehen sich die in ihren Häusern ungeliebten Wirtschaftsredaktionen immer wieder gezwungen, ihre Daseinsberechtigung zu begründen. Deshalb buhlen sie um die Zuschauer mit Tips und Gags, mit „Kleinkunst". Weder ihnen noch den Verantwortlichen an der Spitze der Rundfunkanstalten ist bewußt, daß die Informationspflicht des öffentlich-rechtlichen Fernsehens dadurch mißachtet wird.

Gero Kalt

Die Bemühungen bleiben steigerungsfähig

Defizite der Wirtschaftssendungen von RTLplus und Sat 1

Natürlich: Die privaten Fernsehsender haben nie versprochen, die vernachlässigte Wirtschaftsberichterstattung im Fernsehen zu revolutionieren. Ihre Geschäftsgrundlage, die hohe Einschaltquoten erfordert, trägt hierzu nicht gerade bei. Im Gegenteil: Wer sich alleine aus Werbung finanziert, der ist auf Einschaltquoten angewiesen. Und die erzielt man in Deutschland offenbar eher mit seichter Unterhaltung als mit Informationen. Der Wirtschaftsjournalist Michael Jungblut lieferte eine mögliche Erklärung: Für viele Menschen sei „alles, was mit Wirtschaft zu tun hat, kompliziert, langweilig oder unverständlich – und manchmal alles drei zusammen". Schuld daran sei neben einer Schulbildung, die wirtschaftliche Kenntnisse überhaupt nicht vermittele, aber auch der Journalismus.

Trotzdem hofften Industrie und zahlreiche Verfechter des dualen Rundfunksystems, daß die Privaten Wirtschaft attraktiver und vorurteilsfreier präsentieren würden, als dies ARD und ZDF – zumindest bis Mitte der achtziger Jahre – getan hatten. Man setzte auf das innovative Potential der neuen Anbieter.

Immerhin, so wurde argumentiert, sind die Privaten Kinder der Marktwirtschaft, die von Haus aus eine engere Bindung zur Wirtschaft haben müßten. Denn die Gelder der Unternehmen sind es, die ihr Überleben garantieren. Außerdem unterstehen sie nicht, wie die öffentlich-rechtlichen Anstalten, den Erbsenzählern und Proporzdenkern, die schon dann erschreckt zusammenzucken, wenn einmal ein Firmenname genannt wird.

Entsprechend stolz klopften sich denn auch die Privaten an die Brust, als das Fachmagazin „Media Perspektiven" meldete: Im Jahre 1989 lag der Anteil an Wirtschaftssendungen am Gesamtprogramm bei RTLplus (1,7 Prozent) und Sat 1 (4,3) höher als bei ARD (1,9) und ZDF (0,6). Diese Prozentzahlen waren umso gewichtiger, als die Gesamtsendezeit der Privaten aufgrund des Frühstücksfernsehens und der Mittagsprogramme länger war als bei den öffentlich-rechtlichen Konkurrenten.

Bei näherer Betrachtung fiel aber auf: Die Sendezeiten waren – und sind es noch heute – miserabel. Allein an den Einschaltquoten interessiert plazieren RTLplus und Sat 1 ihre Wirtschaftssendungen an die Ränder ihres Programmschemas. Sie senden zu Tageszeiten, an denen kaum jemand zusieht. So strahlte RTLplus bis Juni 1990 den permanent unter Geldmangel leidenden „European Business Channel" (EBC) frühmorgens um 6.30 Uhr aus, das Sat 1 „Wirtschaftsforum" wurde auf samstags 9.30 Uhr gelegt. Auch andere Sendungen, wie die „Tele-Börse" (Sat 1) mittags um 13 Uhr, können lediglich Börsianer oder Hausfrauen sehen. Ebenso ergeht es dem Magazin „netto" mit der schon absurd anmutenden Sendezeit um 15.48 Uhr (RTLplus).

Der Grund hierfür liegt auf der Hand: Man traut Wirtschaftssendungen von vorne herein keine hohen Einschaltquoten zu. Der Effekt: Die Ökonomen haben gar nicht erst die Chance zu beweisen, daß sie durchaus Zuschauer anlocken können, wenn ihre Sendungen ansprechend gemacht sind. Die schlechten Sendezeiten wiederum bedingen niedrige Einschaltquoten, was dazu führt, daß die Zahlenbasis fehlt, mit der man den Programmplanern bessere Termine abluchsen könnte. Das ist schade. Denn das ZDF exerziert es vor: Mit „WISO" strahlt es eine durchaus erfolgreiche Wirtschaftssendung im deutschen Fernsehen aus, immerhin rund sechs Millionen Zuschauer (17 Prozent Einschaltquoten) schalteten 1989 durchschnittlich ein, in Spitzenzeiten sogar über acht Millionen (23 Prozent).

„WISO" ist ein Beispiel dafür, daß man durchaus über Sendeplätze zwischen 19 und 23 Uhr nachdenken sollte. Entsprechend aufbereitet – hier könnten RTLplus und Sat 1 sich wirklich im „Infotainment" beweisen – wäre durchaus Konkurrenzfähiges anzubieten. Aber: Der Anteil an Wirtschaftssendungen in der Hauptsendezeit der Privaten ist 0,0 Prozent. Das Resultat: ZDF und ARD bleiben mit ihren wenigen Sendungen führend in der Wirtschaftsberichterstattung.

Bei RTLplus hatte der miserable Sendeplatz im Juni 1990 erste Konsequenzen. Der „European Business Channel", Anbieter des gleichnamigen Wirtschaftsmagazins, mußte Konkurs anmelden.

EBC, der seine englischen und deutschen Sendungen auch im Schweizer „Teleclub" und im englischen „Skychannel" anbot, sprach Europas Manager an. Diese exakt definierte Zielgruppe wollte man zu Beginn des Arbeitstags aktuell und gezielt informieren. Nicht die Wiedergabe wirtschaftlicher Ereignisse vom Vortag stand im Mittelpunkt, sondern die Analyse dessen, was für den bevorstehenden Tag wichtig ist.

Damit werkelte EBC allerdings an seinem Untergang mit. Denn ansprechen wollten die Macher ausschließlich die „obersten fünf bis zehn

Prozent der Europäer“, „Europas herausragende, zahlungskräftige und international ausgerichtete Berufs-Spezialisten: Menschen, die an neuesten Finanz-Daten interessiert sind, weil sie an der Börse tätig sind, Führungskräfte und Entscheider.“ Das Durchschnittspublikum war mit dem Angebot fachlich überfordert. So sahen (nach eigenen Angaben) 1989 nur durchschnittlich 56 000 Frühaufsteher zu, was zum Ausbleiben von Werbebuchungen und zu einer permanenten Wirtschaftskrise bei EBC führte. Insgesamt 40 Millionen Franken sollen die Aktionäre investiert haben. Mehrmals war das Kapital aufgestockt worden.

Es zeigte sich: Selbst ein hochkarätiges, von den regelmäßigen Zuschauern geschätztes Wirtschaftsprogamm kann im Privatfernsehen nicht überleben, wenn breite Kreise (und das zur ohnehin schlechten Uhrzeit) bewußt ausgeklammert werden. Eine Todsünde, die sich ein privates Unternehmen nicht leisten kann.

Insgesamt bewährte sich aber der Entschluß von Sat 1 und RTLplus, kompetente externe Partner in Kooperationen einzubinden. Denn die aus erfahrenen Fernsehleuten und kreativen Fachleuten zusammengestellten Redaktionen eigenständiger Anbieter ließen sich durch überkommene Denkschablonen nicht einengen und entwickelten neue Ideen. Für die RTLplus-Sendung „netto“ (RTLplus) zeichnen gemeinsam die „Frankfurter Allgemeine Zeitung“ und das Wirtschaftsmagazin „Capital“ (Köln) verantwortlich, das Sat 1-„Wirtschaftsforum“ wird von der „Private Bayerische Wirtschafts-TV Programmanbieter und Produktionsgesellschaft mbH (PRIBAG) in Egmating bei München produziert, hinter der „Tele-Börse“ steht die „DBF Deutsches Börsenfernsehen GmbH“, in der sich sechs Großbanken („BHF Bank“, „Commerzbank“, „Deutsche Bank“, „Deutsche Girozentrale“, „DG Bank“, „Dresdner Bank“) sowie die „Börsenzeitung“, der „Axel-Springer-Verlag“ und das „Handelsblatt“ zusammengeschlossen haben.

Diese Anbieter schufen ansprechende Präsentationsformen, griffen vernachlässigte Themengebiete auf und befreiten sich von ideologischen Altlasten. Gibt es auch noch diverse Verbesserungsmöglichkeiten, so entstanden bei Sat 1 und RTLplus in den Jahren 1988 und 1989 ernstzunehmende Sendungen.

So startete Sat 1 am 5. Oktober 1988 die „Tele-Börse“. Sie päppelte die bis dato vernachlässigte Börsenberichterstattung auf. Im Konzept der Redaktion hieß es ausdrücklich: „Die ‚Tele-Börse‘ hat sich zur Aufgabe gesetzt, das Geschehen an den Wertpapierbörsen, deren volkswirtschaftliche Bedeutung und die sich daraus ergebenden individuellen

Chancen nahezubringen. Daneben sollen Kenntnisse wirtschaftlicher und währungspolitischer Zusammenhänge vertieft werden".

Zunächst lief die Sendung ruhig an, weitgehend unter Ausschluß der Öffentlichkeit. „Mehr als ein paar Ehefrauen von Frankfurter Maklern, die ihre Männer mal auf dem Bildschirm bei der Arbeit sehen wollten, guckten nicht zu", schrieb damals „Der Spiegel". Doch der 19. Oktober 1988, jener schwarze Montag der Börsengeschichte, wurde zu einer Art milliardenteurer PR-Kampagne für die „Tele-Börse". Denn plötzlich wurde es spannend. Wo immer man die Sendung empfangen konnte, verfolgten Anleger, Experten und Neugierige die Live-Übertragungen.

So erhielt die einstündige Sendung von der Börse – weltweit ein absolutes Novum – ihre Chance. Sie wurde bekannt und beliebt. Das „Handelsblatt" lobte sie als „erste Innovation", die „Wirtschaftswoche" als „beste Eigenproduktion des deutschen Privatfernsehens". „Neue Medien" sprach von einer „Perle im Programm". Da blieben auch die Preise nicht aus. Die Programmzeitschrift „Hörzu" verlieh ihr Anfang 1989 die „Goldene Kamera" und nannte sie die „aktuellste, umfassendste und pfiffigste Wirtschaftsinformation des Fernsehens". Die „Gong"-Redaktion zeichnete den Kommentator Friedhelm Busch in der Frankfurter Börse mit dem „Goldenen Gong" aus, weil er „so spannend berichtet, als ginge es um Sieg und Platz bei einem Pferderennen".

Was wird geboten? Von Montag bis Freitag, an jedem Börsentag also, liefert die „Tele-Börse" zwischen 13 und 14 Uhr Informationen für alle, die am wirtschaftlichen Geschehen interessiert sind. Gesendet wird abwechselnd aus dem Börsensaal und dem externen Fernsehstudio. Der Sendeablauf ist klar strukturiert. Meist wird nach einem makroökonomischen Hintergrund auf mikroökonomische Fakten eingegangen. Nach internationalen Meldungen folgen europäische und schließlich Inlandsnachrichten. Schaltungen in die Börse verschaffen Eindrücke vom Parkett in Frankfurt. Sehr lebhaft kommentiert der Reporter die Marktentwicklung, werden die wichtigsten Punkte zusammengefaßt, die Einfluß auf die Kursentwicklung hatten. Regelmäßig bittet die Redaktion Interviewpartner hinzu, zusätzlich blendet die Technik Computergrafiken ein.

Nach dem Blick über das deutsche Börsengeschehen faßt das Team die wichtigsten Nachrichten der internationalen Börsenplätze zusammen. In jeder Sendung kommen auch Händler der sechs DBF-Banken zu Wort. Sie kommentieren das Geschehen, geben Anlagetips. Nach den ersten 15 Minuten folgen meist die Dollar- und Goldnotierungen, anschließend wichtige politische und wirtschaftspolitische Weltnachrichten. Bevor dann wieder in die Börse geschaltet wird, steht ein Studiogast mehrere Minuten lang Rede und Antwort. Mit Unternehmensnachrichten und der Wiederholung wichtiger Meldungen endet meist die erste Hälfte der „Tele-Börse".

Einen letzten Höhepunkt erhält die Sendung dann durch ein Interview unter dem Motto „Ein Unternehmen im Gespräch". Nach einem kurzen, aber meist anschaulichen Firmenporträt – das gelegentlich durch Dias oder kleine Filmausschnitte eingeleitet wird – befragt der Moderator seinen Gast zur wirtschaftlichen Situation der entsprechenden Branche. Nicht selten geben die Gäste hier Insider-Informationen preis, die selbst für professionelle Anlageberater neu sind. Die letzten zwanzig Minuten bieten dann wenig Neues. Nachrichten, Bilder und Tips wiederholen sich, lediglich neu hinzugekommene Zuschauer schalten dann noch nicht ab.

Als Live-Sendung ist die „Tele-Börse" die aktuellste Momentaufnahme der deutschen und der internationalen Wirtschaft. Der Zuschauer ist unmittelbar vor Ort, er kann die geschilderten Ereignisse in der Börse miterleben. Dabei gelingt es durchaus, Einstellung und Wissen zu Wertpapieren und anderen Formen der Geldanlage positiv zu beeinflussen. So wird die Aktie als interessante Möglichkeit breiter Vermögensbildung bekannter, ihr Handel und damit die Streuung des Produktivkapitals gefördert. Insgesamt macht die Sendung Börsenvorgänge transparent und geldpolitische Zusammenhänge verständlich.

Dennoch wäre das eine oder andere zu überdenken: So wird man dem Anspruch, auch den Laien zu informieren, nicht immer gerecht. Viele Argumente sind ohne Hintergrundwissen kaum nachvollziehbar. Einige Fachbegriffe bedürften der Erläuterung. Da ist von „leadern" die Rede, von „blue chips" oder einer „volatilen Börse". Der Laie bleibt bei derartigen Termini meist ratlos. Dieses Manko zieht sich durch Kommentare, Interviews und Berichte.

Dabei verfügt gerade die „Tele-Börse" über genügend Sendezeit, um Unwissenheit zu beheben. Denn die anfangs abwechslungsreiche Sendung verliert nach 30 Minuten an Spannung, die letzte halbe Stunde bietet vorwiegend Wiederholungen. Das eröffnet Chancen. Börsenrelevantes Hintergrundwissen wie gehandeltes Aktienvolumen, Gewinne je Aktie oder Kurs/Gewinn-Verhältnis könnten erklärt werden. Auch zentrale betriebswirtschaftliche Grundbegriffe sowie die Anfänge der Chartanalyse von Aktienkursen könnten zu dieser Sendezeit, kurz nach Börsenschluß, für den Laien noch einmal erklärt werden. So könnte die „Tele-Börse" vielleicht auch Zuschauer gewinnen, die ansonsten wegen fehlender Sachkenntnis bei Wirtschaftssendungen abschalten.

Spannend wäre es auch, Anleger ihre Entscheidungen kommentieren zu lassen. Hier bietet die Wirtschaftssendung „3Sat-Börse" auf dem Satellitenkanal 3Sat interessante Anregungen. Beim dortigen Börsenspiel stehen sich vier Bankenvertreter gegenüber, die versuchen, ihr Grundkapital von anfangs 100 000 Mark durch Ver- oder Zukauf zu mehren. Dabei erläutern sie in jeder Sendung, warum sie dieses Papier gekauft, jenes aber wieder veräußert haben. Im Spiel vermitteln sie so dem Zuschauer einen Eindruck in die Kriterien der Profis.

Auch wer gezielt „seine" Kurse sucht, wird von der „Tele-Börse" nicht optimal bedient. Er muß während der ganzen Sendung aufpassen, weil es weder eine Gesamtübersicht, noch kontinuierliche Einblendungen am Rande oder am unteren Bildrand gibt. Anstatt die Kursentwicklung der einzelnen Branchen in langen Abständen – und ohne Vorankündigung – vorzustellen, könnte die Redaktion zu bestimmten Zeiten einen alphabetisch geordneten Gesamtüberblick präsentieren. Dann ist für jeden Anleger immer der gewünschte Kurs dabei. Dieses Vorgehen würde Zeit sparen, die gewonnenen Minuten könnten für tiefergehende Analysen bei auffälligen Kursabweichungen genutzt werden.

Insgesamt ist die „Tele-Börse" aber eine sehr sachkundige und abwechslungsreiche Sendung, die sowohl in der Thematik als auch der Präsentation neue Wege eingeschlagen hat.

Den zweiten Schwerpunkt in der Wirtschaftsberichterstattung von Sat 1 bietet das „Wirtschaftsforum". Seine Absicht formuliert der Veranstalter PRIBAG so: „Da in den vergangenen 30 Jahren das Thema Wirtschaft von den öffentlich-rechtlichen Sendern leider allzu oft mehr aus ideologischer Sicht behandelt wurde, ist bei den Zuschauern eine Informationslücke über die wirklichen Zusammenhänge zwischen Geld und Kapital, Investitionen und Produktivität, internationalen Wettbewerbschancen, Rationalisierung und Arbeitsplatzsicherung entstanden. Dieses Defizit aus dem Blickwinkel der freien und sozialen Marktwirtschaft abzubauen, ist eine der tragenden Forderungen unseres Programmauftrags."

Um diese Ziele zu erreichen setzt die Redaktion verschiedene Sendeformen ein. In der „Top-Etage" diskutieren Manager mit Journalisten, das „Magazin" soll Berichte und Meinungen über aktuelle Verbraucherfragen liefern, der „Durchblick“ wird als „Sendung mit Pepp für Neugierige“ bezeichnet und liefert in erster Linie Informationen aus den Feldern Computer, Naturwissenschaft und Technik.

Insgesamt ist das „Wirtschaftsforum“ sicher das vielfältigste Angebot an Wirtschafsinformationen im deutschen Fernsehen. Besonders informativ ist die „Top-Etage“. Obwohl veranschaulichende, unterhaltsame Elemente fehlen, ist sie meist spannend und erfüllt den Anspruch der Redaktion am ehesten. So liefert der eingeladene Manager meist Daten zu den grundlegenden wirtschaftlichen Problemfeldern seines Betriebs: konjunkturelle Entwicklung der Branche, Trends, Investitionsüberlegungen, Bedeutung der Branche für die Volkswirtschaft, Größe des Markts, Produktpalette, Konkurrenzsituation, Vorbereitungen auf den Binnenmarkt, Beziehungen zu ausländischen Firmen, Importe/Exporte, Bedeutung des Dollarkurses, Umweltschutz, Recycling, Abhängigkeit von bestimmten Rohstoffen sowie Umsätze der Firma.

Erfreulich ist auch, daß sich der Moderator zunehmend bemüht, Fachbegriffe für Laien zu erklären. Da die „Top-Etage“ nicht „live“ ausgestrahlt wird, sollte man aber die Möglichkeit nutzen, um an der passenden Stelle Erläuterndes einzublenden.

Auf etwas niedrigerem Niveau bewegen sich „Magazin“ und „Durchblick“. Zwar ist die Präsentation gerade beim „Durchblick“ personalisiert und bietet dem wohl eher jugendlichen Zuschauer gute Identifikationsmöglichkeiten mit dem jungen Moderator. Doch beide Sendeformen leiden an denselben Krankheiten wie die Magazine von ARD und ZDF: Es fehlt am nötigen Tiefgang, ökonomische Zusammenhänge bleiben oft unberücksichtigt. Die Kürze der Einzelbeiträge und die Themenvielfalt lassen nur wenig Zeit für eine gründliche Aufarbeitung der ökonomischen Strukturen, marktwirtschaftliche Mechanismen werden nicht veranschaulicht. Das Klein-klein zerstört jeden Zusammenhang. Statt dessen hagelt es Tips und Ratschläge.

Die drei Sendeformen des „Wirtschaftsforums“ haben grundsätzlich eine Schwäche: Sie sind zu unkritisch. Daß man ideologische Vorurteile anderer Sender durch Fakten ersetzen will, ist lobenswert. Doch Informationen von Unternehmensverbänden werden allzu oft selbstverständlich übernommen und als Tatsachen präsentiert. Manager erhalten ein breites Forum zur Selbstdarstellung, ohne wirklich kritische Fragen gestellt zu bekommen. Gleichzeitig werden Positionen der Arbeitnehmer vernachlässigt – die Sendungen enthalten eine latent antigewerkschaftliche Tendenz – ohne dies im Einzelfall immer sachlich zu erläutern.

Um keine Mißverständnisse aufkommen zu lassen: Natürlich orientierte sich die Berichterstattung der vergangenen Jahre allzu häufig an Skandalen und Negativaspekten. Firmen- und Verbandsvertreter müssen daher stärker zu Wort kommen, sie sollen Entscheidungen und Entwicklungen darstellen können. Doch es darf für den Journalisten inhaltlich auch keine Tabus geben, konfliktträchtige Aspekte wollen aufgegriffen werden. Sonst sinkt die Glaubwürdigkeit. Dem Zuschauer, der nicht akzeptiert, daß eine erfolgreiche Wirtschaft auch Probleme und Reibungspunkte provoziert, ist sowieso nicht zu helfen. Den anderen braucht man nichts vorzumachen.

Etwas weniger Raum nimmt die Wirtschaftsberichterstattung bei RTLplus ein. Mit „netto" bietet der Kölner Sender seit dem 2. Mai 1988 mittags ein „Resümee des wirtschaftlichen Geschehens vom Tage. ‚Netto' will das Wirtschaftsgeschehen nicht von oben, von der Theorie her, sondern von unten, aus der Erfahrungswelt des Verbrauchers her angehen". Zusammenhänge werden nach Angaben der Redaktion nicht analytisch, sondern pragmatisch an Beispielen verdeutlicht.

Die starke Konkurrenz der „Tele-Börse" vor Augen, konzentriert sich „netto" weniger auf Börseninformationen, sondern kümmert sich mehr um die „populäre Darstellung des täglichen Wirtschaftsgeschehens nach dem Motto: Wirtschaft für alle – komprimiert, leicht verständlich und von praktischem Nutzen". Als Nachrichtensendung konzipiert verfolgt „netto" das Ziel, jene Informationen aus Wirtschaftspolitik, Marktentwicklung und Unternehmen zu resümieren, die Einfluß auf das Vermögen des Kleinanlegers haben.

Die Sendung beginnt meist mit einem Kurzinfo-Block. Oftmals bringt er nur eine einzige „Meldung des Tages", was für einen „Überblick" zunächst recht wenig ist. Auch das Börsengeschehen wird nur sehr stark abstrahiert – in knapp eineinhalb Minuten – aufgearbeitet. Zwei, drei Sätze zur Tendenz anhand des F.A.Z.-Indexes, eine Meldung zu Gold- und Dollarnotierungen lassen zu viele Wünsche offen. Häufig betreffen Börseninformationen auch die Vergangenheit, so daß der Kleinanleger sie im nachhinein nicht mehr umsetzen kann. Sinnvoller wären zukunftsorientiertere, analytische Beiträge.

Nach diesem trockeneren Part sorgen aber meist anschauliche Filmbeiträge für Abwechslung. Überhaupt ist der ständige Wechsel zwischen Moderation und den Filmen eine der Stärken der Sendung. Das Niveau der Einspielungen variiert allerdings deutlich. Liefern einige Beiträge anschauliche Einblicke in wirtschaftliche Produktionsbedingungen, so wirken andere (über Mode, Reisen, Sport) in einer Wirtschaftssendung eher deplaziert. Ein festes Schema, nach dem die Redaktion ihre Themen auswählt, ist nicht erkennbar. So offenbarte ein Vergleich im Februar 1990: Die Meldungen wichen völlig von den aktuellen Nachrichten der Tagespresse (am Morgen davor oder den Tagen danach) ab. Nur selten gab es Übereinstimmungen mit den Wirtschaftsteilen von „Süddeutsche Zeitung“ oder „Frankfurter Allgemeine Zeitung“.

Journalistisch vorbildlich sind dagegen die Interviews. Sachkundig werden zentrale Punkte herausgearbeitet. Ein zuschauerfreundlicher Bauteil ist auch der „Capital-Tip“. Meist dreht es sich um Versicherungen, aber auch Ratschläge für Arbeitsuchende, Mieter, Autofahrer oder Verbraucher werden gegeben.

Störend wirkt bei „netto“ der permanente Zeitdruck. Er stört fast jede Sendung, so daß wenig Raum für Hintergründe bleibt. Gespräche müssen nicht selten abrupt unterbrochen werden. Gerade hier wird deutlich: Wer Wirtschaft erläutern will, braucht Zeit. Zehn Minuten sind zu wenig. RTLplus sollte über eine Ausweitung auf zwanzig bis dreißig Minuten nachdenken.

Trotz einzelner Kritikpunkte muß man anerkennen: Die externen Anbieter, die ihre Sendungen über die privaten Fernsehsender Sat 1 und RTLplus ausstrahlen, haben in den ersten Jahren ihres Bestehens einiges im Bereich Wirtschaftsjournalismus bewegt. Ihre Programme sind überwiegend informativ, abwechslungsreich und haben alle ihre besondere Note. Sie stellen Wirtschaft weitgehend so dar, wie sie ist. Die Redaktionen „benutzen“ nicht Wirtschaftsthemen, um eigene Ideologien loszuwerden und Gesellschaftskritik zu betreiben.

Natürlich haben die Produzenten mit erheblichen Schwierigkeiten zu kämpfen. Die Redaktionen sind aus Kostengründen meist relativ klein. Von Etats, wie sie ARD und ZDF zur Verfügung stehen, können sie nur träumen. Außerdem können die Macher nicht auf so umfangreiche Archive, eigene Korrespondentennetze oder die teure Technik der Öffentlich-rechtlichen zurückgreifen. Hier kann sich erst im Laufe der Jahre etwas aufbauen.

Trotz der Zusammenarbeit sind die externen Anbieter über die Sendeanstalten verärgert. Sie hätten den Zuschauern noch einiges anzubieten, die Konzepte liegen in den Schubladen. Doch die Verantwortlichen bei RTLplus, Sat 1, Tele 5 und Pro 7, die letztendlich die Sendezeit vergeben, winken ab. Ihr Vertrauen in eine spannende, zuschauerlockende Wirtschaftssendung ist gering. Dabei bietet sich gerade in diesem Themenfeld noch so viel an:

- So fehlt die große Wirtschaftsreportage. Kein Zeitungsartikel kann den „Umzug" eines riesigen Schaufelradbaggers in einen neuen Tagebau so anschaulich vermitteln wie ein Film. Keine geschriebene Reportage kann den Weg eines Transformators vom Werk in Deutschland bis in den brasilianischen Urwald so eindrucksvoll schildern wie die Kamera. Wirtschaftliche Einsichten müßten hier keineswegs zu kurz kommen, gerade das optische Erleben, kombiniert mit ökonomischen Fakten, kann Zusammenhänge deutlich machen.
- Zur Erläuterung von Hintergründen sollten dramaturgische Elemente stärker eingesetzt werden. Warum nicht einmal einen fiktiven Topmanager zeigen, der ein Angebot für den Bau einer Brücke oder Talsperre kalkulieren und am Markt durchsetzen muß?
- Wesentlich attraktiver könnte die Bebilderung sein, denn das Fernsehen kann mit seinen eindrucksvollen, bewegten Bildern vorführen, was in der Presse nur mühsam beschrieben werden kann. Industriefilme liefern hier durchaus nachahmenswerte Vorbilder.
- Warum Wirtschaft nicht auch in den Mittelpunkt von Spielshows stellen? Das 3Sat-Börsenspiel, in dem Bankenvertreter um die höchsten Gewinne an der Börse wetteifern, macht es vor. Viele Variationen sind denkbar. Überhaupt fehlen unterhaltsame Elemente. So sind der Witz und die Glosse nicht gerade ständige Gäste in Wirtschaftssendungen.
- Wo sind die im Kulturbereich so vielgeliebten „Personalien"? Dabei ist nicht an platte Enthüllungen aus der Privatsphäre gedacht. Die gehen niemanden etwas an. Aber auch die Wirtschaft wird von Menschen gestaltet, dic Eigenschaften, Vorstellungen, Ideale haben. Wie denkt ein Edzard Reuter („Daimler Benz"), ein Wolfgang Röller („Dresdner Bank"), ein Otto Wolff von Amerongen („Ostausschuß der deutschen Wirtschaft")? Wie haben sie es zum Erfolg gebracht? Was kritisieren sie an unserer Gesellschaft? Welche Erfahrungen haben sie mit Politikern gemacht?

Verstärkt sollten die Sender jedenfalls in Zukunft die Mittel der Marktforschung einsetzen. So könnten sie gezielter herausfinden, was den Zuschauer wirklich interessiert. Es geht nicht an, daß sich die Verantwortlichen allein unter Rückgriff auf Einschaltquoten und subjektive Einschätzungen (angeregt durch Zuschauerpost, Gespräche mit Bekannten, Kollegen) ein Bild von den Bedürfnissen ihres Publikums zurechtkonstruieren, das zwar redaktionsinternen Normen und persönlichen Präferenzen entspricht, mit der Zuschauerrealität aber wenig Ähnlichkeit aufweist.

Zusammenfassend läßt sich sagen: Wirtschaft muß ebenso gut aufbereitet und zuschauerorientiert dargeboten werden wie Politik, Sport und Kultur. Es wäre doch mehr als merkwürdig, wenn beim breiten Publikum grundsätzlich kein Interesse an solchen Fragen vorhanden oder zu wecken wäre. Denn es geht um unmittelbare Interessen, persönliche Sorgen, die eigene Lebensphäre. Ob Löhne, Renten oder Preise steigen, Arbeitsplätze geschaffen oder abgebaut werden, ob der Export läuft, die Steuer angehoben oder bestimmte finanzielle Anreize geschaffen werden – all dies sind konkrete, das Leben beeinflussende Vorgänge.

So ermittelten die Demoskopen nicht von ungefähr, daß die Fragen, die der Bundesbürger derzeit am dringendsten einstuft, aus wirtschaftsrelevanten Bereichen stammen: Umwelt, Arbeitslosigkeit, Wohnungsnot, Renten- und Sozialversicherung, Verkehr, Dritte Welt. Sie beweisen: Die von Wirtschaftsfragen Betroffenen sind keine Minderheit, sondern die größte Zielgruppe überhaupt. Was kann sich ein Privatsender besseres wünschen?

Bedenkenswert für Sat 1 und RTLplus, die verstärkt in die DDR streben, ist auch: Viele Bürger dort verstehen noch wenig von Marktwirtschaft – obwohl sie dringend auf Informationen angewiesen sind. Bei ihnen ist es keine Frage, „ob" sie sich für Wirtschaftsfragen erwärmen können – sie müssen es. Hier tut sich ein großes Zuschauerpotential auf, das man rechtzeitig an sich binden könnte.

Die schwerwiegendste Kritik an der Wirtschaftsberichterstattung der Privaten bleibt derzeit die Plazierung der Sendungen. Dabei gibt es hierfür keinen Grund, feste Abendplätze sind denkbar. Denn, so schrieb der Wirtschaftsjournalist Peter Gillies in der „Welt": „Eine gute Wirtschaftssendung kann so gut wie ein Krimi sein – weil auch Wirtschaft spannend ist –, sie darf so unterhaltend sein wie irgendein Trallala-Teppich, freilich mit mehr Tiefgang." Gillies ist zuzustimmen wenn er sagt: „Ohne Zweifel sind die Wirtschaftsmagazine in den letzten Jahren interessanter und – in Grenzen – auch unterhaltsamer geworden. Aber angesichts verbreiterter Unkenntnis über ökonomische Zusammenhänge bleiben die Bemühungen steigerungsfähig." Phantasie, journalistischer Einfallsreichtum und vor allem die Einsicht der Sender sind gefragt.

Bert Schnitzler

Kein Make-up für Mark und Pfennig

Chancen und Grenzen privater Wirtschaftsjournalisten

Wie lange haben sie nun gewartet, die Journalisten und Verleger, die Unternehmer und PR-Manager, Werbemenschen und Verbandsfunktionäre – auf das private Fernsehen. Viele unter ihnen insbesondere auf das Wirtschaftsfernsehen. Denn Themen der Wirtschaft, Menschen der Wirtschaft und Handelnde der Wirtschaft waren auf der gebührenpflichtigen Mattscheibe weit über eine Generation hinweg nicht allzu sehr gefragt.

Jetzt, wo aus der Chance Wirklichkeit geworden ist, in einigen Bundesländern schon seit Jahren, kommt Nachdenklichkeit auf. Oft verdutztes Besinnen bei den Machern und Veranstaltern ob des rohen Desinteresses in einigen Salons der Wirtschaft, manchmal sogar Resignation, meistens indessen „Jetzt erst recht", denn wir stehen schließlich erst am Anfang, zwar nicht gegenüber einem neuen Medium, aber innovativer Möglichkeiten und Herausforderungen, die zumindest in meinem Hause immer wieder taufrisch angegangen werden.

Alltag im Wirtschaftsfernsehen der Privaten. Das fängt natürlich bei den Zuschauern an. Den routinierten Serienzuschauern. Und der Alltag hat auch mit Vergangenheit zu tun, mit Fernsehvergangenheit. Doch zuerst – wie es sich gehört – der Zuschauer. Natürlich sind die Fans von „Büro Büro", „Guldenburgs", „Denver" und „Falcon Crest" in Wirtschaftsfragen nicht unbeleckt geblieben. In den Schilderungen der Bier-, Wein-, Öl- und Nackedei-Dynastien sind ja von den öffentlich-rechtlichen Sendeanstalten ganz profunde Vorleistungen für das rechte Verständnis im Umgang mit Geld und Gold, Bilanzen und Bossen geliefert worden. Und jetzt erwartet der so Vorgebildete in der ersten Reihe Entsprechendes, wenn es um Mark und Pfennig geht.

Und schließlich sind da ambitionierte Bildschirmkunden wie Arbeiter und Angestellte, Beamte, Funktionäre, Lehrer und Bauern, Ärzte und U-Bahn-Schaffner. Sie alle und einige andere wissen natürlich selbst, wie „die" Wirtschaft funktioniert. Und viele von ihnen geben dieses Wissen nach jeder Sendung weiter. An „ihre" Redakteure und Chefredakteure und Direktoren und Intendanten.

Da sind die vielen Unternehmer inzwischen entschieden zurückhaltender. Vierzig Jahre lang waren sie im Geltungsbereich einer ganzen Reihe von Magazinredakteuren nichts anderes als mehr oder minder dezent parfümierte Draufgänger, die nur ihr eigenes Wohl im Auge hatten. Und noch heute dient ihr Berufsstand in den zitierten Serien als Ideologie-Eintopf, der alles schluckt, was angepaßte Autoren für gerade noch genießbar halten. Oder ein anderes Beispiel: Schimanski jagt Unternehmer, der – um Umweltsünden zu vertuschen – auch nicht vor einem Mord zurückschreckt.

Also Unternehmer heute im real existierenden Kapitalismus: Eher amüsiert als engagiert ist die Redaktion, wenn Fernseh-Wirtschaftsjournalisten mal wieder um das xte Statement bitten, in dem die Manager in „einsdreißig bitte" ihren ganz spezifischen Anteil am Bruttosozialprodukt schildern sollen. Früher, in allein öffentlich-rechtlichen Zeiten, in denen vor allem private Arbeitgeber mehr kritisiert als gefragt, oft mehr heruntergemacht als gewürdigt wurden für ihren Anteil am wirtschaftlichen Aufbau der Nachkriegszeit, da waren sie selbst dankbar für die berüchtigten „einsdreißig". Heute haben viele resigniert und bestenfalls delegieren sie. Aus der Top-Etage in die Beletage ihrer Frühstücksdirektoren.

Das allein wäre im Grunde ja nicht ausgesprochen schlecht. Aber die Könner des Metiers sitzen halt nicht alle in den Salons, sind oft nicht einmal direkt dem Vorstandsvorsitzenden oder der Geschäftsführung unterstellt. Gejammert haben aber vor allem die Subalternen über das Monopol der öffentlich-rechtlichen Anstalten. Hier, weil angeblich die Wirtschaft „einseitig" oder stiefmütterlich behandelt wurde. Das kostete nichts, verlangte keinen persönlichen Einsatz und brachte bestenfalls Profil im Hause. Viele dieser besonders Hartbackenen sind heute noch im Dienst. Und sie machen Wirtschaftsfernsehen der Privaten auch nicht einfacher.

Das Überleben der PRIBAG (Private Bayerische Wirtschafts-TV Programmanbieter und Produktionsgesellschaft mbH) freilich ist einer Riege von modernen Öffentlichkeitsarbeitern zu danken, die seit dem ersten Sendetag (2. April 1984) die Arbeit begleiten. Männer aus der Wirtschaft, die sich inzwischen im „Arbeitskreis Wirtschaft im Fernsehen" zusammengefunden haben und die Idee der PRIBAG mit Filmmaterial und finanziellen Mitteln unterstützen.

Dabei hat niemand einen sogenannten Anspruch auf einseitige redaktionelle Berücksichtigung. Schon gar ist Schleichwerbung in jedweder Form unmöglich gemacht, sondern Firmen und Organisationen – alle von Rang – sorgen durch eine Art Selbstkontrolle über einen gewählten Programmausschuß dafür, daß Objektivität und saubere Berichterstattung über alle Bereiche der Wirtschaft im Mittelpunkt der Sendungen steht.

Doch zurück zu den eigentlichen Problemen der Fernseh-Wirtschaftsjournalisten. Sie liegen, gemessen an der Unternehmer-Zurückhaltung eher an einer neuen Variante von Vergangenheitsbewältigung. Da ist in erster Linie Vertrauen aufzubauen. Goodwill zu zeigen. Seriosität und Sachverstand. Sicher: Niemand streitet diese Tugenden amtierenden Kollegen in den Wirtschafts-Redaktionen ab. Doch nach wie vor wetteifern „Panorama" und ein paar „Report"-Redaktionen, sogenannte politische Magazine, um spektakuläre Themen. Gift in der Zahnpasta oder Maden im Fisch sind dramatische Beispiele für einen Hinterhof-Journalismus, der ganze Branchen gefährdet und jedes Bemühen um Vertrauen der Wirtschaft in die Fernsehberichterstattung zunichte macht.

Redakteure und Moderatoren, die mehr dem politisch linken Flügel zugerechnet werden, zeigen dabei erfahrungsgemäß weniger Sensibilität in der Erkenntnis wirtschaftlicher Konsequenzen bei ihren Enthüllungsmissionen via Mattscheibe als Kollegen, die sich ausschließlich der wirtschaftlichen Sachberichterstattung verpflichtet fühlen. Das ist natürlich belegbar. Das Buch „Die Phalanx" (Bert Schnitzler) zur Geschichte des privaten Rundfunks schildert unter anderem die Story von jenem „Panorama"-Redakteur, der in einem Telefon-Interview klipp und klar sagte, die Redakteure der Wirtschaftsmagazine in ARD und ZDF seien „unternehmerorientiert". Dieser Tatsache werde „Panorama" energisch „entgegensteuern". Genau dieser Einstellung politischer Redakteure zur Wirtschaft und den Wirtschaftsjoulisten gilt es, heute im Alltag der Fernseh-Berichterstattung zu begegnen. Und das ist nur „ein" gewichtiger Punkt.

Ein anderes Problem ist die Tatsache, daß weder im Print- noch im Hörfunkbereich und am wenigsten beim Fernsehen quantitativ und qualitativ ausreichende Personalpräsenz vorhanden ist. Mit anderen Worten: Es fehlen gute Wirtschaftsjournalisten. Besonders in der Fernsehberichterstattung kommen zur notwendigen Forderung nach Sachverstand noch Postulate, die in keinem Lehrbuch zu finden und schlicht im Irrationalen angesiedelt sind. Es ist ja keineswegs eine Erfindung der privaten Fernsehveranstalter, daß die gesprochene Information vom Bildschirm „rüberkommen" muß. Anders ausgedrückt: Moderator und Redakteur und/oder Kollegin sollten gerade bei oft mürben Themen Charisma haben. Diese Notwendigkeit können die Macher von heute durchaus verlegen in An- und Abführungszeichen setzen. Es ändert nichts.

Ein Wirtschaftsredakteur am Schreibtisch kann vergleichsweise einfach Unsicherheit oder auch nur Unlust verbergen. Vor der Kamera ist das einfach nicht möglich. Ganz abgesehen davon: Ein engagierter Wirtschaftsredakteur will selbstverständlich überzeugen. Und um keine Mißverständnisse aufkommen zu lassen: Ein guter Mann oder eine gute Frau vor der Kamera muß nicht schön sein – und dieses Attribut kann ebensogut in An- und Abführungszeichen gesetzt werden. Wenn die Präsentation mit Sachverstand und ohne Sorgenfalten in der Denkerstirn geschieht, dann stört es kaum, wenn er oder sie ein klein wenig mit der Zunge anstößt.

Zugegeben – das sind Ausflüge in die Welt der Redaktionsstuben. Doch sie führen zu einem weiteren handwerklichen Problem in der Arbeit für das Wirtschaftsfernsehen: Wie lebendig ist die Bildfolge zu gestalten. Sind die Bildreportage, die Montage, die Collage, die Grafik, das Interview oder das Statement nur einsame Stilmittel, oder gibt es da noch sehr viel mehr dramaturgische Elemente, mit denen das Medium gefüttert werden kann. Die Aufzählung beweist: kaum!

Crux und Leiden des Wirtschaftsfernsehens sind seit seinem Bestehen die oft tristen Gegebenheiten des Materials. Ein paar Beispiele: Drehen wir zum Thema angewandte Forschung in der Pharmaindustrie, dann geht der Kameramann in's Labor. Totale, Halbtotale, groß, Zwischenschnitte: Hand am Reagenzglas, Augen der Laborantin – im besten Fall noch Petrischalen mit Nährlösungen, Mikroskop – Gegenschnitt, wimmelnde Viren oder Bakterien. Oder: Bericht über ein Stahlwerk. Jeder, der Wirtschaftsfernsehen kennt oder gar macht, sieht schon bei diesem Stichwort das flüssige Metall gelb/orange aus der Thomasbirne fließen. Klar, das sind schöne Bilder. Und auch die rußgeschwärzten Gesichter und darin das Weiß der Augen – nur, wie oft sieht sich das ein Zuschauer an?

Mit sehr viel Aufwand, sprich Geld, und vor allem Zeit, ist es in der Vergangenheit den Public-Relations-Abteilungen der Wirtschaft und ihren Filmressorts gelungen, das schier Undenkbare zu realisieren: zum Thema Wirtschaft an und ab filmische Kunstwerke zu schaffen, die durchaus nicht nur einen elitären Zirkel interessieren. Und nicht nur Kunstwerke mit PR-Effekt. Das wäre leicht verständlich. Nein, spannende Bildreportagen, die, mit den raffiniertesten Techniken der modernen Computeranimation, konventionellen Bildern und lebendigen Grafiken gemixt, auch abgebrühte Zuschauer faszinieren. Audi, Mercedes und BMW sind Pioniere auf diesem Gebiet. In der Chemie die Düsseldorfer Henkel-Werke. Ihre Filmabteilung hat es oft verstanden, Chemie und Kosmetik, Waschmittel und Klebstoffe – um nur ein paar Beispiele zu nennen – in handlungs- und informationsreiche Szenen zu verpacken, daß Prosaisches und Poetisches sich durchaus harmonisch dem Zuschauer vermittelten. Oder: Der „Deutsche Pfandbrief Dienst" präsentierte einen witzigen und didaktisch klug gemachten Zeichentrickfilm über das Wesen der modernen Infrastruktur, der jeden Vergleich mit einem gut gemachten Comic aushalten konnte, nur – der Zuschauer hatte mehr davon.

Viele Beispiele gäbe es. Sie alle beweisen, daß das zitierte spröde Material der Wirtschaft wandlungsfähig ist. Nur: Die aktuelle Information muß da passen. In einigen Magazinbeiträgen sind die guten Arbeiten der Wirtschaft verwendungsfähig. Dies immer mit gutem Gewissen, da die Produzenten längst erkannt haben, daß sie ihre Beiträge nicht mit Schleichwerbung abwerten können, wenn sie auf Dauer dem Informationsauftrag ihrer Unternehmen gerecht werden wollen.

Es gibt inzwischen ganz rührende Beispiele der Redaktionen im Wirtschaftsfernsehen mit Bemühungen, den Zuschauer zu binden. Schauspieler spielen Klamaukszenen, Riesenstudios werden in Farbe getaucht, und in Trick- und Spielszenen mit aufwendigem Dekor versuchen die Redakteure, Arbeiter, Angestellte, Freischaffende und Rentner in die Geheimnisse der Marktwirtschaft einzuführen.

Eine Variante unter diesen Versuchen, näher an den Zuschauer des Wirtschaftsfernsehens zu kommen, war in diesem Zusammenhang eine Sendereihe, die die PRIBAG für das Dritte Programm des „Bayerischen Fernsehens" produzierten. Unter dem Titel „Das liebe Geld" entstand eine Serie zu den Themen Sparen, Investment und Bauen mit Beatrice Richter und Bernd Herzsprung. Dahinter stand damals eine Crew von den „Raiffeisenbanken", dem „Deutschen Pfandbrief Dienst", dem „Bundesverband Banken", dem „Sparkassen- und Giroverband" und Redakteuren und Autoren, die einmal wissen wollten, wie und ob ein solches Projekt zu realisieren sei.

Um das Ergebnis vorwegzunehmen: Die Erstsendung war vor ein paar Jahren, heute noch werden Sequenzen aus dieser Reihe wiederholt. Es waren Spielszenen über ein junges Paar, das bis zur Ehe und Taufe und Eigenheimbau den Umgang mit Geld, seinen Chancen und Risiken, realistisch erfahren durfte. Wie gesagt, eine Variante, wie Wirtschaftsfernsehen auch funktionieren kann.

Als am 1. April 1984 in Bayern das Private Fernsehen an den Start ging, machten sich die künftigen Veranstalter von Wirtschaftssendungen zwar keine Illusionen über ihren Part am Programm, aber da war ihnen noch nicht der Akzeptanzfimmel der Kommerzsender bekannt. Kein Zweifel: Die Werbewirtschaft benötigt präzise Zahlen. Wie gut Sat 1 und RTLplus diese Maxime begriffen haben, zeigt ihr Erfolg. Wirtschaftsfernsehen freilich wird von den beiden Privatsendern noch mit spitzen Fingern behandelt.

Beispiel: Die Sendezeiten. Bei RTLplus beginnt „netto: Ihre Wirtschaft heute“ (montags bis freitags) um sage und schreibe 15.48 Uhr präzise. „Teletip Geld“ auf Sat 1 um 14.30 Uhr. Die Sendezeit des journalistischen Leckerbissens in der „Tele-Börse“ ist aktuell gebunden: 13.00 Uhr.

Das „Wirtschaftsforum“, das die PRIBAG einmal wöchentlich in einer halben Stunde Sendezeit auf Sat 1 ausstrahlt, hat im Hinblick auf die Sendezeit den Vogel abgeschossen: samstags, 9.30 Uhr. Doch gemach. Die Wunschsendezeit war der Sonntag um 11.00 Uhr. Um diese Zeit läuft inzwischen in der ARD das Ratespiel „Kopfball“. Wie einflußreich auch hier der Guru „Akzeptanz“ ist, beweist die sorgfältig recherchierte Tatsache, daß wir inzwischen für eine der vier Sendeformen, nämlich die Computersendung „Durchblick“, mehr Zuschriften erhalten als das „Ratespiel für die ganze Familie“ des SFB (Programmhinweis) am Sonntag um 11.00 Uhr.

Natürlich sehen die Redakteure des Wirtschaftsfernsehens im Privaten zähneknirschend auf die Sendezeiten von „Spiegel-TV“ (sonntags, 21.45 Uhr, RTLplus). Aber dann tröstet uns, daß trotz der wenig dezenten (Neid!) Eigen-PR in der Hamburger Hauspostille auch diese Sendereihe in der Zuschauerakzeptanz schon mal zum Flop gerät.

Kein Zweifel, die Veranstalter des privaten Wirtschaftsfernsehens sind zuversichtlich, daß sich im Laufe der Zeit aus dem relativ schnell gewachsenen Stammpublikum ein weitaus größerer Zuschauerkreis als bisher etabliert. Dies gemäß der Maxime, Wirtschaftsfernsehen so zu gestalten, daß Seher gewonnen werden, die bislang wenig Interesse am Sujet zeigten. Ein Beispiel, wie die PRIBAG dies realisiert, liefert die Serie „Durchblick“. Computernews, Aktuelles aus der medizinischen oder Sicherheitstechnik, Auto-Präsentationen oder Berichte aus der Luft- und Raumfahrt – im Grunde gibt es kein Thema des Alltags, das nicht in irgendeiner Art und Weise mit dem Thema Wirtschaft verbunden wäre.

Ein anderes Beispiel – neben der Spielfilmvariante – ist das Wirtschaftsquiz. Dies wurde jahrelang mit großem Erfolg praktiziert. Derzeit wird an einer neuen Form, mit anderen Stilmitteln gearbeitet. Die Kandidaten äußern sich zu Fragen der Wirtschaft, sehen Ausschnitte aus Filmdokumentationen und vergrößern ihren Wirtschaftshorizont. Fast überflüssig anzumerken, daß die schmalen Kenntnisse um bestehende Zusammenhänge bei diesem spezifischen Stoff alle Redakteure intensiv dazu anregen, mit viel Phantasie das Thema Wirtschaft immer wieder attraktiv zu machen.

Bei all diesen Bemühungen hilft natürlich ein Umstand, den die Privaten den öffentlich-rechtlichen Anstalten ausnahmsweise einmal voraus haben. Die Redakteure sind unbefangen genug, um Roß und Reiter in der Berichterstattung zu nennen. Sie sagen natürlich VW, wenn sie „Volkswagen“ meinen. Gut, dazu haben sich die Mitbewerber um die Zuschauergunst inzwischen auch durchgerungen. Nach 40 Jahren. Der Moderator sagt aber auch „Persil“, wenn er die Marke nennt, mit der das erste phosphatfreie Waschmittel in die Haushalte kam. Denn hier handelt es sich um eine wirkliche Information. Die Schizophrenie ist erhalten geblieben: bei den öffentlich-rechtlichen Anstalten ist „BMW“ ein Firmenname und kein Markenname wie „Maggi“. Das eine kann gesagt werden, beim anderen verbrennt sich jeder Sprecher der Etablierten die Zunge. Armer Zuschauer.

Mehrere Sendeformen entwickelte die PRIBAG neu. Nach „Durchblick“ einmal im Monat die „Top-Etage“. In- und ausländische Wirtschaftsjournalisten befragen Vorstandsvorsitzende, Hauptgeschäftsführer und Geschäftsführer wichtiger Firmen zu aktuellen Themen. Journalistenglück war in diesem Zusammenhang ein Gespräch mit dem inzwischen verstorbenen VEBA-Vorstandsvorsitzenden Rudolf von Bennigsen-Foerder, acht Tage nach Aufgabe von Wackersdorf. Da spielte der Sendetermin keine Rolle. Die Zuschauer waren gut bedient, und die Sendung hatte eine fabelhafte heimische und internationale Presse. Eine weitere Form „Im Gespräch“ wird meist kontrovers geführt und läßt Ansichten und Meinungen hart aufeinanderprallen. Daß diese Formulierung nicht zu dick ist, beweist die Tatsache, daß Naturschützer und Pelzhändler heute noch über Vorwürfe prozessieren, die sie sich gegenseitig in einer dieser Sendungen gemacht haben.

Eine der attraktivsten Programmelemente im „Wirtschaftsforum“ ist die Magazinsendung. Sie lebt naturgemäß von der Tagesaktualität, wird besonders aufwendig produziert und erlaubt alle Stilmittel, wie sie bisher im Fernsehen überhaupt verwendet wurden. Das gilt natürlich auch für die berüchtigten „einsdreißig“, aber auch für Zeichentrickfilme, Computeranimation, Collagen und Grafiken. „Human touch“, den die Privaten mit besonderer Zuneigung versuchen zu kultivieren, erhält das Magazin durch die Moderation, in diesem Falle einer Kollegin mit Sachverstand und dem berühmten Charisma.

Sicher: Man mußte lange warten auf die Chance eines privat produzierten Wirtschaftsfernsehens. An den Privaten wird es mit Sicherheit nicht liegen, wenn Akzeptanzzahlen schwanken. Das liegt „noch“ an einem Zuschauer, der in nicht allzu ferner Zeit mehr von Wirtschaft verstehen wird, als dies eine öffentlich-rechtliche Vergangenheit erlaubt hat.

Adolf Althen

Berührungsängste, Sachzwänge, Einsdreißig

Chancen und Grenzen öffentlich-rechtlicher Wirtschaftsjournalisten

Samstag, 12. Oktober 1963. Immer noch ist der Rücktritt von Kanzler Konrad Adenauer Tagesgespräch. Immer noch kommen neue Schrekkensnachrichten aus dem nach einem Dammbruch überfluteten Piavetal. Die Morgenzeitungen melden den Tod des französischen Dichters Jean Cocteau. Doch was an jenem Samstag um 17.30 Uhr passiert, macht keine Schlagzeilen, auch wenn es – im Rückblick – einen Markstein gesetzt hat. Denn zu jener Stunde geht im Deutschen Fernsehen die erste Sendung des Magazins „Der Markt" über den Bildschirm. Damit war gleichsam der Wirtschaftsteil des Fernsehens geboren.

Der Untertitel der Sendereihe formulierte das Programm, dem bis heute die Wirtschaftsberichterstattung im Fernsehen folgt: „Wirtschaft für jedermann." Das heißt: Das Fernsehen kehrte sich bewußt von den bis dahin üblichen Wirtschaftsseiten der Zeitungen ab, die sich doch zumeist an einen engen Kreis von Fachleuten wandten. Nun kann ein Zeitungsleser das, was ihn nicht interessiert, überblättern; ein Fernsehzuschauer aber kann das nicht; er kann nur umschalten, und welcher Sender möchte schon eine solche Reaktion herausfordern. Die Marschroute war also klar: populär aufbereitete Wirtschaftsberichterstattung, Allgemeinverständlichkeit, Anschaulichkeit – in jeder Hinsicht.

Viele Jahre sind seit jenem 12. Oktober 1963 vergangen. Die Wirtschaft hat sich ihren festen Platz im Fernsehen erobert. Und jede Rundfunkanstalt besitzt ihre Wirtschaftsredaktion. Freilich, Wirtschaft findet im Fersehen schon längst nicht mehr nur in den Wirtschaftsredaktionen statt. Politische Redaktionen haben sich wirtschaftlicher Thematik bemächtigt, und vor allem: Was immer aktuell an wirtschaftlich und wirtschaftspolitisch Wichtigem passiert, findet seinen Niederschlag in den Nachrichtensendungen des Fernsehens. Gesprächspartner für die Wirtschaft sind deshalb nicht nur die Fachredakteure, sondern Journalisten ganz unterschiedlicher Herkunft und natürlich auch unterschiedlicher Einstellung zu den Dingen.

Das legt die Frage nahe: Hat die Wirtschaft im Blick auf ihr Erscheinungsbild im Fernsehen Grund zur Klage? Lassen wir einmal die Spezies Krimi beiseite, bei der der Mörder eigentlich nie im Kreise der

„Arbeiterklasse“ zu finden ist, recht häufig aber in jener Schicht, die Politiker in ihren Reden gerne als deutschen Mittelstand zu rühmen pflegen; Krimis müssen ja kein Abbild einer real existierenden Wirklichkeit sein. Aber sind die Wirtschaftssendungen und Wirtschaftsnachrichten des Fernsehens ein Abbild der bundesdeutschen Wirklichkeit?

Der Vorwurf ist bekannt: Das Fernsehen bevorzuge – und dies gerade auch bei Berichten aus der Wirtschaft – das Negative, die negative Nachricht, den negativen Kommentar, die Schwarzmalerei, die Schwarzweißzeichnung. Was Fernsehjournalisten darauf antworten, ist auch nicht neu, und weil sie weltläufig sind, sagen sie's gerne auf englisch: „Only bad news are good news.“ In deutscher Sprache fortfahrend, darf man hinzufügen: Wenn eine Fabrik explodiert, ist das eine nervenkitzelnde Neuigkeit; wenn aber dieselbe Fabrik jahrzehntelang störungsfrei arbeitet – wen interessiert das außer den Chef?

Nicht nur bei spektakulären Unglücksfällen gilt diese Betrachtungsweise. Auch wenn eine Firma tausend Arbeiter entlassen muß, kann sie der publizistischen Aufmerksamkeit des Fernsehens sicher sein. Sobald sie aber tausend Leute neu einstellt, muß sie schon ein bißchen trommeln, wenn sie die gewünschte Resonanz finden will, wobei die Entlassung der Tausend eben oft die Entscheidung eines einzigen Tages ist, während sich die Neueinstellung – von Betriebseröffnungen einmal abgesehen – meist über Monate hinziehen mag.

Doch ist wirklich nur das Fernsehen, ist journalistische Voreingenommenheit schuld, wenn es zwischen Wirtschaft und Fernsehen mitunter nicht so klappt, wenn – wie man heute gerne sagt – die Chemie zwischen beiden nicht stimmt (was wohl besonders auch auf den gleichnamigen Industriezweig zutrifft)? Die Ausgangslage ist klar: Da ist eine Firma, da ist eine Branche, die von sich auf den Bildschirmen ein möglichst positives Bild sehen möchte, eben ein sachgerechtes, wie ihr Pressesprecher formulieren wird. Und, so wird er hinzufügen, zu diesem sachgerechten Bild gehöre es natürlich, daß die Verantwortlichen des Unternehmens, wenn es denn zu einem Interview oder einer Stellungnahme vor der Kamera komme, auch ausreichend, möglichst ungekürzt, auf jeden Fall unverstümmelt, zu Wort kommen müßten. Schön und gut. Unverstümmelt, ja! Aber auch ungekürzt?

Nehmen wir einmal die aktuelle Berichterstattung im Fernsehen. Da gibt es die Kurzberichte, für die wir Fernsehleute das geflügelte Wort von den „einsdreißig“ im Munde führen. Einsdreißig bedeutet: eine Minute und dreißig Sekunden, wobei auch diese Länge oft noch übertrieben ist; es kann auch noch weniger sein. In dieser kurzen Zeit soll mittels bewegter Bilder ein Sachverhalt verständlich dargestellt werden, und dann soll möglichst noch jemand aus der Firma oder dem Verband zu Wort kommen, am besten bitte der Vorstandsvorsitzende oder der Präsident.

Armer Leiter der Presseabteilung, der das Ansinnen weitergeben soll! Armer Fernsehjournalist aber auch, wenn er sich nicht getraut hat, beim Vorgespräch reinen Wein einzuschenken über die mögliche Länge der Stellungnahme vor der Kamera (von polyglotten Kollegen meist als „Statement" bezeichnet). Manch einer murmelt dann mit roten Ohren etwas von circa zwei Minuten, gedreht werden vier, am Schneidetisch wird daraus eine halbe, und dann kommt der Redakteur und läßt vielleicht auf fünfzehn Sekunden kürzen, oder er wirft die Bemerkungen des Vorstandsvorsitzenden respektive Präsidenten gleich ganz aus dem Film.

Was tun? Ich meine, hier wäre Ehrlichkeit auf seiten der Journalisten besser, Ehrlichkeit gegenüber dem Interviewpartner mit klarem Wort über die geplante Länge. An die Wirtschaft wäre dann der Wunsch zu richten, daß sie sich verständnisvoll auf das Mögliche oder Unmögliche einstellte und sich bewußt wäre, was sich – bei ökonomischem Umgang mit knapper Zeit – auch aus dreißig oder zwanzig Sekunden an Aussage gewinnen läßt. „Ich liebe dich" braucht zwei Sekunden (ist aber in Wirtschaftsfilmen wohl ein eher seltenes „Statement"), „Isch bien ein Berliener" braucht drei Sekunden (mit Beifall etwas länger); doch was steckt in diesen Worten alles an Aussage! Der Satz „Wir werden in diesem Jahr tausend neue Arbeitsplätze schaffen, das verspreche ich" dauert sieben Sekunden und die Ergänzung „Ich glaube, daß dies doch ein beachtlicher Beitrag zur Bekämpfung der Arbeitslosigkeit in unserem Lande ist" nochmals acht.

Sicher gibt es komplizierte Sachverhalte, die eine etwas differenziertere und längere Darstellung oder Bewertung erfordern, aber letztlich sollte immer gelten: Entscheidend ist das „Was" und nicht so sehr das „Wie lange". Aber wer hat den Mut, dies dem Vorstand unverblümt zu sagen!

Hier darf eigentlich ein vergleichender Hinweis nicht fehlen. Nämlich: Kein Politiker, kein Unternehmer oder wer immer käme bei einem Zeitungsartikel im allgemeinen wohl auf die Idee, sich über unzulässige Kürzungen zu beklagen. Die Kürzung in Form der Verkürzung durch indirekte Rede ist dort alltäglich. Nun steht dieser Kunstgriff (für den mancher weitschweifige Betroffene eigentlich ganz dankbar sein sollte) dem Fernsehen nicht zu Gebote. Andererseits: Auch ein Zeitungsreporter läßt manches, was er sich da aus einer Rede oder Aussage aufgeschrieben hat, bei der Abfassung seines Artikels dann weg, weil es, verglichen mit anderem, zu wenig Gewicht hat.

Ich meine, dieses journalistische Recht muß auch uns Fernsehleuten zugestanden werden. Daß das Kürzen hier behutsamer erfolgen muß (weil technisch ja nur ein ganz oder gar nicht möglich ist), sollte eigentlich keiner Diskussion bedürfen. Läßlichkeiten in der Eile können aber immer mal passieren; Sie ärgern die Betroffenen und sollte den journalistischen Sünder noch viel mehr grämen.

Das Verhältnis zwischen Wirtschaft und Fernsehen wird aus den genannten und vielen anderen Gründen nie frei von Spannungen sein. Kann man deshalb gar von so etwas wie Berührungsängsten zwischen beiden sprechen? Ich erinnere mich an einen Fernsehbericht zu Anfang der sechziger Jahre – er kam wohl in der Tagesschau.

Die Farbenfabriken „Bayer" hatten gerade ihr neues Verwaltungsgebäude fertiggestellt, damals das höchste Haus in der Bundesrepublik. Daran konnte selbst die seinerzeit noch etwas kärgliche Fernsehberichterstattung nicht vorbeigehen. Doch was geschah? Um sich ja nicht dem Vorwurf der Schleichwerbung auszusetzen, wurde der Firmenname „Bayer" nicht genannt; man sprach kryptisch von „einem Chemieunternehmen". Doch damit nicht genug: Selbst „Chemieunternehmen in Leverkusen" erschien den Redakteuren offenbar zu verfänglich, gab es da doch den recht erfolgreichen Sportverein „Bayer Leverkusen", der viele Zuschauer allzu leicht auf die richtige Fährte gebracht hätte. Also quälten sich die Redakteure die Formulierung ab: „Ein Chemieunternehmen im Raum Köln . . ."

Kein Zweifel, das waren damals etwas seltsame Annäherungsversuche des Fernsehens an die Wirtschaft: Beschnuppern mit gerümpfter Nase, Berührungsangst. Nun gut, diese Zeiten sind vorbei. Heute hat auch das öffentlich-rechtliche Fernsehen nur mehr wenig Berührungsängste, manchmal zu wenig, wie ich meine. Daß die Wirtschaftsredaktionen da noch ein Fähnlein der Aufrechten bilden, sei mit Genugtuung vermerkt.

Und die Berührungsangst auf der Gegenseite? Nun, große Firmen wissen längst, mit der Presse und auch mit dem Fernsehen umzugehen und auszukommen. Aber kleinere Unternehmer, Mittelständler zumal, halten sich zurück, wehren ab, machen aus ihrem Herzen und aus ihren Sorgen – wie man so sagt – eine Mördergrube. Hier wäre größere Offenheit und Aufgeschlossenheit zu wünschen, mehr Vertrauen, auch wenn es vielleicht dann und wann enttäuscht werden sollte.

Und weiter: Das Fernsehen ist ein doppelbödiges Medium, weil es vom Bild und vom Wort lebt; und je mehr es vom Bild lebt, desto besser ist es und desto mehr wird es seinem Wesen und seinen Möglichkeiten gerecht. Bilder müssen aber erst einmal aufgenommen werden, und bewegte Bilder müssen gedreht werden, was immer einigen Aufwand erfordert und Umstände macht und Störungen mit sich bringt und – rein betriebswirtschaftlich gesehen – den betroffenen Unternehmen auch Kosten verursacht. Wenn ein Reporter Arbeiterinnen am Fließband befragt, dann läßt sich eben eine gewisse Hemmung des Betriebsablaufs nie so ganz vermeiden.

Ich erinnere mich eines extremen Falles: Da ging es um ein kurzes Reportagestück, das an Bord eines Öltankers gedreht werden sollte und das allgemeinere Gedanken zur Ölversorgung bildhaft untermalen sollte. Nun wollten wir damals vermeiden, daß unser Team gleich wochenlang auf dem Schiff zubringen und um ganz Afrika mitschippern mußte. Eine ökonomische Überlegung! Also vereinbarten wir mit der Ölgesellschaft, daß unsere Leute nur den letzten Teil der Reise bis Wilhelmshaven mitmachen sollten; für die geplanten Filmaufnahmen genügte das völlig.

Alles war bestens vorbereitet; der Punkt, an dem der Tanker seine Fahrt stoppen sollte, war genau festgelegt. Leider aber machten dann widrige Winde einen Strich durch die Zeitplanung, so daß der Tanker nicht mehr bei Tageslicht vor der britischen Küste anlangte, sondern erst bei dunkler Nacht, und diese Nacht war obendrein recht regnerisch und stürmisch. Das wiederum hatte zur Folge, daß sich unser Kamerateam weigerte, auf den hochgehenden Wogen hinauszufahren, wo es sich und die Ausrüstung über ein vermutlich schaukelndes und glitschiges Fallreep auf das Schiff hätte bringen sollen.

Da es in jener Nacht auch mit der telefonischen Kommunikation nicht so recht klappen wollte, wartete der Tanker eine geschlagene Stunde lang vergeblich in der Finsternis, bis der Kapitän die Maschinen wieder anwerfen ließ und Kurs auf die hohe See nahm. Der Pressemann des Ölkonzerns machte uns später eine Rechnung auf, wieviel das Abbremsen des Tankers und das Warten seinem Unternehmen gekosten hätten; ich glaube, es waren so um die 30 000 Mark.

Einige Zeit fürchteten wir, diese teure Rechnung werde uns auch tatsächlich präsentiert werden, aber das war dann schließlich doch nicht der Fall, was ich hier dankbar registrieren will. Immerhin, ich könnte mir vorstellen, daß der Pressechef des Unternehmens, der das alles so entgegenkommend eingefädelt hatte, damals dann eine Zeitlang gewisse Berührungsängste gegenüber dem Fernsehen hatte, weil ihm wie uns der Schreck noch in den Knochen saß.

Mit einer Zeitung wäre eine solch teure Panne kaum passiert. Der Zeitungsreporter braucht kein mit schwerer Apparatur bepacktes Team, und er braucht keinen „Bildteppich", auf dem er wirtschaftliche Informationen ausbreitet, um sie schmackhaft an den Mann zu bringen (und an die Frau, wie man heute selbst bei solch altvertrauten Floskeln, weiblichen Einwänden vorbeugend, hinzufügen muß).

Gewiß, der Zwang zum Bilde eröffnet dem Fernsehen auch viele Möglichkeiten, die dem Zeitungsjournalismus verschlossen bleiben, aber er legt ihm eben auch Schranken auf, besonders da, wo die Wirtschaft am „wirtschaftlichsten" ist. Will sagen: Zwar lassen sich der Technik und auch den sozialen Problemen in der Wirtschaft durchaus telegene Seiten abgewinnen, volkswirtschaftliche Theorien und betriebswirtschaftliche Rechenwerke lassen sich aber nur schwer ins Bild umsetzen. Da findet sich dann auch im Text oft – sozusagen – ein schiefes Bild.

Und damit wären wir bei einem weiteren Vorwurf angelangt, der gegen die Wirtschaftsberichterstattung des Fernsehens oft erhoben wird: Sie sei zu oberflächlich. Berichtet das Fernsehen tatsächlich zu oberflächlich über die Wirtschaft? Zugegeben, ein Bild, ein Abbild, ist zunächst im wahrsten Sinne etwas Oberflächliches. Ein Bild zeigt nur das offen Sichtbare und oft genug auch nur eine Seite des Sichtbaren, mag sein gerade seine Schattenseite.

Doch der Vorwurf der Oberflächlichkeit zielt ja mit seinem Hauptgewicht auf das Wort, den Text, die Argumentation der Wirtschaftsberichte im Fernsehen. Zugegeben auch hier: Wir Fernsehjournalisten vermeiden, wo immer es geht, unbekannte oder schwerverständliche Begriffe. Da wird dann umschrieben oder in einem Nebensatz eine Erklärung versucht. Der Fachmann fühlt sich unter seinem Niveau angesprochen, und der Laie versteht es trotz allem nicht so recht. (Doch geht es unseren Sportkollegen anders, wenn sie während einer Fußballweltmeisterschaft gelegentlich diskret einfließen lassen, was „Abseits" bedeutet und wie eine Abseitsfalle funktioniert?)

Ein Beispiel: Was ist das Bruttosozialprodukt? Nun, es ist zuallererst eine unglückliche Wortschöpfung, weil das Mittelwort „sozial" im Deutschen ja eigentlich in eine ganz andere Richtung weist. Der Schlager, der vor etlichen Jahren die Hitparade eroberte, drückte es so aus: „Jetzt wird wieder in die Hände gespuckt, wir steigern das Bruttosozialprodukt.“ Das war eigentlich ganz verständlich, und es war bildhaft.

In Fernsehberichten versucht man es – man schreibt ja keine Proseminararbeit – mit „Volkseinkommen“ oder mit der „Summe der in der Volkswirtschaft hervorgebrachten Waren und Dienstleistungen“. So ungefähr stimmt das schon, doch wem Wirtschaft oder Politik überhaupt schnuppe ist, den wird man mit keiner noch so gut gemeinten Erläuterung erreichen. Freilich, möglichst vielen Zuschauern das Feld der Wirtschaft so zu bereiten, daß sie mitreden können und mitdenken wollen, das sollte das stete Bemühen des Wirtschaftsjournalismus im Fernsehen sein. Mancher, der mitten in der Wirtschaft steht, mag diese gute Absicht trotzdem als zu oberflächlich empfinden – ich meine, wir können's nicht ändern.

Noch ein Gedanke dazu: Wenn die „Frankfurter Allgemeine Zeitung“ über die Bilanzpressekonferenz von „Siemens“ oder „Daimler Benz“ berichtet, dann läuft der kluge Text über Hunderte von Zeilen. Wenn aber das Fernsehen (wenn überhaupt!) zum selben Anlaß berichtet, dann wird es mit den erwähnten „Einsdreißig“ sein Bewenden haben. Da mag sich dann das Unternehmen unter Wert verkauft vorkommen und der interessierte Aktionär unzureichend unterrichtet. Doch ist es die Aufgabe des Massenmediums Fernsehen, Aktionäre über die Ergebnisse ihres Unternehmens zu informieren? Und wo wäre die Grenze?

Wer über die „Deutsche Bank“ berichtet, kann die „Dresdner Bank“ und die „Commerzbank“ schlecht übergehen, und wer „Daimler Benz“ würdigt, muß auch der „Volkswagen AG“ Tribut zollen. Aber kann man BMW links liegen lassen, nur weil da die Kleinaktionäre keine Rolle spielen? Und was ist mit den US-Töchtern „Opel“ und „Ford“ in Köln? Natürlich, Großfirmen interessieren nicht nur die Aktionäre, sondern auch viele Kunden, sei es weil sie sich über ihr Auto freuen oder weil sie sich darüber ärgern oder weil sie sich als Bankkunden so ihre Gedanken über die magere Verzinsung ihrer Spargutahaben machen.

Doch nochmals gefragt: Wo liegt die Grenze? Verläuft sie – journalistisch gesehen – eben dann nicht doch dort, wo jenseits die „good news“ anfallen und diesseits die „bad news“, vielleicht gelegentlich ergänzt um ein paar wirklich „very, very good news“, über die man nicht hinweggehen kann? Auf diese Frage läßt sich wohl keine eindeutige Antwort finden. Vor allem, die Antwort kann ja nicht an der Tatsache vorbeigehen, daß ein Fernsehprogramm dem Diktat der Zeit unterliegt, das heißt: Der Tag hat 24 Stunden, und wenn man die Nachtstunden abzieht, dann bleiben 16 Stunden übrig, von denen vielleicht 6 als gute Sendezeit gelten können. Und da sollen dann die Hauptbedürfnisse der Zuschauer befriedigt werden; mit Nachrichten aus aller Welt, mit Krimis und Unterhaltung, mit Sport und alten Spielfilmen und vielem anderem mehr. Da bleibt für Wirtschaft nicht allzuviel.

Ein Punkt blieb bisher noch unerwähnt, doch scheint er mir im Verhältnis von Wirtschaft und Fernsehen sehr wichtig zu sein. Nämlich: Schon sehr früh verstand sich das Fernsehen – über seine Funktionen in Information, Bildung und Unterhaltung hinaus – auch als Ratgeber der Bürger und als Sachwalter des einzelnen. In dieser Funktion trat es staatlichen Institutionen gegenüber auf, aber auch gegenüber der Wirtschaft, und zwar immer dann, wenn sich der kleine Mann verschaukelt, verkauft oder ungerecht behandelt fühlte. Da griff dann die Wirtschaftsredaktion (oder auch eine andere) den Fall auf, konfrontierte die beschuldigte Firma oder Behörde mit den Vorwürfen, versuchte wohl auch zu vermitteln und den Streit nach Möglichkeit zu einem guten Ende zu führen, was zumeist bedeutete, dem kleinen Mann in der Auseinandersetzung mit den Mächtigeren zum Erfolg zu verhelfen.

Auch Zeitungen und Zeitschriften nehmen sich der Sorgen von Bürgern an, geben Tips und gute Ratschläge für Verbraucher, insofern spielt das Fernsehen da keine Sonderrolle, doch daß diese Lebenshilfe hier auch und gerade aus den Wirtschaftsredaktionen kommt, unterscheidet das Fernsehen von der Zeitung. Wirtschaft im Fernsehen deckt eben ein viel weiteres Themen- und Aufgabengebiet ab als etwa der herkömmliche Wirtschaftsteil einer Tageszeitung.

Eine Sache zu einem guten Ende führen – wo bleibt da das Negative, die „bad news"? Nun, wenn man so will, steht am Anfang solcher Fernsehberichte immer die Schilderung der scheinbar hoffnungslosen Situation eines Bürgers, seines Kampfes gegen eine Firma um sein vermeintliches oder tatsächliches Recht, nicht selten auch die Schilderung eines schlimmen Unglücks.

Ich erinnere mich des tragischen Falles, der uns einmal zugetragen wurde: Da war ein kleines Mädchen auf dem Hof der Großeltern in eine landwirtschaftliche Maschine geraten, die dem Kind beide Beine abtrennte. Die Versicherung weigerte sich, ein Schmerzensgeld zu zahlen, weil das Unglück einen Anverwandten betroffen hatte, was ein tariflicher Ausschließungsgrund war. Als wir uns einschalteten, argumentierte die Versicherung zunächst, sie dürfe gar nicht anders handeln, denn wenn sie entgegen ihren Versicherungsbedingungen eine Entschädigung zahlte, könnte das Aufsichtsamt dies beanstanden. Schließlich fand die Versicherung dann aber doch einen Weg, der über formalistisches Denken hinausführte. Sie gewährte ein Schmerzensgeld von 100 000 Mark, das zwar dem armen Kind seine Beine nicht zurückgeben konnte, aber doch sein weiteres Leben etwas erleichtern mochte.

Wenn ich zurückschaue, muß ich sagen, daß wir diesen Erfolg wohl als den schönsten in unserer Arbeit als Wirtschaftsredaktion empfunden haben. Helfer der Schwächeren zu sein – auch das ist Wirtschaft im Fernsehen. Und es bedarf wohl keiner besonderen Betonung, daß uns die 100 000 Mark, die wir die Versicherungsgesellschaft „gekostet" haben, zufriedener gestimmt haben als die 30 000 Mark, mit denen wir bei dem Ölkonzern zu Buch geschlagen hatten.

Friedmar Nusch

Darstellen, was in den Köpfen vorgeht

Unternehmen und Sender könnten besser zusammenarbeiten

In den Massenmedien führt die Wirtschaftsberichterstattung eher ein Aschenputtel-Dasein. Die relativ schlechte räumliche Plazierung des Wirtschaftsteils in vielen Zeitungen ist ein Beispiel dafür. Im Fernsehen sieht es nicht viel besser aus. Die Programmacher teilen den Wirtschaftsredaktionen zunehmend ungünstigere, vor allem aber in der Regel zu wenig Sendezeit zu.

Auch im privaten Fernsehen hat die Wirtschaftsberichterstattung eher den Status eines Minderheiten-Programms. Die Ursachen dafür liegen nur zum Teil in der Problematik des Wirtschaftsjournalismus. Hauptsächlich resultiert die Vernachlässigung der Wirtschaftsthemen aus den ungleich schwierigeren Wettbewerbsbedingungen des privaten Fernsehens gegenüber dem öffentlich-rechtlichen.

Gegenüber den etablierten „Öffentlich-rechtlichen" nehmen sich viele der Privaten – darunter besonders viele lokale Sender – wie exotische Zwerge aus. Sie ringen um die Gunst der Zuhörer und Zuschauer mit populistischen Mitteln. Viel Musik beim Hörfunk und viele Spielfilme und Serien, über deren Qualität sich wahrhaftig streiten läßt, bei privaten Fernsehsendern. Aber sie brauchen hohe Einschaltquoten. Schließlich finanzieren sich die privaten Sender ausschließlich durch den Verkauf von Sendezeit für die Werbung der privaten Wirtschaft. Sie nehmen keine Fernsehgebühren ein. 1989 verfügten die öffentlich-rechtlichen Rundfunkanstalten über rund sieben Milliarden Mark Einnahmen aus Gebühren und Werbung. Die großen Privatsender hingegen zusammen nicht einmal über eine Milliarde.

Der Zuschauer entscheidet mit seinem Sehverhalten über die Annahme des Sendeangebots und damit über die Existenz von privaten Sendern. Gemessen an den Einschaltquoten und wettbewerbsfähigen Preisen für Sendezeit, verteilt sich der Werbekuchen. Also bestimmen die Wünsche und der Geschmack der Mehrheit der Zuschauer die Programmgestaltung bei den privaten Fernsehsendern. Wirtschaftsberichterstattung steht dabei wohl nicht so oft auf der Wunschliste.

Und dennoch bieten die privaten Fernsehsender Wirtschaftsinformationen. Sie entdecken sogar Defizite im wirtschaftlichen Informationsangebot. Als erste brachten die Privaten Börsennachrichten. Zum Beispiel erfreut sich die „Tele-Börse“ von Sat 1 zunehmender Beliebtheit dank der Aktualität und der Inhalte, die Anlagetips, Börsenkurse, Interviews und Unternehmensporträts umfassen. Diese Sendung wurde sogar bereits mehrfach mit Fernsehpreisen ausgezeichnet. So kann Wirtschaftsberichterstattung also auch sein: informativ und spritzig zugleich, akzeptiert vor allem von relativ jungen Zuschauern bis 30 Jahren.

Das Image der Privatsender ist im allgemeinen nicht besonders gut. Diesem Vorurteil fällt leider auch die Wirtschaftsberichterstattung zum Opfer. Bei differenzierterer Betrachtung ist jedoch festzustellen, daß gerade die privaten Fernsehsender ihre Wirtschaftssendungen sehr lebendig und sehr frisch präsentieren. Vorproduzierte teure Konserven kommen nicht vor. Mit Flexibilität und gelungener Improvisation entsteht eine attraktive Mischung aus Live-Interviews, Fotos, Standbildern und erklärenden Grafiken. So wird das Thema Wirtschaft zwar locker, aber interessant aufbereitet. Teilweise ist diese Form von Wirtschaftsberichterstattung sogar ein intellektuelles Vergnügen.

Es mag daran liegen, daß die privaten Sender Sat 1 und RTL plus ihre Wirtschaftsredaktionen sozusagen ausgelagert haben. Für RTL plus arbeitet zum Beispiel die „Tele-F.A.Z.“, ein Fernsehteam der überregionalen Tageszeitung, die zusammen mit der Wirtschaftszeitschrift „Capital“ das Wirtschaftsmagazin „netto“ produziert.

Sat 1 greift auf zwei Wirtschaftsredaktionen zurück, die nicht im Sender etabliert sind. Der Zufluß externer Kenntnisse und der marktwirtschaftliche Druck dieser Redaktionen, Sendungen verkaufen zu müssen, wirkt sich auf die Qualität positiv aus. Im öffentlich-rechtlichen Fernsehen dagegen gibt es sendeeigene Wirtschaftsredaktionen, die lediglich und auch erst seit dem Bestehen der privaten Sender auf dem Fernsehmarkt auf Einschaltquoten reagieren. Allerdings mit anderen Konzepten als die privaten.

Es ist schon beeindruckend, daß die privaten Sender in der Lage sind, mit geringeren Mitteln und mit wenig Personal doch sehr interessante Wirtschaftsprogramme zu bringen.

Die private Wirtschaft kann eigentlich nichts anderes tun, als die journalistischen Bemühungen der privaten Fernsehsender nach Kräften zu unterstützen. Nicht nur aus der gemeinsamen Überzeugung heraus, daß Wettbewerb der gesündeste Weg ist, Qualität zu produzieren. Sondern auch, weil in der Zusammenarbeit mit diesen Sendern die Zuschauer in der ihnen entsprechenden Weise angesprochen werden, und weil so viel mehr Leute erreicht werden.

Die Beziehung zwischen Unternehmen und privaten Sendern kann und sollte verbessert werden. Damit löste sich zugleich das Hauptproblem der privaten Sender: die Finanzierungsengpässe. Noch sind die Mittel, die für Personal und überhaupt zur Erstellung des Programms zur Verfügung stehen, äußerst knapp bemessen.

Wie es gerade um Wirtschaftsredaktionen des privaten Fernsehens bestellt ist, zeigte die Situation des „European Business Channel". Der private Züricher Fernsehanbieter produzierte täglich eine 30minütige Wirtschaftssendung, die in deutscher Sprache im RTL-Frühstücksfernsehen angeboten wurde.

EBC machte ausgesprochen professionelle Sendungen, die über den Tellerrand der deutschen Wirtschaft hinausblickten und damit eine Bereicherung für jeden deutschen Fernsehzuschauer gewesen sind. Aber EBC machte Minus – bis zum Konkurs im Sommer 1990. Die Werbeeinnahmen gerade von bundesdeutschen Unternehmen flossen nicht reichlich genug, was auf den nicht hinreichenden Bekanntheitsgrad und auf die frühe Sendezeit bei RTL plus zurückgeführt wurde. Für bundesdeutsche Unternehmen hätte sich hier die Möglichkeit ergeben, über den verstärkten Werbeeinsatz die allgemeine Wirtschaftsberichterstattung im privaten Fernsehen zu fördern.

Dabei sollte es nicht in erster Linie um die Vertretung der Unternehmensinteressen gehen. Also keine Vermischung von Public Relations und journalistischer Wirtschaftsberichterstattung. Statt dessen sollte es ein Anliegen der Unternehmen sein, mehr wirtschaftspolitisches Verstehen beim Zuschauer zu erzielen. In der Machart der Wirtschaftssendungen der privaten Sender ist das durchaus möglich.

Zum Beispiel sind Talkshows außerordentlich beliebt. Diese Sendeform vermittelt dem Zuschauer wirtschaftspolitische Inhalte sehr viel leichter als wirtschaftswissenschaftliche Auseinandersetzungen um so abstrakte Begriffe wie Geldmenge oder Bruttosozialprodukt. Begriffe, unter denen der durchschnittliche Fersehzuschauer sich ohnehin nichts vorstellen kann.

Bei der Diskussion um die Währungs- und Wirtschaftsunion mit der DDR wurde die Problematik recht offenbar. Über die Köpfe der Fragenden hinweg wurden wirtschaftliche Zusammenhänge erklärt, die auch ein am westlichen Wirtschaftssystem Beteiligter nicht verstanden hätte. Unternehmer traten in diesen Diskussionsrunden – zumeist vom öffentlich-rechtlichen Fersehen veranstaltet – kaum auf. Und gerade die hätten es am ehesten vermocht, wirtschaftliche Zusammenhänge und Notwendigkeiten so darzustellen, daß soziale Marktwirtschaft nicht als abstraktes System begriffen wird, sondern als Freiraum für praktisches Handeln. Dieses Beispiel zeigt ein weiteres Defizit bei der Wirtschaftsberichterstattung im Fernsehen, auch bei den privaten Sendern.

Zu wenig Unternehmer sind präsent. Das mag daran liegen, daß einige Unternehmer pressescheu sind oder geworden sind. Sie haben aus mangelnder Kenntnis der journalistischen Zwänge und Vorgehensweisen oft kein Vertrauen mehr in die Presse, schon gar nicht den Fernsehjournalisten gegenüber. Zum Teil meinen sie wohl, nicht „kontrollieren" zu können, was aus den Informationen, die sie gegeben haben, letztlich gemacht wird. Dementis haben erfahrungsgemäß in der Öffentlichkeit keine nachhaltige Wirkung, schon gar nicht im Fernsehen. Der erste negative Bericht bleibt im Bewußtsein der Zuschauer dominant. Auf der anderen Seite trauen viele Unternehmer Journalisten oftmals nicht zu, die so komplexen betriebswirtschaftlichen Zusammenhänge auch „richtig" darzustellen.

Ein Unternehmen der Bundesrepublik Deutschland muß sich jedoch heutzutage dem Dialog mit der Öffentlichkeit stellen und versuchen, gesellschaftspolitische Akzeptanz für sein Handeln, seine Produkte oder Dienstleistungen zu erreichen. Denn ohne diese Akzeptanz lassen sich mittlerweile die besten Produkte nicht mehr verkaufen. Die Öffentlichkeit verlangt einfach nach Unternehmen, die ihre gesellschaftliche Verantwortung kennen – sei es bezogen auf die Herstellung oder auf das Produkt selbst. Und sie schätzen Unternehmer, die hier ehrlich informieren und selbst kritische Punkte im eigenen Haus offen ansprechen.

Ein Problem ist, daß die im Fernsehen zur Verfügung stehenden Sendezeiten oft nicht ausreichen, um dem Laien in verständlicher Weise die Produktionsverfahren in einem Betrieb, die Kostenkalkulation seiner Produkte oder auch die unternehmerische Entscheidung zur Rationalisierung des Betriebs hinreichend zu erklären.

Kurze Statements im Fernsehen von 15 Sekunden bis maximal anderthalb Minuten müssen beim Zuschauer den Eindruck hinterlassen, der Unternehmer rechtfertige mehr schlecht als recht getroffene Entscheidungen. Der Prozeß des Nachdenkens, der zu dieser oder jener Entscheidung geführt hat, kann nicht vermittelt werden. Das Fernsehen präsentiert Köpfe, aber nicht das, was in den Köpfen vor sich geht.

Dieses Manko könnte beseitigt werden mit mehr wirtschaftlich ausgerichteten Programmteilen bei gleichzeitiger Ausweitung der Sendezeit.

Talkshows und Interviewrunden bieten sich an, den Unternehmer in seiner Persönlichkeit vorzustellen. ABB hat erste Erfahrungen damit gemacht: Im Sender Sat 1 wurde Vorstandsvorsitzender Dr. von Koerber mit einem Porträt vorgestellt. Weiterhin stellte er sich in der Sendung „Top-Etage: Manager vor der internationalen Presse“ den Fragen von vier Journalisten.

Das sind Sendeformen, die der Wirtschaft gerecht werden. So kann die Öffentlichkeit wirtschaftliche Entscheidungen und Maßnahmen von Unternehmen verstehen. Und sie ist schließlich die Zielgruppe jedes Unternehmens: die Öffentlichkeit als Abnehmer von Produkten und Dienstleistungen.

Die Unternehmen räumen ihrer eigenen Öffentlichkeitsarbeit mittlerweile großes Gewicht ein. Eine Studie der Bochumer Universität hat schon 1978 nachgewiesen, daß etwa 70 Prozent der verbreiteten Nachrichten und aufgearbeiteten Themen auf Informationen basieren, die von außen „mundgerecht“ serviert wurden. Heute gibt es fast keinen Betrieb, keine Behörde, keine öffentliche Einrichtung und erst recht kein politisches Gremium mehr, die nicht Öffentlichkeitsarbeit betreiben.

Bezog sich die Form dieser Arbeit bislang hauptsächlich noch auf schriftliches Material, gehen heute viele Pressestellen bereits dazu über, aufbereitete Informationen in Form von sendefähigem Material vor allem an den Hörfunk zu versenden. Kritiker bezeichnen diese Gepflogenheit, Informationen an die Medien zu steuern, als „publizistische Professionalisierung“. Dieser Prozeß ist nicht aufzuhalten. Kommerzielle Medien-Informations-Dienste bieten bereits Hörfunkredaktionen sendefertige Themen-Kassetten an. Honorarfrei und in den journalistischen Formen wie Nachrichten, Reportagen, Features und Interviews aufbereitet.

Diese Art der Informations-Zulieferung wird in Zukunft zunehmen. Denn mittlerweile geben selbst Journalisten zu, daß es schwieriger geworden ist, gerade in der Wirtschaft alles zu verstehen, und daß es beinahe unmöglich ist, alles zu erfassen. Der kritische Journalismus wird nach wie vor existieren. Aber seine Aufgabe besteht jetzt schon eher im kritischen Selektieren von erhaltenen Informationen als in der Eigenrecherche.

Für private Fernsehsender mit knappen Personalressourcen bietet eine engere Informationszusammenarbeit mit Wirtschaftsunternehmen die

Chance, umfangreicher und präziser zu berichten. Die Voraussetzungen dafür müßten von den Industriepressestellen geschaffen werden. Der herkömmliche Kontakt zu Journalisten reicht allerdings nicht aus. Die Aufnahme in den Presse- und Einladungsverteiler, die Einladung zur Bilanzpressekonferenz – damit lassen sich noch keine intensiven Arbeitsbeziehungen zwischen Unternehmen und Redakteuren herstellen, auch wenn es ein erster Schritt ist, den ABB natürlich gemacht hat.

Die Zukunft der unternehmerischen Öffentlichkeitsarbeit liegt vielleicht in elektronischen Pressemappen. Neben schriftlichen Presseinformationen und Fotos ließen sich professionelle Videobausteine produzieren. Sie liefern das Hintergrundmaterial zur Wirtschaftsberichterstattung über ein Unternehmen in einem Wirtschaftssektor. Grafik-Animationsfilme zum Beispiel sind denkbar, die als wirtschaftliches Informationsmaterial im Medium Fernsehen mehr über das Unternehmen aussagen als eine Reportage. Dabei braucht es sich nicht um fertige Videos zu handeln, sondern um Rohmaterial, das die Wirtschaftsredakteure entsprechend ihren Selektionskriterien schneiden und kommentieren.

Auch eine in Deutschland noch weithin verpönte Form der Zusammenarbeit zwischen privater Wirtschaft und Fernsehen sollte intensiviert werden: das Sponsoring. Wobei man journalistische Berichterstattung und Sponsoring allerdings klar voneinander trennen sollte. Denn beide Medienformen vermischen, hieße dem Zuschauer nicht ehrlich gegenüberzutreten. Dieser muß wissen, wann und in welcher Form eine Sendung von einem Unternehmen finanziert wird, und wann es sich um unbeeinflußte journalistische Berichterstattung handelt.

Auf privaten Kanälen wird heute schon die Wetterberichterstattung von Reifenfirmen finanziert. Daß bestimmte Sportveranstaltungen im Namen und auf Rechnung eines einzigen Unternehmens abgehalten werden, scheint auch beim öffentlich-rechtlichen Fernsehen nicht mehr ein Stein des Anstoßes zu sein. Um so mehr sollte das Sponsoring im privaten Fernsehen den Journalisten die Möglichkeit geben, zum Beispiel die Wirtschaftsberichterstattung zu erweitern.

Namhafte Wirtschaftszeitschriften engagieren sich bereits. Deutsche Unternehmen halten sich dagegen zurück. Je mehr unsere Unternehmen sich aber mit den Arbeitsbedingungen vor und hinter der Kamera vertraut machen, um so natürlicher nehmen die Menschen in den Betrieben über das Medium Fernsehen den Dialog mit der Öffentlichkeit auf. Das betrifft nicht nur die Vorstandsvorsitzenden großer Unternehmen, die häufig schon eine gewisse Fernseh-Routine entwickelt haben. Das betrifft vor allem Gesprächspartner aus den Betrieben auf der Fachbereichsebene. Sie sind dem Zuschauer oft näher, da sie meist die gleiche Sprache sprechen.

Eine gute Zusammenarbeit zwischen Wirtschaft und privaten Fernsehsendern bedarf der Anstrengungen beider Seiten sowie des gegenseitigen Verständnisses für die jeweiligen Abläufe und berufs- oder betriebsspezifischen Zwänge. Eine solche Zusammenarbeit scheint nötig bei weiterer Verbreitung der Privatsender. Aber sie verspricht Erfolg vor allem beim Zuschauer. Schließlich profitiert er in erster Linie von einer Wirtschaftsberichterstattung, die leicht verständlich und unterhaltsam dargeboten wird. Und das wird er mit höherer Sehbeteiligung auch honorieren.

Manfred Jenke

Hin zur Allgemeinheit

Was der öffentlich-rechtliche Hörfunk leisten muß und kann

In seinem Jahresbericht 1989 empfiehlt der Deutsche Industrie- und Handelstag der ARD und dem ZDF, sie sollten „eine strikte Sparpolitik und die vermehrte Durchsetzung unternehmerischen Denkens und Handelns in den Anstalten anstreben". Unternehmerisch, also am Markt orientiert und auf Gewinn bedacht vorzugehen, hieße unter den gegenwärtigen Wettbewerbsbedingungen des Medienmarktes: Die öffentlich-rechtlichen Rundfunkprogramme müßten im Interesse der Erhaltung ihrer immer noch ansehnlichen Marktanteilsposition die von ihnen angebotene vielfältige Produktpalette durchgreifend optimieren.

Sie müßten zunächst danach fragen, zugunsten welcher beim Publikum erfolgreichen (und damit für die Werbeeinnahmen ertragreichen) Sendeformen und Sendeinhalte sich weiterhin angemessen hohe Produktionskosten rechtfertigen lassen, und für welche anderen vom Publikum weniger gefragten Produkte ein entsprechender Aufwand unter den schärfer werdenden Wettbewerbsbedingungen und im Sinne strikter Sparsamkeit nicht mehr gerechtfertigt erscheint.

Bald würde sich dabei herausstellen, daß die Rundfunkanstalten am wenigsten „marktgerecht" auf solchen Gebieten produzieren können, die von der Öffentlichkeit am ehesten als spezifischer Programmauftrag des öffentlich-rechtlichen Rundfunks verstanden werden: fachspezifische Informationssendungen (Wirtschafts- und Sozialfunk, Landfunk, Schulfunk), aber auch die Produktionen mit zeitgenössischer Musik und neuer Literatur sowie Berichte aus Forschung und Wissenschaft.

Zwar stimmt noch immer das aus der Frühgeschichte des Fernsehens stammende Bonmot, wonach „der Professor billiger als der Clown" sei, doch in einer zunehmend auf Reichweiten und Marktanteile fixierten Medienkonkurrenz gilt mehr als bisher, daß sich massenattraktive Programme öfter mit Clowns, seltener mit Professoren erfolgreich realisieren lassen. Die öffentlich-rechtlichen Rundfunkanstalten befinden sich also in einem unternehmerischen Zielkonflikt: Wollen sie ihre Marktanteile auf Dauer behaupten (denn nur unter dieser Voraussetzung läßt sich ihr massenkommunikativer Auftrag auch zukünftig erfüllen), ist die Orientierung an den Interessen der Publikumsmehrheit unvermeidlich, ja zwingend.

Gleichwohl darf der massenkommunikative Auftrag nicht zum Selbstzweck werden: Er schließt die Aufforderung ein, neben unterhaltenden auch informierende und bildende Sendungen anzubieten, und dies nicht nur als Pflichtübung in einer Marktnische, sondern gerichtet an ein möglichst breites und zahlreiches Publikum, das solche Sendungen auch wirklich sieht und hört: „Anders als bei den klassischen Lehrbeispielen für öffentliche Güter, dem Leuchtturm und der Landesverteidigung, setzt die funktionsfähige Produktion der öffentlichen Meinung voraus, daß die journalistische Aussagenproduktion auch konsumiert wird", formulierte vor kurzem Professor Jürgen Heinrich vom „Institut für Journalistik" an der Universität Dortmund: „Produktion ohne Konsum bewirkt nichts."

Für die Praxis der Wirtschaftsberichterstattung im Hörfunk des „Westdeutschen Rundfunks" heißt das: Der „klassische" Wirtschaftsfunk der ersten Nachkriegsjahrzehnte, an dessen breite inhaltliche Substanz und an dessen anspruchsvolle Form noch immer manche Ältere im Publikum wehmütig zurückdenken, findet heute, im Zeitalter umfangreicher Wirtschaftsteile und -beilagen der Tageszeitungen, bildschirmgestützter Daten- und Textdienste sowie Informationsbanken kein großes Publikumsinteresse mehr.

Wer aus professionellen Gründen schnell, zuverlässig, detailliert und umfassend verfügbare Wirtschaftsdaten braucht, wird diese in den an die Allgemeinheit gerichteten Radioprogrammen weder suchen wollen noch erwarten können. Seit „Infratest" 1975 gefragt hat, welche Erwartungen das Publikum an die kommunikative Kompetenz der verschiedenen Medien richtet, ist bekannt, daß Informationen zur wirtschaftlichen Entwicklung primär vom Fernsehen und von der Tageszeitung und erst danach vom Radio, vor allem aber von persönlichen Kontakten, erwartet werden. Realistisch erscheint es daher, nicht mehr an sogenannten „Kästchensendungen" festzuhalten, in denen Wirtschaftsthemen vor allem einer Hörerschaft vermittelt werden sollen, von der vermutet wird, daß sie an solchen Sendungen gezielt einschalten könnte.

Unter Sparsamkeits- und Wirtschaftlichkeitserwägungen sind solche Sendungen dann nicht mehr sinnvoll, wenn erkennbar wird, daß Print- und audiovisuelle Medien, vor allem aber bildschirmgestützte Datendienste, diese Informationen mit höherem Gebrauchsnutzen anbieten: das heißt, sowohl in größerem Umfang und in höherer Spezialisierung als auch nicht zeitgebunden, nämlich jederzeit abrufbar bereitstellen und zuliefern. Unternehmerisch denken heißt für die öffentlich-rechtlichen Hörfunkprogramme, an dieser Stelle darauf zu verzichten, ein kostenträchtiges Personal und Technik erforderndes Angebot aufrechtzuerhalten, das immer weniger Aussicht auf qualifizierte Publikumsresonanz verspricht.

Das bedeutet jedoch nicht den Verzicht oder die Einschränkung der Wirtschaftsberichterstattung im Hörfunk. Vielmehr heißt es, daß diese Berichterstattung sich umorientiert, und zwar weg vom Spezialpublikum hin zur „Allgemeinheit“ des Publikums, die sich weniger an Sendethemen (Industrie, Handel, Handwerk), mehr dagegen an Sendeformen (Nachrichten, Talkshows, Features) orientiert und die „Wirtschaft“ nicht als journalistisches Ressort (der „Wirtschaftsteil“ der Tageszeitung) wahrnimmt, sondern als existenziell wichtigen Teil seiner Lebens-, Arbeits- und Freizeitwelt.

Wirtschaft ist überall. Deren Darstellung, Analyse und Kommentierung kann sich in einem Programmangebot von täglich weit über 120 Stunden, wie es der WDR Hörfunk liefert, allerdings nicht auf den Programmplatz „Wirtschaftsfunk“ beschränken. Vielmehr muß wirtschaftliches Tun und Lassen an möglichst vielen Programmplätzen und zu möglichst vielen Tageszeiten selbstverständlich mitreflektiert werden, und dies im Bewußtsein der von Jürgen Tern an das Gewissen der Wirtschaftsjournalisten gerichteten Warnung davor, „den Mächtigen und Starken ... eher Rechtfertigung zu liefern als den Schwachen Beistand“. Zur Berichterstattung über Wirtschaftsfragen gehören also kritische Analysen und Kommentare ebenso wie zur Berichterstattung über politische, gesellschaftliche und kulturelle Fragen.

Daß „die Wirtschaft“ im engeren Sinne – Unternehmer, Manager und Verbandsvertreter – darüber nicht immer glücklich ist, und daß manche ihrer Wortführer eine Wirtschaftsberichterstattung bevorzugen würden, die sich auf eher positive Selbstdarstellung beschränkte, kontroverse Themen möglichst vermiede oder ihr Publikum auf „wirtschaftsfreundliche“ Konfliktlösungen hin beeinflußte, darf nicht wundernehmen. Die Zahl der Unternehmer, Manager und Verbandsvertreter, die bereit, fähig und willens sind, sich einer öffentlichen Kontroverse auszusetzen – zum Beispiel einem Streitgespräch im Radio – ist nicht groß; kleiner noch ist die Zahl derer, die dabei auch konstruktive Sachbeiträge leisten und Verständigungsbereitschaft für Andersdenkende aufbringen.

Deshalb bleiben wichtige Möglichkeiten ungenutzt, um wirtschaftliches Geschehen und die Erkenntnisse daraus einem breiteren Publikum, der „Allgemeinheit", aus erster Hand zu vermitteln, um damit auch – ganz nebenbei – Klischeevorstellungen über „die" Wirtschaft infrage zu stellen oder zu widerlegen. So fällt die Aufgabe, Verständnis für wirtschaftliche Vorgänge herzustellen, letzten Endes doch überwiegend den Wirtschaftsjournalisten selber zu, von denen erwartet werden darf, daß sie am ehesten die Sprache ihres Publikums sprechen.

Der Hörfunk des Westdeutschen Rundfunks bietet Wirtschaftsthemen daher grundsätzlich in allen Programmen an, und zwar in Formen, die dem jeweiligen Programmumfeld entsprechen. Dieses Programmumfeld wird im wesentlichen angebotsspezifisch definiert:

WDR 1 bringt morgens acht verschiedene Regionalprogramme (aus Aachen, Bielefeld, Düsseldorf, Essen, Köln, Münster, Siegen und Wuppertal) und vormittags ein landesweites Informationsmagazin aus Dortmund; nachmittags und abends bietet WDR 1 bevorzugt (aber nicht ausschließlich) Musik- und Wort-Sendungen für ein jüngeres Publikum.

WDR 2 bietet neben Nachrichten und Verkehrshinweisen täglich mehrere bei einem Publikum von rund fünf Millionen sehr populäre Informationsmagazine, dazwischen aber auch Sendungen, die sich vertiefend mit jeweils einem aktuellen politischen, wirtschaftlichen, gesellschaftlichen, kulturellen oder geschichtlichen Thema beschäftigen.

Längere berichtende, dokumentierende und analysierende Wortsendungen werden auf zahlreichen Sendeplätzen von WDR 3 angeboten, einem Programm, das täglich immerhin von einer halben Million Menschen gehört wird, die sich die Zeit nehmen und die Konzentration aufbringen, Wortsendungen bis zu eindreiviertel Stunden Dauer zu hören, vorausgesetzt das Thema erweckt ihr Interesse, und die Darbietungsform hält dieses Interesse wach.

Im Gegensatz dazu ist WDR 4 ein Programm, das eher Entspannung und Erholung bieten möchte: Sein hoher Anteil an deutscher volkstümlicher Schlager- und Unterhaltungsmusik sichert ihm ebenfalls ein Publikum von rund fünf Millionen Menschen täglich. Auch dieses Programm enthält neben Nachrichten bestimmte (kurz gefaßte) Informationssendungen, zum Beispiel ein täglich um 14.05 Uhr gesendetes „Stichwort Wirtschaft", das versucht, in wenigen Worten allgemein interessierende wirtschaftliche Entwicklungen und Tatsachen an ein Publikum zu vermitteln, das „Bescheid wissen will", mitreden möchte und sein wirtschaftliches Verhalten an dem Gebrauchswissen einrichten kann, das ihm hier mitgeteilt wird.

Stärker noch als die WDR-4-Sendereihe „Stichwort Wirtschaft" gilt für die um 14.45 Uhr auf WDR 2 erscheinende Sendereihe „Quintessenz" der Gundsatz, daß jede Sendung für die Zuhörerinnen und Zuhörer einen praktischen Gebrauchsnutzen haben soll: „Quintessenz" ist eine Wirtschaftssendung für Verbraucher, die nicht nur an Produkten, sondern auch an Produktionszusammenhängen, an Finanzierungs-, Handels- und Verkehrsfragen interessiert sind, die etwas über Geldanlagen und Sachwertbesitz erfahren wollen und denen Steuer- und Gebührenfragen nahegebracht werden.

Der große Erfolg dieser Sendereihe erklärt sich einerseits aus ihrem günstigen Sendeplatz (nach dem populären „Mittagsmagazin"), aber auch aus den allgemein verständlich formulierten, praktisch verwertbaren Informationen, die dem Publikum in dieser Sendereihe gegeben werden. Ohne daß „Quintessenz" für „die Wirtschaft" in irgendeiner Weise werben oder sich tendenziell bewußt „wirtschaftsfreundlich" geben würde, bewirkt die Sendereihe dank ihrer rein journalistischen Vorgehens- und Vermittlungsweise mit Sicherheit mehr an wirtschaftlichem Verständnis und macht mehr Menschen mit wirtschaftlichen Verfahrensweisen vertraut, als es einer Public-Relations-Agentur mit millionenfachem Aufwand gelingen könnte.

Um nicht mißverstanden zu werden: „Quintessenz" betreibt keine offene oder versteckte Werbung für das Konsumieren, und die Sendereihe versteht sich keineswegs bloß als schön dekoriertes Schaufenster erfolgreicher Marktwirtschaft. Am ehesten ließe „Quintessenz" sich definieren als radiophones Notizbuch für selbstbewußte Verbraucherinnen und Verbraucher, also für solche Partner, nach denen „die Wirtschaft" immer wieder verlangt.

Beide bisher erwähnten Sendereihen „Stichwort Wirtschaft" (WDR 4) und „Quintessenz" (WDR 2) werden von der Wirtschaftsredaktion des WDR-Hörfunks fachlich betreut und redaktionell verantwortet. Sie stellen jedoch nur einen Teil der Aktivitäten dieser Redaktion dar, die mit 20 Mitgliedern, darunter eigenen Wirtschaftskorrespondenten in Bonn und Brüssel, die am stärksten besetzte Wirtschaftsredaktion aller ARD-Anstalten ist. Denn der Hauptanteil der täglichen Redaktionsarbeit geht als Nachricht, Bericht, Reportage, Interview, Kommentar oder Glosse in die allgemeinen Sendungen des Programmbereichs Politik auf WDR 1, WDR 2, WDR 3 und WDR 4 ein. Die Wirtschaftsredaktion erfüllt damit die programmpolitische Vorgabe, ihre Themen nicht in „Kästchensendungen" zu verstecken, sondern an möglichst vielen Plätzen des Programms für das gesamte Publikum erreichbar zu machen.

Nicht selten geschieht es daher, daß die Wirtschaftsredaktion dasselbe Thema in jeweils unterschiedlicher Form für verschiedene Programme, zum Beispiel WDR 2, WDR 3 und WDR 4, aufarbeiten muß – für das eine Programm kürzer, für das andere länger. Mitarbeiterinnen und Mitarbeiter der Wirtschaftsredaktion beschränken sich dabei keineswegs auf Wirtschaftsfragen im engeren Sinne. Reisen, Freizeit, Soziales, Lifestyles und Trends sind ebenso Themen für die Wirtschaftsredaktion des WDR-Hörfunks wie Landwirtschaft, Ernährung, Wohnen, Umwelt, Verkehr und Technik.

Weil das Teilsystem Wirtschaft mit anderen Teilsystemen wie Gesellschaft und Kultur untrennbar verbunden ist, ergeben sich vielfältige Berührungspunkte und Überschneidungen mit anderen Redaktionen, bei denen es weniger darum geht, sogenannte Doubletten zu vermeiden als vielmehr darum, den Reiz auszuloten, der darin liegt, daß weithin interessierende Themen von verschiedenen Redaktionen auf unterschiedliche Weise aufgegriffen, dargestellt und akzentuiert werden. Ressortgrenzen stellen im Fall wirklicher – das heißt: programmlich produktiver – Notwendigkeit keine Hindernisse dar.

Im besonderen Maße gilt das für den Schulfunk des WDR. Seine Sendereihen greifen Wirtschaftsthemen sowohl aus aktuellem Anlaß als auch in längerfristig geplanten Reihen auf. Erwähnt seien hier nur drei Beispiele:

„Wirtschaft historisch“: Sendungen unter diesem Aspekt gehören zu den immer wiederkehrenden Angeboten in der Reihe „Lebendige Vergangenheit“, angefangen bei den Wirtschaftsformen ferner Jahrhunderte über den Wirtschaftsliberalismus des 19. Jahrhunderts sowie den „New Deal“ der 30er Jahre bis hin zu Themen wie der Sozialen Marktwirtschaft, der Mitbestimmung, der Frauenarbeit und dem „Wirtschaftswunder“ der 50er Jahre.

„Wirtschaft weltweit“ ist der Themenbereich der Reihe „Heimat und Welt“. Darin werden wirtschaftliche Verflechtungen – etwa zwischen Nord und Süd – ebenso untersucht wie wirtschaftliche Aspekte der Umweltpolitik oder die sozialen Auswirkungen wirtschaftlicher Prozesse. Andere Schwerpunkte sind Landwirtschaft (zum Beispiel Flurbereinigung, Konzentrationsprozesse), Verkehr, Seefahrt und Häfen, aber auch wirtschafts- und umweltpolitische Auswirkungen des Tourismus.

In der Reihe „Gesellschaft“ haben mit etwa der Hälfte der Sendungen Wirtschaftsthemen einen festen Platz. Unter dem Titel „Wirtschaft vor

Ort“ werden Regionen von Nordrhein-Westfalen unter wirtschaftlichen und strukturpolitischen Gesichtspunkten vorgestellt, zum Beispiel das Siegerland, das Sauerland, die Textilbranche im Münsterland oder das Kohlerevier Aachen-Jülich. Darüber hinaus gibt es unter anderem Beiträge zur Landwirtschaft, zur Werftenkrise, zur Rationalisierung im Automobilbau oder zu neuen Wegen der Unternehmensführung.

Neu hinzugekommen sind 1990 medienpädagogische Sendungen des Schulfunks, in denen regelmäßig auch medienwirtschaftliche Fragen behandelt werden, zum Beispiel Satelliten, Lokalradio, Filmförderung, Verkabelung und Datendienste. Der WDR-Hörfunk möchte damit auch Beiträge zum Verständnis der wirtschaftlichen und publizistischen Wettbewerbssituation leisten, in der die Medien sich befinden und über die das Publikum informiert sein muß, um die wirtschaftlichen Probleme hinsichtlich der Entwicklung bei Rundfunkgebühren und Werbeeinnahmen richtig einschätzen zu können.

Den Programmverantwortlichen des WDR-Hörfunks, vom Intendanten über den Programmdirektor und den Chefredakteur bis zu den Fachredakteurinnen und -redakteuren, sind Vorwürfe wie tendenziöse Berichterstattung und einseitige Kommentierung nicht unbekannt. Meist werden sie jedoch generalisierend, im Einzelfall nicht belegt, vorgebracht. Dabei steht den Betroffenen neben der im WDR-Gesetz (Paragraph 9) analog zum Presserecht ausdrücklich geregelten Möglichkeit der Gegendarstellung auch ein rundfunkspezifisches Eingabe- und Beschwerderecht zu. Daß natürliche oder juristische Personen, vor allem aus der Wirtschaft, den Massenmedien Hörfunk und Fernsehen weitgehend rechtlos ausgeliefert seien, ist eine Legende, die durch häufigere Wiederholung nicht an Wahrheit gewinnt.

Richtig ist, daß der gesetzliche Programmauftrag des WDR, wie er in den Bestimmungen der Paragraphen 4 bis 6 des WDR-Gesetzes von 1985 formuliert worden ist, die Anstalt und ihre Programme in bestimmten Fragen nicht – wie oft vermutet – auf Neutralität festlegt, sondern ihr ganz bestimmte politisch-gesellschaftliche Verpflichtungen auferlegt. So hat der WDR in seinen Sendungen „die Würde des Menschen zu achten und zu schützen“; er soll „dazu beitragen, die Achtung vor Leben, Freiheit und körperlicher Unversehrtheit, vor Glauben und Meinung anderer zu stärken“. Das kann dort zu Konflikten führen, wo solche Werte in bestimmter Absicht, etwa aus Gründen der wirtschaftlichen Expansion, vernachlässigt werden.

Der WDR soll „zur sozialen Gerechtigkeit mahnen“, er soll „zur Verwirklichung der Gleichberechtigung von Männern und Frauen beitragen und der Wahrheit verpflichtet sein": aus dem Eintreten für diese Werte können sich Konflikte mit Wirtschaftsunternehmen ergeben. Sicherzustellen ist dabei, daß das Gesamtprogramm des WDR „nicht einseitig einer Partei oder Gruppe, einer Interessengemeinschaft, einem Bekenntnis oder einer Weltanschauung dient". „Wertende und analysierende Einzelbeiträge" haben dabei „dem Gebot journalistischer Fairneß zu entsprechen"; „Ziel der Berichterstattung ist es, umfassend zu informieren". Daß sich der WDR-Hörfunk bei diesen Aufgaben der Wirtschaft gegenüber um Objektivität bemüht – das heißt: sie zwar kritisch, aber loyal wahrnimmt – zeigen die zahlreichen Ernst-Schneider-Preise, die der WDR-Hörfunk für seine Sendungen in den zurückliegenden Jahren erhalten hat.

„Wirtschaft", um dies abschließend zu bestätigen, ist für den WDR-Hörfunk keine terra incognita. Sie steht im Mittelpunkt zahlreicher journalistischer Aktivitäten, die auf breitest-mögliche Präsenz in allen Programmen zu möglichst vielen Tageszeiten gerichtet sind, und die es bewußt vermeiden, nur ein wirtschaftsfachlich interessiertes Publikum anzusprechen. Adressaten der WDR-Hörfunksendungen sind dabei nicht nur die Konsumenten, sondern alle, die sich für wirtschaftliche Entwicklungen und Tatsachen interessieren und denkend oder handelnd dafür engagieren. Ihnen ein Optimum an Verständnis- und Entscheidungshilfe zu geben, und dies mit den begrenzten Mitteln, über die das Radio in der Medienkonkurrenz verfügt, ist unsere schon vor längerer Zeit definierte und seither mit wachsendem Erfolg verwirklichte Absicht.

Hans-Dieter Hillmoth

Kein böser Wille

Was der Privatfunk leisten kann

„Ich bin Uwe Hackbarth. Die Temperaturen in Hessen . . .“ Auf diese Art und Weise beginnen seit 15. November 1989 die Nachrichten bei Hessens landesweitem, kommerziellen Hörfunk-Sender Radio FFH. Was dann folgt, ist eine für Hessen neue Nachrichtenshow mit O-(Original)Tönen, Kurz-Reporterberichten, Hintergrundstücken, Verkehrsinformationen. Das alles in gut 270 Sekunden oder viereinhalb Minuten. Ein Balanceakt zwischen dem Bemühen um kurze, knappe, aber präzise Nachrichtengebung – und der Suche nach neuen Präsentationsformen. Wirtschaftsmeldungen haben dort keine „Nische“, sie kommen ins Programm, wenn's wirklich etwas zu vermelden gibt. Und das ist durchschnittlich ein- bis zweimal pro Tag der Fall. Also eher selten.

Der „Fall“ Radio FFH in Hessen ist exemplarisch für die Intensität der Wirtschaftsberichterstattung in bundesdeutschen Privatsendern. Obwohl die gesetzgeberische Grundlage von Bundesland zu Bundesland unterschiedlich ist, die Bayern (noch) mit Lokalfunk in Minimalkultur experimentieren, die Baden-Württemberger den Regionalfunk forcieren, und Schleswig-Holstein, Niedersachsen und Hessen landesweite Programme favorisieren: Die „Wirtschaft“ findet hier wie dort nur sparsam statt. Wenn überhaupt . . .

Radio FFH hat immerhin dreimal werktäglich feste Termine für Berichte aus der Wirtschaft: Punkt 9.57 Uhr gibt der Sender, kurz vor Eröffnung der Frankfurter Präsenzbörse, einen Ausblick auf das Börsengeschehen. Seine Journalisten ordnen ein, mutmaßen wie das Geschehen vom jüngsten Bonner Parteiengerangel beeinflußt wird – spekulieren, wie denn wohl der Sturzflug des „Nikkei“-Index nach Europa durchschlägt. Um 13.39 Uhr vermelden die FFH-Korrespondenten dann, was Spekulation geblieben oder Realität geworden ist. Nur ausgewählte, keinesfalls die kompletten Kurse gelangen während der zweiminütigen „Tour de Börse“ über den Sender. Dies alles ohne viel Fachchinesisch.

Adressaten: Der leidlich wirtschafts-interessierte Hörer, der kurz und knapp nicht nur die wichtigsten Fakten, sondern auch die Einschätzung über deren Auswirkung auf seine persönlichen Lebensverhältnisse erfährt. Danach dann der wirtschaftlich desinteressierte Hörer – bei dem (beim einen oder anderen Thema) durch Art und Weise der Informations-Aufbereitung Interesse zu wecken möglich ist. Die Bereitschaft „mal" hinzuhören, dürfte gestärkt werden durch das Wissen: In spätestens zwei Minuten kommt ja wieder Musik ... Zielgruppe drei: die steigende Zahl von Hörern mit „Aktien" im Wertpapierbereich. Und schließlich wären da noch die wirklichen Wirtschafts-Insider, denen die FFH-Informationen zur groben Orientierung dienen können.

Mehr „Insider"-Charakter hat da schon der ebenfalls werktägliche „Wall Street-Blitz" gegen 21.45 Uhr – präsentiert von einem Frankfurter Broker-Haus. Länge: 30 Sekunden. Inhalt: Was tut sich kurz vor Toresschluß an der New Yorker Börse? Ein Service, den einige Broker ihren Kunden sonst individuell per abendlichen Anruf angedeihen lassen.

Alle anderen Wirtschaftsthemen in den Nachrichten oder in maximal drei bis vier Wort-Inseln pro Sendestunde müssen dem Anspruch genügen, äußerst aktuell zu sein. Themen von hohem Gesprächswert werden präferiert, auch hessische Bezüge lassen die Chance auf „Sendung" steigen: Was steckt hinter den Querelen zwischen der Frankfurter „DG-Bank" und den französischen Instituten? Ab wann verpackt McDonalds seine Hamburger umweltschonender?

Ähnlich strukturiert wie bei Radio FFH ist die Wirtschafts-Berichterstattung bei den meisten deutschen Privatsendern. Egal, ob bei „Radio Schleswig-Holstein" oder dem Münchener Lokalsender „Charivari". Die „Antenne Bayern" verfügt zwar mit der PRIBAG über eine auf den ersten Blick „eigene" Wirtschaftsredaktion. In Wirklichkeit handelt es sich hier aber um einen nicht zum Zuge gekommenen Bewerber um die landesweite Hörfunk-Lizenz, der im Rahmen eines Zuliefer-Vertrages mit fixen Sendezeiten befriedigt wurde.

Die Regel ist: Bundesdeutsche Privatsender sind offen für Wirtschafts-Berichterstattung, suchen auch Wirtschafts-Berichterstattung aus einem bestimmten Blickwinkel zu vermeiden. Aber: Bundesdeutsche, mehr oder weniger privat konstruierte Radiosender strahlen bis dato Programme aus, die sich an Mehrheiten richten.

Programme, die am Mittag „Politik für alle", danach den „Sport am Nachmittag" und anschließend den einstündigen „Blick in die Wirtschaft" additiv aneinandergereiht präsentieren, sind lange tot – wenn es um die Erreichung des Ziels geht: viele Hörer, gleich gute „Reichweiten", gleich gute Chancen im Werbespot-Verkauf, gleich gesicherte Grundlage fürs Radiomachen.

Und das gilt nicht nur für Privatfunk-Macher. Auch die öffentlich-rechtlichen Kollegen schielen angesichts eigener Finanz- und Struktur-Probleme fast ausschließlich auf die Mehrheiten und deren Sicherung für die eigene Anstalt.

Beim Stichwort „Mehrheitenprogramm" darf das nächste Schlagwort nicht fehlen: „Begleitprogramm". Die gezielte, regelmäßige Nutzung einzelner Stunden oder Minuten innerhalb eines Programmes hat enorm nachgelassen. Hinzu kommt eine deutlich differenzierte Nutzung der Angebote Print, Radio und Fernsehen. Hierzulande kommt dem Radioprogramm die von den Hörern am häufigsten gewünschte Bedeutung als unterhaltendes Begleitmedium zu – in Form von Musik, die auf die Zielgruppe zugeschnitten ist (über 80 Prozent aller Hörer machen ihre Entscheidung für oder gegen ein Hörfunkprogramm zunächst an der Musikfarbe fest), Moderation etc. Darüber hinaus erwartet der Hörer schnelle, aktuelle Berichterstattung: Hier liegen die großen Vorteile des Mediums Radio. Weniger gefragt sind vertiefende, ausführliche Hintergrundinformationen. Bedingt durch die starke Stellung der Tageszeitungen decken sie diese Bedürfnisse voll ab.

Die in Begleitprogrammen übliche Mischung aus Musik, Moderation und zwei bis drei Beiträgen pro Stunde wird gerne als „Dudelfunk", „Jodelfunk" oder „Fidelfunk" abgetan – je nachdem, ob die Begleitmusik aus den Genres Pop, Volksmusik oder populäre Klassik entstammt. In den USA hingegen gelten unsere Mehrheiten-Sender mit Nachrichten und Informationen rund um die Uhr als „Full Service"-Stationen. Dort stillt das Fernsehen den Bedarf an Information: Mini-Monitore neben dem Hotel-Waschbecken oder Kabel-Anschlüsse am Frühstückstisch machen's möglich. Den meisten der 10 000 kommerziellen Radiosendern in den Staaten bleibt die Unterhaltung, die Verkehrsinformation – und die morgendlich-beruhigende Nachricht via Radiowecker: Die Erde dreht sich noch . . . In diesem Umfeld finden sich Wirtschaftsthemen wieder. Begleitprogramme werden nicht wegen ihrer Einzel-Sendungen eingeschaltet. Sie versuchen, ihre Hörerschaft möglichst lange am Gerät zu halten – mit einer rasch wiedererkennbaren, das Gesicht des Senders prägenden Struktur. Mit einem Radio-Format.

Dieses Format legt Musik- und Wort-Anteile fest, Art und Umfang von Moderation, die Gestaltung von akustischen Verpackungselementen (Jingles). Alles. Wer den Sender X einschaltet weiß, was ihn erwartet.

Das klingt zunächst nach Monotonie, dennoch bietet ein solches Format viele Möglichkeiten der „Programmierung". Vorteil: Das Programm grenzt sich ab von der Konkurrenz. Für den Hörer dieses Programmes gibt es – wenn optimal formatiert wurde – wenig Anreize, um- oder auszuschalten. Klar ist auch: Ein solches Programm kann nicht allen Ansprüchen gerecht werden, die gesamte Hörerschaft gleichermaßen optimal befriedigen. Es gibt keine „Nischen" (im Tagesprogramm) für den Sport, für die Politik, für die Wirtschaft, für Kirchenthemen ...

Die bewußte, strategisch eingesetzte und streng durchgeführte Programm-Formatierung befindet sich in Deutschland erst in der Entwicklungsphase. Seit der Lizensierung der ersten privaten Hörfunksender in der Bundesrepublik im Jahre 1985 schwappt die Format-Welle aus den USA auch in unser Land. Bis dahin gab es für die öffentlich-rechtlichen Stationen kaum Konkurrenz – allenfalls hausintern gemachte. Neue Programme entstanden, um freie Marktpositionen zu besetzen. Auch heute noch ist der Wettbewerbsdruck geringer als in den USA: Allenfalls in München und im Großraum Rhein-Main/Südhessen (hier sind alle öffentlich-rechtlichen Service-Programme – außer dem des NDR –, die „Antenne Bayern", drei weitere HR-Programme, RTL, Privatsender aus Bayern und Baden-Württemberg neben dem hessischen Radio FFH zu hören) herrschen bald „amerikanische Verhältnisse".

Für die Zukunft gilt: Je enger der Markt, desto schmaler muß programmiert werden. Wenn das professionell geschieht, haben auch Programme mit quantitativ geringeren aber qualitativ guten Reichweiten Chancen.

Professionelles Programmieren heißt auch: Es muß verschieden programmiert werden. Wenn alle Sender – wie dies in München eine Zeitlang der Fall war – das gleiche Format fahren, kaum unterscheidbar sind, ist dies keine Basis, auf der sich wirtschaftlich bauen läßt. Neue, bisher in der Bundesrepublik nicht eingeführte „Formate" treten hinzu: Der Gong-Verlag startete Ende 1989 ein Klassik-Radio namens „Belcanto", Schweizer Radiomacher und RTL liebäugeln mit ähnlichen Programmkonzepten. Andere widmen sich musikalisch der Volksmusik oder Schlagern („Radio Arabella", München).

Der logisch nächste Schritt wäre die Etablierung eines Nachrichten- oder/und Talk-Senders. Ein sehr teures und aufwendiges Projekt – aber (wie der Blick über den großen Teich zeigt) sehr zukunftsträchtiges Programm. Nachrichten rund um die Uhr, immer wieder frisch aufbereitet, so präsentiert sich beispielsweise WGN Chicago den Hörern und läuft damit vielen Musiksendern den Reichweiten-Rang ab: „Give us 15 minutes – and we'll give you the world."

Hier liegt die Chance für die breitere Umsetzung und Realisierung von Wirtschaftsthemen auch im Privatradio: Es muß ja nicht gleich ein „Business Channel“ sein, der den Bedürfnissen der Wirtschaft am ehesten gerecht wird. Schon die Einführung von reinen Nachrichten-Programmen böte genügend Sendeflächen auch für Wirtschaftsberichterstattung. Die jetzt üblichen Formate, die primär auf den Sympathieträger Musik zielen, werden ihre Wirtschaftsthemen nicht nennenswert ausweiten. Und wären damit auch nicht gut beraten. Kein böser Wille: freie Marktwirtschaft.

Karl Schawinsky

Routiniert, aber lieblos

Defizite im öffentlich-rechtlichen Hörfunk

Alle paar Jahre platzt den Juroren des Ernst-Schneider-Preises der Kragen. Das Expertengremium, das über die Vergabe dieses von den Industrie- und Handelskammern gestifteten und inzwischen wohl renommiertesten Preises für vorbildlichen Wirtschaftsjournalismus im Rundfunk zu entscheiden hat, verkündet dann seinen Unmut über die mangelhafte Qualität der eingereichten Wettbewerbsbeiträge. Folge: In bestimmten Preiskategorien werden keine Auszeichnungen vergeben.

Zuletzt war dies 1988 der Fall. Damals hieß es in der Begründung: „Keine Preise vergab die Jury in der Kategorie zwei (Beiträge aus Magazinen), und auch auf die Vergabe von möglichen Sonderpreisen für den Schulfunk und für Sendereihen wurde verzichtet, da die eingereichten Beiträge nach Ansicht der Jury nicht so herausragend waren, daß sie dem hohen Anspruch der Preisstiftung gerecht werden konnten."

Es folgte erneut die Aufforderung an die Journalisten, sich in Zukunft im Interesse einer verbesserten Wirtschaftsberichterstattung noch mehr anzustrengen: „Wie bereits in früheren Jahren appelliert auch die diesjährige Jury an die Rundfunkanstalten, der Qualität von kurzen Magazinbeiträgen mehr Aufmerksamkeit zu widmen. Rundfunk und Fernsehen bestehen heute zu einem großen Teil aus vielbeachteten Magazinen. Die Einzelbeiträge aber sind ... überwiegend routinemäßig und einfallslos produziert. Ihnen ist kaum einmal anzumerken, daß von Autoren und Produzenten mehr als das durchschnittliche Maß der Pflichterfüllung angestrebt wird."

Die Schelte der Qualitätswächter hat ihr Gutes. Sie regt dazu an, mal wieder ernsthaft darüber nachzudenken, wie es um die Wirtschaftssendungen in den elektronischen Medien denn nun tatsächlich bestellt ist. Leider kommt es aber in der Regel nicht zu einer breiteren Diskussion in der Öffentlichkeit, und die Betroffenen, die Journalisten, verfallen nach kurzer Selbstbesinnung aufgrund des tagtäglichen Produktionsdrucks schnell wieder in den alten, gewohnten Trott.

In der Bundesrepublik gibt es einige Dutzend regelmäßige Preise zur Förderung des Wirtschaftsjournalismus. Sie sind – neben der kontinuierlichen Fachkritik – eines der wirksamsten Instrumentarien zur Qualitätsverbesserung und stärken den ausgezeichneten Redakteuren sender- sowie redaktionsintern den Rücken. Wer einen angesehenen Preis erhalten hat, der kann mit diesem Pfund wuchern und viel leichter finanzielle und personelle Mittel lockermachen, um neue Projekte anzugehen. Andererseits: Die Anforderungen, die in den Ausschreibungen der Preise zu finden sind, beziehen sich häufig auf spezielle Anliegen der Stifter und können kaum als objektive Maßstäbe für „guten" Wirtschaftsjournalismus herangezogen werden.

Die meisten Kriterien sind wenig aussagekräftig, weil zu allgemein gehalten. Häufig zu finden ist beispielsweise die Forderung nach „Verständlichkeit", die aber sowieso eine wichtige Voraussetzung jeder journalistischen Arbeit ist. Andere Anforderungen wie „außergewöhnliche Qualität", „vorbildliche Darstellung", „gut recherchiert" sowie „sachlich einwandfrei und eindrucksvoll" helfen im Grunde auch nicht viel weiter. Wer macht sich schon die Mühe, mit Hilfe einer aufwendigen Gegenrecherche zu prüfen, ob die in einem Beitrag genannten Fakten tatsächlich in jedem Detail zutreffen. Und: Was für den einen Hörer eindrucksvoll ist, animiert den anderen eher zum Abschalten.

Aufschlußreicher sind da schon die Ausführungen, mit denen die Prämierungen bestimmter Wirtschaftssendungen begründet werden. Im Jahre 1988 wurde der WDR-Journalist Armin E. Möller für sein Hörfunkfeature „Vom Nichts zum Wirtschaftsimperium – Die Männer der Stunde Null" ausgezeichnet. Darin ging es um den Wiederaufbau von Industrie, Handel und Handwerk nach dem zweiten Weltkrieg. Die Ernst-Schneider-Jury hob hervor: „Anekdotisch, zugleich aber auch dokumentarisch und dennoch spannend wird hier Wissen vermittelt über eine Zeit, in der das „Ärmel aufkrämpeln" an der Tagesordnung war und Erfolg sowie Anerkennung brachte und nicht als „Ellenbogentaktik" diffamiert wurde. Dem Hörer wurden die Zusammenhänge zwischen der Einführung unserer freien Wirtschaftsordnung und ihren rund 40 Jahre später festzustellenden Ergebnissen bewußt gemacht." Etwas später hieß es dann: „Alle verfügbaren funkischen Mittel wurden exzellent genutzt."

Hier werden zwei Qualitätsstandards genannt, die für den Wirtschaftsjournalismus eigentlich selbstverständlich sein sollten, aber in der Praxis häufig nicht erfüllt werden: das Sichtbarmachen von Zusammenhängen und eine moderne, ansprechende Präsentation, in der die formalen Möglichkeiten des Radios (O-Töne, Jingles, mehrere Sprecher) gezielt eingesetzt werden. Da Radio ein „Begleitmedium" ist, und die Aufmerksamkeit vieler Hörer bei Wortbeiträgen schon nach zwei bis drei Minuten deutlich nachläßt, müssen Wirtschaftssendungen auf jeden Fall diese beiden Bedingungen erfüllen, um Akzeptanz zu finden. Doch es gibt immer noch Sendungen, in denen bis zu 60 Minuten lieblos vom Manuskript abgelesen wird. Wichtig ist ferner, Fachausdrücke zu vermeiden oder wenigstens zu erklären und darzustellen, inwiefern der Hörer von bestimmten volkswirtschaftlichen Entwicklungen konkret betroffen ist.

Insbesondere bei der formalen Umsetzung ihrer Themen sind die Wirtschaftsjournalisten im öffentlich-rechtlichen Rundfunk viel zu „konservativ". Der klassische Bericht bedient sich gern der 08/15-Methode: Text – O-Ton – Text. Andere Hörfunkressorts sind da schon viel weiter. Auf der Hörfunkwelle SWF 3, die keine eigene Wirtschaftsredaktion besitzt, ist eine Reihe mit dem Titel „Vis à Vis" im Programm. Die Dramaturgie dieser Sendung ist richtungweisend. Ein längeres Interview mit einer bekannten Persönlichkeit wird nach thematischen Aspekten zerlegt und in Fünf-Minuten-Happen über die Woche hinweg zu täglich dem gleichen Termin gesendet.

Im März 1990 ging es um die Metalltarifrunde 1990. Eine Woche lang war der IG-Metall-Vorsitzende Franz Steinkühler dran, danach folgte Gesamtmetall-Präsident Werner Stumpfe. Die überschaubare Gliederung nach thematischen Schwerpunkten (zum Beispiel Arbeitszeitverkürzung) und die große, weil ungefilterte Authentizität der Aussagen sowie der Spannung erzeugende Seriencharakter von „Vis à Vis" machten die Sendung zu einem ebenso lehrreichen wie vergnüglichen Erlebnis.

Eine andere Schwäche, die auch verhindert, daß Wirtschaftssendungen eine größere Fan-Gemeinde finden, ist die oftmals anzutreffende Humorlosigkeit und Steifheit der Themenbehandlung. Wie bei der „großen Politik" wird alles sehr ernsthaft analysiert; auf keinen Fall darf es „menscheln"; Seriosität ist oberstes Gebot. Der Hörer hat gefälligst damit zufrieden zu sein, daß ihm gelegentlich mal ein Verbrauchertip zugestanden wird, den er zu barem Geld machen kann. Viele Journalisten begreifen erst jetzt, nachdem die private Konkurrenz aktiv geworden ist, daß sie sich nach den Wünschen des Publikums richten müssen und nicht umgekehrt.

Und ein Wunsch ist der, unterhalten zu werden. Das muß nicht bedeuten, daß damit die Tür aufgestoßen wird zu einem rapiden Niveauverlust der Wirtschaftsberichterstattung. Vielmehr sollte die Chance gesehen werden, „Wirtschaft" auch durch eine humorvollere Präsentation näher an den Hörer zu bringen und somit den Zugang zu diesem wichtigen Sektor unseres Lebens zu erleichtern.

Es ist einfach nicht mehr damit getan, an Ostern über Produktion und Absatzlage von Schokoladenostereiern und zu Fasching über die kommerziellen Hintergründe des Karnevals augenzwinkernd zu berichten. Auch hier liefert SWF 3 mit der „Comic-Figur" Börsenbote Strenzel ein nachahmenswertes Beispiel. Mit Börsenraumgeräuschen im Hintergrund kommentiert Strenzel in hessischem Dialekt neueste Entwicklungen auf den Finanzmärkten – eine gelungene Mischung aus Witz und Information. Die Texte werden übrigens von einem Mitarbeiter der Südwestfunk-Wirtschaftsredaktion geschrieben. Bierernst ist also offenbar kein fester Charakterbestandteil von Wirtschaftsredakteuren.

Auch in Bayern wird mit der glossierenden Sendereihe „Konjunktur auf leichter Welle" mehr Humor in den Wirtschaftsjournalismus transportiert. Ein anderes Beispiel, allerdings aus dem Fernsehbereich, zeigt aber, wie tief wir hierzulande noch in der Präsentations-Steinzeit stekken. Kürzlich berichtete die ARD über einen bekannten US-Wirtschaftsjournalisten, der in einer von ihm selbst verfaßten und gesungenen Kurzoper die Entscheidungsnöte versinnbildlichte, in die amerikanische Investoren angesichts der vielversprechenden Liberalisierungstendenzen in Osteuropa geraten sind. Mutige dramaturgische Kunstgriffe dieses Kalibers wären auch in der Bundesrepublik wünschenswert.

Ein weiteres Defizit der Wirtschaftsberichterstattung im öffentlich-rechtlichen Hörfunk ist die wachsende Vernachlässigung der „Kundschafterfunktion". Nach wie vor ist das Themenangebot dominant vom sogenannten Terminjournalismus (Pressekonferenzen, Kabinettsentscheidungen) abhängig. Dabei wäre es wichtiger, mehr journalistische Courage zur eigenen Thematisierung von Entwicklungen und Phänomenen im wirtschaftlichen und sozialen Bereich aufzubringen. Die Arbeitswelt differenziert sich immer weiter. Neue Berufsbilder und Produktionsverfahren entstehen, über die viele Bürger kaum Bescheid wissen. Große Felder der wirtschaftlichen Realität, insbesondere des beruflichen Sektors, sind zunehmend der Überprüfung durch die eigene Erfahrung entzogen. Für den gesellschaftlichen Zusammenhalt, eine verstärkte gruppenübergreifende Kommunikation und mehr gegenseitiges Verständnis wäre es äußerst förderlich, wenn sich die Journalisten unter bewußtem Verzicht auf Aktualität intensiver mit der Arbeitswelt auseinandersetzen würden.

Als Beispiel sei hier das WDR-Hörfunkfeature „Das 1000-Kilometer-Fließband – Wie sich ganze Industrien im gleichen Takt bewegen" über „Just-in-time-Produktion" bei einem großen deutschen Automobilhersteller genannt. Wie funktioniert dieses Verfahren? Was denken die Arbeitnehmer darüber? Welche Vorteile, aber auch Probleme birgt die „Just-in-time-Produktion“? Diese Fragen hat Autorin Marion von Haaren detailliert aufgearbeitet und dabei alle Register eines modernen Radiojournalismus gezogen.

Solche Reportagen erfordern jedoch viel Zeit und Geld – und vor allem: eigene Anstrengung. Die Autoren müssen sich zu diesem Zweck aus dem Tagesgeschäft ausklinken und reißen schwer zu füllende Lücken in das Redaktionsteam. Selbst die öffentlich-rechtlichen Anstalten mit ihren großen finanziellen, personellen und technischen Ressourcen sind deshalb heute nicht mehr allzu gern bereit, solche Projekte aufzulegen. Sinkende Werbeeinnahmen und Wettbewerbsdruck durch die private Konkurrenz haben eine schleichende Auszehrung des Programms in Gang gesetzt, von der natürlich in erster Linie die „Minderheitenangebote“ betroffen sind.

In den vergangenen Jahren sind immer mehr feste Wirtschaftssendereihen verschwunden; Featuretermine muß man inzwischen mit der Lupe suchen. Dabei bewegen sich die Produktionskosten für Wirtschaftssendungen eher im Mittelfeld. Die beispiellos „geldfressenden“ Hörspielredaktionen, die bisher weitgehend ungeschoren geblieben sind, verfügen in den Aufsichtsgremien offenbar über eine effektivere Interessenvertretung als die „Wirtschaft“. Die Rundfunkräte aus Industrie, Handwerk, Handel und der Arbeitgeberverbände sind nicht selten zu zurückhaltend. Andere Lobby-Gruppen stimmen schon ein unüberhörbares Wehgeheul an, wenn nur ruchbar wird, daß Programme, an denen ihnen gelegen ist, eventuell von Sendezeit- oder Etatkürzungen betroffen sein könnten.

Es besteht wenig Hoffnung, daß der Trend gegen die Wirtschaftssendungen im öffentlich-rechtlichen Hörfunk noch einmal umzudrehen ist. Die Wirtschaftsredaktionen werden sich wohl zunehmend auf die Aufarbeitung tagesaktueller Themen konzentrieren müssen, weil mit einem personellen Ausbau kaum zu rechnen ist. Angesichts dieses Szenarios ist der Zeitpunkt gekommen, endlich ein ARD-übergreifendes Konzept für die Wirtschaftsberichterstattung zu entwickeln. Die Programmphilosophien der einzelnen Redaktionen weichen nämlich bislang deutlich voneinander ab.

Ursache sind zum Teil regionale Besonderheiten, senderhistorische und -organisatorische Eigenheiten sowie Weichenstellungen, die durch prägende Persönlichkeiten in leitender Funktion vorgenommen worden sind. Der WDR beispielsweise setzt mit der täglichen Reihe „Quintessenz“ einen Schwerpunkt bei der Verbraucherinformation;

beim „Süddeutschen Rundfunk“ wiederum wird die Unternehmensberichterstattung besonders gepflegt. Der „Hessische Rundfunk“ hat einen Hang zur Ökologie entwickelt, und der „Südwestfunk“ zeigt Profil bei Fragen aus Sozialpolitik, Bildung und Beruf.

Aber nur wer verkabelt ist oder in einer Stadt lebt, die geografisch so günstig liegt, daß dort mit Antenne verschiedene ARD-Sender zu empfangen sind, kann sich heute noch aus den regionalen Spezialitäten ein ansprechendes, wirklich üppiges Wirtschaftsmenue zusammenstellen. Von allem das Beste nehmen und auf bundesweiten ARD-Kanälen, wie sie jetzt in der Diskussion sind, ausstrahlen, wäre eine überlegenswerte Alternative. Außerdem müssen die Wirtschaftsredaktionen ihr Selbstverständnis neu definieren.

Die volkswirtschaftliche Fachsprache, die viele Hörer abschreckt, da sie dem Thema eine Aura der Unnahbarkeit verleiht, muß durch eine alltagsbezogene, aber dennoch zutreffend beschreibende Sprache ersetzt werden. Der Insidercharakter ist auch nur dann zu durchbrechen, wenn direkte Bezüge zu den Problemen und Interessen der Hörer wie Löhne, Preise, Mieten oder Produktinformation stärker berücksichtigt werden. Mag sein, daß sich durch die private Konkurrenz die Lage der Wirtschaftsredaktionen im öffentlich-rechtlichen Rundfunk verschlechtert hat. Eine ganze Reihe von Defiziten sind aber selbstverschuldet, und das nicht erst seit gestern. Ziel für die Zukunft muß sein, eine „angebotsorientierte Wirtschaftsinformation“ zu entwickeln, die das Ghetto liebgewordener, bequemer Gewohnheiten hinter sich läßt.

Rudolf Mühlfenzl

„Wenn alle warten, läuft nichts“

Defizite im privaten Hörfunk

Möglicherweise ist die Bewertung der Wirtschaftsberichterstattung im privaten Hörfunk nur die Momentaufnahme eines Zustandes, zum Zeitpunkt der Beobachtung – und nicht mehr. Das könnte heißen, daß der Autor glaubt, der Befund werde vielleicht schon in nächster Zeit anders aussehen. Leider besteht dafür wenig Hoffnung. Um es auf den Punkt zu bringen: Die Unternehmer von 130 Betrieben, die sich an einer Umfrage der Industrie- und Handelskammer Aschaffenburg im ersten Halbjahr 1990 beteiligt haben, bestätigten die Vermutung. Nur sieben Prozent sind mit dem Umfang der Wirtschaftsberichterstattung im privaten Hörfunk zufrieden, und mehr als 50 Prozent aller Befragten bemängeln die Gründlichkeit der journalistischen Recherche.

Nun kann man dem leicht entgegenhalten, es handelt sich bei den Befragten doch um Unternehmer, also um Fachleute des Themas „Wirtschaft“, und die werden ihre (Fach)Informationen ohnehin mehrheitlich aus Fachorganen beziehen und nicht von den Programmen öffentlich-rechtlicher oder privater Rundfunkstationen.

Gleiche und ähnliche Argumente waren schon 1948 bei „Radio München“ und dann beim „Bayerischen Rundfunk“ zu hören, als ich meinen Anspruch formulierte, die Sendungen des Wirtschaftsfunks müßten in der Hauptsendezeit plaziert werden, denn Wirtschaftssendungen müssen auch die Hausfrauen erreichen und die Unternehmer noch interessieren.

Wie sich jetzt herausstellt, hat sich an dem Problem wenig geändert. Anders gesagt, damals wie heute geht es um Reichweiten. Denn selbstverständlich waren wir – die jungen Redakteure der eben installierten Länderanstalten – darauf aus, gerade mit Fachinformationen eine größtmögliche Zahl von Zuhörern zu erreichen.

Die Philosophie der privaten Anbieter geht heute natürlich von den Reichweiten aus, von Reichweiten, die man braucht, um möglichst viel Werbung an das System zu binden. Die Programmverantwortlichen, auch der privaten Anbieter, unterstellen dabei – warum eigentlich? –, daß Informationen aus und über die Wirtschaft nur eine beschränkte Zahl von Hörern interessieren. Daraus ergeben sich Sendezeiten außerhalb der „prime-time“. Und wenn schon Fachinformationen sein müssen, dann in üblicher Kürze und „unverdächtig" eingebunden in aktuelle Informationen.

Es kann kein Zufall sein, daß in einer fachlich sehr interessanten Programmanalyse privater Hörfunkprogramme von Professor Dr. Hans Wagner („Die Programme der Lokalradios in München", Universität München 1989) der Begriff „Wirtschaft" (als Programmsparte) nirgendwo auftaucht. Vermuten kann man das Thema „Wirtschaft" in der Sparte „Service-Information". Die Analyse macht aber deutlich, daß gerade die in den privaten Hörfunkprogrammen angebotenen Serviceinformationen durch erhebliche Defizite gegenüber den denkbaren Möglichkeiten auffallen. „Im wesentlichen beschränkt sich diese Leistung", so heißt es im Resümee der zitierten Untersuchungen, „auf den alltäglichen Standardservice wie Zeit, Wetter und Verkehr". Weiter heißt es, „bei sämtlichen Programmanbietern (gemeint sind die privaten Münchener Radioprogramme) war eine Vernachlässigung der Bereiche „Lebensberatung und Tips für den Alltag festzustellen".

Wenn man nun noch zu diesen Feststellungen die Aussagen Nürnberger Hörer von privaten Radioprogrammen vor Augen hat, die zur gleichen Zeit etwa nach ihren Wünschen für ein gutes Radioprogramm gefragt worden sind, wird klar, warum die Münchener Analyse mit ihrer Defizit-Formel recht hat. Die Umfrage bei den Nürnberger Hörern macht nämlich mehr als deutlich, daß der Wunsch der Hörer nach fundierter Information in der Wirklichkeit der Programme keine Entsprechung findet. Auch bei den Wünschen der Hörer nach mehr und besseren Verbrauchertips, nach Ratschlägen für Haus und Garten, generell nach mehr verbrauchernahen und anwendbaren Informationen, bleiben die Lokalradios im Nürnberger Raum erheblich hinter den Ansprüchen der Hörer zurück.

Fazit für die Programmverantwortlichen: Es lohnt sich, über das Rezept für ein erfolgreiches Radioprogramm intensiv nachzudenken!

Überzeugend, aber nur schwer realisierbar wäre die Einrichtung von Fachredaktionen in den privaten Radiostationen. Es führt nichts an der Erkenntnis vorbei, daß noch immer – und in jedem Medium – eine professionell arbeitende Fachredaktion die beste Gewähr bietet für eine fundierte und gut gemachte Wirtschaftsinformation. Es ist kein Zufall, daß überall dort, wo solche Fachredaktionen bestehen, sie prägend und wegweisend den Charakter des Mediums nachhaltig mitbestimmen. Was wäre die „Süddeutsche Zeitung", als große überregionale Zeitung, ohne ihren Wirtschaftsteil, der über viele Jahre hinweg kontinuierlich geprägt wurde von Wirtschaftsredakteuren der ersten Kategorie. Namen wie Elly Staegmayer, Walter Slotosch, Hans D. Barbier und Franz Thoma stehen für Seriosität und Verläßlichkeit der Informationen und Meinungen zum großen Thema Wirtschaft.

Gleiches gilt für die elektronischen Medien mit dem unleugbaren Unterschied, daß die in den Rundfunkanstalten verantwortlichen Wirtschaftsredakteure nach wie vor den schon erwähnten Kampf um die Reichweiten führen müssen und in diesem alltäglichen Kampf meistens nicht die stärkeren Bataillone der Unterhaltungschefs und ihrer Gefolgschaft auf ihrer Seite haben. Glücklicherweise hat es Anstalten gegeben und gibt es noch, in denen zum Erstaunen der Fachwelt leitende Wirtschaftsredakteure in die hehren Etagen der Chefredakteure und Programmdirektoren aufgerückt sind.

Man muß sich heute noch mehr als 1984, in der Startphase privater Programme in der deutschen Medienlandschaft, fragen: Warum gelingt es nur ganz wenigen, Wirtschaft interessant und spannend, damit auch unterhaltend, zu verkaufen? Wenn ich die Frage so formuliere, dann heißt das, daß ich in der Tat der Meinung bin, daß die Akzeptanz der Wirtschaftsberichterstattung entscheidend von der Art des „Verkaufens“ abhängt.

Bei diesen Überlegungen gehe ich von folgender Prämisse aus: Die Nachfrage nach Informationen hat generell zugenommen – und sie wird weiter zunehmen –, das gilt insbesondere für die Angehörigen hochindustrialisierter Staaten, also den Nummern eins bis 15 der Weltrangliste! Die Folge davon ist, daß die Bürger dort die Informationen suchen und akzeptieren, wo sie ihnen in Form und Inhalt so angeboten werden, daß sie sie akzeptieren, das heißt verstehen können. Das wiederum führt zur Nachfrage zu Zeiten, in denen die Bürger bereit und in der Lage sind, sie interessierende Informationen und Meinungen aufzunehmen. Das muß nun nicht heißen: „Prime-time“ und sonst nichts! Das kann und darf aber auch nicht heißen: In keinem Fall und bei keinem Thema können Wirtschaftsinformationen in der „prime-time“ plaziert werden.

Wobei ich ohnedies der Meinung bin, daß bei den enorm vermehrten Programmangeboten in Funk und Fernsehen die bisher geltenden herkömmlichen Sendezeit-Vorstellungen überholt sind. Ich bin ein ausgesprochener Verfechter des Frühstücksfernsehens und meine ebenso, daß gerade für Kurzinformationen aus dem Bereich Wirtschaft die Morgensendezeiten im Hörfunk gute Chancen für die Akzeptanz haben. Darüber hinaus wird es Aufgabe der Programmplaner bleiben, Zeitnischen zu finden, die der Rhythmus der Arbeitstage und der Wochenendtage zu sehr unterschiedlichen Zeiten bereithält.

Immer noch der Prämisse folgend, daß Wirtschaft für alle wissenswert und interessant ist, wäre zu untersuchen: Was ist nun interessant und als Informationsangebot passend im lokalen Bereich, also die Information von wirtschaftlichen Entwicklungen beim Betrieb „um die Ecke"? Und was paßt besser in ein landesweites Programm? Die Nachfrage im landesweiten Programm ist natürlich nicht deckungsgleich mit der Nachfrage im lokalen Umfeld. Aber die Informationen schließen einander auch nicht aus.

Der heftige Streit zwischen Arbeitgebern und Gewerkschaften – etwa auf dem Höhepunkt des Arbeitskampfes bei „IG Metall" und bei den neuen „IG Medien" – ist in jedem Programm interessant: im landesweiten Programm etwa ein Streitgespräch über die 35-Stunden-Woche; im lokalen Programm das Ausmaß der Forderungen oder die Wahrscheinlichkeit der Durchsetzung.

Ganz gleich welche Form und welches Thema gewählt wird, in allen Fällen ist es mehr als eine Nachricht. Ich könnte die Beispiele an vielen konkreten Ereignissen der letzten Jahre demonstrieren. Und ich habe auch durchaus den Eindruck gewonnen, daß die Redaktionen bemüht waren, dem Thema gerecht zu werden. Aber da gibt es Programmphilosophien, bei denen ich sehr im Zweifel bin, ob sie auf Dauer geeignet sind, die für die Werbewirtschaft notwendige Akzeptanz zu sichern.

Die verschiedenen Untersuchungen und Umfragen, die von den Landesmedienanstalten, insbesondere aber von der „Bayerischen Landeszentrale für Neue Medien", in Kooperation mit dem „Bayerischen Rundfunk" vorgenommen wurden, sind hoffentlich bei den Programmveranstaltern nicht ohne Wirkung geblieben. Die Tatsache, daß von den Hörfunkprogrammen des „Bayerischen Rundfunks" das populäre B3-Programm erheblich Federn lassen mußte gegenüber der Konkurrenz der privaten Lokalstationen, daß aber der Marktanteil des Spartenprogramms „Bayern 2" unverändert gut im Konkurrenzrennen abgeschnitten hat, bestätigt meine Auffassung, daß fundierte Informationen in guter Verpackung mehr als früher gefragt sind. „Bayern 2" ist vornehmlich ein Wortprogramm.

Zurück zum Thema: Wie konstruiert man ein erfolgreiches Radioprogramm, das Sachinformationen nicht nur als Alibiveranstaltung präsentiert. Und die Frage an die privaten Radios lautet: Wer kann sich personell (und finanziell) gut ausgestattete Fachredaktionen leisten? Die erste Antwort heißt, eine lokale Radiostation vermutlich nicht!

Für die lokale Hörfunkstation bietet sich als realistische Programmplanung an, in eigener redaktioneller Zuständigkeit vorrangig das lokale Umfeld zu beackern. Das muß sich wohlgemerkt nicht darin erschöpfen, knappe Wirtschaftsnachrichten in den stündlichen Kurznachrichten unterzubringen. Ich meine, der Kurzkommentar zur Lage bestimmter Unternehmungen am Ort, das gezielt geführte Streitgespräch mit den Referenten der Stadtverwaltungen über den heiß umkämpften Standort der Mülldeponie oder die neue Tariftabelle des örtlichen Energielieferanten – all das interessiert und bedeutet Information zum „Mitnehmen“ – und beansprucht keine ausgedehnten Sendezeiten!

Für die landesweit relevanten wirtschaftlichen Ereignisse – ebenso natürlich für die nationalen und internationalen Vorgänge im Bereich der Wirtschaft und Finanzpolitik – sollte sich der lokale Programmveranstalter der Zulieferung eines zentral disponierenden, landesweit tätigen Programmanbieters bedienen. Solche Zulieferungen von Programmteilen sind eine sinnvolle, zugleich kostensparende Ergänzung des eigengestalteten lokalen Programms und verwischen keineswegs die lokale Identität, die ein Lokalsender unabdingbar braucht.

Um beim Stichwort „Zulieferung“ zu bleiben: Auch der landesweit operierende private Programmveranstalter (Beispiel: „Antenne Bayern“ mit Sitz im Raum München) ist gut beraten, die wirtschaftlich „fundierte“ Information in anpassungsfähigen, kompakten Blöcken von einem ausgewiesenen Fachspartenanbieter zu beziehen. Im konkreten Fall handelt es sich um die Zusammenarbeit von „Antenne Bayern“ mit der PRIBAG („Private Bayerische Wirtschafts-TV Programmanbieter- und Produktionsgesellschaft mbH“) in der Form einer vertraglich gesicherten Zulieferung von Programmteilen der Sparte „Wirtschaft“.

Natürlich erfordert eine solche Zusammenarbeit ein hohes Maß von Einfühlungsvermögen des Zulieferers für die Programmabsichten des landesweiten Partners, ebenso aber die Bereitschaft dieses Partners, dem breiten Themenfeld „Wirtschaft“ unterschiedliche, langfristig vereinbarte Programmleisten zur Verfügung zu stellen. Darüber hinaus bedarf es einer permanenten engen Verständigung zwischen den Machern, um je nach Bedeutung und Aktualität, dem Thema gerecht zu werden. Daß es dabei kleinere Reibereien gibt und gelegentlich Mißverständnisse, sollte die Verantwortlichen auf beiden Seiten nicht hindern, diese Form der Zusammenarbeit privater Programmunternehmen (!) zu verstärken und zu verbessern!

Damit sind wir beim nächsten, längst fälligen Stichwort: Die Unternehmer und die Wirtschaftsberichterstattung! Auch unter diesem Stichwort gibt es über Defizite, Probleme und – hoffentlich – auch über Verbesserungen zu berichten.

In der Gründungsphase des dualen Rundfunksystems, in den Jahren 1983 und 1984, habe ich viele Gespräche mit Unternehmern geführt; auf Landesebene beim Präsidium des „Landesverbands der Bayerischen Industrie“ ebenso auf Bundesebene und dazu in vielen Einzelbegegnungen mit Unternehmern verschiedener Branchen von Industrie und Handel, Banken und Versicherungen. Ich habe bei diesen Gesprächen geworben für die konkrete Mitarbeit der Unternehmer beim Aufbau des privaten Rundfunks – sei es als Gesellschafter in Programmgesellschaften oder als unmittelbarer Programmanbieter.

Die Gespräche und Veranstaltungen endeten meistens mit der spontan ausgedrückten Bereitschaft: Selbstverständlich werden wir da mit von der Partie sein – aber wir wollen noch etwas warten, wir wollen sehen, wie es läuft. Darauf habe ich regelmäßig mit der gleichen Formulierung geantwortet: Wenn alle warten, um zu sehen, wie es läuft, läuft gar nichts, denn alle warten ja!

Mitte 1990, meine ich, müßte die Zeit des Abwartens wirklich vorbei sein, und es ist zudem höchste Zeit, daß sich die Unternehmer darüber klar werden, ob und in welcher Form sie bei den neuen privaten Medien „mitmischen“ wollen. Die Strukturen sind einigermaßen klar, und auch die Trends sind überschaubar. Daß Hörfunk und Fernsehen – als Teile der Telekommunikation – ein Markt sind mit den absolut größten Zuwachsraten, muß man Unternehmern sicherlich nicht sagen, wohl aber, daß sie jetzt antreten müssen, wenn sie in diesem Markt dabei sein wollen.

Dabei sein heißt auch, sich mehr als bisher um die Wirtschaftsberichterstattung, vor allem in den elektronischen Medien, kümmern. Es gibt überhaupt keinen Grund für Berührungsängste der Unternehmer gegenüber den Medien. Unternehmer müssen wissen, daß sie unabdingbare Partner für die Journalisten sind, weil sie ihnen Nachrichten bringen, die nur sie bringen können. Also geht es doch nur darum, Nachrichten, Informationen und Meinungen so zu präsentieren, daß sie auf Akzeptanz beim Programmveranstalter – und noch mehr beim Publikum – stoßen.

Dieses Plädoyer für ein nachhaltiges Engagement der Unternehmer im Bereich der neuen Medien hat im wesentlichen zwei Gründe:

Einmal halte ich es für dringend erforderlich, daß die deutschen Unternehmer, die zu den tüchtigsten der Welt zählen, auch im Umgang mit der öffentlichen – vor allem der veröffentlichten – Meinung einiges verbessern. Eine so wichtige Gruppe wie die „Wirtschaft“ kann sich nicht damit zufrieden geben, anläßlich der jährlichen Bilanzpressekonferenzen oder vergleichbaren Veranstaltungen die Defizite in der Öffentlichkeitsarbeit wettzumachen. Und solche Defizite bestehen! Das gilt insbesondere für die Darstellung der unternehmerischen Tätigkeit in den Massenmedien. Natürlich hat ein Unternehmer erst einmal sein Unternehmen gut zu führen, aber das muß beim öffentlichen Erscheinungsbild auch sichtbar werden.

Ich behaupte, die Wirtschaft insgesamt hat sich, was ihr öffentliches Erscheinungsbild angeht, in die Defensive drängen lassen. Vielleicht rührt das aus einer Zeit, in der man die Belastbarkeit der Wirtschaft erproben wollte, und die Forderung nach Reformen als Ersatz für seriöse Wirtschaftspolitik herhalten mußte. Dabei hat die Wirtschaft, beziehungsweise haben die Unternehmer überhaupt keinen Grund, sich zu verstecken, aber sehr wohl Grund zum Selbstbewußtsein. Die Frage heißt natürlich, wo, in welchen Sendungen bei Fernsehen und Hörfunk, wird das gezeigt und gesagt.

Testen Sie doch einmal Ihr Erinnerungsvermögen: Wann haben Sie zum letzten Mal in einem deutschen Fernsehkrimi einen Unternehmer arbeiten gesehen. Das ist kein Problem der Massenmedien unserer Zeit, denn ich könnte Sie jetzt auch fragen, wann hat jemals – mit Ausnahme von Thomas Mann – ein Dichter von Rang in einem Unternehmer einen positiven Helden gezeichnet. Gustav Freytag könnten Sie mir antworten. Gewiß, der Krimi meint, ohne Mörder nicht auskommen zu können, und es muß sicherlich nicht immer der Gärtner sein – aber muß es immer der Unternehmer sein? Keine andere Gruppe in der Gesellschaft ließe es sich gefallen, in Unterhaltungssendungen mit einem permanenten Negativ-Prädikat versehen zu werden.

Damit wir uns recht verstehen: Ich will keineswegs ein Klischee etwa durch ein anderes ersetzen. Ich plädiere nicht dafür, künftig den Unternehmer nur noch in der Rolle des gütigen Fabrikbesitzers zu zeigen, der selbstlos und regelmäßig seinen Jahresgewinn wohltätigen Zwekken opfert. Wofür ich eintrete, ist jene Wirklichkeitsnähe bei der Darstellung der in der Wirtschaft Tätigen, die in bezug auf andere Gruppen in unserem Staat ständig und mit Recht gefordert wird.

Zweitens – und damit will ich unser Thema mit einer Konsequenz zum Ende führen – besteht jetzt bei den privaten Programmanbietern für die Wirtschaft zum ersten Mal die Möglichkeit, aus ihrer Sicht und damit aus erster Hand, Zuhörer und Zuschauer mit Informationen zu versorgen. An Themen, die der Wirtschaft auf den Nägeln brennen und die sie anderweitig unzureichend oder gar nicht dargestellt sieht, mangelt es wahrlich nicht. Und niemand wird auch Verbände und Organisationen der Wirtschaft daran hindern, als Produzenten oder als Programmanbieter tätig zu werden. Ich meine die Organe der Wirtschaft, vor allem aber die Unternehmungen, sollten die Chancen, die sich bei der Mitwirkung etwa im Informationsbereich des Hörfunks ergeben, wahrnehmen. Es ist eine Chance, nach der die Wirtschaft lange Zeit vergeblich verlangt hat. Jetzt sollte man von den neuen Möglichkeiten Gebrauch machen.

Christoph Wehneldt

Das gesprochene Wort gilt

Chancen und Grenzen öffentlich-rechtlicher Hörfunkjournalisten

Die öffentlich-rechtlichen Rundfunkanstalten der Bundesrepublik Deutschland einschließlich der vom Bund finanzierten Sender „Deutschlandfunk“ (DLF), „Deutsche Welle“ (DW) und RIAS erreichen mit ihren Hörfunkprogrammen täglich 34 Millionen Menschen. Gesendet wird 24 Stunden am Tag. Die Informationsprogramme laufen im allgemeinen von sechs Uhr morgens bis 22.30 Uhr abends.

Die ARD-Anstalten „Bayerischer Rundfunk“ (BR), „Hessischer Rundfunk“ (HR), „Westdeutscher Rundfunk“ (WDR), „Norddeutscher Rundfunk“ (NDR), „Süddeutscher Rundfunk“ (SDR), „Radio Bremen“ (RB), „Saarländischer Rundfunk“ (SR), „Südwestfunk“ (SWF) und „Sender Freies Berlin“ (SFB) verfügen jeweils über drei oder vier voll ausgebaute Hörfunkprogramme. Sogar ein fünftes Programm ist teilweise in Vorbereitung. Spezielle Regionalfenster, beim HR zum Beispiel „Radio Lahn“, „Radio Bergstraße“, „Radio Frankfurt“, „Radio Kurhessen“ und „Radio Fulda“ ermöglichen eine zusätzliche Spreizung des Angebotes.

Auf allen Kanälen werden irgendwann Wirtschaftsthemen verarbeitet, sei es in den Nachrichten, in der Regionalberichterstattung, in Zeitfunkbeiträgen, in Politik-Kommentaren oder speziellen Wirtschaftssendungen.

Der Wirtschaftsfunk des HR sendet zum Beispiel börsentäglich von 14.05 bis 14.30 Uhr. Die Sendung wird von 2 Studios aus gefahren: vom Funkauto und von der Börse. Das bringt viel Atmosphäre und Dynamik. Das Sendeschema enthält folgende Elemente: Schlagzeilen, Börsenbericht, Kurse, Firmentrends, Wiso-Trends und Ländertrends. Die Trends haben eine Länge von 1.30 bis 2 Minuten. Es folgen 3 größere Beiträge (3 bis 4 Minuten) über Finanz- und Wirtschaftspolitik (Bonn), Geldpolitik (Frankfurt) sowie nationale und internationale Wirtschaftsthemen (Firmen, Branchen, Volkswirtschaft). Dazu kommen Berichte über Arbeitsmärkte und Tarifpolitik. Um 12.25 Uhr und 13.58 Uhr werden zusätzlich der „Zeitfunk“ und HR 4 mit Börsentrends aus dem Börsensaal bedient.

Zweimal im Monat (freitags) produziert der Wirtschaftsfunk ein einstündiges Magazin unter dem Generalthema „Geld und Arbeit“. Einige Male im Jahr bestreitet die Wirtschaftsredaktion auch das „Frankfurter Gespräch“ (sonntags 11.30 Uhr) oder die „Tribüne, worüber man spricht, worüber man sprechen sollte“ (montags). Dazu kommen fast täglich Zulieferungen an andere Redaktionen.

Alle ARD-Hörfunkanstalten unterhalten seit Jahrzehnten Wirtschaftsredaktionen, wenn diese auch über weite Strecken oftmals ein kümmerliches Dasein geführt haben. In den 70er Jahren hatte sich zum Teil auch der Trend durchgesetzt, kaum noch eigene Programmplätze für Wirtschaftssendungen freizumachen, sondern Wirtschaftsthemen in allgemeinen Magazinsendungen zu behandeln, deren Verantwortung bei der politischen Redaktion oder beim Zeitfunk lag. Auch wurden sie in reine Politik-Programme integriert. Der HR hat aber stets eine gediegene Wirtschaftskommentierung und Börsenberichterstattung gepflegt.

Zu den Zeiten, als die linksliberale Bonner Regierung die Belastbarkeit der Unternehmen testen ließ, wurden die Wirtschaftsredaktionen im öffentlich-rechtlichen Rundfunk schon mal Ideologie-Tests unterzogen. In der Firmenberichterstattung wurden Gewinne verteufelt und Entlassungen als Kapitalistenwerk angeprangert. Unternehmensberichterstattung fand unter dem Rubrum Mißwirtschaft und Freistellungen statt. Gute Geschäftsabschlüsse wurden ignoriert.

Zugegebenermaßen hatte damals die eher links einzuordnende Journalisten-Kulisse die besseren Formulierer und Schreiber. Der herkömmliche Wirtschaftsjournalismus der 60er und 70er Jahre war äußerst trocken, traditionalistisch und phantasielos. Betonköpfe und ideologische Rennpferde konnten oft nicht kommunizieren.

Seit Beginn der 80er Jahre haben alle Seiten kräftig dazugelernt. Die Einsichten in wirtschaftliche Notwendigkeiten sind auch in den sogenannten linksorientierten Kreisen gewachsen. Die Katastrophe bei den Gewerkschaftsunternehmen und der Zusammenbruch des sozialistischen Systems im Osten mögen ihren Teil dazu beigetragen haben.

Dennoch besteht bis heute in weiten Kreisen der Unternehmerschaft und der – eher rechtsorientierten – Öffentlichkeit ein latentes Mißtrauen gegenüber der redaktionellen Arbeit in den Funkhäusern. Gerechtfertigt ist diese Haltung wohl kaum. Es gibt aber immer noch „Industriekapitäne“ und Banker, die bei bestimmten Pressegesprächen oder Informationstouren den öffentlich-rechtlichen Hörfunk ausgrenzen, ihn ablehnen, dem Hörfunk überhaupt skeptisch gegenüberstehen. Das kurioseste Argument, das dem Autor in diesem Zusammenhang entgegengehalten wurde, lautete: Wenn wir Sie einladen, dann müssen wir auch die kommerziellen Rundfunkbetriebe dazunehmen (pikant: Die Bank war selbst beteiligt an einem solchen Unternehmen).

In der zweiten Hälfte der 80er Jahre haben die' ARD-Hörfunkanstalten, wo auch immer es notwendig war, enorme Anstrengungen unternommen, eine fachlich exakte und in jeder Weise sachgemäße, ideologiefreie Wirtschaftsberichterstattung und sachgerechte Kommentierung aufzuziehen. Bei fast allen Sendern wurden die Sendezeiten für reine Wirtschaftsprogramme erweitert oder neu aufgenommen, und die Anforderungen anderer Redaktionen wie Politik, Zeitfunk und Regionalfunk, an die Wirtschaftsredaktionen Beiträge zu liefern, haben stark zugenommen. Selbst geldpolitische Themen können nun im Regionalen untergebracht werden. Es kommt eben darauf an, wie sie verpackt werden.

Um die „Verpackung" ging es auch auf einer hochkarätigen Veranstaltung beim ZDF in Mainz. Nach einer Zentralbankratssitzung in den Räumen der Fernsehanstalt diskutierte das oberste Währungsgremium mit Fernseh-, Hörfunk-, Zeitungs- und Magazin-Redakteuren über das Thema „Geldpolitik und Medien". Die Bundesbank hat ein wachsendes Interesse, ihre Position, ihre Stellung im Staate und die Wichtigkeit ihrer Unabhängigkeit für unser Wirtschaftsleben einer breiten Öffentlichkeit, ganz allgemein dem Volk, klarzumachen. Ihre Stabilitätspolitik ist der Garant unseres Wohlstandes. Und die Unabhängigkeit der Zentralbank garantiert eine sachgerechte Stabilitätspolitik, Anti-Inflationspolitik, Geldpolitik. Bundesbankpräsident Karl Otto Pöhl stellte bei dieser Gelegenheit an die Journalisten die Stalin zugeschriebene Frage: Wieviel Divisionen hat der Papst?

Pöhl warb so um Hilfstruppen in den Medien, die die Bundesbankpolitik richtig interpretieren. Die Fernseh-Leute taten sich ausgesprochen schwer, den Sinn geldpolitischer Maßnahmen in eine volksnahe Sprache umzusetzen. „Diskont", „Lombard" und „Wertpapierpensionsgeschäfte" seien erklärungsbedürftige Fachausdrücke, das Thema zu spröde, alles zu wenig volksnah! „Wen interessiert das schon?", hieß es. Ein Hörfunk-Mann mußte hier die Brücke bauen, die Geldpolitik über den Begriff „Teuerung" aufzuschließen. Teuerung versteht jeder, und die meisten wollen sie eingedämmt sehen. Die Bundesbank hat die Mittel dazu, die Teuerung zu bekämpfen. Ihre Geldpolitik zielt auf Preisstabilität.

Der Wirtschaftsfunk des „Hessischen Rundfunks" unternimmt große Anstrengungen, diese für die Volkswirtschaft so wichtigen Fragen immer wieder aufzuarbeiten, dem Hörer die Umstände zu erklären, die Teuerungstendenzen und ihre Hintergründe zu beschreiben. Unter dem Motto: Das stabile Geld geht jeden an. Und im internationalen Verkehr steht diese Währung im Wettbewerb mit dem Dollar, dem Yen und so weiter. Das Funktionieren der Devisenmärkte muß daher stets auch unser Thema sein.

Doch wie schwierig es die Journalisten zuweilen haben, macht folgendes Beispiel deutlich: Die Bundesbank weiß um das Bemühen des HR, in geldpolitischen, konjunkturpolitischen Gesprächssendungen dem Hörer mehr Aufklärung zu bieten. Dennoch ist es dem Wirtschaftsfunk nicht erlaubt, am Mittag vor seinem offiziellen Erscheinen („Wirtschaft aktuell" 14.05 Uhr) den Bundesbank-Monatsbericht zu besprechen und daraus zu zitieren. Für den Hörfunk ist dies ein Problem. Denn er muß immer darauf bedacht sein, den Wettbewerbsvorteil der schnellen Vorabinformation zu nutzen, also vor den Printmedien am Markt zu sein.

Befolgt der Journalist die Sperrfrist nicht, kann es zu Auseinandersetzungen kommen. Drei Jahre lang war ich von einem Unternehmer ausgesperrt, von seinen Informationen abgeschnitten, weil ich eine Sperrfrist über fünf Tage, die wirklich nicht zu halten war, durchbrochen habe. Der Kernpunkt lag dabei weniger bei der HR-Verlautbarung als bei den Folgen. Ein F.A.Z.-Redakteur hatte die HR-Meldung gehört und brachte daraufhin seinen Bericht. Mit diesem Beitrag unter dem Arm gingen schließlich die Aufsichtsratsmitglieder der betreffenden Firma in jene Sitzung, in der der Tatbestand (Firmenkauf) erst beschlossen werden sollte. Der Kaufabschluß war als solcher aber niemals gefährdet gewesen, weil der die Presse vorab informierende Unternehmer selbst Hauptaktionär der Käuferfirma war.

Ungeschickte Sperrfristen gibt es immer noch. So legte eine Edelmetallspezialistin die Veröffentlichung ihres Geschäftsberichts um 17 Uhr abends fest. Oder: ein Chemiewerk veranstaltete mittags ein Hintergrundgespräch über Besitz-Veränderungen bei der französischen Tochtergesellschaft. Sperrfrist: mehrer Tage bis zur telefonischen Freigabe. Der französische Staat hatte aber schon zwei Stunden später alles bekanntgegeben. Die Zeitungen konnten noch reagieren. Der Wirtschaftsfunk nicht mehr, weil seine Sendezeit verstrichen war, ungenutzt. Auch hier hatte die Sperrfrist inhaltlich keine Bedeutung, denn die Sache selbst war längst abgekartet gewesen. Sperrfristen haben wirklich nur Sinn für Reden, die noch nicht gehalten und Verträge, die noch nicht geschlossen sind.

Zurück zur Bundesbank. Der Sperrfrist-Vermerk auf dem Monatsbericht lautet: Frei erst für echte Morgenblätter des ... Nun ist der Funk kein Morgenblatt, sondern ein elektronisches Medium, das ähnlich wie Agenturen alles sofort umsetzen kann und muß. Hier besteht auch ein gewisser Wettbewerb zwischen Agenturen und Funk, denn der Funk ist unter anderem die Agentur des kleinen Mannes. Täglich greifbar wird dies bei der Börsenberichterstattung, die ungewöhnlich intensiv genutzt wird.

Die Bundesbank gestattet den Agenturen durchaus, 24 Stunden vor den ersten Morgenblättern die Texte der Monatsberichte zu verbreiten, mit Sperrfrist-Vermerk. Das heißt aber auch, daß auf den Monitoren bei Banken und Firmen die Bundesbank-Texte vor Erscheinen auftauchen. Die gesamte Fachwelt ist damit vorab informiert, nicht aber der Verbraucher, der Staatsbürger, bei dem die Bundesbank doch gerade ihren ideologischen Rückhalt sucht nach der These: Unsere gute Bundesbank macht unser gutes Geld. Und wer gegen die Bundesbank die Faust erhebt, hat einen Anschlag auf unseren Wohlstand vor. Der Schulterschluß Bundesbank – Bürger funktioniert da noch nicht.

Zwar dürfen die Nachrichtenredaktionen von Fernsehen und Hörfunk ab 19 Uhr (ZDF „heute") aus den Monatsberichten Kurzinformationen verbreiten. Die Vollauswertung darf aber erst in den „echten Morgenblättern" erfolgen. So wirkt sich der Sperrfrist-Vermerk als Meistbegünstigungsklausel für die Printmedien aus.

Dieses Verhalten der Zentralbank belegt ganz klar zwei Tatbestände:

1. Der Hörfunk verfügt über eine nicht zu unterschätzende Marktmacht.
2. Printmedien erfreuen sich einer nicht nur traditionellen, sondern auch einer im wahrsten Sinne des Wortes materiellen Beliebtheit.

Es gilt nach wie vor das Goethe-Wort: Denn was man schwarz auf weiß besitzt, kann man getrost nach Hause tragen. Zwar ist es seit langem auch möglich, Rundfunkgeräte ohne große Mühe mitzuschleppen. Aber das gesprochene Wort ist flüchtig. Man kann es nicht so aus der Schublade ziehen wie eine Fotokopie. Man kann es auch kopieren, das aber ist verhältnismäßig schwierig, die Wiedergabe umständlich, das Abschreiben langwierig, wenn man es von Dritten besorgen läßt, außerdem recht teuer. Für Pressespiegel braucht man eben Presse.

Hier wurde die Bundesbank nur beispielhaft aufgeführt. Viele andere Institutionen, Unternehmen, Verbände und sonstige Informanten verharren ebenfalls in ihrer behäbigen Printlastigkeit. Diese Spitze zielt wirklich nicht auf die Printmedien selbst. Sie leisten ihren Teil hervorragend.

Bei genauer Analyse der Sachzusammenhänge entsteht ein fragwürdiges Bild, und zwar durchaus nicht der Printmedien, sondern der informierenden Institutionen, die ihre Informationspolitik überwiegend auf die visuelle Erfolgsanalyse, auf das nachgeordnete Informationsmanagement ausrichten. Dabei geht es doch um die sachgerechte Information möglichst vieler, um die breit angelegte Meinungsbildung. Auch weiten Kreisen der Public Relations ist es bisher noch verschlossen geblieben, was der Hörfunk nicht nur in der Unterhaltung, sondern in der Informationsweitergabe und Meinungsbildung leisten kann.

Ein Hörfunk-Beitrag des HR-Wirtschaftsfunks hat etwa die Länge von drei bis vier Minuten, manchmal noch mehr. 15 Zeilen à 60 Anschläge machen eine Minute aus. Vier Minuten sind somit 60 Zeilen à 60 Anschläge. Ein Hörfunk-Beitrag hat damit die Länge eines ausgewachsenen Vierspalters in den Tageszeitungen. Platz genug und Zeit genug, um auch schwierige Themen sachgerecht und hörergerecht zu behandeln. Mit dem Wirtschaftsfunk werden täglich zumindest 200 000 Hörer in Hessen und darüber hinaus (Mittelwellen-Ausstrahlung) erreicht. Nur selten werden die einzelnen Artikel in den Tageszeitungen von so vielen Menschen gelesen. Wer aber – von den Hörern – die richtige Sendung drauf hat, hat bei der richtigen Präsentierung auch deren Inhalte drin. Zudem kann der Informant (Industrievorstand, Regierungsmitglied) im Originalton, mit der eigenen Stimme, ans Ohr des Hörers gelangen. Die Probleme der „Berieselung“ ohne Hörerakzeptanz und des „Weghörens“ bei Überforderung sollen hier durchaus nicht vertuscht werden. Auf der anderen Seite haben Chefs oftmals durchaus auch Angst, später mit der eigenen Aussage konfrontiert zu werden und lassen den Mitschnitt ihrer Reden nicht zu, obwohl es auf dem Manuskript heißt: Das gesprochene Wort gilt.

Die Wirtschaftsredaktionen der ARD-Anstalten pflegen einen regen Programm-Austausch. Auch hier liegen die großen Vorteile des ARD-Hörfunks. So ist es möglich, daß ein und derselbe Beitrag zehn- bis zwölfmal in Deutschland gesendet wird. Vielfach achten die einzelnen Wirtschaftsredaktionen aber auch auf die Exklusivität ihres Programmangebots. Dasselbe Thema muß dann immer wieder neu variiert werden. So kommen auf die Wirtschaftsredaktion des HR an bestimmten Tagen große Anforderungen zu. Das gilt für die Stichtage der Leitzinsänderungen ebenso wie für die Berichterstattung im Zusammenhang mit Themen wie „Herrhausen-Nachruf", „Coop", „DG-Bank" oder Börsenskandale, „Großbankenabschlüsse", „Automobil-Messen" oder Branchenberichte der Elektroindustrie und des Maschinenbaus sowie viele andere mehr.

Hochaktuell ist immer wieder die Direktschaltung in die Frankfurter Börse. Vom Studio auf der Empore im großen Börsensaal wird an Crash-Tagen die ganze Nation mit Live-Sendungen, Nachrichten und Kommentaren versorgt.

Ab und zu wird Kritik laut, daß Wirtschaftsbeiträge im Hörfunk nicht akribisch recherchiert, zu überflächlich bearbeitet seien. Für Produktionen der ARD-Wirtschaftsredaktionen trifft dies durchaus nicht zu. Hans-Wolfgang Pfeifer, Vorsitzender der Geschäftsführung der „Frankfurter Allgemeine Zeitung GmbH", hatte zur Quandtpreisverleihung 1988 gesagt: Daß öffentlich-rechtliche Rundfunkanstalten ihre gesetzliche Aufgabe zu einer umfassenden Berichterstattung und zu einer ausgewogenen Kommentierung vortrefflich erfüllen können, beweist die Sendereihe „Wirtschaft aktuell" des „Hessischen Rundfunks".

Thomas Uber

Vielfalt der Formen

Chancen und Grenzen privater Hörfunk-Journalisten

Das Radio ist paradoxerweise ein Medium zum Weghören geworden. Vergangen die Tage, da sich ganze Familien vor dem Empfänger versammelten und gebannt den Stimmen lauschten, die ihnen die aktuellen Nachrichten aus den Krisengebieten der Welt verlasen, das Endspiel um die Fußballweltmeisterschaft mitreißend kommentierten, das Wort Gottes oder die Politikerrede auch elektronisch in jede Stube trugen, im Krimi-Hörspiel Schauer über die Rücken jagten oder die Demokratie in Streitgespräch oder Diskussion erlebbar machten. Dazu die Musik. Die neueste Tanzmusik aus den Vereinigten Staaten von Amerika, die Stimme der gerade verstorbenen legendären Jazz-Sängerin, Opernaufführungen aus Wien, Bayreuth oder New York oder die Direkt-Übertragung aus den Konzertsälen in Berlin, Cleveland oder London.

Kein Zweifel, das Fernsehen hat auch dem Radio die Schau gestohlen. Seitdem die bewegten Mattscheibenbilder die Wohnzimmer erobert haben, ist das Radio in die Ecke verbannt, in die Küche oder auf die Fensterbank neben dem Arbeitstisch. Um aus diesen Ecken noch gehört zu werden, haben die überkommenen Programmkonzepte überdacht werden müssen.

Jeder Wortbeitrag muß erst seine Berechtigung und seine Attraktivität unter Beweis stellen, damit der Hörer Grund genug sieht, im Alltag innezuhalten und seine Aufmerksamkeit dem Radio zu schenken. Der Zuhörer muß ständig neu hereingezogen werden ins Programm, er droht ständig wieder herauszufallen, sobald der Stimulanzpegel, die Neugier-Spannung der Sensation, nachläßt. Wortbeiträge haben deshalb, sofern sie nicht zum institutionalisierten Programmelement „Nachrichten" gehören, eine Tendenz zur Unterhaltung, zur Kuriosität, die sich zwar in einen breiten Erfahrungshorizont einfühlt, der Sache aber oft weniger angemessen oder nebensächlich ist. Ausnahmen bilden dabei nur feste Programmteile für ein spezifisch interessiertes Publikum, zum Beispiel Kultursendungen, oder wenn bei bewegenden, spannenden Ereignissen der Reporter vor Ort eingeschaltet wird und die jüngste Entwicklung übermittelt.

Das Radio ist nicht das klassische Medium für Wirtschafts-Informationen. Firmennachrichten oder Darstellungen volkswirtschaftlicher

Zusammenhänge werden in Zeitungen gesucht. Im Radio gelten sie entweder als zu kompliziert und nur Fachleuten verständlich oder gar als eine Litanei gleichklingender Verlautbarungen. Der durchschnittliche Hörer findet sie deshalb langweilig, unlebendig und abstrakt.

Eine Ausnahme bilden verbrauchernahe Themen, die womöglich Verhaltenstips beisteuern („so waschen Sie umweltschonend") oder einen sogenannten geldwerten Vorteil bieten („schenken Sie dem Staat keinen Pfennig Steuern"). Unmittelbar für den Verbraucher gedacht sind die Marktbeobachtungen meist mundartlicher Sprecher („Frau Maiers Gemüsekorb aus der Markthalle heute"), die aber mindestens so sehr als sprachkulturelles Ereignis wie als Marktinformation beliebt sind.

Nach Jahren der Wirtschafts-Konjunktur, durch die Internationalisierung der Konkurrenz und der Märkte, wegen der Export-Abhängigkeit der deutschen Wirtschaft und der wachsenden Bedeutung der Finanzmärkte haben Wirtschaftsthemen jedoch eine größere Chance, im Hörfunk behandelt zu werden. Diese Entwicklung ist umso bemerkenswerter, als sie einhergeht mit einer Neubewertung wirtschaftlicher Aktivität. In der öffentlichen Wahrnehmung ist sie nicht mehr einem intellektuell minder bemittelten Bodensatz vorbehalten, dem die Berufung zu geistig höherstehenden Dingen abgehe. Wirtschaftliches Handeln hat den Ruch des Geistlosen verloren, der ihm noch vor allem nach den Klischees der 68er Generation anhaftete.

Eine Berufslaufbahn in Industrie oder Finanzwirtschaft ist „fashionable" geworden. Der Yuppie ist die Inkarnation dieses Wertewandels, er hat den beamteten oder selbständigen intellektuellen Kulturträger als Leitfigur junger Generationen verdrängt und bevölkert dieselben, jetzt umgestylten In-Viertel der Städte, die gestern noch eine Domäne der Lehrer, Strafverteidiger, Philosophen und Revoluzzer waren. Sich für wirtschaftliche Vorgänge zu interessieren, ist zu einer Attitüde, zu einem Bestandteil des Lebensstils geworden.

Kein Wunder also, daß Hörfunksender versuchen, dies ins Programmschema zu integrieren, daß sie nach Formen suchen, mit Wirtschaftsberichterstattung den Geschmack der Hörer zu treffen. Als ein Element liegt dabei die Börse nahe. Sie gilt als ein Herzstück moderner dynamischer Volkswirtschaften, und sie hat in den vergangenen Jahren sowohl für den zum Anleger mutierten Sparer als auch für die Unternehmen als Kapitalbeschaffungsstelle erheblich an Bedeutung gewonnen. Börsenberichte können auf einen gar nicht kleinen Kreis von Hörern hoffen, die sich mit einem aktuellen, regelmäßigen Informationsdienst an einen Sender binden lassen.

Doch die Börse allein beseitigt nicht das Dilemma der Wirtschaftsthemen im Hörfunk. Die Bilanzpressekonferenz einer Großbank, die Umwandlung einer mittelständischen GmbH in eine Aktiengesellschaft mit Einführung an der Börse, die Fusion zweier Computer-Hersteller – Alltag in der Wirtschaftsberichterstattung – sind weitgehend zu sperrig und kompliziert, um in Hörfunk-Kürze zufriedenstellend behandelt zu werden. Eine auch sprachliche Verdichtung der thematischen Aufbereitung verbietet sich, weil vielmehr erst die Grundlagen zur Erklärung eines Vorgangs eingeführt werden müssen.

Einen Ausweg versprechen in dieser Situation spektakuläre Meldungen: ein großer Kurssprung des Dollar an den Devisenmärkten, der drohende Konkurs einer Einzelhandelskette, der Streit um die geplante Genforschungsstätte eines Chemie-Konzerns, die Zuspitzung eines Tarifkonflikts. Je brisanter sie klingen, etwa nach der ersten Agenturmeldung, desto schneller wollen sie ins Programm gebracht sein – schon um der Konkurrenz zuvorzukommen.

Eine gründlichere Information kann dabei zu kurz kommen. So besteht die Gefahr, daß anstelle von Recherche die Emotion tritt, oft ein Reproduzieren zirkulierender, vorgefaßter Meinungen der Öffentlichkeit. Der Anlaß zu einer erkundenden Wirtschaftsberichterstattung wird zum Beweisstück, zur Illustration eines Vorurteils. Die angestrebte Verallgemeinerung von Information über Wirtschaftsthemen, die Anhebung des Informationsniveaus verfehlen ihr Ziel.

Der Dollarkurs zeige die Unberechenbarkeit bei sonst so ausgeklügelter Rationalität der internationalen Finanzverflechtungen, seine Ausschläge wirken wie Wetterleuchten an fernen Fronten, die ihre Gefahren offenbaren. Der Schauder aber wird wohlig umhüllt von der Gewißheit, daß man sich außerhalb der Gefahrenzone wähnt. Der Zusammenbruch der Einzelhandelskette entlarvte die durchschlagende Zwangsläufigkeit ökonomischer Prozesse, deren Ergebnis weder eine Verbesserung des vorigen Zustandes noch Gerechtigkeit hervorbringen müsse. Und so weiter.

Besonders bei Themen wie einer umstrittenen Genforschungsstätte oder Veränderungen von Unternehmensstrukturen, die Arbeitsplätze gefährden können, entgleitet die journalistische Aufbereitung gelegentlich in moralisierendes Urteilen. Der Einwand ist gewiß berechtigt, daß eine rein sachliche Erörterung auch nur auf der Grundlage einer präjudizierenden Wertentscheidung stattfinden könne. Nicht selten wird jedoch der Fehler begangen, jeden Versuch zur sachlichen Erörterung als ideologische Verschleierungstaktik mißzuverstehen.

Die eigentliche Firmenberichterstattung wird von einem prinzipiellen Gegensatz der Perspektiven überlagert: Die PR- und Presseabteilungen eines Unternehmens haben grundsätzlich nur Interesse an einer positiven Berichterstattung, die Journalisten, überspitzt gesagt, nur an schlechten Nachrichten.

Das ist ein alter Vorwurf, der Journalisten gemacht wird. Die guten Nachrichten haben hier jedoch den Nachteil, noch langweiliger zu sein als in anderen Ressorts, da gute Firmennachrichten einem stereotypen Raster zu folgen scheinen, in das nur jeweils aktualisierte Zahlen einzufügen sind („wieder ein erfolgreiches Jahr in der Unternehmensgeschichte abgeschlossen ... konnten den Umsatz abermals um x-Prozent steigern ... das Betriebsergebnis erhöhte sich um ...").

Ist ein Unternehmen dagegen in schwieriges Fahrwasser geraten, stehen gar einschneidende Änderungen in der Unternehmensstruktur oder den Eigentumsverhältnissen bevor, wird aus begreiflichen Gründen versucht, eine Berichterstattung zu verhindern, durch Dementi, indem keine Informationen herausgegeben oder die Probleme verniedlicht werden. Hier mögen die ehrgeizige Berufsneugier des einzelnen Journalisten und die Konkurrenz der Medien um die sensationelle Schlagzeile ansetzen.

Spannende Neuigkeiten aus solchen Firmen haben gleichwohl einen Beigeschmack von Schnüffelei und vorlauter Einmischung. Sie scheinen die Vorbereitung wichtiger Entscheidungen für das Unternehmen zu stören und deshalb zu schaden. Ein Anspruch der Öffentlichkeit auf Information und Kontrolle läßt sich bei privater Verfügung über Kapital nicht analog aus dem Modell der zeitlich befristeten Übertragung von öffentlicher Gewalt auf gewählte Mandatsträger ableiten.

Eine Ausnahme bilden Verstöße gegen Gesetze, beispielsweise bei der Lieferung von Waffen oder Vorprodukten zur Waffenherstellung in Krisengebiete. Aus diesen Gründen sind Aufgaben und Rollen von Öffentlichkeitsarbeitern der Unternehmen und Journalisten in den Medien kaum kongruent. Die PR-Abteilungen sollen zwar informieren, aber durch Information zugleich das Meinungsbild über das Unternehmen in der Öffentlichkeit präformieren. Journalisten werden deshalb hinter jeder freiwillig veröffentlichten Information die wahre, verdeckte Neuigkeit wittern. Firmen-Informationen gelten meist als unvollständig und ergänzungsbedürftig durch das „aber ...".

Es liegt in der Natur der Sache, daß Öffentlichkeitsarbeiter vorsichtiger vor den Medien agieren als die Verantwortlichen der Unternehmen selber. Hörfunk-Redakteure erleben dies immer wieder bei Bilanzpressekonferenzen, wenn Interview-Wünsche mit dem Vorstandsvorsitzenden zunächst einmal abgeblockt werden. Später stellt sich dann heraus, daß der Vorstandsvorsitzende, direkt angesprochen, keinen Hinderungsgrund sieht, Fragen vor dem Mikrofon zu beantworten.

Der sogenannte O-Ton (Original-Ton), Aussagen eines bekannten oder durch seine Funktion ausgewiesenen Sprechers, ist nicht nur bei der Wirtschaftsberichterstattung ein beliebtes Stilmittel. Hier jedoch besonders, weil O-Töne die Monotonie von Wirtschafts- und Firmen-Informationen auflockern können. Der O-Ton vermittelt zudem medium-spezifische Authentizität, erscheint als die historisch-dokumentative Aussage eines relevanten Sprechers, die schlaglichtartig wie ein symbolträchtiges Bild einen Sachverhalt, eine Interessenposition, eine Meinung verdeutlichen kann.

Die Wertschätzung des O-Tons hat sich jedoch verselbständigt, O-Töne werden als Qualitätsmerkmal an sich angesehen. Das kann zu einer unkritischen Überflutung des Mediums mit O-Tönen führen, deren Originalität sich darauf beschränkt, von einem identifizierbaren Sprecher zu stammen. So wandelt sich das Mikrofon von einem akustischen Wahrheitsspiegel, vor dem Farbe zu bekennen wäre, zu einem Vervielfältigungsorgan für Sprechblasen, die rein quantitativ Lücken im wachsenden Platzangebot von Hörfunksendern füllen. Das hat gewiß damit zu tun, daß nicht jeder Interviewpartner geübt ist, vor einem Mikrofon Fragen zu beantworten, und daß die wenigsten Interviewpartner besser sein können als die Fragenden.

Es hat auch damit zu tun, daß die recherchierenden Journalisten oft in jener Grauzone von Gerüchten, Teilinformationen oder abgeleiteten Vermutungen über spektakuläre Firmenmeldungen operieren, die klare Aussagen gar nicht erwarten lassen. Allerdings können solche O-Töne einen dokumentarischen Reiz haben, auch in der Art, wie eine eindeutige Antwort vermieden wird.

Als ursprüngliche Wiedergabe von „Volkes Stimme“, dessen, was der „Mann auf der Straße“ denkt, laufen O-Töne immer Gefahr, maßlos zu enttäuschen. Zumindest wer mit der Information der Öffentlichkeit eine Art Bildungsauftrag verbunden sehen will, muß die Diskrepanz zwischen den Informationsbemühungen aller Medien und ihren bescheidenen Ergebnissen schmerzhaft empfinden.

Das sollte jedoch kein Grund zur Verzweiflung sein, denn nichts ist verloren im Hörfunk, da sich das Medium jede Sekunde neu hervorbringt. Im Gegenteil, frischer Mut ist gefragt, auf das erwachte Interesse an Wirtschaftsthemen mit lebendigen Angeboten einzugehen. Das sollte schon deshalb möglich sein, weil der Hörfunk ein Medium mit großer Vielfalt seiner Formen ist, die sich in Nuancen immer wieder variieren lassen.

Die Öffentlichkeitsarbeiter der Unternehmen dürften eine Ausweitung der Wirtschaftsthemen in Hörfunk-Programmen nur begrüßen. Bis auf wenige Ausnahmen sind ihr Engagement und ihre Bereitschaft, mit Informationen zu dienen, beispielhaft gut, sie sind meist effizient, schnell und aufgeschlossen, es sei denn, die Firmenpolitik verbietet dies für den gegebenen Moment. Für den Journalisten bleibt dabei die Aufgabe, jene fließende Grenze zwischen Information und PR im Auge zu behalten. Die Firmen haben jedoch die Bedeutung der Information über wirtschaftliche Sachverhalte für das Image der „Wirtschaft" längst erkannt, auch ohne Namensnennung, und werben für ihre Sache durch die Information, ebenfalls ohne dabei unmittelbar an den Absatz von Produkten zu denken.

Auch der Hörer dürfte ein breiteres wirtschaftliches Themenangebot begrüßen, solange die Verpackung abwechslungsreich gestaltet ist. Hier dürfte es vor allem darauf ankommen, wirtschaftliche Vorgänge nachvollziehbar zu machen, sie weniger als Ergebnis denn als Prozeß zu präsentieren. Das könnte für einige Zeit eine Menge Aufklärungsarbeit einschließen, Wissenslücken beim durchschnittlichen Hörer zu füllen.

Alexander Großmann

Berührungsängste abbauen

Unternehmen und Sender könnten besser zusammenarbeiten

Das quantitative Angebot an Hörfunkprogrammen hat sich in den vergangenen fünf Jahren beachtlich ausgeweitet. Zu den fast vierzig ARD-Kanälen haben sich schon weit über hundert private Veranstalter gesellt, die mehr oder minder erfolgreich auf lokalen, regionalen und landesweiten Wellen funken. Damit ist das Potential aber noch lange nicht ausgeschöpft. Die nächste Entwicklungsstufe auch im Hörfunk sind grenzüberschreitende, europaweite Radioprogramme via Satellit.

Wie viele Privatstationen letztlich am Markt bestehen werden, läßt sich aus heutiger Sicht nur schwer abschätzen. Doch ihre Zahl könnte bis Mitte der 90er Jahre bei knapp 200 liegen. Da die Programmausweitung der ARD ebenfalls noch weitergeht (Info-Kanal des „Bayerischen Rundfunks", WDR 5, digitaler Satellitenhörfunk), ist in der Bundesrepublik mit einem Gesamtangebot von etwa 250 Radiowellen zu rechnen.

Die neue Konkurrenzsituation im Hörfunk hat für die Wirtschaft insbesondere auf dem Werbesektor positive Auswirkungen gebracht. Die Unternehmen sind nicht mehr allein auf die öffentlich-rechtlichen Sender angewiesen. Das von den Privaten zusätzlich zur Verfügung gestellte Werbezeitvolumen ermöglicht Preiswettbewerb, ein flexibleres Marketing bei unvorhergesehenen Veränderungen im Markt und eine bessere Zielgruppenansprache.

Schlechter sieht die Bilanz dagegen bei der Wirtschaftsberichterstattung aus. Hier haben die Privatsender – von seltenen Ausnahmen abgesehen – bisher keinen echten Beitrag zur Qualitätsverbesserung geleistet. Auch vom Umfang her führen Wirtschaftsthemen eher ein Mauerblümchendasein. Zudem hat die verschärfte Konkurrenz durch die Privatradios negative Auswirkungen auf die Sendeplätze für Wirtschaft in den öffentlich-rechtlichen Programmen. Schließlich sind – trotz „Grundversorgungsauftrag" und Gebührenfinanzierung – auf den ARD-Kanälen auch immer weniger Wirtschaftssendungen zu hören.

Ein anderer Trend: Sendereihen mit wirtschaftlichen Inhalten werden aus den reichweitenstarken in Minderheitenprogramme verlegt. Dahinter steht die weitverbreitete Ansicht, daß die Mehrzahl der Hörer vor allem unterhalten werden will. Das angebliche Erfolgsrezept lautet: viel Musik, großflächige Magazine und möglichst kurze Wortbeiträge, nicht länger als zwei bis drei Minuten.

Dieses Konzept wird vor allem von den Privatsendern praktiziert. Ziel ist, eine möglichst große Teilmenge des Publikums zu gewinnen. Als typischer Adressat wird von den Privatsendern immer wieder der Hörer zwischen 15 und 49 Jahren genannt, der kaufkräftig und konsumfreudig ist und internationale Popmusik bevorzugt. Die besonderen Bedingungen, unter denen der Privatfunk agiert, beeinflussen in starkem Maße die Programmgestaltung. Durch die reine Werbefinanzierung ist im Unterschied zur öffentlich-rechtlichen Konkurrenz ein hoher Erfolgsdruck gegeben. Knappe Etats, Probleme bei der technischen Verbreitung und zum Teil praxisferne gesetzliche Auflagen erzeugen Sachzwänge, die auch das Defizit an Wirtschaftsinformationen erklären:

- Die Programmschemata der Privaten sind wenig ausdifferenziert. Es dominieren Magazine (kurze Wortbeiträge, viel Musik), die sich zu bestimmten Tageszeiten an verschiedene Zielgruppen wenden. Feste Sendeplätze für Wirtschaft werden zumeist mit dem eher abwertenden Hinweis auf die angeblich überaltete „Kästchenphilosophie" der öffentlich-rechtlichen Sender abgelehnt. Gleichwohl wird der Wirtschaft ein gewisser Stellenwert eingeräumt. Berichtet werde über dieses Thema, so die Privatfunker, bei wichtigen, vor allem tagesaktuellen Ereignissen.

- Spezielle Wirtschaftsredakteure sind Mangelware. Im besten Fall gibt es bei dem ein oder anderen Sender einen Redakteur, der unter anderem auch das Themenfeld Wirtschaft federführend beackert. Die Mitarbeiterstäbe werden klein gehalten, um die Kosten zu senken. Gefragt ist der Allroundjournalist, der verschiedene Themenbereiche bearbeitet und darüber hinaus in der Lage ist, Aufgaben als Moderator und Techniker zu erfüllen. Damit ist für das traditionelle Berufsbild des Journalisten eine wichtige Weichenstellung erfolgt, die auch von den Öffentlichkeitsarbeitern und Pressestellen der Unternehmen künftig verstärkt berücksichtigt werden muß. Die Faustformel lautet: Die geringere Sachkenntnis auf der „Abnehmerseite" sollte von den Unternehmen durch einfallsreichere und verständlichere Darstellung ihrer Anliegen und Probleme pariert werden. Hier bringt, wie bei jeder guten Öffentlichkeitsarbeit, erst die Ausdauer den gewünschten Erfolg.

Diese Charakteristika gelten praktisch für die gesamte Privatfunkszene in der Bundesrepublik. Aber es gibt noch weitere Faktoren, die eine ausführlichere Wirtschafts- beziehungsweise Unternehmensberichterstattung verhindern, ja sogar erwarten lassen, daß die „Wirtschaft“ – wie häufig beim öffentlich-rechtlichen Rundfunk der Fall – zur Zielscheibe überzogener Kritik wird. Die Privatfunk-Verantwortlichen betonen zwar seit einiger Zeit die wachsende Bedeutung der Information in ihren Programmen („Die Entscheidung fällt im Wort“). Doch die konsequente Orientierung am Massengeschmack, die vorrangig dem Platz gibt, was vermutlich die Mehrheit der Hörer interessiert, läßt nur wenig Raum für vertiefende, seriös und aufwendig durchrecherchierte Wirtschaftsinformationen. Berichte zur Lage bestimmter Wirtschaftsbranchen lassen sich eben nur selten in das Konzept der „Boulevardradios“ einpassen.

Ernüchternd wirken auch die programmatischen Aussagen, mit denen insbesondere einige landesweite Privatradios ihr Selbstverständnis umreißen. Georg Gafron, Chefredakteur des Berliner Senders „Hundert,6“, plädiert beispielsweise für einen an „angelsächsischen Maßstäben orientierten investigativen Journalismus“.

Gegen berechtigte und harte Kritik ist nichts einzuwenden. Doch sogenannte Enthüllungsstories setzen eine wasserdichte Recherche voraus. Gerade die personell knapp besetzten Privatsender dürften da Schwierigkeiten haben. Die Erfahrung zeigt aber, daß der Schaden, den ein Unternehmen durch vorschnelle oder ungerechtfertigte Beschuldigungen an seinem Image nimmt, nur schwer zu beheben ist. Insgesamt läßt sich also feststellen, daß die Wirtschaftsberichterstattung im privaten Rundfunk insbesondere durch die Ausrichtung auf den Massengeschmack und die geringere Professionalität der Programmacher beeinträchtigt ist. Außerdem ist sie noch stärker als beim öffentlich-rechtlichen Rundfunk den allgemein gängigen journalistischen Kriterien unterworfen.

Aufgegriffen wird vor allem das Spektakuläre. Die Schlagzeilen in den Tageszeitungen bestimmen auch in starkem Maß die Themenwahl in den elektronischen Medien. Bevor die Morgenmagazine in den Radios starten, durchforsten die Moderatoren, Redakteure und Planungsteams offenbar erst einmal die morgendliche Presselandschaft nach relevanten Themen, machen sich anhand der Artikel schlau und loten das Meinungsklima zu den wichtigsten Ereignissen in Kommentaranalysen aus. Dabei dominiert die Politik.

Wirtschaft rangiert zumeist unter ferner liefen, falls nicht gerade ein Tarifpoker im Gange ist, oder die DDR-Thematik weitgehend durch wirtschaftliche Fragestellungen gekennzeichnet ist. Und schlimmer noch: Schlecht durchrecherchierte Zeitungs- oder Zeitschriftenbeiträge finden ihre Fortsetzung im Radio und damit Eingang in die Köpfe eines noch größeren Publikums. Weitere ausschlaggebende Faktoren für die Nachrichtenauswahl sind nach den Erkenntnissen des Kommunikationswissenschaftlers Winfried Schulz der Status des Berichtsgegenstandes (zum Beispiel Elitegruppen), Dynamik (Spannung, Überraschung), Valenz (besonders negativ oder positiv) und Identifikation (personalisierte Information erhält Vorrang vor Sachinformation).

Daß es die Wirtschaft schwer hat, diese Klippen zu überwinden, liegt auf der Hand. Bilanzen, Unternehmensstrategien oder neue Produktentwicklungen sind wohl in den Augen vieler Radiomacher zu abstrakt für das flüchtige Medium Hörfunk. Es mangelt an Spannung und „human touch". Allerdings: Normalität hat – welcher gesellschaftliche Bereich auch betroffen ist – allgemein schlechte Chancen in den Medien. Auch wenn es sich nur schwer quantifizieren läßt – der Eindruck, daß Wirtschaft in den elektronischen Medien vor allem gerne in Negativzusammenhängen (Umweltskandale, Firmenzusammenbrüche) präsentiert wird, ist wohl nicht falsch.

Beim Privatfunk fehlt allerdings die belehrende Attitude, das Bestreben, das Medium als Instrument eines fortwährenden gesellschaftlichen Erziehungs- und Aufklärungsprozesses mit dem Ziel einzusetzen, unser Wirtschaftssystem eines Tages aus den Angeln zu heben. Diese Haltung, die seit Anfang der 70er Jahre vor allem in den öffentlich-rechtlichen Redaktionen auszumachen ist, verschwindet erfreulicherweise mehr und mehr. Zu erdrückend ist die Realität, in der die Überlegenheit der Sozialen Marktwirtschaft gegenüber den sozialistischen Planwirtschaften unübersehbar geworden ist.

Nicht nur Medienexperten wie der bayerische Innenminister Edmund Stoiber kritisieren inzwischen die Informationsleistungen der Privaten. Auch die Unternehmen selbst haben erkannt, daß der Privatfunk in Sachen Wirtschaft noch einen deutlichen Nachholbedarf hat. Die zentralen Kritikpunkte lassen sich mittlerweile auch durch Zahlen untermauern:

a) Es wird zu wenig berichtet. Diese Einschätzung wird durch eine aktuelle Untersuchung der Industrie- und Handelskammer Aschaffenburg belegt. Befragt wurden 126 Unternehmen des bayerischen Untermaingebietes zum Umfang der Wirtschaftsberichterstattung im privaten Hörfunk. Über die Hälfte klassifizierte das Angebot als „unzureichend".

b) Es wird nicht ausreichend recherchiert. Zu diesem Ergebnis kommt – allerdings auf das private Fernsehen bezogen – eine Erhebung der 13 Industrie- und Handelskammern Norddeutschlands vom Juli 1989, bei der 6400 Unternehmer, Manager und Geschäftsführer befragt wurden. Fast zwei Drittel (64,8 Prozent) monierten beim Privat-TV „schlechte Recherche“.

Trotz dieser Negativbilanz wäre es falsch zu resignieren. Bei einigen Privatsendern wächst nämlich das Bewußtsein dafür, daß die Wirtschaft im Programm stärker berücksichtigt werden muß. So hat beispielsweise der private Sender „Radio Regional“ (Heilbronn) Anfang Februar eine werktägliche Wirtschaftssendung (19.45 bis 20.00 Uhr) eingeführt, in der über das regionale, bundesdeutsche und internationale Wirtschaftsgeschehen informiert wird. Feste, für den Hörer wiederauffindbare Leisten mit Wirtschaftsinformation sind ein Weg, der sich für die Sender auszahlen dürfte. Denn wissenschaftliche Untersuchungen haben zutage gefördert, daß es beim Hörer eine ausgeprägte Themenpräferenz für Wirtschaft gibt. So zeigten sich 58,3 Prozent der Hörer des lokalen Rundfunks im Raum Dortmund an Wirtschaftsthemen aus ihrer Umgebung „interessiert“ beziehungsweise „sehr interessiert“.

Insbesondere die lokalen Radios in Bayern, Baden-Württemberg und Nordrhein-Westfalen bieten den Unternehmen zusätzliche Möglichkeiten, wirtschaftlicher Thematik ein neues Publikum zu erschließen. Mittelständische Firmen, die aufgrund ihrer Größe und Bedeutung bisher durch das Themenraster der landesweiten Senderketten fielen, sind für die lokalen Radios immer ein potentielles Objekt der Berichterstattung.

Grund ist die große Nähe zum Hörer, dessen Arbeitsplatz, Einkommen oder Lebensqualität ja häufig von den Unternehmen in seiner Region abhängen. Hier ist aber selbstkritisch zu fragen, ob die Öffentlichkeitsarbeiter in den Firmen die Mini-Stationen schon ausreichend berücksichtigen. Berührungsängste und Informationsdefizite müssen abgebaut werden. Auch die kleinen Privatstationen sollten in die Presseverteiler aufgenommen, persönliche Kontakte vereinbart werden. Wichtig ist ferner, das Pressematerial so aufzuarbeiten, daß der lokale Bezug wirtschaftlicher Ereignisse deutlich zu erkennen ist. Und Interviewwünsche sollten genauso ernstgenommen werden, als wenn sie zum Beispiel von einem großen ARD-Sender kämen.

Aber auch wenn sich die Situation im privaten Hörfunk mittelfristig verbessern sollte – die Leistungen der öffentlich-rechtlichen Anstalten sind durch die private Konkurrenz wohl vor der Hand nicht zu ersetzen. Der Programmauftrag (Information, Unterhaltung, Bildung) der gebührenfinanzierten ARD-Hörfunksender garantiert der Wirtschaft eine regelmäßige Präsenz, die neben der „Pflicht" (aktualitätsbezogene Berichterstattung) auch die „Kür" (Wirtschaftsfeatures) umfaßt. Insgesamt 14 Redaktionen mit rund 80 Redakteuren/innen und einer Vielzahl freier Mitarbeiter stellen bei den ARD-Sendern die Grundversorgung mit Wirtschaftsinformation sicher. Diese Redaktionen verfügen über Dutzende von festen Sendeplätzen und sind darüber hinaus verpflichtet, den aktuellen Magazinen Beiträge zu liefern.

Wie beachtlich das Leistungsvolumen ist, zeigt das Beispiel „Bayerischer Rundfunk". Die Redaktion „Wirtschaft und Soziales" mit ihren neun Mitarbeitern ist allein für 20 regelmäßige Sendeplätze verantwortlich, die zum überwiegenden Teil fünfmal pro Woche gefüllt werden müssen. Das Angebot ist zudem überaus differenziert und kann als vorbildlich mit Blick auf die Zielgruppenansprache gelten. Verbraucherberatung und „große" Wirtschaftspolitik halten sich die Waage. Hinzu kommen Börseninformationen, ein Sozialmagazin, ein „Technischer Report" mit Berichten und Kommentaren über neue Entwicklungen der Industrietechnik und unterhaltsame Glossen zum Thema Wirtschaft.

Nur selten gibt es für die Unternehmen Anlaß, die Arbeit speziell der öffentlich-rechtlichen Wirtschaftsredaktionen zu kritisieren. Dafür sorgt allein schon die Sachkompetenz der in der Regel wirtschaftswissenschaftlich vorgebildeten Journalisten. Schwarze Schafe, die ihr Metier für politische Botschaften mißbrauchen oder den Unternehmen durch verzerrte Berichterstattung schaden wollen, erhalten von den Redaktionen zumeist keinen Dauerarbeitsplatz.

Oftmals liegen die Probleme aber auch auf Seiten der Unternehmen, die nicht umfassend genug mit den Arbeitserfordernissen der Journalisten vertraut sind. Klassisches Beispiel: Das Interview mit dem Vorstandsvorsitzenden, das geschnitten werden mußte, ohne daß der Interviewte das Endprodukt abschließend autorisieren konnte. Der Chef vermißt nach der Sendung wichtige Passagen. Der Journalist, der den Beitrag zu verantworten hat, entschuldigt sich mit dem Hinweis, daß gekürzt werden mußte, um das Zeitlimit des Berichts einzuhalten. Großer Termindruck bei den Journalisten und mangelnde Absprachen der Beteiligten untereinander sind erfahrungsgemäß die häufigsten Auslöser für Mißverständnisse und Konflikte.

Obwohl die praktische Zusammenarbeit zwischen Unternehmen und öffentlich-rechtlichen Wirtschaftsredaktionen alles in allem gut funktioniert, gibt es doch auch immer wieder Kritik an der Darstellung von Wirtschaftsthemen im ARD-Hörfunk. Die Berichte seien – so der Hauptvorwurf – allzu oft sehr einseitig oder stark tendenziös. Es spricht vieles dafür, daß damit die eigentlichen Wirtschaftssendungen nicht gemeint sind, sondern die aktuellen Magazine, die morgens, mittags und abends in den Äther gehen. Auch Wirtschaftsmanager hören Radio vor allem auf dem Weg zur Arbeit, beispielsweise im Auto. Sie unterscheiden sich in dieser Hinsicht kaum von der Mehrzahl der Bürger. Am Mittag und frühen Abend – zu diesen Zeiten sind viele Wirtschaftssendungen im Programm – haben die meisten Führungskräfte kaum eine Möglichkeit, Radio zu hören. Dies führt leider dazu, daß die Fehlleistungen der aktuellen Redaktionen pauschal dem gesamten Sender und damit auch den Wirtschaftsredaktionen angekreidet werden.

Wer sich im Dschungel der Hörfunkprogramme auskennt und die Wirtschaftsmagazine und -features, die nicht selten erst am Wochenende laufen, zu finden vermag, der weiß die Arbeit der Fachredaktionen zu schätzen. Es ist schade, daß diese Beiträge aufgrund der durch die Privatkonkurrenz eingeleiteten stärkeren Kommerzialisierung des öffentlich-rechtlichen Rundfunks bei der Programmplanung immer weiter ins Hintertreffen geraten.

Eine Perspektive für besser plazierte Wirtschaftsberichte im öffentlich-rechtlichen wie im privaten Hörfunk könnten regelmäßige Sendeleisten in den aktuellen Magazinen am Morgen oder am späten Nachmittag sein. Dies wird seit langem von einigen öffentlich-rechtlichen Anstalten praktiziert. Wichtige Wirtschaftsmeldungen erhalten auf diesem Wege Zugang zu einer breiten Hörerschaft.

Für die Redaktionen und für die Pressestellen der Unternehmen bietet eine entsprechend gestaltete Themenaufbereitung zusätzliche journalistische Anreize. Die Zielgruppen, die mit Wirtschaftsnachrichten zu attraktiven Zeiten erreicht werden, sind erfahrungsgemäß auch für die Werbung interessant, ein Aspekt der nicht nur für die privaten, sondern auch zunehmend für die öffentlich-rechtlichen Sender von Bedeutung sein dürfte. Für die Werbewirksamkeit solcher Sendungen sprechen vergleichbare Zielgruppen-Programme des amerikanischen Fernsehens oder die Wirtschaftssendungen der privaten Fernsehsender in der Bundesrepublik.

Es ist durchaus vorstellbar, daß attraktiv plazierte Wirtschaftsinformationen speziell gestaltete Werbespots anziehen, die sich gezielt an

Entscheider in Unternehmen wenden. Schließlich ist nicht einzusehen, daß in den kommerziellen wie in den öffentlich-rechtlichen Sendern auch in Zukunft fast ausschließlich Konsumgüterwerbung plaziert wird. Die Gestaltung der Sendungen sollte allerdings kompetenten Fachjournalisten, bei den öffentlich-rechtlichen Anstalten also den Mitarbeitern der Wirtschaftsredaktionen, übertragen werden. Für die Akzeptanz bei den genannten Zielgruppen dürfte das eine wesentliche Voraussetzung sein.

Willy Zeller

Unabhängig und meinungsbildend

Was will und kann der Wirtschaftsteil einer Tageszeitung? – Beispiel „Neue Zürcher Zeitung"

Für ein Meinungsblatt wie die „Neue Zürcher Zeitung" (NZZ), die dem Liberalismus verpflichtet ist, hat (auch) der Wirtschaftsteil sowohl einen sachlichen als auch einen politischen Auftrag zu erfüllen. Die beiden Aufträge schließen Informationen über die Welt der Unternehmungen und der Wirtschaftszweige ebenso ein wie solche über gesamtwirtschaftliche Fakten und Vorgänge (wir sprechen verkürzt von Mikro- und von Makroökonomie); sie umfassen die Finanzmärkte mit ihren sich unablässig erweiternden Instrumenten gleich wie die Belange der ökonomischen Wissenschaften; sie erstrecken sich über die nationale Wirtschaft hinaus auf die internationale, die globale Wirtschaft; sie setzen meinungsbildende Akzente. Und in jeder Beziehung unterstehen sie dem Gebot der redaktionellen Unabhängigkeit.

Beträchtliches Gewicht kommt diesem Gebot im Umgang mit der praktizierenden Wirtschaft zu. Journalistische Neugier will wissen, was Unternehmungen tun, warum und wie erfolgreich sie es tun. Solche Neugier wird bei weitem nicht durch Pressemitteilungen, Jahresrechnungen, Geschäftsberichte und ähnliche routinemäßige Verlautbarungen erschöpft. Der Wirtschaftsjournalist ist nicht nur auf Schriftstücke aus, sondern auf Gesprächspartner, und dies auf möglichst hoher Ebene, in den Chefetagen.

Das erfordert allerdings Vertrauen auf Gegenseitigkeit – Vertrauen der Medienleute in der Lauterkeit der empfangenen Informationen und Vertrauen der Gegenseite in die Fairneß des Journalisten. Letzteres wiederum ist nicht mit der Erwartung journalistischer Kritiklosigkeit zu verwechseln. Vielmehr wird der aufgeklärte Unternehmer Kritik zumindest dulden, wenn sie aus Sachkunde, aus Kompetenz fließt.

Andererseits wird der Journalist auf Vertraulichkeit zu achten wissen. Dieser Hinweis führt in die Gefilde der „Kunst, nicht zu schreiben". Wenn Verschwiegenheit vereinbart worden ist, liegt der Verzicht auf die Preisgabe von Informationen oder – je nachdem – ihrer Quellen zutiefst im Eigeninteresse des Empfängers. Denn Vertrauensmißbrauch bringt die Quellen zum Versiegen. Zum „Nicht-Schreiben" gehört ferner die Unterlassung von Gefälligkeitsjournalismus, etwa in Gestalt versteckter Firmen- oder Produktewerbung. Daran dürfen auch Aufmerksamkeiten nichts ändern, die dem Journalisten etwa in Form von Einladungen oder Geschenken zugedacht werden. Ohnehin ist gegenüber solchen Aufmerksamkeiten Zurückhaltung geboten, die sich freilich nicht quantifizieren oder sonstwie präzise definieren läßt. Die Grenzen zwischen Herkömmlichem (zum Beispiel angebotenen Mahlzeiten) und Übertriebenem (zum Beispiel auffallend kostbaren Firmenpräsenten) sind sicherlich fließend.

Eindeutig sind Grenzen hingegen dort zu setzen, wo redaktionelle Unabhängigkeit von Anzeigenaufträgen jeglicher Dimension her berührt zu werden droht. Jede Beeinflussung der journalistischen Arbeit durch solche Aufträge ist verpönt. Sich an diese Regel zu halten, gelingt freilich vor allem dann, wenn der Journalist den Vorzug hat, für eine finanziell erfolgreiche Zeitung zu schreiben. Unabhängigkeit mag bisweilen „Cash-flow"-abhängig sein.

Ein hohes Maß an beruflich und sittlich begründeter Selbstdisziplin erfordert die firmenbezogene Finanzberichterstattung. Es liegt in der Natur der Sache, daß ein aktiver und initiativer Journalist häufig von einer Unternehmung mehr weiß – und es früher weiß – als das allgemeine Anlegerpublikum. Das könnte ihn dazu verleiten, aus solchem Wissen durch gezielte Börsenaufträge Nutzen zu ziehen oder gar solchen Nutzen durch gezielte Berichterstattung anzustreben. Im einen wie im anderen Fall müßte auf Verletzung berufsethischer Normen geschlossen werden. Die Versuchung dazu vermeidet man im Wirtschaftsressort durch die Auflage, daß jeder Angehörige des Stabs vom Besitz von Eigentumstiteln (und vom Handel mit solchen Titeln) Abstand nimmt, soweit es um Unternehmungen geht, mit denen man beruflich zu tun hat.

Solches Verhalten erleichtert die Erfüllung des dem Wirtschaftsteil obliegenden Auftrags, als Arbeitsinstrument für die Wirtschaft zu dienen. „Die Wirtschaft" ist dabei als sehr weitreichender Begriff zu verstehen. Sein Inhalt reicht von der multinationalen Unternehmung bis zum Verbraucher von Gütern und Dienstleistungen des täglichen Bedarfs, vom institutionellen Geldanleger bis zum Kleinsparer, vom Außenhandelskaufmann bis zum lokalen Gewerbetreibenden und vom Verbandsfunktionär bis zum Diplomaten. In die Arbeitsinstrument-Funktion ist das makroökonomische Pensum nicht minder als das mikroökonomische eingeschlossen. Fortlaufende Konjunkturbeobachtung gehört dazu ebenso wie das Registrieren und Erläutern von Wechselkursentwicklungen, die industrielle Produktions- und Bestellungsstatistik gleich wie der Gang der Dinge im Bank-, im Versicherungs- und im sonstigen Dienstleistungswesen, die Beschreibung technischen Fortschritts nicht weniger als der Wandel der Unternehmungsstrukturen, und die staatliche Wirtschaftspolitik kommt selbstverständlich gewichtig hinzu.

In seiner Gesamtheit ist der Auftrag international ausgerichtet. Er ist um so universeller, je mehr sich der Globus zur wirtschaftlichen Einheit entwickelt, zumindest zu einem Gebilde, das (nicht nur in Europa) herkömmliche nationale Grenzen sprengt. Daraus ergibt sich die personelle Präsenz einer anspruchsvollen Zeitung an allen Schlüsselstellen des weltwirtschaftlichen Geschehens. Sie verwirklicht sich in einem auf die fünf Kontinente verteilten Netz von Auslandskorrespondenten. Deren natürlicher Ehrgeiz besteht in möglichst uneingeschränkter Tagesaktualität. Dies ist jedoch nicht mit bloßer Nachrichtenübermittlung gleichzusetzen, also mit einer Kopie dessen, was die (zumeist reichlicher bestückten) Presseagenturen tun. Vielmehr haben die Korrespondenten die Basisinformation im Dienst der Anschaulichkeit zu erläutern, in gesamtwirtschaftliche Zusammenhänge zu stellen und in ihrer Tragweise zu bewerten.

Naturgemäß haben die Auslandskorrespondenten, da sie in der Regel an ihrem Standort allein sind, einen umfassenden Auftrag. Dieser schließt „Makro" und „Mikro" ein und erstreckt sich auf die – in einem weiten Sinn verstandene – Wirtschaftspolitik von Regierungen, Parlamenten, Zentralbanken, Unternehmer- und Gewerkschaftsorganisationen, Mittelstands- und Verbrauchergremien. Wo darüber hinaus wirtschafts- und sozialwissenschaftliche Akzente zu detektieren sind, werden sie der Aufmerksamkeit der Auslandsposten nicht entgehen.

Bei der NZZ hat auch die Wissenschaft einen festen Platz. Über ihre Ordnungen sind die Leser auf dem laufenden zu halten. Das Pensum erstreckt sich auf herkömmliche Elemente der Volkswirtschaftslehre und auf solche des betriebswirtschaftlichen Fachs, auf die Geldtheorie, auf die Disziplinen der Unternehmungsführung, auch auf die Hilfsmittel des elektronischen Zeitalters und so weiter. Die gebotene Beachtung der Wertfreiheit der Wissenschaft hindert nicht an der Nutzung ihrer Ergebnisse zur Bildung von Werturteilen wirtschaftspolitischer Art. Dies verstärkt wiederum die Freiheit zur Aufnahme wissenschaftlicher Texte von anderen als liberalen Autoren (oder über solche Autoren und ihre Werke). Die daraus zu schließenden Folgerungen brauchen indessen nicht „ausgewogen" zu sein; Parteinahme ist vielmehr angebracht, und ordnungspolitisch bietet dazu etwa die europäische

Zeitgeschichte in bezug auf liberale und kollektivistische Systemvorstellungen reichlich Gelegenheit.

Unmittelbar mag mit der wissenschaftlichen Sparte für jenen Teil des Leserpublikums, der den Wirtschaftsteil als tägliches Hilfsmittel insbesondere für Kapitalanlage- und verwandte Zwecke nutzt, wenig gewonnen sein. Unabhängig davon gehört das im sogenannten Kursteil enthaltene Zahlenwerk – es umfaßt im Fall der NZZ börsentäglich rund 16 000 bezifferte Einzelinformationen aller Art – zu den unmittelbarsten Teilen des Auftrags. Keine Tageszeitung mit einem Wirtschaftsteil von Gewicht kann ihren Lesern Zahlen schuldig bleiben, bezogen auf Wertschriftenbörsen, den Devisen- und Banknotenhandel, die Rohwarenmärkte, auf Zinskontrakte, Futures-Märkte und ähnliches.

Dies bedeutet tägliche minutiöse Spezialistenbeschäftigung mit Mutationen an den Aktien- und den Rentenmärkten, mit Unternehmungsfusionen und ihren Börsenwirkungen, mit Indexnovellen und mit Änderungen in den einzelnen Marktsegmenten, deren Diversifikation, Internationalisierung, Modernisierung und Elektronisierung ja fortlaufend zunimmt. Sorgfalt in der Beschaffung und der maßgeblichen Selektion aus der Überfülle von (weltweit und täglich während 24 Stunden anfallenden) Finanzinformationen ist für die Tageszeitung um so unerläßlicher, als der Wettbewerb mit den elektronischen Medien zu bestehen ist, die aus technischen Gründen erheblich kürzere Zeitabläufe benötigen.

Indessen bliebe der (selbstgewählte) Auftrag einer politischen Meinungszeitung unerfüllt, beschränkte er sich auf noch so perfektionierte Nachrichtenvermittlung. Meinungsbildende Wirkung hat übrigens schon diese durch die Auswahl und die Präsentation der Informationen, und zwar grundsätzlich unabhängig davon, ob sich eine Zeitung als „neutral“ versteht oder Partei nimmt. Nur ist im letzteren Fall die Meinungsbildung eben nicht nur Wirkung, sondern Absicht.

So oder anders wird daher die Zeitung mit Recht zu den essentiellen Instrumenten demokratischer Ordnungen gezählt. Und da zu den Kennzeichen der zeitgenössischen Gesellschaft der (Meinungs-) Pluralismus gehört, gilt ein politisch vielfältiges Pressespektrum mit Recht als ein demokratisches Funktionselement. Daß die gedruckte Presse neben den elektronischen Medien Bestand haben muß, ergibt sich daraus, daß die letzteren dem Pluralismus schwerlich hinreichend gerecht zu werden vermögen. In jedem Fall ist Wettbewerb zwischen den Medien nicht nur aus kommerziellen, sondern auch aus politischen Gründen unerläßlich.

Wettbewerb als Ordnungselement bildet sodann einen fundamentalen Bestandteil des Wirtschaftssystems, das eine liberale Zeitung vertritt. Dieses System ist dasjenige der Marktwirtschaft mit ihren sozialen Eigenwerten. Seine rechtlichen und funktionalen Grundlagen – neben dem Wettbewerb das Privateigentum, das Zivilrecht, die freie Preisbildung, der Unternehmer, seine Freiheit und diejenige des Verbrauchers, die Mäßigung der fiskalischen Lasten und so weiter – haben binnen- und außenwirtschaftlich Anspruch auf Gültigkeit und öffentlichen Schutz. Der Einsatz für eine freiheitliche Weltwirtschaftsordnung ist daher in den meinungsbildenden Auftrag der liberal denkenden Wirtschaftsredaktion eingeschlossen.

Zweierlei ist indessen zur Verdeutlichung dieses Auftrags hinzuzufügen. Erstens werden zwar liberale Meinungen vertreten (und nach Möglichkeit gebildet), abweichende Meinungen jedoch nicht unterdrückt. Im Gegenteil sind diese dem Leser nicht nur nach dem Verständnis der umfassenden Informationspflicht vorzutragen, sondern – gleichsam nach dem liberalen Grundprinzip – mit den liberalen Meinungen in Wettbewerb zu setzen. Zweitens ist die Verfechtung liberaler Grundsätze nicht mit der bloßen Vertretung von Interessen „Dritter" gleichzusetzen, sei es solchen von politischen Parteien oder von Wirtschaftsverbänden, sei es solchen gesellschaftlicher Gruppierungen oder gar wirtschaftlicher Unternehmungen. Unabhängigkeit muß integraler Art sein; wohl nichts mehr als dies dient der redaktionellen Glaubwürdigkeit und trägt sie.

Heik Afheldt

Am Fachleser orientiert

Aufgaben und Ziele eines Wirtschaftsmagazins

Bei vielen Printtiteln ist seit einigen Jahren der Rückwärtsgang eingeschaltet. Nicht so bei den Wirtschaftstiteln. Die Wirtschaftsberichterstattung hat in den vergangenen Jahren ein ständig steigendes Interesse gefunden. Angesichts der fortschreitenden weltwirtschaftlichen Verflechtungen benötigen Unternehmen immer mehr Informationen, um sich die notwendige Markttransparenz zu verschaffen.

Aber nicht nur Führungskräfte aus der Wirtschaft, sondern auch Politiker und weite Teile der Bevölkerung wollen mehr über das Funktionieren unserer florierenden Marktwirtschaft erfahren, und schließlich will eine immer vermögendere Bevölkerung kompetente Anregungen und Hilfen für ihre privaten Anlageentscheidungen. Die Auflagenzuwächse der Wirtschaftstitel belegen dies ebenso deutlich wie die umfangreichere Wirtschaftsberichterstattung in den sonstigen Medien – auch im Fernsehen (siehe Tabelle).

Auflagenentwicklung bei Wirtschaftstiteln

(in 1000)	1987	1989
Wirtschaftswoche	129,2	134,4
DM	170,4	183,3
Handelsblatt	118,3	124,8
Capital	260,8	249,9
Impulse	126,2	128,9
Manager Magazin	72,1	87,8
Management Wissen	29,4	37,3
HighTech	27,6	37,8
Industriemagazin	15,9	26,0
insgesamt	950	1.010

Verkaufte Auflage im Jahresdurchschnitt (nach IVW)

Bei der Frage, was soll, was kann die Wirtschaftsberichterstattung leisten, muß der Journalist seine Leserschaft klar vor Augen haben, die er informieren will – er muß wissen, für wen er schreibt. Unterschiedliche Informationsinteressen, Ansprüche und Voraussetzungen der Leser machen eine Differenzierung erforderlich.

Die „Wirtschaftswoche“ zum Beispiel wendet sich Woche für Woche an fast 700 000 Leser – darunter Unternehmer, Vorstände, leitende Angestellte, Freiberufler, Politiker und höhere Beamte. Sie zählen damit zu den rund 1,2 Millionen Führungskräften in der Bundesrepublik.

Alle haben eines gemeinsam – sie entscheiden! Die damit verbundene Verantwortung verlangt ein Höchstmaß an Sorgfalt bei der Entscheidungsvorbereitung. Dazu gehört vor allem, daß möglichst alle verfügbaren und relevanten Informationen in den Entscheidungsprozeß mit einfließen. Daraus ist ein wahres Informationsmanagement entstanden.

Ein gemeinsamer Engpaß für alle: das knappe Zeitbudget. Um die Zeit und Aufmerksamkeit dieser Lesergruppen ist ein heftiger Wettbewerb entbrannt. Die Folge ist eine weitgehende Differenzierung im Informationsangebot zwischen den Medien, den Titeln und innerhalb der Hefte (Rubriken). So entstanden beispielsweise Datenbanken, die die wachsende Informationsflut kanalisieren und fallspezifisch aufbereiten. Die Inflation von Fachzeitschriften und Branchenpublikationen weist ebenfalls darauf hin. Der Informationsprozeß wird folglich vielschichtiger, aber gleichzeitig zielgerichteter. Jeder schnürt ein auf seine Belange zugeschnittenes Informationspaket.

In diesem arbeitsteiligen System muß auch ein Printmagazin seinen Standort bestimmen und behaupten. Die „Wirtschaftswoche“ ist dafür ein gutes Beispiel. Seit der Gründung des Vorläufertitels „Der deutsche Volkswirt“ im Jahre 1926, aus dem die „Wirtschaftswoche“ hervorgegangen ist, besteht ihre vornehmste Aufgabe darin, daß wirtschaftliche Geschehen – national wie international – in all seinen Facetten auszuleuchten, zu analysieren und zu kommentieren.

Wie sie diese Aufgabe lösen will, das ist im Redaktionskonzept und in Leitbildern festgelegt. Jeder Titel muß seine Konzeption, seine redaktionelle Ausrichtung, seine Positionierung neu überprüfen. Die erste einschneidende Veränderung erfuhr der nach dem Krieg wiederbelebte „Volkswirt“, als der „Zeit“-Verlag von Gerd Bucerius den Titel 1966 übernahm und von einem eher wissenschaftlichen Fachblatt zu einem aktuellen Nachrichtenmagazin für die Wirtschaft umgestaltete.

Der Kreis der Leser öffnete sich dadurch, und so stieg die Auflage zwischen 1976 und 1970 von 15 000 verkauften Exemplaren auf über 41 000. 1970 war auch das Jahr, in dem „Der deutsche Volkswirt" in „Wirtschaftswoche" umbenannt wurde.

Ein weiterer redaktioneller Schwerpunkt wurde, 1971 durch die Fusion mit dem Titel „Aktionär" von „Gruner + Jahr" gesetzt. Die Integration der Inhalte von „Aktionär" führten zu einer Ausweitung der Finanzmarkt- und Börsenberichterstattung unter der Rubrik „Geld und Kapital". 1974 übernahm die „Verlagsgruppe Handelsblatt" die „Wirtschaftswoche" mit einer zwischenzeitlich auf 83 000 Exemplare angestiegenen Auflage und legte sie mit ihrem eigenen Management-Magazin „Plus" zusammen. So haben sich die heutigen Rubriken der „Wirtschaftswoche", „Wirtschaft und Politik", „Konjunktur", „Märkte und Unternehmen", „Geld und Kapital", „Management" herausgebildet. Später kam dann noch „Technik und Innovation" hinzu.

1977 übersprang die Auflage der „Wirtschaftswoche" erstmalig die Auflage von 100 000. Der letzte bedeutende Relaunch erfolgte 1979, als sich die „Wirtschaftswoche" mit dem noch heute aktuellen Titelkopf präsentierte. Inhaltlich erhielten vorausschauende Konjunkturanalysen und weltwirtschaftliche Themen mehr Gewicht. Die weltweite Präsenz gewährleistete schon damals ein gut ausgebautes Korrespondentennetz mit Büros in London, Brüssel, Paris und New York.

In der Vergangenheit stand oftmals der Gedanke im Vordergrund, das Informationsangebot ständig zu erweitern und zu komplettieren. Die wachsende Informationsmenge war aber bei gleichem Zeitbudget von den Lesern nicht mehr zu bewältigen. Führungskräfte müssen mit ihrer Zeit, auch mit ihrer Informationszeit, besonders ökonomisch umgehen. Das bedingt, daß die Informationen heute komprimierter und auf das Entscheidende beschränkt dargeboten werden. Sinnvolle Auswahl von Nachrichten und Informationen sind damit gefragt.

Ebenso wichtig ist die Führung des Lesers durch sein Blatt. Ein übersichtliches Layout, aussagekräftige Überschriften und Vorspänne sowie ein Heftaufbau, der klar in Rubriken gegliedert ist und den Kontinuität auszeichnet, geben ihm den Blick für das Wesentliche frei. Aus diesem Grund hat die „Wirtschaftswoche" 1989 zum Auftakt der neunziger Jahre ihr Layout überarbeitet, um diesen Ansprüchen noch besser gerecht zu werden.

Dieser Rückblick auf die Entwicklung der „Wirtschaftswoche" hat sicherlich deutlich gemacht, daß ein Titel seinen Standort im

Lesermarkt ständig neu suchen und definieren muß, um sich den veränderten Informationsbedürfnissen seiner Leser anzupassen. Der Erfolg des Konzepts der „Wirtschaftswoche“ läßt sich nicht nur an der stetig steigenden Auflage messen – bis heute 135 000, sondern auch an der Zufriedenheit und Bindung der Leser an sein Blatt. Hierzu geben uns die regelmäßig durchgeführten Copy-Tests wichtige Hinweise. Der jüngste Redaktions-Copytest von 1989 belegt beispielsweise:

- Der durchschnittliche „Wirtschaftswoche“-Leser ist seit acht Jahren Abonnent und verbringt zwei bis drei Stunden mit der Lektüre, wobei er das Magazin mehrfach zur Hand nimmt. Das größte Interesse bekunden die Leser an den Rubriken „Wirtschaft und Politik“, „Geld und Kapital“, „Märkte und Unternehmen“ sowie „Konjunktur“. Das Interesse an „Trends der Woche“ ist besonders kräftig gewachsen.

- Die „Wirtschaftswoche“ kommt im Vergleich zu einem „idealen Wirtschaftsmagazin“ diesem schon recht nahe. So erfüllt die „Wirtschaftswoche“ folgende Eigenschaften: Sie ist aktuell; enthält überwiegend Hintergrundartikel, die Zusammenhänge darstellen, bringt eine Zusammenfassung des aktuellen Wirtschaftsgeschehens; leitet aus dem Geschehen in der Gegenwart Prognosen und Trends für die Zukunft ab; hat eine breite Themenpalette; beleuchtet aber Schwerpunktthemen von allen Seiten.

Die wöchentliche Erscheinungsweise erlaubt dem Magazin, die Themen aktuell zu behandeln, bietet aber im Gegensatz zur Tageszeitung die Zeit für gründlichere Analysen und umfangreichere Recherchen, um Hintergründe aufzudecken und Zusammenhänge darzustellen. Damit wird mehr als die bloße Nachricht geboten. Dem Leser kann dadurch die Einordnung der Information erleichtert werden. Ebenso sollen ihm von kompetenter Seite die Auswirkungen einer wirtschaftspolitischen oder unternehmerischen Entscheidung aufgezeigt werden.

Nicht verschwiegen werden soll auch die meinungsbildende Aufgabe eines Mediums. Die Haltung beziehungsweise das Selbstverständnis der „Wirtschaftswoche“ steht im Einklang mit der sozialen Marktwirtschaft. In der festen Überzeugung, daß bisher keine effizientere und gerechtere Wirtschaftsordnung gefunden werden konnte, vertreten wir publizistisch deren Beibehaltung, ihre Weiterentwicklung beispielsweise um ökologische Zielsetzungen und ihre konsequente Umsetzung. Die vierte Gewalt, die der Presse oftmals zugesprochen wird, versuchen wir nicht zu sein. Vielmehr sehen wir uns in der Rolle des Anwalts, der seine Überzeugungen mit allem Nachdruck vertritt und im Wettbewerb mit anderen „Meinungsbildnern" steht.

Wirtschaftsberichterstattung befaßt sich in hohem Maße mit politischen Entscheidungen und deren Auswirkungen auf die Wirtschaft und Unternehmen. Ganz gleich, ob auf EG- oder supranationaler Ebene weitreichende Beschlüsse gefaßt werden, oder eine Steuerveränderung den kleinen Gewerbetreibenden trifft, wir berichten darüber und beziehen auch im Interesse der Betroffenen dazu Stellung. Ein weiteres Feld ist die Berichterstattung über Unternehmen, ihre wirtschaftliche Situation, ihre Produkte und Dienstleistungen, über ihre verantwortlichen Manager und deren weitreichende Entscheidungen.

Für jeden Journalisten gilt, daß er objektiv, neutral, unvoreingenommen und mit größtmöglicher Sorgfalt an jeden Bericht geht. Falsche Behauptungen und Darstellungen, aber auch Schönfärberei oder gar Hofberichterstattung, schaden einer seriösen und unabhängigen Publikation. Die Presseabteilungen von Unternehmen haben in letzter Zeit viel Gespür und Geschick dafür entwickelt, die Darstellung des eigenen Unternehmens positiv zu beeinflussen. Gut vorbereitete Presseunterlagen gehören ebenso dazu wie ein fast fertig abgefaßter Artikel. Diesen Versuchungen gilt es zu widerstehen.

Ein ordentlicher Branchen- oder Unternehmensreport erfordert eine eingehende und profunde Auseinandersetzung mit dem Thema. Dazu gehört neben einer guten Dokumentation – übrigens einem Bereich bei der „Wirtschaftswoche", dem sie ganz besondere Bedeutung beimißt – vor allem das Aufspüren von Informationsquellen und die persönliche Recherche der Redakteure. Dabei sollte die Frage immer lauten, was will, was muß der Leser wissen.

Für die „Wirtschaftswoche" steht der berufliche Nutzwert eines Themas im Vordergrund. Gut aufbereitete Branchendarstellungen oder Marktanalysen stellen eine wertvolle Entscheidungshilfe dar. Sie können zwar nicht allumfassend sein, doch liefern sie oftmals einen komprimierten, aufbereiteten Überblick oder für manch einen Leser den ersten Einblick in das Themengebiet. Wesentlich ist weiterhin, daß Unternehmen über ihre Wettbewerber informiert sind. Ob neue Produkte oder Fertigungsverfahren, die Ertragssituation oder eine geänderte Strategie des Konkurrenten; alles kann Rückwirkungen auf das eigene Unternehmen haben. Deshalb ist die Kenntnis der Märkte und der Konkurrenten ein strategischer Erfolgsfaktor.

Mit der Globalisierung der Märkte und der Internationalisierung der Unternehmen sind auch die Anforderungen an die weltweite Berichterstattung gestiegen. Deshalb hat die „Wirtschaftswoche“ in der Vergangenheit ein Korrespondentennetz von Los Angeles bis Tokio und von London bis Melbourne aufgebaut.

Die Unterhaltung dieser Infrastruktur ist recht kostspielig. Die dafür benötigten Mittel kommen zu rund drei Viertel aus Anzeigenerlösen. Die von manchen Lesern beargwöhnten, den Umfang ausweitenden Anzeigen machen die Zeitschrift für ihn aber wesentlich preisgünstiger. Mit über 4400 Anzeigenseiten in 1989 gehört die „Wirtschaftswoche“ mit „Spiegel“ und „Stern“ zu den führenden Werbeträgern im Magazinbereich. Anzeigen haben in einer Marktwirtschaft aber auch eine wichtige Funktion. Sie informieren Leser über Firmen, Produkte und Ereignisse und tragen so dazu bei, Markttransparenz zu schaffen. Zudem bringt der Trend zu Farbanzeigen ein zusätzlich belebendes gestalterisches Element in die Hefte.

Führen aber die Anzeigen nicht unvermeidlich in eine riskante Abhängigkeit einer Publikation von deren Anzeigenkunden? Diese Befürchtung läßt sich leicht entkräften. Seriöse und erfolgreiche Magazine haben sich eine für viele Anzeigenkunden so interessante Leserschaft geschaffen, daß sie auf sie als Werbemedium nicht verzichten wollen und können – auch wenn ihnen eine Berichterstattung ‚gegen den Strich‘ gegangen sein sollte. Nicht etwa durch rücksichtsvolle Berichterstattung über Anzeigenkunden, sondern durch rückhaltlose Aufklärung der Dinge wird das Interesse der Leser geweckt und aufrechterhalten. Sicherlich ist die Unabhängigkeit eher gegeben und die Versuchung geringer, wenn die finanzielle Situation des Verlages kerngesund ist.

Mit der weiteren rasanten Entwicklung der nationalen Märkte zu einer globalen Wirtschaft mit ihren eng verknüpften Finanz- und Gütermärkten wächst auch das Gewicht der weltweiten Berichterstattung in Wirtschaftstiteln. Die erforderlichen Investitionen und Projekte hierfür können wirtschaftlich sinnvoller und besser gemeinsam mit starken Partnern verwirklicht werden. Die „Verlagsgruppe Handelsblatt“, die über die GWP die „Wirtschaftswoche“ herausgibt, ist deshalb im Frühjahr 1990 eine strategische Allianz zusammen mit „Dow Jones & Co.“, dem Herausgeber vom „Wall Street Journal“, und dem führenden französischen Wirtschaftsverlag „Expansion“ eingegangen. Das Ziel dieser Zusammenarbeit ist es, die Leser über die europäischen und globalen Märkte genauso sachkundig und gehaltvoll zu informieren wie über die deutsche Wirtschaft und dazu eventuell auch neue Angebote zu entwickeln.

Die divergierenden Leserinteressen und die gleichzeitig wachsende Informationsflut zeigen aber auch Grenzen auf. Bei begrenztem Umfang muß die Redaktion jeweils Prioritäten setzen und entscheiden, was ins Blatt gehört und was in den Stehsatz kommt. Die Auswahl ist damit ein Optimierungsproblem mit Nebenbedingungen. Je besser dieses Problem gelöst wird, desto geringer ist der Unterschied zwischen dem, was ein Printmagazin leisten soll, und dem, was es tatsächlich leisten kann.

Horst Beloch

Fremdkörper für den Durchschnittsleser

Defizite bei den Tageszeitungen

Die Bedeutung der voraussichtlichen wirtschaftlichen Entwicklung eines Landes für die politische Stimmungslage seiner Bevölkerung war lange nicht mehr so klar geworden wie während der Diskussion über die Wirtschafts- und Währungsunion der Bundesrepublik mit der DDR in der ersten Hälfte des Jahres 1990. In dieser Zeit wurde wie selten zuvor das hohe Defizit an wirtschaftlichen Grundkenntnissen der Bevölkerung offenbar. Indes versäumten auch die Politiker, ihre Beschwichtigungen wie Forderungen inhaltsreich genug zu formulieren, daß sie zugleich als zufriedenstellende Antwort auf die Besorgnisse der Menschen hätten dienen können.

In solchen Zeiten bricht das unterschwellige Unbehagen an den Wirtschaftsteilen der Tageszeitungen durch. Sie schildern die aktuelle Debatte vor allem mit Zitaten der Experten der verschiedenen involvierten Bereiche. Das waren in diesem Fall in erster Linie Geld- und Kapitalmarkt, Staatshaushalt und Staatsverschuldung, Sozialpolitik einschließlich Arbeitsmarkt und Produktivitätsunterschiede der beiden deutschen Staaten. Dazu wurden Vermutungen über die voraussichtlichen Reaktionen des Auslands auf Maßnahmen in diesen Bereichen und deren präsumtive Folgen angestellt.

Der kleine Teil der aufgeschlossenen und anspruchsvollen Leser sucht im politischen Ressort seiner Zeitung nach der aktuellen Information über die Äußerungen der Politiker. Den sachlichen Aufschluß und die möglichst objektive Deutung geplanter wirtschaftsrelevanter Maßnahmen wie auch die Substanz des Widerspruchs dagegen erwartet er, auf den Wirtschaftsseiten zu finden. Dort wird er indes dem Kauderwelsch der zitierten Experten ausgesetzt. Resignierend beschließt er, den Wirtschaftsteil, wie zumeist gewohnt, wieder zu überblättern.

Hier offenbart sich ein permanentes Problem. Der Wirtschaftsteil der Tageszeitung erreicht die geringste Akzeptanz unter allen Ressorts. Dabei hat der vier Jahrzehnte lang fast ununterbrochen zunehmende Wohlstand der Bundesbürger die Empfindlichkeit gegen einen wirtschaftlichen Rückschlag und die große Besorgnis davor wie nie zuvor sensibilisiert. Prosperität als erstes und nicht selten einziges Lebensziel in der Bundesrepublik, eine normative Macht. Ihre Ursache und Wirkung ist schon bis zum Überdruß behandelt worden. Sie dient hier lediglich als nicht zu bewertende Ausgangsbasis.

So verblüfft es doch, daß ausgerechnet jene diese offenkundige Entwicklung nicht wie erwartet gedeutet haben, die als Lebensaufgabe die Hand am Puls des Volkes halten wollen. Das sind Journalisten und Verleger. Freilich können die ersten nichts bewirken, wenn es die zweiten nicht finanzieren und die zweiten nichts finanzieren, wenn sie die entsprechend fähigen Mitarbeiter nicht finden.

Daher behaupteten die Wirtschaftsteile in den Tageszeitungen auch in der Nachkriegszeit ihre Rolle als Fremdkörper für den Durchschnittsleser nur mit dem Unterschied, daß sie in einer veränderten Umwelt mit einem neuen Daseinsgefühl breiter Schichten und deren andersartigen Lebenszielen erschienen. Die Menschen wurden erstmals als Wirtschaftsbürger gefordert mit der Möglichkeit, ihre eigene Lage umso wirkungsvoller zu verbessern, je bewußter sie sich dieser neuen Situation zu stellen vermochten.

Für diese Herausforderung fehlte ihnen jedoch die Grundlage. Die Schulen vermögen ihnen noch heute nicht die Basis zu vermitteln, ökonomische Gesetze zu verstehen und zu eigenen Gunsten anzuwenden. Berufsausbildung wie Studium sind eng fachbezogen. Auf die Auseinandersetzung mit dem wirtschaftlichen Alltag bereiten sie nicht vor.

So klafft eine große Lücke zwischen der Unkenntnis der komplexen Erscheinung Wirtschaft und der Präsentation des aktuellen Geschehens in diesem Bereich in den Wirtschaftsteilen der Tageszeitungen. Ihre Macher haben den fachlichen Teil ihres Berufes gelernt und sind teils hochkarätige Nationalökonomen mit unterschiedlichen Schwerpunkten aus diesem äußerst vielfältigen Gebiet. Ihnen fehlt aber die Fähigkeit zur Interpretation wirtschaftlicher Vorgänge anknüpfend an Vorstellungen, die beim Leser als gegeben vorausgesetzt werden dürfen. Und wo Wille und Vermögen dazu vorherrschen, mangelt es an der Zeit und am Raum dafür. Selbst auflagenstarke, vor allem die regional weitverbreiteten Tageszeitungen stellen dem Ressort Wirtschaft nur einen verhältnismäßig geringen Platz und daher wiederum nur wenige Redakteure zur Verfügung.

Sie sind außerdem überfordert. Einer der Anzahl nach viel zu kleinen Besetzung wird zugemutet, das breite Spektrum der Wirtschaft und zumeist noch der Sozialpolitik so zu beherrschen, daß sie aus der täglichen Materialflut nicht nur die wesentlichsten Inhalte herauszupicken und auf eine adäquate Länge zu bringen, sondern wichtige Ereignisse noch sachgerecht zu interpretieren und zu kommentieren vermag. Zusätzlich verlangt die lokale Wirtschaft ihr Recht auf regelmäßige Berichterstattung.

Das stets aktualisierte Redaktions-Handbuch „Zimpel“ nennt in seiner Fassung 1990 für die 52 Tageszeitungen mit einer Auflage bis zu je 100 000 und insgesamt von 26 Millionen Exemplaren 85 Redakteure für die Ressorts Wirtschaft und Sozialpolitik, 89 Sport- und 86 Feuilletonredakteure. In den 55 Tageszeitungen mit einer Auflage von je mehr als 100 000 und insgesamt über 16 Millionen Exemplaren überwiegen die Feuilleton-Redakteure mit 136 noch deutlich gegen 119 Wirtschafts- und 88 Sportredakteure.

Freilich ist dieses Bild unvollständig, weil weder im „Zimpel“ noch in den Impressa der Zeitungen alle Redaktionsmitglieder aufgeführt werden. Ausnahmen von den kargen Besetzungen der Wirtschaftsredaktionen bilden die drei überregional verbreiteten Tageszeitungen „Frankfurter Allgemeine“ (F.A.Z.), „Süddeutsche Zeitung“ (SZ) und „Die Welt“. So nennt die F.A.Z. 26 Wirtschaftsredakteure, von denen jeder bestimmte Bereiche aus diesem komplexen Gebiet von der Absatzwirtschaft über die verschiedenen Branchen und die Finanzberichterstattung bis zur Wohnungswirtschaft beherrscht. Bei der SZ wie der „Welt“ schreibt und redigiert rund ein Dutzend Wirtschaftsredakteure. Dazu kommen bei allen drei Blättern eigene Wirtschaftskorrespondenten an den wichtigsten Plätzen des In- und Auslands.

Bei aller Sorgfalt solcher Redaktionsstäbe für täglich etwa fünf Seiten Wirtschaft weiß das vielzitierte Lieschen Müller, aber ebenso Frau Dr. Lieschen Müller, mit den meisten Beiträgen nichts anzufangen. Sie sind von Fachleuten für Kenner der Wirtschaft geschrieben. Wirtschaft und Soziales haben in der Tageszeitung den erklärungsbedürftigen Inhalt mit den stärksten direkten Auswirkungen auf den Leser. Für diese gesellschaftspolitisch eminent wichtige Aufgabe sind die Wirtschaftsredaktionen nicht gerüstet.

Die angelsächsischen Journalisten wählen auch für diese Materie populäre, griffige Darstellungsformen. Zusätzlich schalten sie in schwierigeren Fällen einen „re-writer“ zwischen den Autor und den Leser. Er hat den Beitrag ohne jegliche substantielle Veränderung auch des Tenors der Sachaussage in eine leseanreizende, leichtere Form zu kleiden. So wird er dann bereitwillig angenommen.

Der deutsche Leser überblättert dagegen den Wirtschaftsteil mit Ingrimm, daß er dort existenzwichtige Nachrichten im ursprünglichen Sinn des Wortes, des sich danach richten, erfahren müßte. Sie werden ihm indes in einer Form geboten, der er als wirtschaftlicher Laie gar nicht gewachsen sein kann. Das ist seine leidige Erfahrung. Also nimmt er den Wirtschaftsteil kaum oder gar nicht zur Kenntnis.

Es ist merkwürdig, daß die akribisch betriebene Leserforschung diese Widersprüche noch nicht zutagegefördert hat:

1. Die geringe Akzeptanz des Ressorts Wirtschaft in den Tageszeitungen führt zu einem nur geringen Umfang dieses Teils und daher zu einer kleinen redaktionellen Besetzung. So wird die täglich eine Seite Wirtschaft in der „Neuen Ruhrzeitung" mit einer verkauften Auflage von 1,25 Millionen Exemplaren von anderen, regionenbeherrschenden Blättern noch unterboten. Selbst dafür ist die Besetzung mit einem oder zwei Redakteuren viel zu gering. Dagegen hat noch keine Zeitung den Versuch unternommen, durch eine Erweiterung von redaktionellem Raum und Mitarbeiterstab eine Attraktivität des Wirtschaftsteiles bei einem breiteren Leserkreis herzustellen.

2. Die Haupteinnahmequelle der Tageszeitung bilden die Anzeigeneinnahmen. Sie werden weit überwiegend von Werbungstreibenden aus der Wirtschaft bestritten. Die Wirtschaft leidet unter dem hohen Defizit der Bevölkerung an Kenntnissen wirtschaftlicher Zusammenhänge. Dieser Mangel bewirkt Fehlverhalten, Fehlurteile und somit eine weitverbreitete Wirtschaftsfeindlichkeit. Daher ist populär, wer sie bestätigt oder gar fördert. Ein hoher Informationsstand über die Wirtschaft würde viele Absichten der Desinformation gar nicht erst aufkommen lassen, weil ihre Autoren erkennen würden, bei wirtschaftlich gut unterrichteten Lesern ihre Glaubwürdigkeit zu riskieren.

3. Die Werbeeinnahmen der Tageszeitungen oder zumindest deren Zunahme werden nicht nur durch die privaten, sondern auch durch die Forderungen der öffentlich-rechtlichen elektronischen Medien nach Erweiterung der Werbezeiten und deren Ausdehnung auf die Zeit nach 20 Uhr und auf die Sonntage bedroht. Die Tageszeitungen müssen ihren Aufmerksamkeitswert erhöhen, um eine intensivere Nutzung als Argument für eine stärkere und nachhaltige Wirkung der Anzeigen ins Treffen führen zu können.

4. Die Tageszeitungen haben schon oder werden ihre phänomenbedingten Stärken ausspielen und entsprechende, noch zaghafte Anfänge schnell auszubauen haben. Ihr Inhalt ist im Gegensatz zum flüchtigen Wort der akustischen Medien nachlesbar. Sie können als Alternative vor allem zum Wort-Stakkato mit anderthalb bis zwei Minu-

ten Dauer des Hörfunks, eingelassen in die unendliche Musikberieselung, abgerundete Informationen, Hintergrund und Interpretationen in sachbedingter Länge bieten. Sie müssen nicht, wie im Hörfunk, zu einem bestimmten Zeitpunkt, sondern können zur persönlich passenden Stunde wahrgenommen werden.

5. So können die Tageszeitungen am wirksamsten befriedigen, was eine große Anzahl Bundesbürger als Nachholbedarf empfindet. Der Wunsch, wirtschaftliche Grundlagen, Strukturen, Zusammenhänge zu verstehen und daraufhin wirtschaftliche Entwicklungen mit höherer Wahrscheinlichkeit deuten zu können, ist aber von den Tageszeitungen noch nicht erkannt.

Ein „New Look“ der Wirtschaftsteile kann nur von einer schonungslosen Bestandsaufnahme ausgehen. Die miserable Akzeptanzquote dieser Seiten ist vor allem auf eine zumeist fade, andersartige graphische Gestaltung zurückzuführen als man sie bei den anderen Ressorts antrifft. Auflockernde optische Elemente wie Wirtschaftsgrafiken, Fotos mit Informationscharakter, Texte in Kästen, übersichtliche Gliederung der einzelnen Beiträge und neue Leseanregungen durch Zwischentitel werden zu selten oder gar nicht eingesetzt. Der Leser überblättert die Wirtschaftsseiten auch, weil sie ihm optisch zu wenig Anreize bieten. Er erkennt sie in vielen Blättern äußerlich an einer Abweichung der Seitengestaltung von der sonst üblichen Art der Zeitung und überblättert sie umso bewußter;

- Formulierungen der Überschriften, die den Laien wegen ihrer engen Fachbezogenheit abschrecken, die kein Interesse wecken, weil sich der Leser davon nicht betroffen fühlt. Zudem wirken sie häufig steif und halbamtlich, weil die Substantive überwiegen, dagegen das dynamische, ansprechendere Verbum in Titeln viel zu wenig verwendet wird;
- das Versäumnis, aus den dafür geeigneten Wirtschaftsnachrichten die Konsequenzen abzuleiten, die sich daraus für den Selbständigen, den Arbeitnehmer, den Verbraucher, den Sparer und den für das Alter und die Angehörigen Vorsorgenden daraus ergeben müssen oder können;
- den Mangel an einer Transparenz „sine ira et studio“ von Vorgängen, die an den Leser herangetragen werden, die ihn gerade bewegen, und ohne Rücksicht auf die mögliche Tendenz einer Zeitung der Versuch allgemeinverständlicher, objektiver und möglichst komplexer Behandlung aktueller Themen wie etwa vor dem 1. Juli 1990 die denkbaren Folgen einer Währungsunion, eine Tarifausein-

andersetzung, die Schieflage eines großen Unternehmens im Verbreitungsgebiet – und das sind nur sehr wenige Beispiele;

- die allgemeinverständliche Interpretation von Begriffen und neuen Wortprägungen, beispielsweise die Geldmenge, die Kostenerstattung im Gesundheitswesen oder der Zusammenhang zwischen der Arbeitslosenquote und der Entwicklung der Zahl der Arbeitsplätze;
- die Unterlassung oder zu seltene Veröffentlichung von Service-Informationen, die der Leser zu seinem Nutzen unmittelbar umzusetzen vermag.

Hier ist nicht von zusätzlichen Beiträgen, sondern von einer Umstrukturierung des Wirtschaftsteils die Rede. Der wirtschaftlich besonders Interessierte bezieht seine börsentäglich erscheinende Wirtschafts-Tageszeitung, ganz abgesehen von aktuelleren Informationsmitteln. Er ist auf die allgemeine Wirtschaftsberichterstattung nur angewiesen, was lokale Besonderheiten angeht. Also entsteht Raum für neue Inhalte in anregender Verpackung.

Der Wirtschaftsteil der Tageszeitung müßte in dem gegenwärtig dominierenden materiellen Interesse der Gesellschaft, dem Mixtum aus Wohlstandsstreben und Sicherheitsbedürfnis, die erste Seite sein, die der Leser aufschlägt. Hier liegt der Schlüssel nicht allein für die Behauptung der Position der Tageszeitung gegenüber der zunehmenden Vielfalt elektronischer Medien, sondern weit darüber hinaus für erhebliche Auflagensteigerungen.

Wolf Schneider

Satzschachtel-Produzenten

Die Sprache im Wirtschaftsteil der Tageszeitungen

Es ist offensichtlich, daß die Wirtschaftsteile der meisten großen Zeitungen des deutschen Sprachraums für Experten geschrieben werden, und zwar für solche, die Arbeitgeber, Produzenten, Eigentümer oder Aktionäre sind. Die Zeitungen könnten damit zufrieden sein, falls sie andere Leser nicht erreichen wollen; die Experten dagegen hätten allen Grund, unzufrieden zu sein, denn die ihnen angebotene Dienstleistung versagt in einem Punkt vollständig: Sie zu nutzen, kostet ungleich mehr kostbare Zeit, als es kosten müßte, und zwar weil die meisten Wirtschaftsredakteure von verständlicher Sprache genauso wenig verstehen wie die meisten anderen Journalisten auch.

Der Reihe nach: Die meisten Wirtschaftsteile wenden sich allein an Experten – andernfalls wäre es ja nicht erträglich, daß man da unerläutert Buchungsschnitte und wertberichtigungspflichtige Buchverluste vorfindet, Swap-Geschäfte oder Teilwertabschreibungen tätigt, sich im Wertschriftensektor engagiert und den Zinsnegativsaldo oder die mangelnde Treasury-Rentabilität beklagt. Mit ein paar Ausnahmen: Es gibt schon mal einen Kasten, der beispielsweise unter der Überschrift „Ausgleichsforderungen für die Staatsbank der DDR“ das Stichwort „Ausgleichsforderungen“ erklärt (F.A.Z. vom 23. März 1990).

Wollte man nicht nur Experten zu Lesern haben, so müßte man wohl täglich zwei bis drei solcher Kästen drucken; vielleicht könnte man überdies auf das schwerverständliche Fachwort immer dann verzichten, wenn es nur eine jener Imponiervokabeln ist, mit der so mancher Wirtschaftsredakteur den Vorstandsetagen signalisieren möchte, daß er zum Klub gehört.

Es sind die Arbeitgeber, Produzenten, Eigentümer, Aktionäre unter den Experten, an die sich die meisten Wirtschaftsteile wenden – nicht also beispielsweise an interessierte Laien oder engagierte Mitglieder von Gewerkschaften, Verbraucherschutz-Organisationen oder Bürgerinitiativen, was ja auch eine Möglichkeit wäre. Diese Behauptung stützt sich auf die dominierende Wortwahl: Eine von der Mehrheit herbeigesehnte Verbilligung heißt „Preisverfall“, die gefürchtete Arbeitslosigkeit „Personalabbau“ oder „Ausschöpfung von Rationalisierungspotentialen auf dem Personalsektor“, und die „Neue Zürcher

Zeitung“ vom 27. April 1990 beklagte in ihrem Bericht über die Bilanzpressekonferenz des „Ciba-Geigy“-Konzerns „die wenig effektvolle Bewirtschaftung des Personalaufwandes – trotz wiederholt verkündeter Absicht, die überladenen Strukturen und aufgeblähten Bürokratien zu straffen“.

Klare Parteilichkeit also, nicht als Kommentar gekennzeichnet und eindeutig zu Lasten der Arbeitnehmer. Wollte man auch sie als Leser gewinnen, so müßte man als mindestes jene neutralen Begriffe wählen, die es ja gibt: sinkende Preise, bevorstehende Entlassungen.

Dies ist die Empfehlung, sauber zu informieren – nicht parteilich nach der anderen Seite zu sein wie häufig die „Frankfurter Rundschau“ vom 23. März 1990: „Die Lebenshaltungskosten ziehen an – da will die Gaswirtschaft nicht abseits stehen.“ (Wobei auch die FR überwiegend für Experten schreibt, so, wenn sie „das Gramm-Rudman-Gesetz zur Begrenzung des Defizits“ unerklärt anbietet.)

Parteilich gefärbte Information für den jeweils ausgewählten Teil der Experten – das also betreibt die Mehrzahl der großen Wirtschaftsredaktionen. Die dabei ignorierte Mehrheit der Bürger ärgert sich nicht einmal, weil sie dazu neigt, den Wirtschaftsteil ohnehin nicht zur Kenntnis zu nehmen, da er nun einmal so ist, wie er ist.

Falls die Redaktion dies weiß und billigt, trifft sie kein Vorwurf – es sei denn der, daß sie es versäumt, dem Bürger zu jener Grundkenntnis von wirtschaftlichen Zusammenhängen zu verhelfen, die ihm gut anstünde, wann immer er mit seiner Wahlentscheidung in die Wirtschaft hineinregiert. Aber vielleicht wäre es die Quadratur des Kreises, wollte man Laien unterrichten und gleichzeitig von Experten ernstgenommen werden.

So rückt ein anderes Problem in den Mittelpunkt: den merkwürdigen Umstand, daß die Wirtschaftsredakteure den Wirtschaftsexperten häufig eine Sprache zumuten, bei deren Lektüre kostbare Zeit verschwendet wird. Nicht die konglomeraten Zusammenschlüsse und das Rating von „Citicorp“-Schuldpapieren sind dabei die Stolpersteine – darin verstehen sich ja die Schreiber und ihre typischen Leser; sondern ein schwer erträglicher Satzbau und häufig ein verquollenes Deutsch.

„Aus mengenmäßiger Sicht hat die Internationalisierung der Energiemärkte in den letzten Jahren keineswegs an Bedeutung gewonnen“ („Handelsblatt“ vom 30. April 1990); „Der Erlösstrom des laufenden Geschäfts bildet indessen nicht die einzige Determinante der dies- und nächstjährigen Ertragsentwicklung“ („Neue Zürcher Zeitung“ vom 27.

April 1990); „Unverändert starke Belastungen durch die Verspätungssituation hätten den Aufwandszuwachs in der zweiten Jahreshälfte ebenfalls über zehn Prozent steigen lassen" („Süddeutsche Zeitung"). Erlösströme im steigenden Zuwachs aus mengenmäßiger Sicht: Das ist aus den trüben Tümpeln der Bürokratie und nervtötender Festreden gefischt und dann pompös hingehudelt – nichts jedenfalls hat es mit jener schlanken, griffigen Sprache zu tun, die klar und rasch informiert, und auf die die zahlenden Leser eigentlich Anspruch haben.

Der Autor war zwanzig Jahre lang Tageszeitungsjournalist und ist nicht zu beeindrucken durch die Standard-Entschuldigung: „Schön und gut – aber für solche Feinheiten bleibt in der ewigen Terminnot vor Redaktionsschluß keine Zeit." Diese Entschuldigung hat nämlich zwei Fehler.

Zum ersten wird sie täglich widerlegt durch alle Journalisten, die bei Boulevardzeitungen arbeiten. An Stoffen, die nicht die unseren sind, auf einem Sprachniveau, das man nicht mögen muß, beweisen sie dennoch eines: Wenn man es will, ja wenn man es, um zu überleben, muß: Dann bleibt eben Zeit, an jedem Satz so lange zu feilen, bis jedes Mitglied der Zielgruppe ihn mühelos verstehen kann. Umgekehrt: Wenn sich im „Handelsblatt" Japans Autohersteller neuerdings „auch in den höherpreisigen Segmenten tummeln" statt in der Oberklasse (von der man später erfährt, daß allein sie gemeint ist), so hat der Redakteur durch diese neckische Gehirnwindung seine eigene Zeit verplempert, ehe er dasselbe seinem Leser zumutet.

Zum zweiten hat diese Entschuldigung einen merkwürdigen Effekt: Der Redakteur schiebt das, was er nicht leisten kann oder nicht leisten will, seinem Leser zu. „Ich hatte keine Zeit, einen sauberen Satz zu bauen – also nimm du dir die Zeit, meinen Satz trotzdem zu verstehen." Einer muß sich ja plagen: entweder der Schreiber, wenn er dem Leser Arbeit sparen will, oder der Leser, wenn der Schreiber rücksichtslos genug war, ihm ein Rührei aus halbgaren Vokabeln zu servieren. Der Historiker Hermann Heimpel, Träger des Sigmund-Freud-Preises für wissenschaftliche Prosa, hat es treffend formuliert, und für die Sprache der Wirtschaft gilt es nicht minder: „Wissenschaftliche Prosa ist genau, also unbequem für den Autor, und einfach, also bequem für den Benützer."

Nicht, daß die Wirtschaftsredakteure hier schlimmer sündigten als ihre Kollegen von der Politik. Doch ihre Leser zahlen einen höheren Preis dafür, eben weil sie Arbeitgeber und Produzenten sind und ihren Tag nach Minuten einteilen. Gerade solche Journalisten, die es bei der Ausrichtung ihres Wirtschaftsteils auf diese Experten lassen wollen, haben also allen Grund, sich sehr ernstlich mit der Frage auseinanderzusetzen: „Wie spare ich meinem Leser Zeit? Wie erbringe ich genau die Dienstleistung, die gerade er von mir erwarten kann?"

Verblasenes Deutsch wie in den zitierten Fällen ist dabei nicht einmal das Hauptproblem; auch kann man sich darüber streiten, wo die Grenze zwischen schlanker und verquaster Sprache verläuft. Das Hauptproblem ist der Satzbau. Was der Leser dabei leicht, schwer oder überhaupt nicht versteht, hat die Verständlichkeitsforschung ermittelt, und die ist seit 1949 in Amerika, seit 1974 in Deutschland eine etablierte Wissenschaft. Sie hat die meisten Stilfragen dem subjektiven Geschmacksurteil entzogen und es durch Meßzahlen ersetzt – falls man denn in der Verständlichkeit einen unentbehrlichen Bestandteil jedes journalistischen Textes sehen will. Daß die meisten Journalisten davon keine Kenntnis genommen haben bis heute, ist ein Kuriosum und ein Ärgernis; wobei sie sich in der Gesellschaft der meisten Linguisten, Germanisten und Kommunikationswissenschaftler befinden.

Es ist bewiesen, daß unser Kurzzeitgedächtnis nur eine bestimmte, recht bescheidene Anzahl von Wörtern überbrücken kann. Sie steigt mit der Intelligenz und von Fall zu Fall mit dem Grad der interessierten Zuwendung: als Faustregel jedoch muß gelten: Nach neun Silben – das heißt nach ein bis höchstens sieben Wörtern, je nach Silbenzahl – haben die meisten Leser nicht mehr präsent, was vorher war. Höchstens halb verstanden also rauscht ein Satz wie dieser an ihrer Aufmerksamkeit vorbei:

„Die Umstellung der Alterssicherung in der DDR auf die Prinzipien der bundesdeutschen gesetzlichen Rentenversicherung, die – vorbehaltlich eines entsprechenden Beschlusses der neuen Ost-Berliner Regierung – gleichzeitig mit der Einführung einer Wirtschafts- und Währungsunion zwischen beiden deutschen Staaten in wenigen Monaten erfolgen soll, wird nach den Worten des Geschäftsführers des Verbands Deutscher Rentenversicherungsträger, Rudolf Kolb, keine unlösbaren Probleme aufwerfen." („Süddeutsche Zeitung" vom 23. März 1990)

Was für ein Satz! Seine Hauptaussage lautet: „Die Umstellung der Alterssicherung in der DDR . . . wird . . . keine unlösbaren Probleme aufwerfen." Aber was alles soll mein Gedächtnis überbrücken, um vom Subjekt (die Umstellung) zum Schluß des Prädikats (aufwerfen) zu gelangen! Zunächst, nach „Die Umstellung der Alterssicherung in der DDR", folgen 33 Wörter oder 82 Silben, das Neunfache des Erträglichen; darin ein eingeschobener Nebensatz (von „die“ bis „erfolgen soll“), in den wiederum eine Parenthese eingeschachtelt ist (von „vorbehaltlich“ bis „Regierung“). Der erste Teil des Verbums („wird“) rettet mich aber keineswegs, noch immer kann ich nur vermuten, was da „wird“ – und dann folgen elf Wörter oder 25 Silben (das Dreifache des Erträglichen), bis man endlich, endlich wieder bei der Hauptaussage ist: „keine unlösbaren Probleme aufwerfen“. Irgendwas also wirft keine unlösbaren Probleme auf; wenn man es genauer wissen will, kann man ja zurücklesen.

Das ist in der Tat das Argument, das viele Konstrukteure solcher widrigen Satzschachteln verwenden. Ja, der gedruckte Text gibt dem Leser die Chance zurückzulesen. Aber wie viele Leser machen wohl von ihr Gebrauch? Und welcher Teufel reitet den Redakteur, wenn er einen Satz hinschreibt, von dem er schon vorher wissen könnte, daß er dem Leser die zweimalige Lektüre zumutet? Das „Zurücklesen-Können“ ist ein schamloses Vorbringen. Dabei wimmelt es von solchen Sätzen:

„Zum andern zwang die zwar langsame, aber unaufhaltsame Einigung der Anwender-Welt auf das Betriebssystem UNIX (von AT&T), das speziell den Einsatz der schnelleren RISC-Rechner (mit reduziertem Befehlssatz) unterstützt, auch DEC dazu, parallel zur angestammten und durchgehend kompatiblen Rechnerlinie unter einem hauseigenen Betriebssystem eine zweite Linie unter UNIX zu entwickeln.“ („Die Welt“ vom 23. März 1990)

„Trotz kräftigen Kosten- und Personalabbaus auf den dem Einzelhandel vorgelagerten Stufen, den Edeka-Großhandlungen und der Edeka-Zentrale, bei gleichzeitiger Verkleinerung der Zahl der Großhandlungen und Schließung kleiner Einzelhandelsgeschäfte wurden die Umsätze und die Effektivität gesteigert.“ (F.A.Z. vom 23. März 1990)

„Auf den dem“, da ist dem Autor die Begeisterung seiner Leser schon mal sicher. Und dabei wäre der Satz mit mäßigem Aufwand völlig transparent zu machen gewesen: „Umsätze und Effektivität wurden gesteigert, und zwar trotz kräftigen Kosten- und Personalabbaus auf den Stufen, die dem Einzelhandel vorgelagert sind: den Edeka-Großhandlungen und der Edeka-Zentrale. Gleichzeitig wurde die Zahl der Großhandlungen verkleinert und kleine Einzelhandelsgeschäfte geschlossen.“

Jedes simple Nachdenken müßte zum selben Ergebnis führen wie die Verständlichkeitsforschung, auch jede Lektüre von Luther, Lessing und Lichtenberg, von Heine und Büchner, von Böll und Enzensberger. All den Satzschachtel-Produzenten mit ihrer erhabenen Rücksichtslosigkeit gegenüber dem Leser ein praktikabler und durchaus ernstgemeinter Rat: Aus dem Buch Hiob nehme man den Satz „Der Herr hat's gegeben, der Herr hat's genommen, der Name des Herrn sei gelobt." Den spreche man etwa hundertmal täglich halblaut vor sich hin. Schon nach wenigen Jahren wird man wesentlich verständlicher und anschaulicher schreiben, im Wirtschaftsteil und anderswo, dem Leser dienend, wie es sich gehört.

Peter Turi

Qual der Wahl

Der Markt der Wirtschaftsmagazine ist groß

Zwei Zahlen sind für Zeitschriften besonders wichtig: die Zahl der Anzeigen und die Zahl der Leser. Zum Quartalsende veröffentlichen die Medienfachdienste die jeweiligen Werte für die wichtigsten Printmedien. Seit Jahren ist dabei regelmäßig ein Marktsegment unter den Gewinnern besonders gut vertreten: die Wirtschaftsblätter.

Rund 900 000 Exemplare verkaufen die acht Wirtschaftsmagazine „Capital“, „Manager Magazin“, DM, „Impulse“, „Wirtschaftswoche“, „Management Wissen“, „Industriemagazin“ und „Forbes von Burda“ zusammen pro Ausgabe. Bis auf die „Wirtschaftswoche“ erscheinen alle Magazine monatlich. Zusammen fast 1000 Seiten pro Ausgabe sind dabei mit teuer bezahlten Anzeigen belegt. Insgesamt erschienen 1989 rund 13 000 Anzeigenseiten in den genannten Wirtschaftsmagazinen. Mit 4 440 Seiten konnte allein die „Wirtschaftswoche“ rund ein Drittel für sich verbuchen. Die „Wirtschaftswoche“ ist damit nach „Stern“ und „Spiegel“ der drittgrößte Anzeigenträger unter den Zeitschriften.

Ein Ende der positiven Entwicklung für die Branche ist nicht abzusehen. Mehr denn je ist das Thema Wirtschaft auch in der jungen Generation „in“. Selbstverwirklichung wird heute nicht mehr durch Aussteigen gesucht, statt dessen suchen junge Leute Bestätigung im „Abenteuer Wirtschaft“. Selbst Stadtmagazine, einstmals Träger des Alternativ-Gedankens, kommen heute nicht mehr umhin, „Success-Stories“ von erfolgreichen Unternehmen zu bringen. „Seit dem 9. November 1989 ist es sinnlos, über eine Alternative zum Kapitalismus zu schreiben“, wissen selbst Herausgeber kritischer Blätter heute.

Ganz auf diesen neuen Zeitgeist setzt „Forbes von Burda“, das Anfang 1990 auf den Markt kam. „Forbes von Burda“ brachte Bewegung in einen Markt, der sich allzu selbstzufrieden in den eigenen Erfolgen sonnte. Wer sich der Mühe unterzieht, über einige Monate den Lesestoff für Manager und Mittelständler, Spitzenverdiener und Börsenspekulanten aufmerksam zu studieren, der wird um die Erkenntnis nicht herumkommen, daß fast alle Magazine reagiert haben auf den Neuling aus München.

Dabei erwies sich nicht die Mischung aus Geldverdienen und Geldausgeben, aus Business und Lifestyle als das eigentlich innovative an „Forbes von Burda“ (denn die Krawatten-, Schuh- und Jackett-Geschichten sind ja auch bei „Forbes von Burda“ in Wahrheit kein Lesestoff, sondern eine Good-Will-Aktion zugunsten der werbeschaltenden Krawatten-, Schuh- und Jackett-Industrie). Der Zeitgeist ist‘s, der in „Forbes von Burda“ unverhüllter wehen darf als in den anderen Magazinen.

Denn ob „Capital“ oder „Manager Magazin“, „Management Wissen“ oder „Wirtschaftswoche“ – ein bißchen waren sie alle angekränkelt von jenem Geist der 70er Jahre, der Unternehmern, Großverdienern und Wirtschaftsjournalisten sagte, daß es zwar schön sei, reich zu sein, daß sich dies dem gemeinen Volk aber auf keinen Fall mitteilen dürfe. Man war reich und glücklich, ohne es jedoch zeigen zu wollen. Heute ist man reich und glücklich, und alles macht noch einmal soviel Spaß, wenn das staunende Publikum voller Bewunderung daneben steht. Ganz nach dem Motto einer bekannten Autovermietung: „Für 99 Mark Neid und Mißgunst.“

Und genau diesen Zeitgeist – nennen wir ihn ruhig die neue Un-Verschämtheit – trifft „Forbes von Burda“ besser als seine Konkurrenten. Der Geist der 90er Jahre heißt „Freie Marktwirtschaft ohne unnötige Scham“, wie es der Kolumnist und frühere US-Verteidigungsminister Caspar Weinberger gleich am Anfang des ersten Heftes formuliert. Das Adjektiv „radikalkapitalistisch“ würde wohl auch passen. „Forbes von Burda“ predigt den Haifisch-Kapitalismus: Die großen Fische fressen die kleinen, und die größten Haie werden in „Forbes von Burda“ porträtiert.

Das Heft ist voller Amerikanismen und Modewörter. Wer hier noch Lücken hat, der kann sein Zeitgeist-Vokabular aufpolieren. Schon im Inhaltsverzeichnis der ersten Ausgabe lernt der Leser „Boom-Killer“ und „Developer“ kennen. Dort findet er aber auch „Absahner“ und „Abzocker“, Rubriken wie „The day after“, „News you can use“, „Tops & Flops“, „Commodities & Currencies“, „Leading indicators“ und „Chronique Scandaleuse“. Er wird dabei das Gefühl nicht los, daß sich dafür jeweils auch passende deutsche Wörter finden würden. Aber die klängen dann weniger „trendy“ – pardon: modisch.

Aber auch sonst ist „Forbes von Burda“ gewöhnungsbedürftig. Es präsentiert sich als Synthese der bisher völlig getrennten Zeitschriften-Genres Wirtschaftsmagazine, Zeitgeistblätter und Klatschpresse. Das Blatt ist eine Mischung aus „Capital“, „Tempo“ und „Bunte“. Von „Capital“ hat „Forbes“ das Thema Wirtschaft, von „Tempo“ die grelle Optik und die zeitgeistige Sprache, von „Bunte“ die Vorliebe für Personality-Geschichten.

Sicherlich: „Forbes von Burda“ ist innovativ, modern. Aber es ist auch schlampig, ungerecht, unverfroren. In jedem Fall ein Blatt, das polarisiert. Ein Blatt, das die Leser abstößt oder anzieht. Kalt lassen wird es kaum jemanden, der sich zur Zielgruppe rechnet: Jung zwischen 20 und 44 Jahre alt, männlich, aufstiegsorientiert und konsumfreudig sollen die Leser sein. „Männer auf dem Weg nach oben“, wie der Verlag mitteilt. Für Frauen, die ja unbestreitbar mehr und mehr Spitzenpositionen erobern, ist das Blatt nicht gemacht.

„Forbes von Burda“ will unterhalten. Deshalb ist das Blatt vollgestopft mit Personalien und Klatsch. Da werden die angeblich 500 bestbezahlten Manager vorgeführt – und Insider schütteln den Kopf über die Willkür und Schlampigkeit, mit der recherchiert wurde. Auch vor der Privatsphäre der Manager macht „Forbes von Burda“ nicht halt. In der Rubrik „Leute“ wird ganz nach dem Vorbild des Klatsch-Blattes „Bunte“ Intimes ausgeplaudert – mit vollem Namen und Bild. Der Leser erfährt von dem Autounfall, bei dem ein Chefredakteur mehrere Menschen tötete; das Lungenleiden eines Bankchefs ist ebenso ein Thema wie die Psychotherapie eines Finanzkaufmanns.

Doch bei aller Kritik, eines ist „Forbes von Burda“ sicherlich nicht: langweilig. Ein Lob, das man nicht allen seinen Konkurrenten spenden kann. So ist stehkragensteife Seriosität geradezu das Markenzeichen des Marktführers „Capital“. Für viele ist „Capital“ das beste und seriöseste, aber auch langweiligste und innovationsfeindlichste Wirtschaftsmagazin auf dem deutschsprachigen Markt. Seit Jahren bietet das „Gruner + Jahr“-Blatt seinen Lesern praktisch unverändert die „Capital“-typische Mischung mit dem Schwerpunkt Geld-, Steuer- und Anlagetips (Werbezeile: „Hier informieren Sie Experten über ein Thema, das niemanden kaltläßt: über Geld. Ihr Geld!“). Und der Erfolg gibt den Machern recht. Mit einer verkauften Auflage von 250 078 im ersten Quartal 1990 ist das Magazin unangefochten Marktführer bei den Wirtschaftsblättern.

Allerdings gibt es auch Warnsignale: das „Manager Magazin“ hatte 1989 mit durchschnittlich 169 Anzeigenseiten erstmals knapp mehr Werbung pro Heft als „Capital“. DM und „Wirtschaftswoche“ holen bei den Lesern auf. Und siehe da: Unter diesem Druck bringt das stockkonservative „Capital“ ganz behutsam neue Elemente ins Heft. Seit März kommt das Magazin mit einem leichteren Layout und ab und an auch mit einem „Capital“-untypischen Thema.

Groß ist auch die Konkurrenz zwischen „Forbes“ und „Capital“. „Forbes“-Redaktionsberater Paul C. Martin scheut sich nicht, „Capital“ öffentlich als „Rentnerblatt mit trostloser Optik“ zu bezeichnen. Der Konter kam bald: Während „Forbes“ viel Werbung machte für seine Serie „Die 400 reichsten Deutschen“, präsentierte „Capital“ bereits zeitgleich „Die 30 deutschen Milliardäre“. Das konnte wiederum „Forbes“ nicht auf sich sitzen lassen. „Es gibt fast dreimal soviel deutsche Milliardäre, wie bisher von der Wirtschaftspresse vermutet“, schrieb das Blatt in Anspielung auf „Capital“.

Über die Schwierigkeit, das Vermögen der wirklich reichen Deutschen zu taxieren, hatte „Capital“ bereits berichtet: „Wie groß ihre Habe in Gänze ist, wissen die Superreichen selber nie genau. Was etwa eine Immobilie oder eine Firma tatsächlich wert ist, zeigt sich erst beim Verkauf, von täglich schwankenden Kursen bei Wertpapieren ganz zu schweigen.“ Viel Raum also für mutige Spekulationen à la „Forbes von Burda“.

Für den Kurzweil der Leser wird bei „Capital“ wenig getan: die ewig gleiche Aufmachung der Tabellen, Zahlenkolonnen, Prognosen, Börsenanalysen und Anlagetips langweilt den Leser – und doch greift er immer wieder zu „Capital“: der Nutzwert der Artikel ist unerreicht hoch. Mitunter wird die Nutzwert-Masche aber auch übertrieben. Im hinteren Teil, im „Capital Guide“ – bitte französisch aussprechen, Herausgeber Johannes Gross ist schließlich frankophil –, wirkt das „Capital“-Urteil: „Einen Umweg wert.“ unter einer Opern-Kritik reichlich lächerlich.

Erholung in der Abfolge von Namen und Fakten ist die feste Börsen-Kolumne von André Kostolany, dem Altmeister unter den Börsenkolumnisten. Kostolany gelingt es mühelos, ein so poetisches Zitat in seine Kolumne einzubauen, wie das im Mai-Heft von dem indischen Dichter und Nobelpreisträger Rabindranath Tagore: „Fasse die Flügel des Vogels in Gold, und er wird sich nie wieder in die Lüfte schwingen.“

Negativ fällt bei „Capital“ der ständige Verweis auf die breite Palette der Nebenprodukte auf. So wurde im redaktionellen Teil breit und affirmativ auf das neue Buch des US-Autors John Naisbitt verwiesen. Kein Wunder: Naisbitts „Megatrends 2000“, ein Sammelsurium von Zukunftstrends voller Platitüden und Banalitäten, ist für 49,80 Mark als erster Band der neu gestarteten „Edition Capital“ bei „Econ“ in Düsseldorf erschienen. Mit im Programm: der umstrittene Management-Guru Gerd Gerken. Titel seines neuesten Werkes: „Management by love.“ Nun ja, nach all den Zahlen bei „Capital“ kann ein bißchen Liebe ja nicht schaden.

Von Langeweile kann bei einem anderen Blatt nicht die Rede sein: Das „Manager Magazin“ polarisiert und personalisiert, was das Zeug hält ganz im Stil des Hamburger Nachrichtenmagazins „Spiegel“. Dem gehört ja auch zu 75 Prozent die „Manager Magazin Verlagsgesellschaft“ (die restlichen 25 Prozent hält Gruner + Jahr). Die (Wirtschafts-)Welt à la „Manager Magazin“ ist ganz klar aufgeteilt: in Gut und Böse. Es gibt Helden und Schurken im Spiel ums große Geld, Aufsteiger und Absteiger. Das „Manager Magazin“ ruft „Hosianna“ oder „Kreuziget ihn!“ – tertium non datur. Und jede Story ist bis in die Bildunterschriften auf diese Grundtendenz hin durchgestylt.

Dadurch macht das „Manager Magazin“ Politik. Manager werden hochgejubelt oder niedergemacht, positive Images aufgebaut oder zerstört. Und die Manager machen mit – sowohl beim Posieren für die Fotos als auch am Kiosk: Die Auflage steigt kontinuierlich und ist laut IVW im ersten Quartal 1990 bei 91 367 angekommen – mehr als zehn Prozent Plus in nur einem Jahr. Das Heft platzt aus allen Nähten: Über 300 Seiten Umfang sind die Regel, vor Weihnachten erreicht das Heft schon mal 462 Seiten Umfang – dank einer üppig wuchernden Anzeigenplantage.

Auch sonst zeigen sich die deutschen Manager kooperativ. Sie öffnen den Hamburgern Tür und Tor ihres Unternehmens – und manchmal auch die Bücher. Manch eitler Manager posiert in aufwendigen Arrangements zur Illustration von Artikeln, in denen er gnadenlos verrissen wird. Die Hamburger sind selbstbewußt genug, beispielsweise Daimler-Lenker Edzard Reuter für eine sehr kritische Story auf einem Silberpfeil posieren zu lassen.

Wie der „Spiegel“ hat es das „Manager Magazin“ zur wahren Meisterschaft in Sachen Eigen-PR gebracht. Das redaktionelle Marketing ist perfekt. Mißmanagement-Geschichten erscheinen meist kurz vor den Hauptversammlungen und finden ein großes Presseecho. Ständig werden Hinweise auf die Kompetenz des Blattes eingestreut. Das geht sogar so weit, daß es Fürst Thurn und Taxis via Titelgeschichte mitteilt, daß seine Manager daran arbeiteten, ihn zu entmachten – der Fürst habe es nur noch nicht gemerkt. Aber nicht immer halten die Geschichten, was Überschriften und Anzeigenwerbung versprechen. Ein Beispiel: Dem Umbau von „Daimler“ vom „Nobelkarossenhersteller“ zum „High-Tech-Konzern“ widmete der „Spiegel unter den Wirtschaftsmagazinen“ im Mai 1990 eine Titelgeschichte. Es war ein reichlich häßliches Bild, das der stellvertretende Chefredakteur Winfried Wilhelm von „Daimler“ zeichnet. Wobei vor allem die verschärfenden Überschriften, Zwischentitel und Bildzeilen eine Krise bei „Daimler“ suggerierten.

Textprobe: „Die Quittung – jetzt muß Daimler für seine Vision vom High-Tech-Konzern bezahlen“; „Das Ende einer Ära“; „Das Betriebsergebnis bricht ein, die Manager werden nervös“; „Reuters Irrfahrt“; „Der Daimler-Konzern produziert mehr Probleme als Synergien“; „Irritiert fragen die Manager im Hause: Haben wir uns total verfahren?“ Doch die flott-negative Tendenz konnte in dem Artikel nicht belegt werden. In Frageform gekleidete Vermutungen ersetzten konkrete Daten. So endete die Geschichte mit einem beispiellos inhaltsleeren, aber Unheil suggerierenden Absatz: „Zur Rechtfertigung seiner schwer verständlichen Unternehmenspolitik zitiert Reuter Joseph Schumpeter, aber auch den französischen Philosophen Michael Foucault. Nur John Maynard Keynes zitiert er nicht. Der hat einmal allen Visionären ins Stammbuch geschrieben: „In the long run we're all dead.“

Auch sonst haben die Hamburger von der „Spiegel“-Mutter viel gelernt: So nimmt das „Manager Magazin“ seinen Lesern permanent die Arbeit ab, sich ein eigenes Urteil zu bilden – eine Unsitte fast aller Wirtschaftsmagazine (eine Ausnahme macht vielleicht noch die „Wirtschaftswoche“, die Wert legt auf relativ emotionslos registrierende Berichterstattung). Vieles wird pseudo-objektiviert und in Ranglisten gefaßt.

Auch bei den Managern hat das Magazin stets ein schnelles Urteil bei der Hand. Dem Leser wird vorgeschrieben, wie er zu urteilen hat. Textprobe: „Krupp – warum Gerhard Cromme genau der Richtige ist“. Oder die ständige Rubrik „Kennen Sie . . . ?“ In deren Untertitel heißt es: „Sollten Sie aber. „Manager Magazin“ stellt Frauen und Männer vor, die Besonderes leisten, aber nicht im Rampenlicht stehen – noch nicht.“ Auf diese Weise schafft das Magazin nach eigenem Gusto Prominenz – und die Manager spielen mit, in der Hoffnung im „Manager Magazin“ ein Stückchen Promotion zu erfahren. Denn natürlich wissen sie, daß nichts mehr schmückt als in einem als kritisch bekannten Magazin positiv vorgestellt zu werden.

Dabei unterlaufen auch den Hamburgern Fehler. Ein haarsträubendes Beispiel für unsaubere Arbeit ist im April-Heft des Jahres 1990 nachzulesen. Dort mußte die Redaktion eine ganzseitige „Richtigstellung“ ins Blatt rücken – die peinlichste und weitreichendste Form der Korrektur. Zu einem Artikel aus der März-Ausgabe 1990 über die Mannheimer Computerfirma „Comparex“ mußte die Redaktion zähneknirschend feststellen: „Dieser Beitrag enthält eine Reihe falscher Angaben und stellt insgesamt die Situation des Unternehmens unzutreffend dar. Dafür entschuldigen wir uns. Im einzelnen stellen wir richtig . . .“ Es folgte eine Liste mit fünf Punkten. Danach ging unter anderem der Umsatz nicht um zehn, sondern nur um 1,3 Prozent zurück. Die Marktanteile sind nicht eingebrochen, sondern von drei auf sechs Prozent gestiegen. Und schließlich mußte das „Manager Magazin" auch die Behauptung zurücknehmen, „Comparex"-Chef Rolf Brillinger habe gesagt: „Die Japaner sind die größten Rassisten der Welt." Merke: Auch Hamburger Wirtschaftsmagazine sind nicht unfehlbar.

Den trockenen Stil von „Capital" pflegt auch das Mittelstandsmagazin „Impulse". Mit gutem Erfolg: Inzwischen werden über 130 000 Exemplare verkauft. Das seit 1980 von Chefredakteur Rolf Düser geleitete Blatt erscheint ebenso wie „Capital" bei „Gruner + Jahr" in Köln (Herausgeber beider Titel ist Johannes Gross). Wenn auch Layout und Fotos etwas frischer und lebendiger wirken als bei „Capital", so machen doch die ständig wiederkehrenden Kästen, Tabellen, Grafiken das Blatt nicht gerade zum Lesegenuß. Aber immerhin: „Impulse" gibt sich deutlich mehr Mühe als „Capital", den Leser in die Geschichte einzubeziehen. Vor allem eine konsequente Personalisierung fast aller Themen erleichtert den Zugang.

Mißmanagement ist kein Thema bei „Impulse". Das Blatt ist durch und durch positiv, will Mut machen für ein offensives und offenes Unternehmertum. Die Vermittlung von praxisbezogenem „Know-How" steht an allererster Stelle. „Personality-Stories" sind ebenso wenig gefragt, die Personen müssen sich den Themen unterordnen. Mit dieser konsequenten Blattlinie hat es „Impulse" geschafft, sich für den ratsuchenden Mittelständler fast unentbehrlich zu machen.

Ganz auf Service und Wissens-Transfer setzt auch „Management Wissen". Allerdings ist die Zielgruppe eher der angestellte Manager als der Selbständige. Unter der Chefredakteurin Dr. Renate Hauser, die Anfang 1990 von „Capital" kam, hat das Blatt allerdings etwas an inhaltlicher Schärfe und Würze verloren. Hausers Vorgänger Peter Derschka verschreckte die Branche ein ums andere Mal mit heftigen Attacken gegen bestimmte Branchen, Bräuche und Businesspraktiken. Derschka forderte immer wieder den modernen, kommunikativen Manager, der auf Hierarchien und Repressionen verzichten kann. Nachfolgerin Hauser hält sich mit Systemkritik weitgehend zurück. Vielleicht liegt es ja daran, daß der „Management-Presse Verlag", in dem „Management Wissen" erscheint, nun ganz der „Holtzbrinck"-Gruppe gehört und nicht mehr – wie vorher – zur Hälfte „Holtzbrinck" und dem Würzburger „Vogel-Verlag". Die verkaufte Auflage liegt mit weniger als 40 000 Exemplaren nach wie vor recht niedrig.

Auf eine Auflage von 135 000 bringt es wöchentlich die „Wirtschaftswoche“ aus der Verlagsgruppe „Handelsblatt“. Das wöchentliche Magazin mutet äußerlich ein wenig wie der „Spiegel“ für Wirtschaftsthemen an. Das „Layout“ ist modern und leicht. Stärken hat die „Wirtschaftswoche“ vor allem in der aktuellen Berichterstattung über Wirtschaftspolitik. Hier zeigt sie mit fundierten Hintergrundberichten, aber auch mit zum Teil recht scharfen Kommentaren Profil.

So gibt die Meinungskolumne von Herausgeber Professor Dr. Wolfram Engels zum Besten, was die deutsche Wirtschaftspresse zu bieten hat. Engels geißelt Woche für Woche mit scharfen Worten und starken Argumenten alle Erscheinungen, die ihm gegen den Geist der Marktwirtschaft gerichtet scheinen. Dabei muß man nicht immer seiner Meinung sein, um seine Beiträge als Denkanstöße zu schätzen. In jedem Fall liefert er Hintergründe und versteht es, wirtschaftliche Zusammenhänge leicht verständlich zu vermitteln, was im deutschen Wirtschaftsjournalismus sonst keineswegs üblich ist.

Auch das Ressort „Geld + Kapital“ genießt traditionell hohes Ansehen. Differenzierter ist die Sache bei den Ressorts „Management“ und „Märkte + Unternehmen“. Die beiden betriebswirtschaftlich orientierten Ressorts fallen gegenüber den beiden genannten volkswirtschaftsnahen Ressorts doch etwas ab. Vor allem das „Manager Magazin“ wirkt mit seinen Erfolgs- oder Mißerfolgsgeschichten häufig frischer. Nicht zuletzt der vom „Spiegel“ gekommene stellvertretende Chefredakteur Stefan Baron soll hier für frischeren Wind sorgen.

Alles in allem bestätigt der Blick in die Wirtschaftsmagazine einen alten Lehrsatz der Volkswirtschaft: Konkurrenz – in diesem Falle „Forbes von Burda“ – belebt das Geschäft.

Wolfgang Rönnebeck

Mit Menschen nichts zu tun?

Für die Öffentlichkeitsarbeit ist der Wirtschaftsteil nicht öffentlich genug

Die kommunikative Leistung von Wirtschaftspublizistik läßt sich nicht generell, sondern nur vom jeweiligen Standpunkt aus und für das jeweilige Medium bewerten. Was ein Betrachter kritisiert, mag dem nächsten als besonders lobenswert erscheinen. Das örtlich orientierte Mittelstandsunternehmen hat andere Interessen und Notwendigkeiten als der Weltkonzern. Wer hinter seinen Werkstoren unproblematische Artikel zu jedermanns Nutzen herstellt, hat weniger öffentlichen Erklärungsbedarf als der, dessen Tätigkeit für alle sichtbar in intensivem Zusammenhang mit Befindlichkeiten oder Empfindlichkeiten der Allgemeinheit steht. Und wiederum anders sind die Erwartungen einer Publikumsgesellschaft als die eines möglicherweise noch öffentlichkeitsscheuen einzelnen Unternehmensbesitzers.

Die gedruckten Medien entsprechen solchen unterschiedlichen Erwartungen je nach ihren eigenen Vorgaben in unterschiedlicher Weise. Spezialzeitungen oder -zeitschriften zu Wirtschaftsthemen, die sich bewußt an ein Fachpublikum richten, brauchen auf Bedürfnisse einer breiteren Öffentlichkeit wenig Rücksicht zu nehmen. Anders sollte es bei den Tageszeitungen und ihren Wirtschaftsteilen sein, die ja wohl auch nach eigenem Verständnis durchaus den Auftrag haben, auf ihrem jeweiligen Niveau möglichst breite Leserschichten anzusprechen. Dieses Ziel erreichen sie in aller Regel nicht, was positive Ausnahmen und gelungene Einzelleistungen natürlich keinesfalls ausschließt.

Denn auch die tageszeitungsübliche Wirtschaftspublizistik stellt offenbar fast ausschließlich Binnenkommunikation unter sozusagen Eingeweihten her. Sie erreicht zuverlässig und mit einem beachtlichen Maß an sachlicher Präzision die am Wirtschaftsleben im engeren Sinne Beteiligten – Management, Banken, Aktionäre und so weiter. Für diese spezielle Zielgruppe verfügt der Wirtschaftsjournalismus über angemessene inhaltliche, formale und sprachliche Ausdrucksmöglichkeiten. Weiter reicht er – nach allen bekannten Untersuchungen und dem eigenen Eindruck – nicht.

Es scheint, als hätte sich der Wirtschaftsjournalismus mit dieser Einschränkung abgefunden; vielleicht pflegt er sie bewußt. Sprache,

Themenauswahl und ideologische Möblierung der Wirtschaftsteile lassen erkennen, daß eine Vermittlung, ein Brückenschlag zwischen der Welt der Wirtschaft im engeren Sinne und der Außenwelt kaum versucht wird. Der Jargon und die Chiffren der Insider werden selten erklärt, die behandelten Stoffe entsprechen dem, was der selbst wirtschaftende Zeitungsleser vermutlich erwartet. Neue Themenbereiche, etwa Umweltfragen, werden nur zögernd aufgegriffen, und das allenfalls im Gleichschritt mit den Denkmustern, die auch in Wirtschaftskreisen als sanktioniert gelten.

Auf andere Teilnehmer am Wirtschaftsleben oder solche in anderen Funktionen wie Arbeitnehmer oder Verbraucher wird kaum eingegangen; von den Gewerkschaften ganz zu schweigen, die gern durch eine Brille porträtiert werden, die jedenfalls bei größeren Unternehmen längt unmodern geworden ist. So dominiert auf vielen Wirtschaftsseiten gerade der regionalen Zeitungen eine Perspektive, die auch Enge verrät.

Die Folgen der publizistischen Beschränkung auf selbstverordnetes Terrain sind für die Wirtschaft, die Gegenstand und scheinbarer Adressat der Berichterstattung ist, nicht unproblematisch. Denn die sprachliche, thematische und ideologische Abkapselung erleichtert es dem Normalleser, das Ökonomische nicht zur Kenntnis zu nehmen. Das tut er ohnehin nicht so gern, weil das Ökonomische schon immer etwas weniger Feines zu sein pflegt, ähnlich wie das Technisch-Naturwissenschaftliche – ein geistesgeschichtliches Phänomen, das wohl damit zusammenhängt, daß in beiden Bereichen Quantifizierbares eine große Rolle spielt, während unsere Ideale sich eher dem Qualitativen und also dem Schönen, Guten, Wahren zuneigen. (Auch die Wirtschaft in ihren sensibleren Teilen ist von diesem Komplex nicht ganz frei, wie das Bemühen um kulturelle, soziale oder ökologische Verbrämung des Ökonomischen ausweist; dabei wäre doch gerade deutlich zu machen – und der Wirtschaftsjournalismus hätte dabei zu helfen – daß das Ökonomische sich schon aus sich selbst rechtfertigt.)

So aber bleibt die Wirtschaft im Abstrakten, wo es um ihre eigentlichen, die wirtschaftlichen Komponenten geht. Auf anderen Feldern dagegen wird sie konkret, tritt sie sozusagen ins Leben. Es sind all jene Themenfelder, die gemeinhin auf den lokalen oder allgemeinen Seiten der Blätter abgehandelt werden. Das ist nicht wenig. Von rund 1 100 Artikeln – von der Meldung bis zur Reportage –, die zum Beispiel 1989 in den regionalen Tageszeitungen des rheinischen Braunkohlenreviers in irgendeinem Zusammenhang zum Thema Braunkohle oder

„Rheinbraun“ veröffentlicht wurden, standen weniger als zehn Prozent im Wirtschaftsteil.

Für Wirtschaftszweige, die wie die Montanindustrie und insbesondere der Bergbau für eine Region prägend sind und lange Tradition haben, ist ein solcher Befund sicherlich normal. Da das Unternehmen – hier also die „Rheinbraun AG“ – seit Jahrzehnten als großer Arbeitgeber und Ausbilder, als Steuerzahler, als Auftraggeber für Industrie, Handel und Gewerbe, aber auf der anderen Seite auch als Verursacher von allerlei Belastungen und Belästigungen sozusagen zum täglichen Leben der Menschen in der Region gehört – nicht wenige von ihnen sind über mehrere Generationen „in der Braunkohle“ beschäftigt –, findet seine Arbeit auch überall dort ein Echo, wo über das tägliche Leben berichtet wird. Da ist dann nicht von Bilanzen, Umsätzen und Gewinnen die Rede, nicht einmal von Arbeitsplätzen oder Forschungsergebnissen, sondern von Sachverhalten, die sonst mit der Arbeit des Braunkohlenbergbaus verbunden sind. Das können Berichte aus dem Betriebsalltag sein, aber auch Artikel über mehr familiäre Ereignisse des Bergbaus wie Jubiläen, Betriebsratswahlen, Ehrungen, Veranstaltungen.

Für die Öffentlichkeitsarbeit des Unternehmens sind Berichte dieser Art heute wichtiger als die Berücksichtigung im Wirtschaftsteil klassischer Prägung. Denn nur diese Berichte können ein Stück weit das Defizit ausgleichen, das die Wirtschaftsteile mit ihrer Abstraktion hinterlassen – das Defizit an erfahrbarem menschlichen Bezug.

Am Beispiel des Braunkohlenbergbaus: Dieser Wirtschaftszweig ist, weil Braunkohle hierzulande anders als im Tagebau nicht zu gewinnen ist, mit durchaus erheblichen Eingriffen in den Lebensraum von Menschen und Natur verbunden. Inanspruchnahme gewachsener Landschaft, Absenkung von Grundwasser oder die Umsiedlung von Orten und ihren Bewohnern sind die wichtigsten Beispiele.

Für Betroffene, auch für allgemein im Sinne intakter Umwelt engagierte Zeitgenossen, sind solche Eingriffe immer wieder Gegenstand heftiger Kritik. Auch im publizistischen Umfeld finden sie damit lebhaften Widerhall. Und zu den hauptsächlichen Kritikpunkten gehört der Hinweis, daß diese erheblichen Opfer, die der Allgemeinheit durch Bergbau und Politik – die den Bergbau zu genehmigen hat – zugemutet werden, ja keinem anderen Zweck als den schnöden wirtschaftlichen Interessen, vulgo dem „Profitinteresse“, des Unternehmens diene. Und wo, so die emphatisch vorgetragene Klage, bleibe denn da der Mensch?

Die Wirtschaft, wirtschaftliches Handeln und seine Ergebnisse sind im öffentlichen und großen Teilen des publizistischen Bewußtseins von der Sphäre des Menschlichen entkoppelt, ja werden geradezu als Gegensatz zu ihr empfunden. Die Welt der Wirtschaft, die sich in Bilanzen und anderen unverständlichen Zahlenwerken darstellt – gottseidank im abgezäunten Areal des Wirtschaftsteils –, diese Welt hat mit Menschen nichts zu tun, sondern nur mit Maschinen und Computern, vielleicht noch mit Maschinenmenschen, seelen- und deshalb rücksichtslosen Vollstreckern einer abstrakten ökonomischen Logik.

Gegen eine solche Wirtschaft, die in ihrem Nutzen als abstrakt, in ihren Konkretionen aber vielfach als wenig nützlich wahrgenommen wird, richtet sich dann naturgemäß der kritische Aufschrei der Menschen aus Fleisch und Blut, die in dieser Kritik einflußreiche Unterstützung sowohl in den Medien als auch bei wichtigen gesellschaftlichen Kräften finden. Im Fall des Braunkohlenbergbaus zählen dazu auch kirchliche Gremien, die sich unter dem Motto „Bewahrung der Schöpfung“ für einen Ausstieg aus der Braunkohle stark machen. Wegen ihrer hohen moralischen und ethischen Autorität finden sie damit ein breites publizistisches Echo.

Übersehen wird dabei in der Öffentlichkeit, daß dieses Engagement nicht frei von Widersprüchen ist: So zeigen sich die gleichen kirchlichen Kreise, die etwa den Braunkohlenbergbau im Rheinland möglichst rasch beendet sehen möchten, als vehemente Kritiker jeder Reduzierungsüberlegung des Steinkohlenbergbaus im Aachener Raum. Die aus ökonomischen Gründen dort bedrohten Arbeitsplätze und die Auswirkungen auf die Wirtschaftsstruktur treffen somit auf intensive kirchliche Besorgnis – der bisher sichere, wirtschaftlich leistungsfähige und für die Region mindestens so bedeutsame Wirtschaftszweig Braunkohle, der im übrigen in großem Umfang auch Kumpel aus dem Aachener Steinkohlenrevier übernimmt, wird dagegen von den gleichen Institutionen in Frage gestellt.

Aufgabe der Wirtschaftsberichterstattung müßte es sein, solche Zusammenhänge jedenfalls gelegentlich deutlich zu machen. Daß Wirtschaften eine genuin menschliche Tätigkeit ist, daß sie zugleich eine entscheidende soziale Funktion hat in der Sicherstellung der materiellen Existenz einer Gesellschaft, diese Einsicht wird bisher durch die Wirtschaftsseite nicht vermittelt; sie wird vorausgesetzt. Eine Debatte über die Abschaffung der Wirtschaftsteile – analog der Abschaffung der Frauen-Seite in der „Tageszeitung“ – zugunsten einer Integraion ins sonstige Zeitungsgeschehen wäre von daher mindestens als Provokation sinnvoll.

Solange aber die Situation auf heutigem Stand verbleibt, muß die Öffentlichkeitsarbeit eines Unternehmens selbst versuchen, die menschliche Dimension der eigenen Tätigkeit deutlich werden zu lassen. Dafür sind Offenheit und Dialogbereitschaft Voraussetzung, vor allem aber Menschen, die solche Bemühungen personifizieren. Hieraus folgt die entscheidende Rolle der eigenen Mitarbeiter, vom Vorstandsvorsitzenden angefangen. Das persönliche Engagement jedes einzelnen Angehörigen eines Unternehmens ist heute die wichtigste Voraussetzung dafür, sich in einer kritischer gewordenen Öffentlichkeit verständlich zu machen. Papier – ob als Broschüre oder Anzeige – oder AV-Medien können hier allenfalls Hilfestellung leisten als Einführung oder auch als Gedächtnisstütze.

Das gilt auch im Umgang mit Presse und elektronischen Medien. Auch ihnen gegenüber muß das Unternehmen sich durch Personen identifizierbar machen, und diese Personen können nicht nur oder in erster Linie die Pressereferenten oder Öffentlichkeitsarbeiter sein.

Der Öffentlichkeitsarbeit der Unternehmen kommt somit zunehmend eine quasi diplomatische Funktion zu – Kontakte anzubahnen, Fragen vorzuklären, Terrain zu sondieren, eine Dienstleistung, die per se im Hintergrund zu bleiben hat. Das Gespräch, das Information und Motivation verbindet, muß weitgehend von den Fachleuten mit der Öffentlichkeit geführt werden. Das heißt, nicht der Pressesprecher tritt zu Erläuterungen eines wichtigen Vorstandsbeschlusses vor die Medien, sondern der Vorstand selbst. Längst nicht mehr allein ist dabei die Wirtschaftspresse anzusprechen. Der Information der lokalen und allgemeinen Redaktionen der Zeitungen gilt mindestens die gleiche Aufmerksamkeit.

Wenn man die besondere Rolle des Fachmannes in diesem Vermittlungsprozeß akzeptiert, muß man freilich die Frage stellen, was daraus für das Management folgt. Denn natürlich ist nicht jeder Experte auch das, was man einen Kommunikator nennt. Nicht jeder ist imstande, Sachverhalte komplexer Natur einem unkundigen Publikum so darzulegen, daß dabei Verständlichkeit und Glaubwürdigkeit gleichermaßen gewahrt werden. Da das allgemein bekannt ist, wird Kommunikationsfähigkeit zunehmend zu einem Qualifikationskriterium für das Management. Das hat auch Risiken. Am Beispiel der Politik wird deutlich, welche Problematik die Perspektive einer von den medialen Fähigkeiten dominierte Personalrekrutierung haben kann. Denn daß nicht die schauspielerische Leistung letztlich die Qualifikation eines Präsidenten ausmachen sollte, wird kaum jemand bestreiten; was aber, wenn von ihr der Wahlerfolg abhängt?

Auch ein Unternehmen wie „Rheinbraun" betreibt deshalb Medientraining für leitende Mitarbeiter, die der Öffentlichkeit über ihr Fachgebiet Rede und Antwort stehen sollen. Aber das geschieht nicht ganz ohne Risiko, weil die Glattheit des Trainierten nicht selten zu Lasten der Spontaneität und der Glaubwürdigkeit geht. Das Problem ist ja, daß zu gekonnte Selbstdarstellung vielfach auf Skepsis stößt – ein Aspekt, der in der Debatte über unternehmerisches Lifestyle-Design oft vergessen wird. Der vom „art consultant" empfohlene „Penck" an der Bürowand ist ja nicht für sich schon Ausdruck von Kultur, der Erwerb eines Schlosses als Firmensitz ersetzt keine eigene Tradition und eine brillante Rede über die Kreativität in Kunst und Wirtschaft kann längst nicht jeder Unternehmer halten, und beschäftigte er einen noch so guten Redenschreiber, ohne seine Glaubwürdigkeit zu riskieren – dazu muß man wenigstens Edzard Reuter heißen.

Eine Folgerung daraus für unternehmerisches Verhalten gegenüber Medien und Öffentlichkeit könnte der Verzicht auf spektakuläre Gesten sein. Die allenthalben und zunehmend auch in der Wirtschaftspublizistik grassierende „Ranking"-Manie – wer ist am größten, am beliebtesten, hat die beste Performance – birgt für die Teilnehmer neben dem Kitzel des Wettbewerbs auch erhebliche Gefahren. Wie Boris Becker laufen sie Gefahr, heute gepriesen und kurz darauf schon wieder verhöhnt zu werden. Spektakuläre Erfolge mögen kurzzeitig zu einem strahlenden Image und triumphalen Schlagzeilen führen, aber der nächste Flop – und wer kann den ausschließen – kann zu ebenso steiler Talfahrt in der öffentlichen Wertschätzung führen. Was allerdings für Boris Becker ein individuelles und kalkulierbares Risiko darstellt, kann für ein Unternehmen und seine Beschäftigten massive negative Konsequenzen haben. Die letzten Jahre sind reich an Beispielen.

Es spricht deshalb vieles dafür, in dem Bemühen um ein hinreichendes Verständnis in der Öffentlichkeit für die eigene Arbeit selbstverständlich vor allem auf Kompetenz und gute Leistung zu setzen, diese aber mit eher zurückhaltender Selbstdarstellung zu verbinden. Die hanseatische Tugend des mehr Sein als Scheinen ist paradoxerweise auch für die Öffentlichkeitsarbeit eine langfristig tragfähige Maxime. Gerade in einer Zeit, die Methoden wie auffällige Sponsorship in allen Bereichen salonfähig macht – ein Instrument, das im Zusammenhang mit Produktwerbung ohne Zweifel seine Berechtigung hat – möchte man eine ältere Definition von Öffentlichkeitsarbeit neu formulieren: Tue Gutes, aber mache nicht zuviel Aufhebens davon.

Für die Wirtschaftspublizistik wäre im gleichen Kontext zu fordern, daß sie solche Überlegungen toleriert, ihr Gesichtsfeld verbreitert, vielleicht auch ihre Sprache öffnet, und daß sie so tatsächlich einen Beitrag der Vermittlung leistet zwischen Wirtschaft und Öffentlichkeit – und umgekehrt.

Dietrich Ratzke

Dem Leser dienen, damals wie heute

Wirtschaftspublizistik im Wandel der Zeit

„Hier haben die Genuesen auf der Börse ein Wettlaufen angestellt, und sind diese Woche zwei Häuser der Genuesen bankerott gegangen, und zwar: Giovanni Grimaldi und Pedro Francesco et Pedro Christophero Binola, hinter welchen Deutsche stecken. Man hat es für ein wohl fundiertes Haus gehalten, das hier lange Zeit gehandelt hat. Die Creditoren geben sich selbst guten Trost. Es ist aber zu besorgen, daß es mit diesen wie mit anderen Bankerotten gehen wird. Zuerst ist allemal genug vorhanden, zuletzt kann niemand etwas kriegen" („Fugger-Zeitung", Antwerpen, 9. Dezember 1570).

Offenbar gibt es kaum ein anderes Gebiet der Publizistik, in dem sich alles so beständig wiederholt wie in den Wirtschaftsteilen der Medien. Das gilt für die Wirtschaftsberichte in den „Fugger-Zeitungen" in demselben Maße wie für die Wirtschaftsblätter der neueren Zeit. Wie es die folgenden Beispiele belegen.

30. Dezember 1928. Schlagzeilen der „Frankfurter Zeitung" (FZ): „Anhaltende Konzentration in der Wirtschaft", „Zwang zur Rationalisierung wächst." In einem der Beiträge schreibt die FZ am 30. Dezember 1928: „Nicht die Löhne, die man ersehnt, sondern die Löhne, die wirtschaftlich möglich sind, müssen die Richtschnur bilden." Und: „Auch im Kampf um das Sozialprodukt gibt es für jede Partei optimale Grenzen, deren Überschreitung sich an ihr rächt."

Überschlägt man tausend düstere Jahre mit gleichgeschalteten Schlagzeilen und springt 20 Jahre weiter, so macht am 31. Dezember 1948 Ludwig Erhard in der „Neuen Zeitung" eine höchst bedeutsame Bemerkung, aber auch sie erinnert uns irgendwie an das, was alle regierenden Wirtschafts-Politiker vor allem zu Silvester in den Medien sagen: „Ich bin", so sagte er, „Optimist."

Zehn Jahre weiter: 31. Dezember 1958. Die F.A.Z., damals gerade neun Jahre alt: „Der Wettbewerb wird aus verschiedenen Gründen schärfer werden, unternehmerische Fähigkeiten werden mehr denn je notwendig sein, um auf den diffizilen Märkten Erfolge zu erzielen." Noch einmal zehn Jahre weiter. Noch einmal die F.A.Z.-Überschrift zu Silvester 1968: „Weiter auf dem Wachstumspfad." Und im Text: „Das Jahr 1968 hat den Beweis erbracht, daß konjunkturelle Rückschläge verhältnismäßig rasch überwunden werden können, wenn die Instrumente der Globalsteuerung konsequent genutzt werden, und die politische Führung über eine feste Vertrauensbasis verfügt." In jenem Jahr waren in der F.A.Z. übrigens etwa 800 Börsenkurse abgedruckt, heute sind es rund 8000.

Man könnte also durchaus eine hochaktuelle Wirtschaftszeitung von heute mit den Schlagzeilen und Kommentaren von gestern machen. Daraus sind zumindest zwei Erkenntnisse abzuleiten. Erstens: In den grundsätzlichen Beurteilungen unserer Wirtschaftsmechanismen gab und gibt es in der Wirtschaftspublizistik keinen entscheidenden Wandel – und das spricht eigentlich für das Wirtschaftssystem, in dem wir leben, und für den grundsätzlichen Konsens in Fragen unserer Wirtschaftsordnung. Zweites Fazit: Wirtschaftsberichterstattung und Marktwirtschaft gehören in unseren Medien offenbar untrennbar zusammen. Das gilt im wesentlichen inzwischen durchaus auch für Medien, die ideologisch die Marktwirtschaft eigentlich nicht mögen dürfen.

Der Wandel in der Wirtschaftspublizistik liegt also nicht im Grundsätzlichen, er zeigt sich eher, dort aber umso deutlicher, in zusätzlichen und neuen Inhalten, in deren Präsentation und deren formaler Darstellung, in der Sprache. Er wurde zudem gefördert durch gänzlich neue Informationsgewohnheiten der Bürger, durch eine völlig neue publizistische Konkurrenzsituation und durch die vielfältigen neuen technischen Darstellungs- und Übermittlungsmöglichkeiten von Wirtschaftsinformation und durch ein neues Selbstverständnis der Wirtschaftsredakteure.

Bleiben wir zunächst einmal beim Wandel der Sprache. „Wirtschaft ist langweilig" – das war die gängige Maxime in den Ressorts der Redaktionen von Presse, Funk und Fernsehen, die nicht mit der Wirtschaft befaßt waren. Kein Wunder: Grundsätzlich ist alles das langweilig, wovon man nichts versteht. Und verstehen konnte man nichts davon, weil in der Schule nichts zu dem Thema gelehrt wurde. Das hat sich – zumindest hier und da – geändert. Zudem war Wirtschaftsberichterstattung deswegen so langweilig, weil Spezialisten für Spezialisten schrieben. Ähnlich der entsetzlichen Fachsprache der Mediziner oder der Soziologen gefielen sich die Wirtschaftler darin, sich in ihrem eigenen Code auszudrücken. Das klang gewichtig, informiert, gebildet – und war nichts von alledem. Erst in dem Augenblick, als die Sprache der Wirtschaftsredakteure verständlicher wurde, konnte Wirtschaftsberichterstattung auch auf höheres Interesse beim größeren Publikum stoßen. Bereits in den zitierten Beispielen wurde deutlich, wie gestelztsubstantivistisch in den Nachkriegswirtschaftsteilen noch verlautbart wurde. Wurde diese Diktion auch noch krampfhaft auf flott „gestylt“, war die unfreiwillige Komik nicht mehr fern. Heute ist die Gebrauchslyrik der Wirtschaftsredakteure professioneller, ihr Sprachgefühl sensibler geworden, und das liest sich dann hier und da sogar wirklich originell und witzig.

Jürgen Eick, der Kollege, der es so meisterhaft verstand, Kompliziertes einfach zu sagen, schrieb kürzlich – und das war gewiß ein großes Lob für das gesamte Metier: „Die Wirtschaftsteile deutscher Tageszeitungen sind gegenwärtig gemeinverständlicher, als sie es je waren. Dem Wirtschaftsteil sind da (allerdings) Grenzen gesetzt. Einen verwinkelten vielschichtigen Gegenstand kann man nicht in Courths-Mahler-Manier darstellen. Das ist kein intellektueller Hochmut – die Wirtschaftsjournalisten in unserem Land haben längst begriffen, daß für die wirtschaftliche Publizistik das Jahrhundert des kleinen Mannes angebrochen ist.“

Der inhaltliche Wandel der Wirtschaftsberichte ist eine Folge des Wandels der Medien generell, der wiederum unmittelbar und nur mit einer kurzen zeitlichen Phasenverschiebung den historischen Veränderungen nachfolgt.

„Zeitung“ („tiding“) als Synonym für „aktuelle Nachricht“ schloß stets die Wirtschaftsberichterstattung ein. Wirtschaftsnachrichten waren von Anfang an jedoch nicht nur Bestandteil der allgemein informierenden Medien, die dringende Nachfrage nach dieser besonderen Kategorie von Nachrichten war häufig geradezu der Anlaß für die Gründung neuer Publikationen. Auch wenn schon in den Frühphasen der Zeitung Wirtschaftsmeldungen regelmäßig veröffentlicht wurden, so nahmen die Berichterstattungen über Wirtschaftsvorgänge über die Jahrhunderte hinweg parallel mit dem Wachsen und der Diversifikation der Volkswirtschaften in den Medien kontinuierlich zu.

Diese Zunahme der Berichterstattung über die Wirtschaft (bei gleichzeitiger Abnahme der Berichterstattung über die Politik) wird in einem Schaubild deutlich, das Jürgen Wilke (in: „Nachrichtenauswahl und Medienrealität in vier Jahrhunderten“, Berlin, New York 1984) erarbeitet hat. Demnach sank der Anteil der politischen Meldungen in den ausgewerteten Zeitungspublikationen von 90 Prozent im Jahre 1622 auf 60 Prozent im Jahre 1736, auf 37 Prozent im Jahre 1906 und auf 33 Prozent im Jahre 1975. In der Wirtschaftberichterstattung verlief die Entwicklung umgekehrt: 1622 umfaßte sie zwei Prozent, 1736 vier Prozent, 1906 zwölf Prozent, 1975 15 Prozent der gesamten Zeitungsinhalte. In den (überregionalen) Handelszeitungen lag der Prozentsatz natürlich deutlich höher.

Aufschlußreich ist auch die Inhaltsanalyse der Nr. 26 des „Aviso“ aus Wolfenbüttel vom 12. Juli 1609, die Paul Ries (in: „Presse und Geschichte II“, München, London, New York, Oxford, Paris 1987, Seite 118) vornimmt. Insgesamt bestand diese Ausgabe des „Aviso“ damals bereits aus rund 16 Prozent „ökonomischen“ und Handelsinformationen. Die Herkunftsorte für Wirtschafts- und Handelsnachrichten liegen in dieser Ausgabe übrigens schwergewichtig auf den Handelsmetropolen Venedig (knapp 33 Prozent aller Nachrichten), Köln (knapp 22 Prozent aller Nachrichten) und auf Antwerpen (knapp 30 Prozent aller Nachrichten). Im „Zeitungsjahrgang 1694“, den Heinz-Georg Neumann (in: ebenda, Seite 149) tabelliert, schwankt der Anteil des Ressorts „Wirtschaft/Finanzen“ zwischen acht Prozent bei der „Mercurii-Relation“ (München) und 16,6 Prozent bei dem „Relations-Courier“ (Hamburg).

Die Geschichte der modernen Handelszeitungen beginnt früh im Mittelalter. Der Publizistikwissenschaftler Otto Groth begründet das so: „Die großen Welthandelshäuser auf deutschem Boden, die Fugger, Welser etc., die mit der Einbeziehung ferner und neuentdeckter Länder in den europäischen Handel entstanden, bedurften nicht nur einer regelmäßigen wirtschaftlichen Berichterstattung ihrer Faktoreien, sondern ihre Unternehmungen waren so sehr von den allgemeinen Zeitereignissen abhängig, daß ihre Vertreter in allen Ländern auch die Sammlung politischer Nachrichten übernehmen mußten.

Schon im 14. Jahrhundert wurde der kaufmännische Briefverkehr systematisch organisiert und der Kaufmannsbrief eine, wenn nicht die Hauptquelle des Wissens von den Ereignissen des Auslands. Die Handelszentren des ausgehenden Mittelalters wurden auch zu Nachrichtenzentren, in denen aus den fernsten Gebieten Nachrichten zusammenliefen, und von denen sie wieder durch Briefe und Erzählungen auf Märkten und Messen weiterverbreitet wurden. Die Fürsten hatten spätestens seit dem 16. Jahrhundert in den großen Handels- und Börsenplätzen Vertrauenspersonen, die ihnen regelmäßig die dort eintreffenden neuesten ‚Zeitungen‘ sandten“ (Otto Groth in: „Die Zeitung“, erster Band. Arnheim, Berlin, Leipzig 1928, Seite 5).

Dadurch, daß es gelang, Papier fabrikmäßig herzustellen, konnten die ursprünglichen Informationsbriefe mit Handelsnachrichten im Umfang und im Format erweitert werden. Das wirkte sich auch auf die Darstellung des Inhalts aus, der nun weniger persönlich-subjektiv als stattdessen neutraler abgefaßt wurde. Zeitungsbriefe waren die Zwischenform, bis dann die eigentlichen Zeitungen entstanden waren. Sie konnten sich jedoch erst durchsetzen, als der Buchdruck eine Vervielfältigung in größerer Anzahl möglich machte, und analog dazu die Zahl der Analphabeten ständig zurückging.

Um 1580 gab es bereits eine regelmäßige gewerbsmäßige Berichterstattung über Handel und Wandel. Dabei ist interessant festzustellen, daß die Händler und Handelshäuser nicht etwa lediglich die Kunden und Leser der Zeitung waren, sondern zugleich auch wichtige Informationslieferanten. Sie nämlich verfügten über Kontakte zu fernen Ländern, über Nachrichtenverbindungen, über Mitarbeiter. So war es einleuchtend, daß die sogenannten „Fugger-Zeitungen" eine besondere Rolle spielten. Ihr Inhalt bestand vor allem „aus Abschriften von Berichten der Fuggerschen Angestellten und Geschäftsfreunde, die also als gelegentliche Mitarbeiter im Nebenberuf anzusprechen sind" (Groth, ebenda).

In den Fugger-Zeitungen ging es vor allem um Berichte über neue Warenlieferungen aus fernen Kontinenten, um Konkurse, um Börsengeschehen, wie die folgenden Beispiele beweisen.

„Ankunft der indischen Goldflotte.
Aus Madrid vom 26. September 1581.
Die Flotte aus den spanischen Indien ist gottlob am 13. dieses ohne Schaden angekommen. Darauf sind bei 15 Millionen Wert. Wie man sagt, soll sie in der Havanna noch einige Millionen ausgeladen und dort gelassen haben, weil die Schiffe überladen gewesen sind. Dies ist ein schöner Reichtum, der die Handlung wiederum erquicken wird."

„Brand der Börse in Antwerpen.
Aus Antwerpen vom 26. Februar 1583.
Am 23. abends um 9.00 Uhr ist hier die Börse rundum ganz abgebrannt. Dieses Feuer ist durch eine Glutpfanne veranlaßt, und es haben viele arme Krämer all ihr Gut dadurch verloren. Sonst ist gottlob an keinem Hause Schaden geschehen."

„England und Holland erobern den Welthandel.
Aus Antwerpen vom 2. Juli 1600.
Aus Holland und Zeeland wird geschrieben, daß wiederum vier Schiffe aus Ostindien und andere Schiffe aus Westindien zu Plymouth in England, sehr reichlich mit Specereien beladen, angekommen sind. Sie haben insgesamt 90 Lasten Pfeffer, der wohl auf 324 000 Pfund geschätzt wird, mitgebracht. Überdies noch Gewürznägel und Massis. . . Diese

Fahrt wird ganz allgemein und in Spanien (als) sehr schädlich (erachtet). Dies kommt daher, daß man in Holland und Zeeland die Schiffahrt auf portugiesisches und spanisches Gebiet beschlossen hat."

Die Wirtschaftsnachrichten dieser Zeit beziehen sich also noch fast ausschließlich auf Informationen über den Großhandel, die Schiffahrt und das Bankiersgewerbe. Kurs- oder Marktberichte fehlten noch. Erst etwas später kamen gedruckte Kurszettel auf den Markt, die man auch einzeln abonnieren konnte. In der zweiten Hälfte des 17. Jahrhunderts nahm die Wirtschaftsberichterstattung erheblich zu. Die größeren politischen Blätter in den bedeutenderen Städten warben regelrecht mit dem Versprechen, ‚sich allen Commercierenden gefällig zu machen'. Und so finden sich schon in der ersten Hälfte des 18. Jahrhunderts in den Zeitungen außer den früheren Schiffsnachrichten mit Angabe der Ladung der Warenmenge auch die wöchentlichen Geld- und Wechselkurse auswärtiger Plätze und die Ergebnisse der Warenauktion, die Einfuhrlisten und Warenpreise.

1793 wurde in Frankfurt das „Journal de Francfort" gegründet, das zweimal in der Woche eine Rubrik „Commerce" mit Kursen, Schiffsnachrichten und Handelsübersichten brachte. Vorübergehend begann die „Neue Zürcher Zeitung" 1790, französische Börsen- und Wechselkurse zu drucken. Der „Eilfertige Welt- und Staatsbote" brachte seit 1802 zweimal wöchentlich Kurse, und die „Vossische Zeitung" veröffentlichte 1802 unter der Überschrift „Wechsel – Geld – Course" insgesamt 17 Notierungen (für deren Lieferung ein Börsenmakler acht Taler als Mitarbeiterhonorar jährlich erhielt). Jedoch gilt erst das Jahr 1805 als das Geburtsjahr eines ersten wirklichen Handelsblattes: der „Hamburgischen Börsenhalle".

Nicht alle Handelsherren sahen die zunehmende Berichterstattung der Gazetten über Wirtschafts- und Handelsfragen mit Vergnügen. Es gab Beschwerden über falsche Nachrichten und vor allem wurde befürchtet, daß durch die Offenlegung der Informationen die auswärtige Konkurrenz Vorteile erlangen könnte. Und auch das gab es schon, womit heute jede Wirtschaftszeitung zu tun hat: Als die „Vossische Zeitung" 1740 eine unrichtige Information über das Berliner Lagerhaus gebracht hatte, erhielt der Verleger vom Generaldirektor des Unternehmens die Drohung, daß er „die bey dem Zeitungsschreiben erlaubete Freyheit mit mehr Überlegung und Behutsamkeit traktieren solle", und es wurde ihm „ernstlich anbefohlen, sich auch nicht weiter zu unterstehen, weder von Polizey noch von dem Lagerhause oder anderen einländischen Commercien Manufactursachen in seinen Zeitungsblättern ohne das zu erhaltene Ordere nicht das Geringste zu melden, widrigenfalls nachdrückliche Ahndung zu gewärtigen“ sei. Als die Wirtschaftszeitungen auch noch „zu raisonnieren“ begannen, wurden die Kaufleute noch ärgerlicher, immer wieder wurden auf ihren Druck hin Verbote auch von Behörden gegen die Zeitungen ausgeprochen, die sich jedoch niemals durchsetzen ließen.

Die sogenannten Intelligenzblätter der anschließenden Jahrzehnte waren inhaltlich stark kommerziell geprägt. Sie berichteten ausführlich über das heimische Marktgeschehen und rückten, obwohl sie zunächst reine Inseratenblätter waren, amtliche Bekanntmachungen und Informationen zur Förderung des Handels ein. Teilweise wurden die Intelligenzblätter durch amtliche Dekrete bevorrechtigt, bestimmte Handels- und Wirtschaftsinformationen zu drucken. So konnte das Berliner Intelligenzblatt 1802 gegen die Veröffentlichung von Getreidepreisen und Börsenkursen durch die „Vossische Zeitung“ mit dem Hinweis darauf erfolgreich Einspruch erheben, nur sie sei hierzu offiziell legitimiert.

Die Vorläufer der modernen Wirtschaftsteile von Tageszeitungen entstanden in der Mitte des 19. Jahrhunderts als Antwort auf den Informationsbedarf, der durch das Entstehen der Industriegesellschaft aufkam. Damals hießen die Wirtschaftsteile noch Handelsteile. Sie wurden fast ausschließlich in den großen Zeitungen wie der „Frankfurter Zeitung“ oder der „Neuen Zürcher“ gepflegt. Die Bezeichnung Handelsteil einer Zeitung ist zu eng gefaßt: „Man versteht darunter streng genommen nur den Binnenhandel und Außenhandel, also die Verteilung, während die Erzeugung (Industrie, Handwerk, Landwirtschaft) gar nicht eingeschlossen ist, ist schlicht ein Widersinn.“ (Jürgen Eick, in: „So nutzt man den Wirtschaftsteil einer Tageszeitung.“ Frankfurt am Main 1985).

Gefördert wurde die Entwicklung der Handels- und Wirtschaftsteile dadurch, daß sogenannte „Kleinsparer“ im Zuge der nach 1830 beginnenden Entwicklung der Aktien hohe Verluste erlitten, und daß durch neue technische Entwicklungen, wie den Eisenbahnbau, Spekulanten auf die Märkte drängten, deren „Tricks“ publiziert wurden. Die nach 1879 folgenden Gründerjahre einschließlich deren Krisen stärkten das Interesse an diesen „Handels“teilen weiter.

Letztlich aber ist „der Wirtschaftsjournalismus . . . ein Kind der Börse“ (Wilhelm Seuß, F.A.Z., 20. August 1985). Von 1829 an erschienen von Abraham Sulzbach hergestellte Kurszettel in der „Frankfurter Oberpostamts-Zeitung“. Hier waren nicht nur Notierungen, sondern auch ein wöchentlicher Börsenbericht zu finden. Versuche von Börsenzeitungen (wie beispielsweise von Wilhelm Speyer) oder des bereits früher gegründeten „Frankfurter Journals" hatten erst dann Erfolg, als die Technik fortgeschritten und der Telegraf geboren worden war. Die Brieftaube hatte ausgedient. Herr Reuter, vormals zuständig für die Taubenpost, erkannte die Zeichen der Zeit – sein Unternehmen ist wegen seiner technischen Fortschrittlichkeit bis heute eine der führenden Nachrichtenagenturen geblieben. Am 1. Januar 1854 wurde „Der Actionär" in Frankfurt, am 1. Juli 1855 die „Berliner Börsen-Zeitung" in Berlin erstmalig publiziert.

Als Vorläufer der „Frankfurter Zeitung" mit ihrem Handelsteil erschien am 21. Juli 1856, herausgegeben von den Bankiers Heinrich Bernhard Rosenthal und Leopold Sonnemann, der „Frankfurter Geschäftsbericht". In dem „Geschäftsbericht" von Rosenthal/ Sonnemann wurde am 27. August 1856 die „Frankfurter Handelszeitung", vom 1. September 1859 an die „Neue Frankfurter Zeitung" (Untertitel: „Frankfurter Handelszeitung") und vom 16. Februar 1864 an die „Frankfurter Zeitung" (Untertitel: „Handelsblatt") erwähnt. Sonnemann später dazu: „Die erste industrielle Gründungsepoche war damals in vollem Zuge. Der französische ‚Crédit Mobilier' hatte eine Ära wilder Spekulation entwickelt . . . Da galt es, dem deutschen Publikum die großen Gefahren des Aktienwesens nahezulegen und die Unhaltbarkeit mancher neuer Schöpfung nachzuweisen . . . Das energische Auftreten des Blattes gegenüber dem Gründungsschwindel, die richtige Beurteilung der finanziellen Lage und namentlich das baldige Eintreffen des mit Bestimmtheit vorausgesagten Krachs von 1856/57 erweiterten bald den Kreis der Freunde und Anhänger des kleinen Unternehmens" (Jürgen Jeske, F.A.Z., 29. Oktober 1981).

Erst drei Jahre nach ihrer Gründung erweiterte die „Frankfurter Handelszeitung" ihren Handelsteil auf politische Informationen. Vor 1914 erschien die „Frankfurter Zeitung" viermal täglich mit insgesamt 10 bis 15 Seiten Handelsblatt, die 40,8 Prozent des gesamten Textteils ausmachten (Groth, Otto, „Die Zeitung". Mannheim 1928 bis 30, Band I, Seite 968 ff).

Ein „volkstümlicher Wirtschaftsteil" entstand nachweislich jedoch erstmals 1899 in der „Berliner Morgenpost" (Winschuh, Josef: „Über Wirtschaft schreiben, Wirtschaftspublizistik im Wandel der Zeit". Baden-Baden 1963). Er wurde gefördert durch die Inflationsjahre, die Arbeitslosigkeit, die Wohnungsprobleme, die Probleme der Verbraucher generell. Bei allen Wirtschafts- und Handelsnachrichten war es stets besonders wichtig, daß die Zeit zwischen dem Entstehen der Nachricht und deren Empfang möglichst kurz sein mußte. Technische Verbesserungen brachten höhere Akzeptanzen der Medien: die Einführung der Schnellpresse 1812, der Setzmaschine 1852 und der Rotationsmaschine 1865. Schon sehr früh wurden die elektrische Telegrafie und der Funk zur Übermittlung von Wirtschaftsnachrichten eingesetzt.

Bereits am 1. September 1922 wurde der erste funktelefonische Wirtschaftsfunk in Deutschland etabliert. Träger war die „Eildienst für staatliche und private Handelsnachrichten GmbH". Er arbeitete von 7.00 Uhr bis 22.30 Uhr, hatte mehrere hundert Teilnehmer in Deutschland und benutzte einen Langwellentelefoniesender der postalischen Hauptfunkstelle Königs Wusterhausen bei Berlin. 1922 gab es 762, 1923 bereits 1430 Teilnehmer. Bereits 1919 hatte das Auswärtige Amt in Zusammenarbeit mit der Post über einen sogenannten Löschfunkensender Wirtschaftsmeldungen an rund 100 Empfangsstellen in Deutschland per Morsezeichen ausgestrahlt. Die Empfangsstellen schrieben die Meldungen auf und stellten sie per Post den Empfängern zu. 1935 gab es nur noch 309 Teilnehmer am Eildienst, weil sich neue Telegrafenapparate und vor allem der Telexempfänger auf dem Markt durchsetzten (Otto Lemke, F.A.Z., 1. September 1972).

Entscheidenden Einfluß auf die Entwicklung der Wirtschaftsteile hatten die Entwicklungen der Nachrichtenagenturen. In den dreißiger Jahren des vergangenen Jahrhunderts gründete der Franzose Charles Havas ein Nachrichtenbüro. Das gleiche tat in Deutschland 1849 Bernhard Wolff mit dem „Wolffschen Telegraphen-Büro" (WTB) (Höhne, Hansjoachim: „Report über Nachrichtenagenturen", Band 2: „Die Geschichte der Nachricht und ihrer Verbreiter." Baden-Baden 1977, Seite 45 ff).

Mitte der zwanziger Jahre begann auch der Rundfunk, Wirtschaftsnachrichten zu übermitteln. In diese Zeit fällt auch die Verwandlung des Handelsteils in den Wirtschaftsteil. Waren es bisher überwiegend Börsen-, Branchen- und Firmenberichte, so kamen nun zusätzlich (volks)wirtschaftliche Elemente hinzu: Monetäres, Fiskalisches, Weltwirtschaftliches, Konjunkturelles.

Nach 1933 waren Handelsinformationen politisch wenig erwünscht, „denn die damaligen Machthaber hielten nichts von ‚Börsenschacher' und überhaupt wenig vom ‚Handel', der als ‚jüdisch' und ‚unproduktiv' denunziert wurde" (Franz Ronneberger, „Bedeutungswandel des Wirtschaftsteils in Presse und Rundfunk", in: „Fachjournalismus im Gespräch", Texte des Zentrums für fachjournalistische Studien an der

Justus-Liebig-Universität, Gießen, Sonderheft Wirtschaftsjournalismus, 1986).

Die Handelsinformationen traten weit in den Hintergrund, und die wirtschaftspolitische Information dominierte. Bereits nach dem Krieg zeigte sich recht bald, daß es keinen Weg mehr zurück zu den Handelsteilen alter Prägung geben konnte. Statt dessen fanden sich immer stärker sozialpolitische und populäre Wirtschaftsnachrichten – auch im politischen Teil der Zeitung.

Nach dem Krieg verstand sich die neuentstandene Regionalpresse eher als Informationspresse, die die Informationswünsche eines Massenpublikums zu erfüllen hat. Wirtschaftsnachrichten in allgemeinverständlicher Form nehmen zu. Zudem werden die Wirtschaftsteile auch der überregionalen Zeitungen mehr und mehr mit sozialpolitischen Informationen befrachtet. Da sich die Politik immer stärker in alle Lebensbereiche einmischt, nimmt es nicht wunder, daß sich zunehmend Wirtschaftsinformationen auch in den politischen Teilen der Zeitungen wiederfinden. Immer stärker nimmt auch der Dienstleistungscharakter der Medien zu. Sie haben zum Ziel, die Informationen zu vermitteln, die vom Konsumenten auch wirklich benötigt und unmittelbar „benutzt“ werden können („news you can use“).

Noch 1953 waren die Wirtschaftsteile der Zeitungen allerdings vor allem Börsenteile, wie sie zuvor Handelsteile waren. Mehr und mehr zwangen dann die elektronischen Medien, wie vor allem der Hörfunk, die gedruckten Medien, sich den allgemeinen Wirtschaftsthemen anzunehmen: Der Weg von den Wirtschaftsbeilagen für Spezialisten hin zu den heute bekannten, allgemein interessierenden Wirtschaftsteilen hatte begonnen. Dieser Trend wurde durch eine Sonderentwicklung verstärkt: Seit Mitte der sechziger Jahre gelangten zunehmend Aktivitäten von Verbraucherorganisationen aus den USA auch nach Europa. Anlaß war das Gefühl der Ohnmacht von Verbrauchern gegenüber der vorgeblichen Übermacht der Hersteller. Sehr schnell schlossen sich die Politiker dieser höchst populistischen Idee an, die Position der Verbraucher in den Märkten zu verbessern, und engagierten sich für den Verbraucherschutz, der sofort Eingang in die (populistischen) Medien fand.

Die Wirtschaftspolitik – heute eines der wichtigsten Felder der Wirtschaftsberichterstattung in den Medien – erhielt in der Bundesrepublik jedoch eigentlich erst mit Bildung der großen Koalition Ende 1966 einen so hohen Stellenwert, daß auch die lokale und regionale Tagespresse der durch das Fernsehen vorgegebenen Thematisierung von Wirtschaftsfragen nachfolgte. Die Herren „Plisch“ und „Plum“

(Karl Schiller und Franz-Josef Strauß) also haben, wie in so vielen anderen ökonomischen Dingen, auch hier den Anstoß gegeben.

Zur selben Zeit begann die vollständige Renovierung der Zeitungsverlage, auch der kleineren: Der Umbruch von der rein handwerklich geprägten Produktionsweise zur elektronischen mit allen notwendigen Umstellungen auch im Management, mit allen neuen Überlegungen wirtschaftlicher Fragen. Man spürte zudem, daß immer stärker immer neue, vor allem elektronische Medien auf die Märkte drängten.

Und, auch wenn es den Zeitungsleuten nicht gefällt: Entscheidend an dem Wandel der Wirtschaftseile der Tageszeitungen waren daran die elektronischen Medien beteiligt. Während die Gazetten zunächst hochnäsig auf die heranwachsende elektronische Konkurrenz herabsahen („Bilder anstatt Argumente"), zwangen die elektronischen Medien und ihre das Informationsverhalten der Bürger tiefgreifend verändernde Prägung die Zeitungen geradezu, sich dieses Gebietes verstärkt anzunehmen.

Eine interessante Entwicklung machte die Wirtschaftsberichterstattung dabei in den elektronischen Medien selber durch. Vor allem in den öffentlich-rechtlichen Sendern wurde über Jahre, über die Wirtschaft wenn überhaupt, dann nur in ideologiekritischem Ton berichtet. Der real existierende Kapitalismus war eben der Watschenmann, auf dem man ungestraft und unwiderlegt herumprügeln konnte. Je größer das wirtschaftliche Chaos in den bis dahin so vergötterten real-sozialistischen Ländern jedoch wurde, desto vernünftiger wurden die Sendungen.

Als dann auch noch die private elektronische Konkurrenz am Horizont auftauchte, besann man sich in den Anstalten doch mehr und mehr der eigentlichen Aufgabe, Wirtschaftsprogramme nicht für die journalistischen Chefideologen der Nation und umverteilenden Besserwisser, sondern für das Publikum zu machen. Und so ist es nicht verwunderlich, daß eine Sendung wie „WISO", das Magazin für Wirtschaft und Soziales im ZDF, bis 28 Prozent Einschaltquoten erreichte und jede Woche von sechs bis acht Millionen Menschen gesehen wird (Michael Jungblut in: „Wirtschaft als Thema im ZDF", ZDF-Jahrbuch 1986). Daß mit derartigen Sendungen noch nicht die alte Wirtschaftsfeindlichkeit aus den öffentlich-rechtlichen Programmen verschwunden ist, merkt der Zuschauer auch heute noch beim täglichen Fernsehkonsum, aber eine Verbesserung ist unverkennbar.

Auch die Printmedien sind der neugewachsenen Nachfrage der Bürger nach Wirtschaftsinformationen entgegengekommen: Einerseits durch eine Vielzahl von speziellen Zeitschriftentiteln – ihre Zahl hat sich in den letzten 20 Jahren, durch die Vergrößerung der Wirtschaftsteile in der Tagespresse verdreifacht –, es gibt praktisch keine selbständige Tageszeitung mehr ohne Wirtschaftsteil. Heute ist bei den überregionalen deutschen Tageszeitungen „Die Welt“ und „Frankfurter Allgemeine Zeitung“ im Wochendurchschnitt etwa ein Viertel des gesamten Textteils mit Wirtschaftsinformationen gefüllt. Ausgezählt auf Netto-Seiten, das heißt unter Abzug der Anzeigenräume und ohne Beilagen (zum Beispiel Natur oder Lokales) enthält beispielsweise die F.A.Z. vom 25. Juli 1990 sogar in fast der Hälfte ihres Umfanges Wirtschaftsinformationen. Bei den regionalen Abonnementszeitungen sind es knapp zehn Prozent.

Die Märkte haben sich zudem durch eine Fülle von Special-Interest-Titeln an den Zeitungskiosken, durch etwa 800 Wirtschaftsinformationsdienste und durch fast die gleiche Anzahl wirtschaftlicher Fachzeitschriften den neuen Wünschen nach Wirtschaftsinformation angepaßt. Teilweise beachtliche Geschäftserfolge neuer Wirtschaftspublikationen, wie beispielsweise des „Forbes“-Magazins, das aus dem Stand den Marktdurchbruch erreichte, belegen, daß trotz einer hohen Marktbesetzung mit Wirtschaftstiteln immer noch neue Chancen für neue Wirtschaftspublikationen bestehen.

Ohne Zweifel hat auch die nach dem zweiten Weltkrieg in der Bundesrepublik stark anschwellende Öffentlichkeitsarbeit von Unternehmen und Institutionen die Wirtschaftsteile der Medien erheblich verändert. Nach Edward L. Bernays (in: „The Theory and Practice of Public Relations“. In: derselbe, „The Engineering of Consent“, Oklahoma 1956) umfaßt der Begriff „Public Relations“ „Informationen der Öffentlichkeit, das Bemühen, die Öffentlichkeit davon zu überzeugen, daß Verhaltensweisen und Handlungen von Einzelpersonen, Gruppen oder Gesellschaften geändert werden müssen, und daß Anstrengungen zu unternehmen sind, Verhaltensweisen und Handlungen dieser Personen oder Gruppen mit der Öffentlichkeit und solchen der Öffentlichkeit mit ihnen zu integrieren.“ Dabei haben berechtigte öffentliche Interessen den Vorrang vor privaten.

Damit ist nach seiner Definition Public Relations ein sozialer Prozeß gegenseitiger Kommunikation, in dem das „Feedback“ besonders wichtig ist. Öffentlichkeitsarbeit als Institution ist jedoch älter. Bereits 1857 hat der Industrielle Gustav von Mevessen die „größtmögliche Öffentlichkeit und umfassende Geschäftsberichte für die Aktiengesellschaft gefordert“ (Wilmont Haacke, in: „Public Relations – oder das Vertrauen der Öffentlichkeit“ in: „Aus Politik und Zeitgeschichte“,

Beilage zur Wochenzeitung „Das Parlament". B 48/69, 1969). Schon 1893 richtete die Firma „Friedrich Krupp" in Essen eine Presseabteilung ein. 1906 wurde die erste städtische Pressestelle in Magdeburg geschaffen (Günter Barthenheier, in: „Öffentlichkeitsarbeit", Berlin, New York 1982).

Durch die verstärkte Artikulation von Unternehmen und Institutionen ist ein gewaltiger und segensreicher Veröffentlichungsdruck auf die Medien entstanden, denn kein Medium, das im täglichen Konkurrenzkampf steht, kann es sich leisten, eine interessante Information aus einem interessanten Unternehmen fortzulassen. Und schon hört man hier und da, vor allem aus Richtung der „IG Medien", daß die Wirtschaft dabei sei, die Medien mit zweck- und zielgerichteten Informationen und natürlich in unlauterer Absicht totzuschütten. Dieser Polemik kann leicht dadurch begegnet werden, daß die Öffentlichkeitsarbeiter weiterhin exzellente journalistische Leistung anbieten, und die Redakteure in den Medien daraus mit Professionalität sachgerecht diejenigen Informationen auswählen, die ihren Lesern, Zuhörern und Zuschauern am dienlichsten sind.

Doch auch wenn wir durchaus mit der Entwicklung unserer Wirtschaftspublizistik in den vergangenen Jahrzehnten zufrieden sein können: Verglichen mit den großen internationalen Wirtschaftsblättern, ist die Bundesrepublik nach wie vor ein wirtschaftspublizistisches Entwicklungsland. Die japanische Wirtschaftszeitung „Nihon Keizei Shimbun" hat eine tägliche Auflage von etwa 2,8 Millionen Exemplaren und ist die größte der Welt. Das „Wall Street Journal" hat ebenfalls mehr als zwei Millionen tägliche Auflage, die „Financial Times" hat 290 000, das „Handelsblatt" mit 100 festangestellten Redakteuren und Korrespondenten verkauft börsentäglich 137 000 Exemplare. Die Auflage der deutschen Wirtschaftsmagazine wird auf knapp eine Million geschätzt.

Wie wird es weitergehen mit der Wirtschaftsberichterstattung? Es ist zu konstatieren, daß das Interesse des Publikums an der Wirtschaftsthematik weiter wächst, dadurch werden sich die Angebote weiter erhöhen. Durch den starken Konkurrenzkampf jedoch wird der Hang zur Personalisierung, leider auch zur Emotionalisierung wachsen: Eine Aussicht, die für die Wirtschaftsberichterstattung nicht gerade froh stimmt. Heikle Beispiele dafür, wie so etwas morgen die Regel sein könnte, liefern heute bereits einige Magazine, „Spiegel" und „Manager Magazin" zum Beispiel, die längst gemerkt haben, wie man mit dieser Masche Auflage auf Kosten anderer machen kann.

Im Zuge des Trends zu weiterer Spezialisierung werden sich auch die Wirtschaftsressorts in den Zeitungen und den elektronischen Medien weiter aufsplitten. Der spezialisierte Börsenjournalist ist heute bereits existent, künftig aber wird es den Versicherungsjournalisten, den Unternehmensjournalisten, den wirtschaftspolitischen Journalisten, ja auch den Agrarjournalisten oder den Verbandsjournalisten geben. Das wiederum wird den Trend zum selektiven Berichten verstärken und die Ganzheitlichkeit einer Tageszeitung weiter gefährden. Gerade das, was in der Wirtschaftsberichterstattung dringend nottut, wird dadurch immer seltener werden: das Erlangen eines Überblicks über das wirtschaftliche Geschehen im Kontext zu anderen Wissensbereichen.

In wachendem Maße werden zudem die technischen Entwicklungen die Zukunft einschneidend beeinflussen. Alles das, was sich heute in Ansätzen an den Märkten zeigt, wird weite, bisher mit konventionellen Medien besetzte Marktsegmente okkupieren: die „online"-Dienste, die Datenbankrecherchen, aber auch viele, heute noch unbekannte Formen der Informationsübermittlung.

Ein Trost: Die Märkte selber werden wie überall auch hier regulieren und schlimme Fehlentwicklungen verhindern. Zumindest ist das eine wichtige und zugleich tröstliche Lehre aus der Lektüre von Wirtschaftsinformationen von den Fugger-Zeitungen bis heute. Was sich auch immer wie entwickeln wird: Entscheidendes Ziel der Wirtschaftsberichterstattung wird es bleiben, jeden Bürger dazu zu befähigen, die Chancen, die ihm unsere freie Wirtschaftsordnung bietet, auch wirklich zu nutzen. Kommunikative Chancengleichheit herzustellen, bleibt die Aufgabe der Medien. Wirtschaftliche Chancengleichheit herzustellen, das bleibt trotz allen Wandels das Ziel der Wirtschaftspublizistik.

Wolfgang Schöhl

Der Bedarf nimmt zu

Wirtschaftsberichte als Informationsquelle für den Bürger

Man müßte die westdeutschen Kultusminister – zum Beispiel in einer Quizsendung des Fernsehens oder im Rahmen einer Kultusministerkonferenz – einmal bitten, die wichtigsten Komponenten der Wertschöpfung eines Unternehmens oder die des Bruttosozialprodukts aufzuzählen. Die Mehrzahl der erlauchten Herren, die für die Lehrpläne an unseren Schulen verantwortlich sind, dürften da erheblich ins Schwitzen kommen.

Wirtschaft ist noch immer ein Thema, das angeblich nur Fachleute angeht, obgleich jeder von ihr spricht und – mehr noch – jeder von ihr lebt. Wenn wir über das Funktionieren unseres Körpers so wenig wüßten wie über das Funktionieren des marktwirtschaftlichen System, das uns hohen Wohlstand beschert, müßten wir größtenteils krank sein. Da ist es fast ein Wunder, daß die Marktwirtschaft der Bundesrepublik Deutschland so gesund ist, daß sie auch die der DDR teilweise wird kurieren können.

Der Nutzen guter Wirtschaftskenntnisse für den Bürger als Wähler und Demokraten und als arbeitenden Menschen ist zu lange unterschätzt worden. Das trifft besonders für den schulischen Unterricht zu: Bis heute gibt es in denjenigen westdeutschen Schulen, die die große Mehrzahl der Bevölkerung durchläuft, kein Fach, in dem etwa mit Selbstverständlichkeit gelehrt und als abfragbares Wissen verlangt wird, was der Unterschied zwischen Umsatz und Gewinn ist. Solches Grundwissen ist weder Teil der Lehrpläne, noch gehört es nach allgemeiner Meinung des sogenannten Bildungsbürgertums zur Allgemeinbildung.

Das ist der erste und auch der wichtigste Grund, weshalb die Bedeutung der Wirtschaftsberichterstattung als Informationsquelle für den Bürger bisher nicht hoch genug eingeschätzt worden ist: Weil die Massenmedien die größte Macht haben, das nachzuholen, was in der Schule zu vermitteln versäumt worden ist.

Und noch eine Behauptung: Der größte Teil des politischen Streits, der an Stammtischen, in Wahlversammlungen und in politischen Fernsehdiskussionen ausgetragen wird, oder der langjährige Freundschaften zerbrechen läßt, wäre nicht da, wenn die Streitenden ein Grundwissen in wirtschafts- und sozialwissenschaftlichen Fragen hätten; und zwar nicht mehr als das Wissen, über das ein einigermaßen fleißiger Student der Volkswirtschaftslehre nach dem vierten Semester verfügt. Unnützen Streit in der Politik vermeiden zu helfen, ist eine der vornehmsten Aufgaben der Wirtschaftsberichterstattung; der Nutzen, den solche Aufklärung stiftet, darf nicht unterschätzt werden.

Unter Wirtschaftsberichterstattung soll im folgenden eine Berichterstattung über alle Dinge verstanden werden, die das Leben von Wirtschaftsunternehmen, von öffentlichen Haushalten, wirtschaftlich arbeitenden Organisationen und Privathaushalten wesentlich bestimmen – einschließlich der sozialen und ökologischen Vorgänge. Eine solche weite Definition umfaßt etwa die Themenbreite eines Magazins wie der „Wirtschaftswoche"; oder auch die einer Zeitung mit ausgeprägtem Wirtschaftsteil wie der „Frankfurter Allgemeinen Zeitung", deren etwa 60 Wirtschaftsredakteure ihre Themen nicht nur im Wirtschaftsteil, sondern in erheblichem Maße auch schon auf den vorderen Seiten – dem allgemeinpolitischen Teil – abhandeln.

Meine Hauptthese zur Bedeutung der Wirtschaftsberichterstattung für den Bürger lautet: Obgleich der Bildungsstand des größten Teils der Bevölkerung generell gestiegen ist, ist der Bedarf an Wirtschaftsberichterstattung als Informationsquelle für den Bürger heute wesentlich größer als noch vor etwa zwei Jahrzehnten. Daß das Angebot an Wirtschaftsberichterstattung in Qualität und Quantität diesem Bedarf auch Rechnung trägt, darf man bezweifeln. Im folgenden die Gründe für meine These.

1. Spätestens mit Einführung des Betriebsverfassungsgesetzes und einer breit verankerten Mitbestimmung in deutschen Unternehmen hat eine Verlagerung vieler wirtschaftlicher Entscheidungen auf niedrigere Ebenen begonnen. Zusätzlich hat die wachsende Macht der Gewerkschaften de facto eine ähnliche Wirkung gehabt, auch ohne daß sich dies in Wirtschaftsgesetzen geäußert hat. Das hat beispielsweise den Vorteil gehabt, daß es in der Bundesrepublik auf diese Weise manche sozialen Errungenschaften gibt, die andere Industrienationen noch nicht haben.

Aber es hat auf wirtschaftlichem Gebiet auch Nachteile gehabt. Manche Manager haben beklagt, daß im Rahmen der Mitbestimmung Entscheidungen von Personen gefällt würden, die nicht immer eine angemessene Ausbildung in Wirtschaftsfragen hätten. Daher seien in deutschen Unternehmen häufig nur zweitklassige Lösungen möglich gewesen. In Ländern wie Japan, wo gut ausgebildete Manager im Vergleich zu den Gewerkschaftsvertretern eine erheblich größere Macht hätten, habe man dagegen häufig bessere Entscheidungen fällen und daher andere Industrienationen überholen können.

Diese Argumentation mag nur teilweise richtig sein, aber soweit sie richtig ist, muß die Folgerung heißen: Diejenigen Bürger, die – zum Beispiel über ein Mandat in den Gewerkschaften – wirtschaftliche Macht haben, ohne immer eine ihrer Macht entsprechende Ausbildung – etwa ein Wirtschaftsstudium – gehabt zu haben, brauchen dringend gute Wirtschaftsinformationen aus den Massenmedien. Denn nur selten werden sie sich die Zeit nehmen, in Fortbildungsstudien an anerkannten Ausbildungsstätten das nachzuholen, was sie früher – aus sehr verständlichen Gründen – nicht lernen konnten. Erhalten sie eine solche Fortbildung auch nicht über die Massenmedien, so ist die Tragweite der Fehler, die aufgrund des fehlenden Wirtschaftswissens entstehen können, heute größer als noch vor zwei bis drei Jahrzehnten.

2. Eine Verlagerung der Entscheidungen auf ein niedrigeres Niveau hat auch im Zuge der sogenannten Demokratisierung der Politik stattgefunden. Viele Standortentscheidungen von Unternehmen werden heute nicht allein mehr vom Unternehmen selbst gefällt, sondern von außenstehenden, vom Unternehmen unabhängigen Bürgern mitbeeinflußt: von Bürgerinitiativen oder über Interessengruppen in politischen Parteien, die es in dieser Vielzahl früher nicht gab.

Das trifft nicht nur für Anlagen zur Aufbereitung von Kernbrennstoffen oder für Flughäfen zu, deren Erweiterung verhindert werden soll. Es trifft auch dann zu, wenn ein neues Unternehmen gegründet werden soll, und mehrere Gemeinden sich wegen der damit verbundenen hochwertigen Arbeitsplätze darum bewerben, als Standort ausgewählt zu werden. Hier entscheidet häufig der Bürger indirekt über die Kommunalwahlen oder direkt über Bürgerinitiativen mit. Das Niveau der öffentlichen Auseinandersetzung in solchen Fragen, die wirtschafts- und sozialwissenschaftlich vorgebildete Menschen ganz sachlich behandeln können, ist keineswegs immer berauschend.

Wie das Niveau ist, ob ein Teilnehmer an solchen Diskussionen das als gut oder nicht so gut informierter Bürger tut – das ist häufig eine Frage der Menge und der Güte der Wirtschaftsberichterstattung.

3. Moderne Techniken, die der Wirtschaft zugrunde liegen, werden immer komplexer und folgen in immer schnelleren Innovationszyklen aufeinander. Sie zu beherrschen ist nur möglich, wenn Entscheidungen in höherem Maße delegiert werden können als früher. Das trifft sowohl für Großanlagen der Chemie zu als auch für Kernkraftwerke

und Großanlagen der Datenverarbeitung mit den entsprechenden Möglichkeiten, mit den gesammelten Daten Mißbrauch zu treiben.

Mehr und bessere Wirtschaftsberichterstattung in modernen Massenmedien kann wesentlich dazu beitragen, breitere Bevölkerungsschichten mit den Risiken und Chancen solcher Großtechniken vertraut zu machen. Mit ihr kann man dem Bürger als Wähler ein Grundwissen verschaffen, mit dem er einigermaßen kompetent entscheiden kann, ob mit seinem Steuergroschen eine Großtechnik, wie zum Beispiel die Gentechnik, gefördert werden soll. Oder man kann den Bürger als Mitarbeiter eines Betriebes in die Lage versetzen zu entscheiden, ob die Gewinne, die er in seinem Betrieb zu erwirtschaften mitgeholfen hat, in eine neue Technik investiert werden sollen, und wenn ja, unter welchen Bedingungen.

4. Die Wirtschaftsberichterstattung auf dem Gebiet der Unternehmen ist in den letzten Jahren recht erfolgreich gewesen auf der einzel- oder branchenwirtschaftlichen Ebene. Es gibt eine große Anzahl von mehr als tausend Wirtschafts-Fachzeitschriften, die auf diesem Gebiet Hervorragendes leisten. Die Robustheit der westdeutschen Marktwirtschaft gegenüber falschen wirtschaftspolitischen Signalen und inkompetenten Experimenten von seiten der Politiker ist zum nicht geringen Teil auch auf die Sorgfalt zurückzuführen, mit der die Mehrzahl dieser Fachzeitschriften gemacht wird.

Bisher hat man sich aber im wesentlichen darauf beschränkt, solches Wissen zu vermitteln, das im Bereich einer Einzelunternehmung oder -organisation wichtig ist; beispielsweise Fachliteratur aus Technik und Wirtschaft wie Patente und Marktdaten einzelner Branchen. Das hat zu großem technischen Fortschritt und zu erheblicher Effizienzsteigerung in Einzelunternehmen geführt.

Etwas zu kurz kamen in der Wirtschaftsberichterstattung die Informationen über die gesamtwirtschaftlichen oder die ökologischen Folgen der neuen Produkte und Produktionsverfahren, die aus intelligenten, aber isolierten einzelwirtschaftlichen Entscheidungen hervorgingen. Diese Folgen – auch die unerwünschten – werden nur an wenigen Stellen registriert: in der Bundesrepublik im Statistischen Bundesamt, in der „Bundesbank“, in den Bundesministerien für Finanzen, Wirtschaft, Umwelt und Gesundheit sowie ihren Unterbehörden.

Deren Pressemitteilungen sind oft theoretisch und für Journalisten schwer zu vermitteln, weil wenig schlagzeilenträchtig: auch ein Grund, warum nur sehr wenige Zeitungen, Zeitschriften und Rundfunkanstalten es sich zur Aufgabe gemacht haben, eine lückenlose Berichterstattung mit genügend fachlichem Hintergrund über makroökonomische Fragen zu bringen, wie sie in diesen Institutionen durchdacht werden, und sie den Entscheidungsträgern und dem Bürger als Arbeitnehmer oder selbständig Wirtschaftenden nahezubringen. Dieser Kritik müssen sich vor allem die öffentlich-rechtlichen Fernsehanstalten stellen, die eigentlich über reichliche Mittel für gute gesamtwirtschaftliche Wirtschaftsberichterstattung verfügen.

Das Resultat sind Bürger, die in vielen Fragen keineswegs so mündig sind, wie Politiker sie in Sonntagsreden so gern hinstellen: Meinungsumfragen zeigen, daß die Bürger beispielsweise die Größe der Gewinne westdeutscher Unternehmen hoffnungslos überschätzten. In einer Umfrage unter Straßenpassanten, die die Industrie- und Handelskammer Koblenz im Jahre 1981 durchführte, wurde gefragt, wie hoch man den Anteil des Gewinns am Umsatz von Industrieunternehmen schätze. Im Durchschnitt vermuteten die Befragten Umsatzrenditen von 36 Prozent. In Wahrheit lagen sie aber durchschnittlich bei 7,2 Prozent. Über 40 Prozent der Befragten vermuteten bei den Unternehmen sogar Traumgewinne von über 40 Prozent des Umsatzes! (Diese und ähnliche Resultate sind nachzulesen in: IHK Koblenz: Bodenlose Unkenntnis über Gewinne in der Wirtschaft – Trotz vermehrter Information Fehleinschätzung weiter gewachsen; Koblenz 1981. Mehr Umfragen dieser Art werden dringend benötigt.)

5. Abgesehen von Informationen dieser Art, die den Bürger als Arbeitnehmer angehen, der zum Beispiel wissen sollte, ob sich sein Unternehmen ohne Schwierigkeiten die 35-Stundenwoche bei vollem Lohnausgleich leisten kann oder nicht, besteht auch ein Bedarf für den Bürger als Wähler; denn er nimmt sein Wahlrecht auch auf Landes- und kommunaler Ebene immer bewußter wahr. Um es an einem Beispiel zu verdeutlichen:

Die Bundesbank hatte im Frühjahr 1990 davor gewarnt, die DDR-Mark generell zum Wechselkurs 1:1 umzustellen. Sie hatte einen teilweise gespalteten Umstellungskurs mit dem Schwerpunkt auf zwei DDR-Mark zu einer D-Mark empfohlen. Diese Umstellung würde nicht nur 16 Millionen Bürger der DDR betreffen, sondern letztlich auch alle Bürger der Bundesrepublik, denn Wechselkursentscheidungen sind – was wenige Bürger wissen – Entscheidungen über Hunderte von Milliarden Mark, die mit einem Federstrich getroffen werden, und die im Zweifel die wohlhabenderen, nämlich die westlichen, Bevölkerungsteile eines vereinten Deutschlands zu bezahlen haben werden.

Die Vor- und Nachteile der verschiedenen Umtausch-Alternativen hätten auch Zehntausende von Bürgern in ihrer Funktion als Entscheidungsträger in der DDR sowie in der Bundesrepublik interessieren müssen. Tausende von Unternehmensbilanzen und Hunderte von öffentlichen Haushalten bis hinunter zu den Gemeindehaushalten werden nämlich durch die Umstellung beeinflußt. Die gewaltigste Umverteilung von gesamtwirtschaftlichem Einkommen und Vermögen seit dem Zweiten Weltkrieg mit vielen ungewollten Folgen hat mit der Entscheidung für den einen oder anderen Wechselkurs begonnen.

Daher hätten die vielen Entscheidungsträger und vor allem auch kompetente Bürger so vollständig und rasch wie möglich die Folgen der verschiedenen Wechselkursalternativen kennen müssen. Und sie hätten eine Möglichkeit haben müssen, sich dazu zu äußern. Ein derart gewaltiges öffentliches „Hearing“ wäre nur auf dem Weg über eine qualifizierte Wirtschaftsberichterstattung zu erreichen gewesen. Sie hätte zu einer Flut von wichtigen Leserbriefen, relevanten Eingaben und neuen Vorschlägen geführt, die für eventuelle Ausgleichszahlungen wichtig gewesen wären. Hier aber haben, wie man rückblickend feststellen muß, die Massenmedien leider weitgehend versagt.

Ein zweites Beispiel aus dem Grenzbereich zwischen Wirtschaft und Ökologie legt nahe, daß der Bürger an guter Wirtschaftsberichterstattung noch weit mehr gebrauchen kann als ihm heute – von einigen guten Zeitungs- und Zeitschriftenartikeln und Radiosendungen abgesehen – angeboten wird: Sobald das Umweltbundesamt oder das Umweltamt einer Kommune erfährt, daß an einem Ort in der Bundesrepublik im Grundwasser Spuren eines gewissen hochgiftigen Herbizids auftauchen, das bisher als abbaubar galt, müssen die Risiken und die Gründe dafür über Zeitungen, Radio und Fernsehen ausführlich bekannt gemacht werden.

Denn die Schäden einer derart flächendeckend angewandten Technik wie des Herbizideinsatzes können heute so gewaltig sein, daß rasche und umfassende Entscheidungen wichtiger sind als in früheren Jahrzehnten. Einzelunternehmen, die ein solches oder ähnliches Produkt herstellen, das bisher als abbaubar galt, müssen ihre einzelwirtschaftlichen Entscheidungen aufgrund solcher Nachrichten abändern und das Produkt zur Not sofort aus dem Verkehr ziehen. Und der Bürger als Verbraucher will mit Recht wissen, wieviel er für seine Lebensmittel mehr bezahlen müßte, wenn die Landwirtschaft weniger gefährliche Methoden der Unkrautvernichtung einsetzte – etwa die der Infrarot-Wärmetechnik, die ein Kölner Unternehmer anbietet.

Er wäre erstaunt zu erfahren, wie wenig die dann höheren landwirtschaftlichen Erzeugerpreise bei seinen gesamten Lebenshaltungskosten zu Buche schlagen würden: Sie liegen eher im Promille- als im Prozentbereich. Es gibt zwar viele Umweltsendungen, die auf die gesundheitlichen Risiken von Herbiziden hinweisen, aber wenig Wirtschaftssendungen, die aufzeigen, daß und wie eine andere Produktionsweise finanzierbar ist.

Die bisher aufgeführten Gründe zeigen, daß der Bürger mehr und bessere Wirtschaftsberichterstattung braucht als früher. Das trifft für viele moderne Industriegesellschaften zu, sowohl für die westdeutschen als auch beispielsweise für die französischen und die nordamerikanische mit ihrer marktwirtschaftlichen Ordnung. Generell kann man wohl sagen: Ein hohes politisches Ideal ist erfüllt, wenn die politische und die wirtschaftliche Verfassung eines Staates seinen Bürgern grundsätzlich erlaubt, Entscheidungen auf niedriger Ebene, möglichst nah bei den Betroffenen – ob Nutznießer oder Zahler – zu fällen. Je näher man diesem Ideal kommen will, desto wichtiger ist es, daß der Bürger durch die Medien kompetent und umfassend informiert wird. Das Wissen über Wirtschafts- und Sozialpolitik, wie es in einigen guten Zeitungen vermittelt wird, ist dafür die wohl wichtigste einzelne Voraussetzung.

Diesem großen Bedarf steht in den Medien der Bundesrepublik insgesamt noch keineswegs ein angemessenes Angebot gegenüber. Vor allem fehlt es an guter und ausreichender wirtschafts- und sozialpolitischer Berichterstattung in den westdeutschen Fernsehmedien. Eine andere säkulare Herausforderung für den deutschen Wirtschaftsjournalismus soll zum Schluß kurz angesprochen werden: Seit der Öffnung der Berliner Mauer sind die Anforderungen an die Wirtschaftsberichterstattung in Deutschland besonders hoch: Sie muß den Bürgern der DDR, die bisher größtenteils nicht an den politischen und wirtschaftlichen Entscheidungen ihres Landes teilhaben durften, vieles von dem nachliefern, was die Bundesbürger auch ohne optimale Wirtschaftsberichterstattung – oft mit teuren Umwegen aufgrund eines jahrzehntelangen Verfahrens von „Versuch und Irrtum" – über die Voraussetzungen ihres marktwirtschaftlichen Systems gelernt haben.

Vor allem die öffentlich-rechtlichen Rundfunkanstalten sind hier aufgerufen, alles zu tun, um Verständnis für das Funktionieren einer aufgeklärten sozialen und ökologisch orientierten Marktwirtschaft zu wecken. Die Grundlagen dafür haben die Wirtschaftswissenschaften –

soweit sie unvoreingenommen gearbeitet haben – längst erarbeitet. Das Verständnis für eine solche zukunftsorientierte Marktwirtschaft gilt es zwar vor allem in der DDR zu wecken, aber auch in der Bundesrepublik ist noch einiges zu tun.

Hans Wagner

Keine Orientierungshilfe

Fernsehberichte im Spiegel der Wissenschaft

„Das Zeitungslesen des Morgens früh ist eine Art von religiösem Morgensegen. Man orientiert seine Haltung gegen die Welt an Gott oder an dem, was die Welt ist. Jenes gibt dieselbe Sicherheit, wie hier, daß man wisse, wie man daran sei.“ Hegels Beobachtung ist nach wie vor aktuell. Das fragliche Ritual wurde im Fernsehzeitalter lediglich (oder zusätzlich auch noch) in die Abendstunden verlegt. Routinemäßig die Fernsehnachrichten einzuschalten, ist für die meisten Bundesbürger primär tägliche Vergewisserung, daß die Welt sich dreht, wie sie sich immer gedreht hat, so daß man sich beruhigt zur Ruhe legen kann.

In zweiter Linie sodann mögen auch die Strecken interessieren, auf denen tagsüber die Welt sich bewegte – und die Stücke selbstredend auch, die irgend jemand auf ihr gedreht hat. Demgemäß die ganze Spanne zwischen Politik und Kuriosität ausmessend, gerät der Blick über die Tagesnachrichten für die meisten zum Vorzugsakt ihrer informatorischen Grundversorgung.

Diese Leitfunktion der Fernsehnachrichten für die tägliche Weltorientierung hat immer wieder wissenschaftliche Neugier geweckt. Form und Inhalt solcher Globalvergewisserung standen dabei meist ganz allgemein zur Debatte. Aber natürlich lassen sich die Anfragen unschwer differenzieren: Wenn die tagesaktuellen Fernsehnachrichten tatsächlich so etwas wie „Grundversorgung“ leisten, womit – abgesehen einmal vom Polit-Stenogramm – wird der Durchschnittsbürger denn da wirklich versorgt? Wie sehen die gelieferten Orientierungshilfen in den weniger folgenreichen, wenngleich sensationellen Ereigniszonen, etwa des Sports, der Katastrophen oder der Verbrechen, wie in den weniger aufdringlichen Lebensbereichen, der Kultur zum Beispiel oder auch der Wirtschaft, eigentlich aus?

Wirtschaft als Thema der aktuellen Fernsehberichterstattung ist ein rundum reizvoller Untersuchungsgegenstand, dem sich 1987 und 1988 die Forschungsgruppe „Vergleichende Inhalts-Analyse“ (VIA) am Institut für Kommunikationswissenschaft (Zeitungswissenschaft) der Universität München verschrieben hat (1).

Die Bedeutung wirtschaftlicher Einflüsse auf jedermanns Entscheiden und Tun ist unbestreitbar; umgekehrt scheint jedoch das Wissen um wirtschaftliche Tatsachen und Vorgänge recht unscharf, nicht selten bruchstückhaft zu sein. Kann mithin der Bürger, der gut informiert sein will, sich wenigstens für seinen „Hausgebrauch" – im ganz wörtlichen Sinn für seine private „Ökonomie" – auf die Wirtschaftsinformationen der Fernsehnachrichten verlassen? Sind diese, sofern und soweit angeboten, eine zureichende Orientierungsgrundlage?

Wirtschaft ist in den aktuellen Fernsehnachrichten eine Art „Allerweltsthema", jedoch kaum ein Gegenstand mit einem eigenen spezifischen Informationsgewicht. Nur ein knappes Viertel aller wirtschaftsrelevanten Informationen nämlich wird im Rahmen selbständiger Wirtschaftsbeiträge vermittelt, die auch als solche erkennbar sind. Der bei weitem größte Teil aller Wirtschaftsinformationen ist in andere thematische Kontexte, insbesondere in außen- und innenpolitische, eingelagert. Der Zuschauer begegnet in den täglichen Fernsehnachrichten nicht primär Wirtschaftsthemen, sondern wirtschaftlichen Aspekten in allen möglichen anderen Themen.

Diese Beobachtung gilt generell (2). Die Variationen sind weniger abhängig von den beiden Sendesystemen (der ARD und dem ZDF), sondern von den jeweils gleichartig gepflegten Sendetypen für Tagesaktualitäten: In den Nachrichtensendungen („Tagesschau" und „heute") kommen eigenständige Wirtschaftsthemen etwas häufiger vor als in den Nachrichtenmagazinen („Tagesthemen" und „heute-journal") (3). Letztere stellen auffällig mehr Raum für Außenpolitik zur Verfügung und verwenden deutlich mehr Sendezeit auf Wirtschaftsaspekte in diesem Rahmen.

Dies sind Beobachtungen des ersten Blicks. Die auffallenden Strukturen sind fundamental; denn sie bestimmen bis in kleinste Detail, wie die Wirtschaftsberichterstattung im Fernsehen aussieht. Einerseits nämlich sind Wirtschafts-Splitter weit verstreut in jedem vierten Nachrichtenbeitrag der ARD sowie in jedem fünften beim ZDF zu entdecken; andererseits bleibt Wirtschaft weitgehend eine Neben-Sache im aktuellen Informationsangebot.

Als Teilaspekt anderer Thematiken partizipiert sie an deren Gewicht; die aus vier Meßgrößen (Umfang, Hervorhebungen, Plazierung sowie Rang und Anzahl der Präsentations-Einheiten) errechnete Wichtigkeit von Wirtschaftsinformationen signalisiert überdurchschnittlich hohe Werte – weil für die Redaktionen vor allem die politischen Kontexte wichtig und vorrangig sind, in die Wirtschaft jeweils eingebettet ist.

Dagegen scheinen in beiden Fernsehprogrammen Wirtschaftsvorgänge keinen besonderen einheitlichen Aufmerksamkeitswert zu besitzen, wo sie als selbständige Themen behandelt werden. Irgendwelche klaren Strategien für Auswahl, Gewichtung und Präsentation solch freistehender Wirtschaftsthemen sind nicht erkennbar. Alles, was daher an aktuellen Wirtschaftsinformationen im Fernsehen bemerkenswert ist, folgt zunächst sendetypischen Mustern; auch die Tatsache, daß in den Nachrichtensendungen die rein berichtenden Präsentationsformen (etwa Sprechermeldungen) im Vordergrund stehen, während Nachrichtenmagazine Wirtschaftsaspekte bevorzugt auch mit Hilfe interpretierender Darstellungsformen, nicht zuletzt in Autoren-Filmen, präsentieren.

Völlig parallel damit läuft der Befund, daß in den Nachrichtenmagazinen die Fernsehpublizisten selbst fast zwei Drittel der Sendezeit, die den Wirtschaftsthemen eingeräumt ist, für ihre eigenen Einlassungen zu Wirtschafts-Aktualitäten verbrauchen. (Genau beziffert sich dieser Verbrauch auf 65 Prozent gegenüber „nur" 45 Prozent in den Nachrichtensendungen.) Für die Vermittlung von Wirtschaftsaussagen seitens aller relevanten gesellschaftlichen Aussageträger (angefangen von Sprechern der Arbeitnehmer und Arbeitgeber, über Repräsentanten aus Berufsorganisationen, Verbänden und Handel bis hin zu den Wortführern aus allen politischen Lagern) bleibt da gerade noch ein rundes Drittel der Sendezeit. Die Aktien auf Artikulations-Chancen solch kompetenter Aussageträger stehen also nicht besonders hoch im Kurs.

Und auch die kleinen Chancen scheinen ganz unterschiedlich verteilt zu sein. Die Chance etwa, mit O-Ton im Fernsehen auftreten zu können, ist überwiegend Wortführern von Regierung und Opposition vorbehalten, vielleicht auch noch einigen Arbeitgeber-Sprechern, während Arbeitnehmer-Aussagen fast nur in Sprechermeldungen oder als Hintergrundwort zu illustrierenden Filmen vernommen werden. (Für endgültige Auskünfte sind jedoch die Fallzahlen für die zuletzt genannten Gruppen zu klein.)

Rund 400 Auftritte gesellschaftlicher Aussageträger waren im wirtschaftsrelevanten Nachrichtenangebot der untersuchten Fernsehprogramme insgesamt auszumachen. Aber in einem runden Drittel dieser Fälle sind eben diese Aussageträger so unvollständig vorgestellt und gekennzeichnet, bleiben sie hinsichtlich ihrer Identität und ihrer fachlichen Herkunft so verschwommen, daß ein Zuschauer kaum noch feststellen kann, von wem die Wirtschaftsaussagen wirklich stammen, die ihm da präsentiert werden.

Allgemein kann wohl gelten: Je stärker die Dominanz der Publizisten-Aussagen in einem Beitrag wird, umso häufiger ist die Kennzeichnung der eigentlichen Aussage-Quellen vernachlässigt. Dabei weiß schon der Volksmund, daß es in allen wichtigen Dingen nicht nur darauf ankommt, was dazu gesagt wird, sondern wer etwas sagt! Von völlig unterschiedlichen Zugängen her (von sozialphilosophischen, sozialpsychologischen und soziologischen Ansätzen) und ganz unabhängig voneinander haben in den letzten Jahrzehnten sehr verschiedene Wissenschaften die fundamentale Bedeutung von Kenntnissen über Wissens- und Aussageträger für Prozesse der (Massen-)Kommunikation und ihrer Wirkungen (wieder-)entdeckt und damit die alte journalistische Handwerksregel der Quellenkennzeichnung nachdrücklich untermauert. Fernsehnachrichten zu Wirtschaftsthemen halten sich nicht sonderlich daran. Aber „dunkle Quellen" bedeuten eben nicht nur einen Informationsverlust an sich; sie entwerten auch die vermittelten wirtschaftsrelevanten Sach-Informationen, weil deren Gewicht, deren Zuverlässigkeit und Glaubwürdigkeit für den Zuschauer ohne zureichende Quellenkenntnis nicht sicher genug einschätzbar wird.

Was über Wirtschaft unter den bisher beschriebenen Bedingungen im aktuellen Fernsehangebot vorkommt, ist in ganz wenigen Rubriken unterzubringen: Informationen zu den wirtschaftlichen Rahmenbedingungen (Konjunkturlage, Handelsbilanzen, Geldwert), zu den laufenden wirtschafts- und finanzpolitischen Vorgängen, zu Arbeitsmarkt- und Sozialfragen machen schon rund zwei Drittel aller Stoffe aus. Dazu kommen noch einigermaßen gleichwertig Unternehmens-Informationen, denen allerdings in den Nachrichtenmagazinen deutlich mehr Aufmerksamkeit geschenkt wird als in den Nachrichtensendungen. Diesen Schwerpunkten gegenüber fallen die Themensegmente Umwelt(-politik), Energie(-politik), Verkehr, Ausstellungswesen sowie damit zusammenhängende Service- und Verbraucherinformationen quantitativ kaum noch ins Gewicht.

Welchen dieser Themenbereiche man aber nun immer betrachtet, sobald man ihn mit der Frage nach den Quellen verknüpft, man gewinnt recht brisante Einsichten. In der tagesaktuellen Fernsehberichterstattung wird die Behandlung sämtlicher Wirtschaftsthemen dominiert durch die Aussagen der beteiligten Publizisten sowie durch die Aussagen von Wortführern der Regierung. Diese letzteren sind zwar meist recht prominent, stammen aber nur minderheitlich aus den für Wirtschaft und Finanzen zuständigen Ministerien und Behörden. Publizisten und Regierungspolitiker verkörpern somit eindeutig die „agenda-setter" der aktuellen Wirtschafts-Kommunikation, wie sie das Fernsehen präsentiert.

Diese Dominanz hat für die einschlägige Berichterstattung des Fernsehens ganz erhebliche Konsequenzen: Die Behandlung der Wirtschaftsthemen im aktuellen Fernsehangebot ist nämlich weitgehend von allen Einlassungen und Wissenselementen der kompetenten Wirtschaftsexperten entblößt.

Die gelegentlich den „agenda-settern" ergänzend beigegebenen Aussageträger werden meist mit so stereotypen Themenzuständigkeiten vorgeführt, daß damit geradezu Grundmuster trivialer Vorurteile reproduziert erscheinen. Ein typisches Beispiel: Sprecher aus Arbeitnehmerkreisen sind in sämtlichen wirtschaftsrelevanten Fernsehangeboten nur mit Aussagen über „Arbeit und Soziales" vertreten.

Schließlich, aber nicht weniger folgenreich: Wirtschaftsthemen erscheinen im Fernsehen, abgesehen vielleicht noch von finanzpolitischen Materien, nicht als kontroverse Diskussions-Stoffe, sondern als einseitige Bekanntmachungs- und Verlautbarungs-Gegenstände. Die Chance, daß zu Wirtschaftsfragen mehrere Gesprächspartner und -positionen vermittelt werden, wächst nur und immer dann, wenn die beteiligten Publizisten den jeweiligen Beitrag mit ihren Eigenaussagen nicht okkupieren. Eine solche Vermittlungsstrategie, Wirtschaft als Gegenstand von Debatte und Meinungskampf vorzustellen, ist für keine aktuelle Sendeform typisch; ihr Anteil bleibt in Nachrichtensendungen und Nachrichtenmagazinen (möglicherweise auf Grund je anderer Ursachen) unter 25 Prozent aller untersuchten Beiträge.

Um derartige Befunde besser gewichten zu können, wurde die parallele Wirtschaftsberichterstattung in Tageszeitungen als Maßstab herangezogen. Ganz generell kann wohl für beide Medienarten die gleiche Nachrichtenlage zum aktuellen Wirtschaftsgeschehen vorausgesetzt werden. Konkrete Vergleichsbasis waren jedoch grundsätzlich die im Fernsehen vorgefundenen wirtschaftsrelevanten Informationen.

Der erste Vergleichsbefund klingt daher zunächst fast banal: Der größte Teil (rund 60 Prozent) aller Wirtschaftsthemen, die im aktuellen Fernsehangebot vorkommen, sind auch in den Tageszeitungen nicht im Wirtschaftsressort, sondern in allen möglichen anderen Zeitungsteilen, vor allem auf den politischen Seiten zu finden. Aber dieser Befund hat eine einigermaßen aufregende Kehrseite: Fast alle jene tagesaktuellen Wirtschaftsthemen und -Nachrichten, die in den Tageszeitungen den Wirtschaftsteil füllen, fehlen in der täglichen Fernsehberichterstattung ganz!

Auch kann man bezüglich eines Überblicks über das „wichtigste wirtschaftliche Tagesgeschehen" in den Tageszeitungen (und da selbst noch zwischen so unterschiedlichen Typen wie Abonnements- und Boulevardzeitungen) eine größere Übereinstimmung ausmachen als in und zwischen den aktuellen Fernsehprogrammen. Obwohl Wirtschaftsthemen im Fernsehen schon unter dem formalen Aspekt der ihnen zugebilligten Sendezeit Neben-Sache im aktuellen Angebot sind, leisten sich beide untersuchten Fernsehprogramme den „Luxus" von 30 bis 40 Prozent wirtschaftsbezogenen Exklusivthemen, die zur Tagesorientierung wenig beitragen, während umgekehrt Konturen eines brauchbaren Wirtschaftsüberblicks nicht sichtbar werden. Tageszeitungen schenken sowohl den „reinen" wie den gemischten Wirtschaftsthemen und -aspekten eine viel einheitlichere Aufmerksamkeit.

Unterstrichen werden muß sodann ein letzter Vergleichsbefund: Bei gleicher Nachrichtenlage, wohlgemerkt, sind in den Tageszeitungen wesentliche Relationen bei den vermittelten Aussageträgern gegenüber dem Fernsehen verschoben. Die Aussage-Anteile von Regierungsrepräsentanten, von Arbeitnehmern und Unternehmern und ganz allgemein von Wirtschaftsexperten sind in den Tageszeitungen bezüglich der völlig gleichen Themen signifikant höher als im parallelen aktuellen Fernsehangebot. Eine Erklärung für diesen seltsamen Sachverhalt kann wohl nur in entsprechenden redaktionellen Selektionskriterien hier und dort gefunden werden. Dies gilt auch für die Beobachtung, daß Tageszeitungen die einzelnen Gruppen von relevanten Aussageträgern viel weniger auf stereotype Zuständigkeiten festlegen; daß sämtliche Typen von Tageszeitungen Wirtschaftsthemen deutlich pluralistischer, vielstimmiger also, vermitteln; daß schließlich in den Tageszeitungen die Dominanz publizistischer und politischer „agenda-setter" deutlich zurückgenommen ist.

Natürlich liegt die Vermutung nahe, daß womöglich das Fernsehen den medienbedingten Vorsprung des Wirtschaftsangebots in den Tageszeitungen mit kompakt-konzentrierten Informationen in den Wirtschaftsmagazinen („WISO" beim ZDF, „Plusminus" bei der ARD) aufzuholen bestrebt sein könnte.

Hinsichtlich zweier Teilaspekte scheint sich diese Vermutung zunächst zu bestätigen. Zum einen wird in den Wirtschaftsmagazinen der Informationsanteil über Unternehmen und damit zusammenhängende Materien deutlich größer; er klettert auf 40 Prozent bei „WISO" und auf beinahe 55 Prozent bei „Plusminus". Dabei dominieren Produktinformationen, Geschäftsberichte, außerwirtschaftliche Firmenaktivitäten sowie Marketing-Themen. Wenig Aufmerksamkeit erreichen allerdings (jedenfalls im Beobachtungszeitraum) Personalentscheidungen, Arbeitsplatz- und Arbeitnehmerfragen, Umweltprobleme sowie Forschungs- und Entwicklungsaktivitäten in der Wirtschaft.

Als zweiter Indikator spricht für erweiterte und vertiefte Wirtschaftsinformationen in den genannten Magazinen, daß solche Wortmeldungen, welche die Wirtschaftsthemen beherrschen, auf mehr und vor allem auf eher kompetente Aussageträger-Gruppen verteilt sind. Hier kommen (im Unterschied zu den tagesaktuellen Angeboten) wirklich auch die Wirtschaftsexperten aller Bereiche zu Wort, ebenso Verbraucher aller Art; Stimmen aus dem (Markt-) Publikum werden vernehmbar. Unternehmer- und Arbeitgeber-Anteile steigen, während Aussagen von Arbeitnehmerseite stark zurückgehen. Die Steigerung wirtschaftskompetenter Aussagen hat auf der anderen Seite eine Kürzung von Stimmanteilen aus dem Politikerlager zur Folge, weniger allerdings für die Regierung als vielmehr für die Opposition. Schaut man nicht näher zu, erwecken die Statistiken beinahe den Eindruck von Artikulations-Privilegien für Unternehmer- und Regierungssprecher.

Genau an dieser Stelle jedoch wendet sich das Blatt. Tatsächlich handelt es sich um ein recht zweifelhaftes „Privileg": Es werden nämlich sowohl die Stellungnahmen der Regierung wie jene der Unternehmer unmittelbar begleitet, konfrontiert und nicht selten auch unterlaufen von den Stellungnahmen der Publizisten. Diese bauen ihren meinungsführenden Einfluß in den Wirtschaftsmagazinen noch einmal deutlich aus. Die von objektiven Ereignisdaten unabhängige, insoweit redaktionell-subjektiv ausgeprägte Anlage der Wirtschaftsmagazine wird auch dadurch unterstrichen, daß für die meisten Magazinthemen überhaupt kein Anlaß der Berichterstattung mehr angegeben wird (oder angebbar ist), während in der tagesaktuellen Wirtschaftsinformation solche Hinweise und Angaben kaum einmal fehlen. In die nämliche Richtung weist auch der Befund, daß die anonymen und nicht mehr identifizierbaren Aussageträger in den Wirtschaftsmagazinen massiv zunehmen: Durchschnittlich zwei von drei Aussageträgern bleiben für den Zuschauer gewissermaßen „gesichtslos".

Wirtschaftsmagazine offenbaren also ihren strukturellen Kennzeichen nach durchaus einen Trend zum Recherchejournalismus; aber dessen vorgeführte Produkte weisen doch so erhebliche Mängel auf, daß es zweifelhaft wird, ob solch lückenhafte und noch dazu seltene Zusatz-Versorgung mit Wirtschaftsinformationen für eine einigermaßen gediegene Orientierung in der komplizierten Wirtschaftswelt ausreicht.

Aber vielleicht ist das Bilder- und Film-Medium Fernsehen für die Berichterstattung über ein eher abstraktes Wirtschaftsgeschehen nicht besonders gut geeignet? Auch dieser Frage ist die Forschungsgruppe VIA nachgegangen. Zu diesem Zweck haben wir das von Bernhard

Wember (1976) konstruierte und erstmals benutzte Instrument der Bild-Wort-Schere völlig neu gebaut und verfeinert (4).

Prinzipiell nämlich ist davon auszugehen, daß aktuelle Fernsehberichterstattung nur zweierlei Bildmuster produzieren kann: Entweder die Abbildung einer relevanten Gesprächs- und Sprech-Situation oder die filmische Umsetzung der je in Rede stehenden Gegenstände. Es handelt sich beide Male um ganz andere Visualisierungs-Strategien. Aber in beiden Fällen kann die Übereinstimmung von Bild und Wort verfehlt werden – allerdings jeweils auf andere Weise. Soll eine Gesprächssituation abgebildet werden, so öffnet sich die Bild-Wort-Schere, wenn statt der sprechenden oder zuhörenden „Köpfe" unbeteiligte Personen den Bildschirm füllen, oder wenn die Kamera hartnäckig den Interviewer festhält, während längst der Interviewte aus dem „Off" sein Bestes zum besten gibt.

Sollen dagegen parallel zum Wort die fraglichen Gesprächsgegenstände in Bildern vergegenwärtigt werden, so lassen sich alle Grade der Deckung beziehungsweise des Auseinanderklaffens von Bild und Wort an sachlichen Kriterien festmachen. Obwohl auf diese Weise differenzierte Öffnungs- und Verschluß-Grade der Bild-Wort-Schere skaliert werden können, muß sich das folgende Resümee notwendig aufs Grobe beschränken.

Das allgemeine Verhältnis von Wirtschaftsinformation und Bebilderung wird schon im Sonderfall der Sprechermeldung sichtbar: Wirtschaftsrelevante Sprechermeldungen werden intensiver visualisiert (durchschnittlich mit 1,9 Elementen) als alle übrigen (mit durchschnittlich 1,5 Elementen). Zu Wirtschaftsmeldungen gibt es mehr Schrifteinblendungen, mehr Grafiken, Tabellen und Symbole. Die seltene Einblendung von Personenfotos ist daher umso auffälliger, weil in allen anderen Themengruppen die Tendenz gegenläufig ist. Wirtschaftsthemen werden schon hier eher mit gegenständlichen Illustrationen, vor allem mit symptomatischen Darstellungen (Pars-pro-toto-Bildern) ausgestattet.

Diese Beobachtung wiederholt und verstärkt sich, wenn man die rund 2400 einzelnen Filmeinstellungen analysiert, die im Untersuchungszeitraum in den tagesaktuellen Sendungen und in den Wirtschaftsmagazinen ausgestrahlt wurden. Man kann den Versuch, die Kommunikationsgegenstände ins Filmbild zu setzen, als aussage-orientierte, das Unterfangen, eine Gesprächs-Situation abzufilmen, als quellen-orientierte Darstellung bezeichnen. Mit solcher Etikettierung wird es möglich, Ordnung in die unübersichtlichen Feinstrukturen zu bringen.

Dann wird überdeutlich: Die Dominanz aussage-orientierter Darstellung von Wirtschaftsthemen ist ausnahmslos in allen Sendeformen und -typen anzutreffen. Die aussage-orientierte Filmdarstellung verhält sich zur quellen-orientierten durchschnittlich wie 4 : 1.

Obwohl Wirtschaftsthemen abstrakt sind – oder gar, weil sie so abstrakt daherkommen? Wie immer: Das Fernsehen behandelt Wirtschaftsthemen vor allem als Schau- und Zeige-Themen. Das einzig wirkliche Rede-Thema ist in unseren Fallstudien der Gesamtkomplex „Finanzpolitik". Allerdings durchkreuzt und überlagert diesen scheinbar klaren Befund ein anderer: Je höher, gemessen am Rang eines Aussageträgers, das Gewicht einer Wirtschaftsaussage ist, umso mehr tendiert die Filmdarstellung zur Quellenorientierung; wichtige Köpfe werden also porträtiert. Je geringer umgekehrt das Gewicht einer Wirtschaftsaussage angesetzt wird, umso aussageorientierter arbeitet deren filmische Umsetzung; wenn der Aussageträger nicht besonders wichtig ist, wird, was er sagt, ins Bild gesetzt; möglicherweise soll dadurch die Aussage mehr Gewicht erhalten als der Aussageträger allein ihr mitzugeben imstande ist.

Doch all dies macht zusammen immer nur den halben Befund. Der Gesamteindruck der Filmdarstellung von Wirtschaftsthemen ist einigermaßen zureichend nur zu rekonstruieren, wenn auch die Werte der Bild-Wort-Schere berücksichtigt werden.

Wenn Gesprächssituationen verfilmt werden, liegt in drei Vierteln aller Fälle ein adäquates Bild-Wort-Verhältnis vor. Das Qualitätsergebnis ist in den Wirtschaftsmagazinen noch gesteigert: Hier ist nur wenig mehr als eine von zehn derartigen Filmeinstellungen inadäquat. (So befriedigend solche Bilanz ist, verwunderlich erscheint es letztlich doch, daß in diesem Abbildungsschema überhaupt noch nennenswerte Quoten inadäquater Einstellungen vorkommen; die Verfilmung von Gesprächssituationen erscheint handwerklich einfach und läßt nicht viele Varianten zu.)

Wo indessen Kommunikations-Gegenstände aussage-orientiert in Film umgesetzt werden, weicht in der tagesaktuellen Berichterstattung ebenso wie in den Wirtschaftsmagazinen durchschnittlich die Hälfte aller Einstellungen so weit vom parallelen Wort ab, daß von einer völlig inadäquaten Gesamtdarstellung gesprochen werden muß. Schlägt hier also am Ende doch die Tücke des abstrakten Wirtschaftsobjekts noch durch? Ganz von der Hand zu weisen ist das nicht. Aber sicher ist auch, daß an diesem kaum mehr zufriedenstellenden Arbeitsergebnis andere Einflußfaktoren, etwa Redaktionsstile oder journalistische Sorgfalt, wenigstens mitbeteiligt sind.

Dafür spricht die Beobachtung, daß die Bild-Wort-Deckung beim ZDF durchgehend wesentlich günstiger ausfällt als in ARD-Produkten. Und für diese Annahme spricht auch, daß Publizisten ihre eigenen Aussagen zu wirtschaftsrelevanten Gegenständen erheblich häufiger adäquat und ansprechend ins Bild bringen als die vermittelten Wirtschaftsaussagen irgendwelcher Aussageträger vom Meinungsmarkt der Gesellschaft. Das muß noch nicht und nicht nur auf Schlamperei im letzteren Fall verweisen. Denn in beiden Fällen spielen unterschiedliche Produktionsbedingungen eine Rolle: Die Wirtschaftsaussagen gesellschaftlicher Gesprächspartner werden wohl zumeist nachträglich „verfilmt", also, so gut es eben gehen mag, „bebildert". Der Publizist dagegen kann zu seinen eigenen Ideenskizzen erst einmal geeignetes Bild- und Filmmaterial suchen und dieses dann so adäquat wie eben möglich „betexten".

Wie immer es im Einzelfall sich verhalten möge: Informationsverluste muß der Zuschauer so oder so in Kauf nehmen. Auf die eine Art entstehen sie durch Inadäquanz von Bild und Wort; auf die andere – vielleicht weniger spürbar – durch das Ausfällen von bildlich schwer umsetzbaren Aspekten der einschlägigen Themenkomplexe. Ob man mit dem Fernsehen zum Wirtschaftsgeschehen wirklich immer im Bilde ist, muß also am Ende der Anfrage wohl um einige Grade zweifelhafter sein als an deren Beginn.

Nimmt man alles nur in allem, was die öffentlich-rechtlichen Fernsehprogramme in ihrer allabendlichen Informations-Grundversorgung zu Wirtschaftsthemen anbieten, so ist die Aufklärungs-Bilanz für den Durchschnittsbürger nicht sonderlich überzeugend. Was ihm da an wirtschaftsrelevanten Ansichten und Einsichten per Mattscheibe erschlossen wird, kann nämlich weder als „Wirtschaft für Jedermann" noch als „Wirtschaft für Experten" eingestuft werden.

Als letztere können die vermittelten Wirtschaftsinformationen sich nicht profilieren; dafür nämlich sind sie zu unspezifisch; dazu mangelt es ihnen an Differenziertheit ebenso wie an jener Umfassendheit und Präzision, die selbst durchschnittlichen Wirtschaftsteilen kleinerer (Abonnement-)Zeitungen noch attestiert werden müssen. Die erstere Funktion einer Wirtschaftsorientierung für jedermann können die Wirtschaftszutaten in den Fernsehaktualitäten nicht erfüllen, weil sie (wieder insbesondere im Vergleich zu den Tageszeitungen) jene meinungs- und handlungsrelevanten Service-Informationen nicht verläßlich genug aufnehmen und vermitteln, auf die der gewöhnliche Bürger für den Hausgebrauch Zugriff haben müßte, weil sie ihn direkt betreffen.

So mag der Bürger, der gut auch über Wirtschaft informiert sein möchte, sich immerhin zur gewohnten Abendstunde vom Fernsehen versichern lassen, daß die Welt noch steht und sich dreht. Sofern ihm indessen an einer Orientierung im Wirtschafts-Kosmos liegt, pflegt er wohl besser auch heute noch jene Morgenandacht mit „seiner" Zeitung, die Hegel schon wahrnahm und begründet empfahl.

Anmerkungen:

1) Die Forschungsgruppe VIA (= Vergleichende Inhalts-Analysen) wird – abgesehen vom Verfasser – repräsentiert von Detlef Schröter und Ute Nawratil.

2) Nicht alle Befunde der Studie „Wirtschaft im Fernsehen" sind verallgemeinerungsfähig. Die Untersuchung war als eine „explorative Studie" angelegt; das heißt, sie sollte durch gezielte Beobachtung Auffälligkeiten und Probleme der aktuellen Fernsehberichterstattung im Fernsehen möglichst eng einkreisen und präzise fixieren, nicht aber schon „Letzterkenntnisse" über mögliche „Gesetzmäßigkeiten" produzieren. Dieser Vorbehalt, der für die gesamte folgende Ergebnisdarstellung gilt, ist zu ergänzen durch einen anderen: Die VIA-Befunde betreffen durchgehend Strukturen der tagesaktuellen Wirtschaftsberichterstattung in den öffentlich-rechtlichen Fernsehprogrammen. Daher beziehen sich auch kritische Bemerkungen oder Defizitfeststellungen grundsätzlich auf die untersuchten Programmstrukturen; sie sagen nichts über Absichten oder Motive einzelner Journalisten, Redakteure oder sonstige Entscheidungsträger aus. Unsere Untersuchung hat sich damit nicht befaßt und läßt Rückschlüsse in diese Richtung auch nicht ohne weiteres zu.

3) Die Basis der vorliegenden Studie bildet durchgehend die Analyse der tagesaktuellen (Wirtschafts-)Berichterstattung in den Programmen der ARD und des ZDF vom 1. bis 14. September 1987. Dabei unterscheidet die Studie zwischen Nachrichtensendungen („Tagesschau" und „heute") einerseits sowie Nachrichtenmagazinen („Tagesthemen" und „heute-journal") andererseits. Zur genaueren Abklärung von Befunden und Tendenzen wurden sodann im wesentlichen zwei Vergleichs- oder Komplementaritäts-Analysen durchgeführt: Die eine bezieht sich auf die Wirtschaftsmagazine der beiden Programme (auf das Magazin „Plusminus" der ARD sowie auf das Wirtschaftsmagazin „WISO" des ZDF); von beiden Magazinen wurden alle Ausgaben im Monat September 1987 untersucht. Die andere Fallstudie ermöglicht einen Vergleich mit der inhaltlich parallelen Berichterstattung in vier Tageszeitungen unterschiedlichen Typs (nämlich in der „Süddeutschen Zeitung", in der „Mittelbayerischen Zeitung", in der Münchener „Abendzeitung" sowie in der München-Ausgabe der „Bild"-Zeitung); alle Ausgaben dieser Blätter zwischen dem 31. August 1987 und dem 15. September 1987 gingen in die Untersuchung ein (so daß auch etwaigen kleineren zeitlichen Verschiebungen von Berichten gegenüber dem Fernsehen Rechnung getragen war).

(4) Eine ausführliche Darstellung des neu konstruierten Analyse-Instruments samt zugehöriger theoretischer Begründung wird zusammen mit den Ergebnissen der Studie „Wirtschaft im Fernsehen" voraussichtlich noch 1990 publiziert werden.

Detlef Schröter

Unnötige Defizite

Zur Qualität der Unternehmensberichterstattung in Printmedien

„Ein Unternehmen ist keine Insel mehr.“ Falls Unternehmen es je gewesen sein sollten, ist dies mit der zunehmenden Kritik der gesellschaftlichen Umwelt endgültig vorbei. Gesellschaftspolitisch sind die Unternehmen längst „ein Faktor ersten Ranges“ geworden. Mit dieser Botschaft plädiert der Unternehmer und Kommunikationsberater Gerd P. Spindler für eine verbesserte Öffentlichkeitsarbeit zwischen „Macht und Menschen“.

Mit dem Bild einer Insel verbinden sich durchaus sehr unterschiedliche Assoziationen: Dazu gehören Sonne, Erholung und Abgeschiedenheit ebenso wie Stürme und Abgeschnitten-Sein. In jedem Fall liegt eine Besonderheit von Inseln darin, daß sie nur bedingt mit ihrer Umwelt verbunden sind. Oft sind sie schwer zu erreichen, und nicht selten sind ihre Bewohner um Unabhängigkeit und Eigenständigkeit bemüht, zusätzlich ziehen sie als Welteroberer, Seefahrer und Händler in die Welt. Eigentlich können auch moderne Unternehmen mit dem Bild einer Insel sehr zufrieden sein. Entspricht es doch durchaus dem typischen unternehmerischen Verhalten. Manchmal extrem introvertiert und verschlossen, dann wieder gesellig, weltoffen und agressiv erobernd.

Aber alle diese Aktionsinteressen können von den Unternehmen nur verwirklicht werden, wenn diese auch kommunikativ umgesetzt werden. Folglich läßt sich jeder Wirtschaftsraum, jeder Handlungsraum eines Unternehmens, immer auch als Kommunikationsraum definieren und analysieren. Während zum Beispiel Spindlers Interesse den veränderten Kommunikationsaufgaben der Unternehmen selbst gilt, sollen hier die Aufgaben und Leistungen der von den Unternehmen unabhängigen Wirtschaftsberichterstattung analysiert werden.

Für die Untersuchungen der Forschungsgruppe VIA (Vergleichende Inhalts-Analysen) der Universität München definiert sich die Aufgabe der Massenmedien anschaulich in dem Bild eines öffentlichen ‘Forums‘, auf welchem sich die verschiedenen gesellschaftlichen Interessen und Meinungen artikulieren. Allerdings mit der Besonderheit, daß hier ein Mediensystem mit journalistischen und technischen Vermittlungsleistungen zwischen den am Austausch interessierten Kommunikationspartnern steht. Die damit gewonnene Rationalisierung des gesellschaftlichen Kommunikationsprozesses birgt wesentliche Probleme: So erfolgt diese Vermittlungsleistung der Journalisten über Massenmedien keineswegs mitteilungsneutral, vielmehr entscheiden diese über den Zugang und die unmittelbare Artikulations-Chance aller in die Vermittlung aufgenommenen Gesprächspartner. Um also die Leistung massenmedialer Berichterstattung angemessen beurteilen zu können, vollzieht die Forschungsgruppe VIA ganz bewußt die real existierende Unterscheidung zwischen den Mitteilungen und deren Vermittlung nach.

Nach diesem Modell von Journalismus und Massenkommunikation werden die Mitteilungen gesellschaftlicher Aussageträger über die Massenmedien einer interessierten Öffentlichkeit vernehmbar gemacht. Aussageträger kann dabei prinzipiell jedermann sein, wenn die in den Medien tätigen Journalisten dessen Mitteilungen vermitteln. Daneben können die Journalisten auch ihre eigenen Gedanken und Urteile zum Gegenstand ihrer Vermittlung machen. Insgesamt haben die Journalisten einen maßgeblichen Einfluß auf die Auswahl und Gestaltung der Medieninhalte, deshalb kann von ihnen erwartet werden, daß sie ihre persönlichen Kommunikationsinteressen (Standpunkte/Meinungen) zugunsten einer gezielten Vermittlungsstrategie zu den je aktuellen Themen zurückstellen.

Nicht die Richtigkeit und Kompetenz einzelner Expertenmitteilungen über aktuelle Sachverhalte bestimmen also unser Urteil über die Qualität einer Berichterstattung, sondern die von den Redaktionen/Journalisten erkennbar unternommenen Vermittlungsanstrengungen. Dabei ist zu trennen zwischen den formal geschaffenen Vermittlungsbedingungen und den inhaltlichen Vermittlungsleistungen, die das Ergebnis journalistischen Handelns sind.

Für die hier vorgestellte Untersuchung der Unternehmensberichterstattung wird die Perspektive eines an Wirtschaftsunternehmen interessierten, kritischen Mediennutzers angenommen. Seine Frage lautet: Welche Chance der Orientierung über die gesellschaftliche Rolle und das Handeln von Großunternehmen bietet die Medienberichterstattung an? Inhaltsanalytisch nachgegangen werden könnte aber genauso gut auch der Fragestellung/Perspektive von einzelnen Redaktionen im Blick auf ihre Positionierung gegenüber den Konkurrenzmedien, ebenso der von Interessengruppen (aus Wirtschaft und Politik) im Blick auf ihre Chance der Artikulation in der öffentlich vermittelten Kommunikation.

Die im folgenden auszugsweise vorgestellten Ergebnisse stammen aus einem im Jahre 1986 abgeschlossenen Projekt der Forschungsgruppe VIA am Institut für Kommunikationswissenschaft (Zeitungswissenschaft) der Universität München. Den Gegenstand bildete die Berichterstattung über Großunternehmen in ausgewählten Printmedien. Ziel war es, die Qualität der Wirtschaftsberichterstattung in ausgewählten Tageszeitungen, Wirtschaftsmagazinen und dem Nachrichtenmagazin „Der Spiegel" erfassen und vergleichen zu können. 16 Großunternehmen, deutsche und internationale, aus drei Branchen (Auto, Elektro und Chemie) bildeten die Grundlage für die Auswahl des Untersuchungsmaterials. Alle im Laufe von sechs Monaten erschienenen Ausgaben der ausgewählten Titel wurden in die Untersuchung einbezogen.

Unter diesen Voraussetzungen wurden vier überregionale Tageszeitungen („Frankfurter Allgemeine Zeitung", „Frankfurter Rundschau", „Süddeutsche Zeitung" und „Welt"), die Wirtschaftszeitung „Handelsblatt", vier Wirtschaftsmagazine („Capital", „Manager Magazin", „Industriemagazin" und „Wirtschaftswoche") sowie das Nachrichtenmagazin „Der Spiegel" in die Untersuchung einbezogen. Ausgewertet wurden sämtliche Beiträge (unabhängig vom Ressort, von der Plazierung), in denen die ausgewählten Großunternehmen Gegenstand der Berichterstattung waren, unabhängig davon, ob diese Unternehmen nur am Rande oder im Mittelpunkt des Beitrages standen. Auf der Grundlage der inhaltsanalytischen Befunde wurde in einem zweiten Schritt eine schriftliche Befragung der darin zu Wort gekommenen Aussageträger durchgeführt, um zu ermitteln, wie es um die Entsprechung von ursprünglicher Mitteilung und vermittelter Mitteilung bestellt ist.

Nachdem der für die Wirtschaftsberichterstattung zur Verfügung stehende Druckraum in den Printmedien immer nur einmal vergeben werden kann, können wir die journalistischen Bemühungen zunächst danach klassifizieren, inwieweit dieser Raum mit Beiträgen gesellschaftlicher Aussageträger oder mit solchen des Journalisten selbst gefüllt ist. Wesentliche Teile der unternehmensrelevanten Berichterstattung (40 bis 70 Prozent des Druckraums) werden von den Journalisten für die Selbstvermittlung der eigenen Aussagen und Meinungen verwendet. Damit dokumentieren die Journalisten schon rein quantitativ ihre ausgeprägten Ambitionen als meinungsgebende Kommunikationspartner.

Zwei unterschiedliche Vermittlungsstrategien lassen sich klar voneinander trennen: Im Rahmen kurzer nachrichtlicher Verlautbarungen, ohne Illustrationen, mit relativ präzisen Angaben zu den Kontexten der Ereignisse und den Vermittlungsbedingungen werden die Mitteilungen einzelner gesellschaftlicher Aussageträger zu einem punktuellen Sachverhalt dargestellt. Es handelt sich hierbei im wahrsten Sinne des Wortes um einen „Verlautbarungsjournalismus".

Diesem Typ der Berichterstattung gegenübergestellt sind große kommentierende Zusammenhangsdarstellungen, nicht selten gut illustriert, aber mit eher unvollständigen Angaben zu den Rahmenbedingungen des Geschehens und deren Vermittlung. In diesen umfangreicheren journalistischen Formen werden die Mitteilungen mehrerer gesellschaftlicher Aussageträger zu komplexeren Sachverhalten zusammengeführt und im Kontext der manifest wertenden Eigenbeteiligungen der Journalisten vermittelt.

Damit verfolgt die untersuchte Unternehmensberichterstattung fast schon stereotyp eine journalistische Doppelstrategie. Zum einen wird der vermeintliche gesellschaftliche Anspruch auf Verlautbarungsjournalismus mit kleinen Bekanntmachungen und kurzen Nachrichten eingelöst, auf der anderen Seite aber wird die Vorstellung von einem kritischen, nur sich selbst als Maßstab akzeptierenden Recherchejournalismus im Rahmen umfangreicher Hintergrundberichte verwirklicht. Ihrem gesamtgesellschaftlichen Vermittlungsauftrag können die Redaktionen mit dieser Doppelstrategie nur bedingt gerecht werden, denn es kann keinesfalls ausreichend sein, im Rahmen isolierter Einzelverlautbarungen journalistisch korrekt zu vermitteln, um im Gegenzug bei gut recherchierten Hintergrundberichten ausschließlich die eigenen Wertvorstellungen zum Maßstab journalistischer Arbeit zu erheben.

Die Autoren sind dieser, zugegebenermaßen, unpopulären Journalismuskritik auf mehreren Ebenen nachgegangen: Dabei zeigt sich mit ganz deutlicher und einheitlicher Tendenz, daß alle Indizien einer sachgerechten Vermittlung der Wortmeldungen aus der Gesellschaft abnehmen, wenn die publizistischen Kommunikationsinteressen im Beitrag ansteigen. So werden zum Beispiel in den größeren Darstellungsformen, die den gesellschaftlichen Aussageträgern zugewiesenen Sprechräume keineswegs ausgebaut; die größeren Sprechräume dienen vielmehr primär der eigenen Urteilsbegründung durch die Journalisten.

Ferner werden die redaktionellen Bezugsangaben zum Anlaß der Berichterstattung, zum Ereigniskontext, überhaupt zu den W-Fragen (wer, wo, wie, wann, was . . .), dem Rezipienten besonders dann vorenthalten, wenn die Journalisten ihre persönlichen Kommunikationsinteressen in den Vordergrund stellen. In der Konsequenz ist für die auf Informationen der Massenmedien angewiesene Öffentlichkeit mit einem beachtlichen Orientierungsdefizit zu rechnen. Zumindest wird eine adäquate Beurteilung der dargestellten Sachverhalte und Meinungen wesentlich erschwert.

Das bestätigen auch Befragungen, die im Anschluß an die Inhaltsanalyse bei betroffenen Aussageträgern in allen Gesellschaftsbereichen durchgeführt wurden. Diese Auskünfte unterstreichen, daß die korrekte Vermittlung besonders dort vernachlässigt wird, wo die Berichterstattung stark kommentierende und interpretierende Interessen verfolgt. Ferner wurde so ermittelt, daß für ein Drittel der Beiträge ein konkreter Vermittlungsanlaß vorliegt, obwohl ein solcher in den fraglichen Beiträgen nicht genannt wird.

Die Überprüfung der übermittelten Originalzitate ergibt sehr unterschiedlich hohe Anteile ungenauer Zitatwiedergaben. Durchschnittlich wird jedes fünfte Zitat nicht im genauen Wortlaut wiedergegeben, eine beachtliche Verletzung elementarer handwerklicher Regeln. Für die Magazinberichterstattung bemängeln 40 Prozent der befragten Aussageträger die Wiedergabe ihrer Mitteilungen auf mehreren Ebenen. Die fehlende Faktentreue und Argumentationslogik, einschließlich schlecht und schief wiedergegebener Meinungen und deren Begründung, werden bemängelt. Den Grund dafür sehen die Befragten häufig in den Einflüssen der manifest erkennbaren Journalistenmeinungen auf die gleichzeitige Berichterstattung.

Für die Mitteilungen der gesellschaftlichen Aussageträger ergibt sich somit ein doppeltes Vermittlungsrisiko: Neben die starke Mitteilungskonzentration in den kleinen Beiträgen tritt in den großen übergreifenden Berichten die zusätzliche Gefahr der Sinnverschiebung der ursprünglichen Aussage durch die allgegenwärtige Interpretationsambition der Journalisten.

Aus der Forschungsperspektive, die gesellschaftlichen Mitteilungsprozesse von den massenmedialen Vermittlungsprozessen analystisch zu trennen, ergibt sich eine ganz neue Konsequenz für die Beurteilung der Realitätsgerechtigkeit von Vermittlungsbemühungen. Das Objekt der journalistischen Berichterstattung ist nun nicht mehr das „Welt-Ereignis“ an und für sich, sondern die Summe aller in der Gesellschaft formulierten Mitteilungen über ein solches „Welt-Ereignis“. Maßstab der journalistischen Vermittlungs-Leistung ist also nicht mehr die Übereinstimmung der Berichte mit einer wie immer gearteten „objektiven Wirklichkeit“, sondern die Adäquanz von „Vermittlungs-“ und „Mitteilungs-Realität“ in der Gesellschaft.

Nach diesen Vorstellungen ist der Journalist nicht mehr auf das unmögliche Unterfangen des Herausfindens „der“ Wahrheit verpflichtet. Er muß kein endgültiges Urteil fällen; realitätsgerechte Vermittlung bedeutet vielmehr zunächst nur, daß allen interessengebundenen Perspektiven eine faire Vermittlungschance in den Medien eingeräumt wird. Inhaltsanalytisch läßt sich immer nur das ganz offensichtliche Fehlen betroffener Aussageträger und Interessensgruppen sowie Defizite in den thematischen Aspekten eines Ereignisses feststellen. Positiv läßt sich der voll realisierte Austausch aller gesellschaftlichen Positionen zu einem Thema niemals endgültig bestätigen.

Nach der Häufigkeit ihres Auftretens und auch nach den dabei beanspruchten Druckräumen nehmen, wie schon festgestellt, die Redaktionen mit ihren selbstvermittelten Anteilen in jedem Falle den ersten Rang ein. Wo redaktionsfremde gesellschaftliche Aussageträger mit ihren Mitteilungspartikeln vermittelt werden, sind sie nach ihrer Herkunft aus den Lebens- und Tätigkeitsbereichen sowie nach ihrer Zugehörigkeit zu Gruppen im allgemeinen gut kenntlich gemacht.

Damit wird deutlich, daß die Journalisten aller untersuchten Medien die Notwendigkeit der Kennzeichnung der Urheber und Quellen von Mitteilungen im Rahmen ihres Vermittlungsauftrages ernst nehmen. Dennoch führt der verbleibende Anteil der anonymen und nicht näher identifizierbaren Aussageträger zu ganz beachtlichen Orientierungsdefiziten für die Rezipienten der Unternehmensberichterstattung. Übertragen auf die Kommunikationssituation einer Podiumsdiskussion werden zwei bis drei von insgesamt zehn Teilnehmern auf dem Podium vom Gesprächsleiter (hier Redaktion) nicht vorgestellt. Weder die Diskutanten, noch die Zuhörer können damit die Bedeutung und Gruppenzugehörigkeit dieser Teilnehmer einschätzen.

Die Unternehmen selbst können sich in der untersuchten Berichterstattung durchaus angemessen ‚Gehör verschaffen‘. Als Aussageträger werden, neben den Mitgliedern des Aufsichtsrates, des Vorstandes und der Führungsebene, vor allem die Unternehmen pauschal genannt. Dies gilt ganz besonders für die untersuchten Tageszeitungen. Solche institutionelle Aussageträgerschaft basiert nach unseren Erfahrungen überwiegend auf den offiziellen Stellungsnahmen und schriftlichen Verlautbarungen der Pressestellen dieser Unternehmen.

Die Betriebsräte und sonstige Mitarbeitervertretungen finden in der untersuchten Unternehmensberichterstattung so gut wie keine Berücksichtigung; gleiches gilt für die Mitarbeiter in den Bereichen Forschung und Entwicklung, Produktion, Vertrieb und Verwaltung. Die zentral organisierte Öffentlichkeitsarbeit der Unternehmen könnte ein Grund dafür sein, daß mit relativ wenigen Partnern aus den Unternehmen die gesamte öffentliche Präsentation dieser Institutionen betrieben wird.

Zahlreiche Indizien bestätigen sodann die Annahme, daß ein Großteil der von den Redaktionen nicht ausreichend kenntlich gemachten Aussageträger ebenfalls aus den Bereichen der Unternehmen stammen dürften. Damit wird die unternehmensrelevante Berichterstattung geprägt von zwei ‚agenda-settern': Von den Unternehmensleitungen auf der einen Seite und den Journalisten auf der anderen Seite. Zusammen beanspruchen sie 80 Prozent der für die Unternehmensberichterstattung zur Verfügung stehenden Druckräume.

Für die Artikulation der Interessensgruppen, die außerhalb von Unternehmen und Redaktionen angesiedelt sind, verbleiben demnach 20 Prozent des zur Verfügung stehenden Druckraumes. Industrie- und Branchenverbände, Arbeitnehmer- und Arbeitgeberorganisationen, Zulieferer und Dienstleister, Banken und andere Kapitalgeber, Verbraucher und Kunden, die Parteien und Bürgerinitiativen, Forschungseinrichtungen und Wirtschaftsexperten: sie alle werden von der praktizierten Unternehmensberichterstattung behandelt wie Gelegenheitsbesucher auf einer der vielen Inseln unternehmerischen Handelns. Lediglich die Mitglieder der Regierung sowie Spitzenvertreter von öffentlichen Behörden erhalten hier ein ernstzunehmendes Mitspracherecht.

Diese Strategie, so könnte man annehmen, entspricht exakt den eingangs ausgeführten ambivalenten Beziehungen von Inseln zum Festland. Die freiheitsliebenden Insulaner auf ihren „Unternehmens-Inseln" geben sich gastfreundlich und bemühen sich zumindest offiziell um gute Kontakte zu ihrer Regierung und den relevanten Behörden. Welche Rolle weist dieses, zugegebenermaßen überspitzt formulierte Ergebnis den Redaktionen/Journalisten mit ihren mächtigen Anteilen eigener Meinungen und Urteile zu? Sind sie „Reiseberichterstatter" von den „Unternehmens-Inseln" für eine interessierte Öffentlichkeit? Oder sind sie Botschafter dieser Öffentlichkeit in den verschiedenen Insel-Reichen der Unternehmen?

Die wenigen Aussageträger aus den breiten Spektren der gesellschaftlichen Interessensbereiche machen es wahrscheinlich, daß die praktizierte Unternehmensberichterstattung allen Betroffenen und beteiligten Gruppen ausreichende Artikulations-Chancen einräumt. Keine der untersuchten Redaktionen bemüht sich kontinuierlich darum, die

Handlungs- und Wirkräume der Unternehmungen in unserer Gesellschaft aus den unterschiedlichen Perspektiven transparent zu machen.

Nicht nur die Chancen der Aussageträger, sondern auch die Themen, über die sie reden, haben wir quantitativ erfaßt. Die relevante Themenuniversalität haben wir, den verschiedenen Funktionsbereichen der Unternehmen angemessen, mit Hilfe einschlägiger Fachkompendien ausdifferenziert und das Beziehungsgeflecht zwischen Unternehmen und Gesellschaft/Umwelt nach seinen unterschiedlichen thematischen Aspekten gegliedert.

Das Ergebnis läßt sich wie folgt zusammenfassen: Insgesamt bildet die wirtschaftliche Position der Unternehmen – meist durch grobe Kennzahlen thematisiert – das dominante Thema in der Unternehmensberichterstattung (Umsätze, Aktienkurse, Auftragslage, Investitionen und Verluste). Darüber hinausgehende Detailinformationen über einzelne Unternehmensbereiche spielen demgegenüber eine absolut untergeordnete Rolle. Wenn über einzelne Unternehmensbereiche genauer informiert wird, handelt es sich vornehmlich um Angaben zu Kosten und Strukturen des Vertriebsnetzes; zu Kosten und Ergebnissen aus Forschung und Entwicklung, zum Zustand von Produktionsanlagen, zu Personalentscheidungen im Vorstand und Management sowie zur allgemeinen Arbeitnehmersituation.

Kaum ein Thema bilden dagegen die Aktivitäten des Aufsichtsrates, Fragen der innerbetrieblichen Mitbestimmung, Philosophie und Ziele der Unternehmungen, die Organisationsstrukturen und die Aufgaben der Mitarbeiter im Produktionsprozeß. Der Anteil solcher Hintergrundinformationen über die Unternehmen bleibt durchweg niedrig, steigt nie über ein Fünftel aller erfaßten Themen-Einheiten.

Nimmt man die Botschaft von Gerd P. Spindler ernst, daß Unternehmen keine Inseln mehr sind, so würde sich daraus die journalistische Aufgabe stellen, die Umweltbeziehungen der Unternehmen, ihre gesellschaftliche Aufgabe und Bedeutung transparent zu machen. In Konsequenz der bereits vorgestellten Defizite werden auch die wirtschaftlichen und gesellschaftlichen Rahmenbedingungen der Unternehmen nur selten thematisiert (acht bis zehn Prozent aller Themen-Einheiten). Abgesehen vom Nachrichtenmagazin „Der Spiegel", dessen Redaktion die gesellschaftlichen Rahmenbedingungen der Unternehmen mit hoher Aufmerksamkeit bedenkt – über ein Viertel aller unternehmensrelevanten Thematisierungen werden im Spannungsfeld Unternehmen und Umwelt/Gesellschaft angesiedelt – bemühen sich lediglich noch zwei Wirtschaftsmagazine („Wirtschaftswoche“ und „Industriemagazin“) um eine kontinuierliche Verknüpfung der Unternehmensaktivitäten mit gesellschaftlichen Bezügen.

Insbesondere die untersuchten Tageszeitungen scheinen sich hier einig zu sein: bei ihnen bleiben die wirtschaftlichen und gesellschaftlichen Rahmenbedingungen der Unternehmen ein Thema am Rande. Wo diese Rahmenbedingungen in der Berichterstattung aufgegriffen werden, handelt es sich meist um Angaben zur Struktur der Arbeits- und Absatzmärkte, zu unternehmerischen Problemen mit der Wirtschafts- und Wettbewerbsordnung sowie um Hintergrundinformationen über Ereignisse an der Börse. Sozialgesetzgebung, Steuergesetzgebung, Aus- und Weiterbildungsmöglichkeiten, die Rechtslage für Arbeitnehmer und Verbraucherschutz: Alles das wird nur sehr selten in Verbindung mit den Unternehmen thematisiert.

Auf der Grundlage dieser Ergebnisse kann zusammenfassend festgehalten werden, daß den Redaktionen im Rahmen ihrer Unternehmensberichterstattung ganz offensichtlich nicht an einer möglichst breiten Integration der Unternehmen in die Gesellschaft gelegen ist. Ihre redaktionelle Aufmerksamkeit richtet sich vielmehr auf die Verwirklichung isolierter Interessen aus der Sicht der Finanzwelt und der Kapitalgeber. Solche Vermittlungsinteressen können für spezielle Wirtschaftsmagazine und -zeitungen zwar akzeptiert werden, sind aber wohl für die universellen Vermittlungsbemühungen von Tageszeitungen nicht zu rechtfertigen.

Folgt man den Inhalten der unternehmensrelevanten Berichterstattung, so bestehen die Großunternehmen aus einer anonymen Kapitalmasse, welche möglichst gewinnbringend angelegt wird. Qualitative Aspekte unternehmerischen Handelns geraten kaum in den Blick. Die gesellschaftlichen, politischen und wirtschaftlichen Voraussetzungen und Folgen des unternehmerischen Handelns sind so wenig präsent wie die internen Entscheidungsprozesse.

Es muß also zur Diskussion gestellt werden, ob die begrenzten Beteiligungschancen gesellschaftlicher Interessensgruppen und die daraus resultierende eingeschränkte Themenvielfalt der vermittelten Kommunikation über Unternehmen tatsächlich dem heute existierenden Spannungsfeld zwischen Unternehmen und Gesellschaft genügend Rechnung tragen.

Aus der Unternehmensperspektive zeigt dieses Ergebnis ein zusätzliches Problem auf: Wo – selten genug – die wirtschafts-, finanz- und umweltpolitischen Angelegenheiten in den Medien zur Sprache gebracht werden, ist es umgekehrt den Unternehmen verwehrt, ihre Interessen der Öffentlichkeit vernehmbar zu machen. Die Vermittlungsbemühungen der Redaktionen scheinen hier wenig darauf bedacht, die „Unternehmens-Inseln“ kommunikativ in die gesamtgesellschaftliche Diskussion einzubinden. Inwieweit diese sehr eingeschränkte Vermittlungsleistung der Redaktionen in Übereinstimmung mit den Kommunikationsinteressen der PR-Abteilungen der Unternehmen stehen, kann mit Hilfe dieser Inhaltsanalyse nicht nachvollzogen werden.

Viele Unternehmen scheuen keine Kosten, um zu erfahren, welche „Bilder“ von ihnen selbst oder von ihren Produkten sich in den Köpfen der Menschen zusammenfügen. In der Umfragetechnik werden zur Erfassung von Images seit langem Polaritäten-Profile und semantische Differentiale verwendet. Auf Skalen, die zwischen Gegensatzpaaren liegen, können hierbei alle Arten von Objekten, Menschen und Sachen bewertet werden. Dieses Instrument läßt sich auch an die Inhalte der Medienberichterstattung anpassen, sofern es gelingt, die sprachliche Vielfalt wertender Attribute in „Bedeutungs-Höfe“ zu gliedern und zu einem Polaritäten-Profil zusammenfügen.

Mit dieser von der Forschungsgruppe VIA entwickelten Methode gewinnen wir Aufschluß über die Tendenz der vermittelten Meinungen in der Medienberichterstattung. Zu welchen „Bildern“ über Unternehmen summieren sich also die vermittelten Attribute in unserem Testfall? Welche „Bilder“ werden den Lesern zu ihrer Orientierung und Meinungsbildung über die Rolle der Unternehmen in unserer Gesellschaft angeboten?

Zunächst müssen wir wieder festhalten, daß die Journalisten mit ihren eigenen, umfangreichen Bewertungen einen maßgeblichen und manifesten Einfluß auf die veröffentlichten Unternehmens-Bilder haben. Daneben sind starke Bewertungs-Profile in den Aussagen der Unternehmensrepräsentanten aufzufinden; sie markieren das – natürlich positive – Selbstbild der Unternehmen. Im Kontrast dazu beziehen die vermittelten wirtschaftlichen und gesellschaftlichen Gruppen von außerhalb der Unternehmen überwiegend eine eher kritische Position. Sie können sich jedoch mit ihrer geringen Artikulationschance in der veröffentlichten Meinung nicht durchsetzen.

Oberflächlich betrachtet können die Unternehmen demnach mit ihren vermittelten Bildern durchaus zufrieden sein. Keine Redaktion und kein Medium zeichnet gezielt einseitig negative Bilder von den Unternehmen. 68 Prozent aller erfaßten Charakterisierungen und Bewertungen zeigen die Unternehmen in einem positiven Licht; nur 32

Prozent der vermittelten Kennzeichnungen geben negative Eigenschaften und Bewertungen für die Unternehmer wieder. Besonders die wirtschaftliche Position der Unternehmen wird als „bedeutend", „erfolgreich", „fortschrittlich" und „groß" klassifiziert. Zusätzlich werden die Unternehmen als „konkurrenzfähig", „mutig", „anerkannt", „aktiv", „beweglich" und „planend" eingestuft. Auch die Produkte der Unternehmen werden in einem ausgesprochen positiven Licht gezeigt. Lediglich die Chemieprodukte werden häufiger als gefährlich beschrieben.

Demgegenüber fallen die Führungskräfte der Unternehmen, wenn sie zum Gegenstand der Beurteilung werden, durch ein eher gespaltenes Image auf. In positiver Hinsicht werden sie, ähnlich ihren Firmen, als „bedeutend", „anerkannt", „erfolgreich", „fortschrittlich", „kompetent" und „mutig" charakterisiert. Diesen positiven Eigenschaften werden jedoch markant negative Bewertungen gegenübergestellt: Die Führungskräfte sind „abhängig", „zu teuer", „unglaubwürdig", „egoistisch", „verschlossen" sowie zusätzlich noch „aufdringlich" und „unsympathisch". Aber hier sind es vor allem die Bewertungen der Aussageträger von außerhalb der Unternehmen und auch die Journalisten selbst, welche dieses Negativ-Image erzeugen. Dominant ist in diesem Teilbereich ein vermitteltes Fremdbild über die Führungskräfte der Unternehmen und nicht das Selbstbild dieser leitenden Mitarbeiter.

Dieses Fallbeispiel der Führungskräfte ist durchaus typisch: Immer dann, wenn gesellschaftliche Gruppen es schaffen, in der unternehmensrelevanten Berichterstattung mitzureden, tauchen ihre Aussagen die Unternehmen in eine sehr zwielichtige Färbung. Dem aufmerksamen Leser vermittelt die Berichterstattung in aller Regel den Eindruck, daß die Gesellschaft das Handeln der Großunternehmen etwa so erlebt: Sie sind zwar bedeutend, ertragsstark und erfolgreich, verhalten sich aber egoistisch, sind verschlossen und unglaubwürdig, halten sich nicht an Gesetze und Verordnungen, sind gefährlich und bauen Arbeitsplätze eher ab, als daß sie neue schaffen. Gegenäußerungen der Unternehmen finden sich in den Medien scheinbar nicht; die Unternehmen rechtfertigen sich indirekt mit ihren wirtschaftlichen Erfolgen. Ein wirklicher, für den Leser nachvollziehbarer Dialog wird nur selten vermittelt.

Der Gesamteindruck der vermittelten „Bilder" von Unternehmen variiert in den einzelnen Medien je nach den Artikulationschancen, die den verschiedenen Interessensgruppen und Positionen eingeräumt werden. So kommen im „Spiegel" und in der „Frankfurter Rundschau" die gesellschaftlichen Aussageträger mit ihrer sehr kritischen Einstellung zu den Unternehmen eher häufiger zu Wort und können sich demnach mit ihren negativen Bewertungen tendenziell stärker durchsetzen. In der „Frankfurter Allgemeinen Zeitung" werden Aussageträger aus der Gesellschaft bevorzugt dann vermittelt, wenn sie in die überdurchschnittlich positive Bewertungstendenz passen. Das „Manager Magazin" schlägt dagegen wieder einen ganz anderen Weg ein: Hier werden gezielt Aussageträger aus den Unternehmen auch dann vermittelt, wenn sie ein negatives und sehr kritisches Selbstbild haben.

Insgesamt bieten die hier vorgestellten Ergebnisse jedoch keinerlei Anhaltspunkte dafür, daß die beteiligten Journalisten ihre gelegentlich sehr kritischen Einstellungen gegenüber den Großunternehmen zum leitenden Auswahlkriterium ihrer Vermittlungsleistungen erheben. Ganz im Gegenteil sind die Redaktionen in ihren umfangreichen Beiträgen offensichtlich darum bemüht, die vermittelten positiven Selbstdarstellungen der Unternehmensrepräsentanten mit ihrer persönlichen Kritik zu relativieren. Das entspricht wohl dem gängigen Selbstverständnis der geforderten Kritik- und Kontrollfunktion des Journalismus. Jedoch geht dies zu Lasten jener gesellschaftlichen Gruppen, die ihrerseits aufgrund vielfacher Erfahrungen eigene kritische Positionen einnehmen, diese aber in den untersuchten Medien nur selten selbst artikulieren können.

Dies schafft unnötige Orientierungsdefizite auf allen Seiten: Für die Unternehmen auf ihren Inseln wird es sehr schwer, die gesellschaftliche Meinungsverteilung in ihren Quantitäten und Qualitäten richtig einzuschätzen. Aber auch den vielen Gruppierungen und einzelnen Bürgern wird es nahezu unmöglich gemacht einzuschätzen, ob ihre eigenen Ein- und Ansichten über Großunternehmen auf einer angemessenen vielseitigen oder aber verzerrt einseitigen Informationsgrundlage basieren. Ihnen geht es somit als Teilnehmer am Wirtschaftsleben nicht anders wie bei der Planung für den nächsten Insel-Urlaub: Sie bleiben auf mühsame Vergleiche möglichst unterschiedlicher Informationsangebote angewiesen; aus keinem einzigen der untersuchten Medien können sie allein den notwendigen Gesamtüberblick für eine sichere Orientierung gewinnen.

Jürgen Heinrich

Wünsche der Zielgruppe besser ermitteln

Rezipientenorientierte Wirtschaftsberichterstattung

Die Probleme einer rezipientenorientierten Wirtschaftsberichterstattung können in wirtschaftswissenschaftlicher Sicht nur darin begründet liegen, daß Journalisten und Verleger die Marktorientierung nicht akzeptieren, oder die Kosten der Marktforschung zu hoch sind. Rezipientenorientierung heißt Orientierung an den Präferenzen der Konsumenten, also an den Wünschen der Leser, Hörer oder Fernsehzuschauer. Dies ist keine Norm für das Ergebnis der Produktion, sondern eine Norm für das Verfahren, Marktforschung, Produktplanung und organisierte Qualitätskontrolle im Blick auf die Wünsche der Rezipienten zu betreiben. Im Idealfall entsteht daraus eine Berichterstattung, die sich optimal an den Wünschen und Bedürfnissen der Zielgruppe orientiert.

Eine solche systematische Marktanalyse existiert für den tagesaktuellen Journalismus bislang nur in Ansätzen und in Ausnahmen. Daher sind die Wünsche der Leser, Zuschauer oder Hörer für den Wirtschaftsteil nicht sicher bekannt, doch läßt sich aus der vorgefundenen Wirtschaftsberichterstattung auf die Wünsche der Leser schließen. Folgende funktionale und personelle Zielorientierungen werden mithin unterschieden:

- eine Wirtschaftsberichterstattung für Führungskräfte in Wirtschaft und Verwaltung etwa nach dem Muster von F.A.Z. und „Handelsblatt“,
- eine Wirtschaftsberichterstattung für den gesellschaftspolitisch interessierten Staatsbürger etwa nach dem Muster von „Spiegel“, „Die Zeit“, „Frankfurter Rundschau“ oder „tageszeitung“, (partiell ist die F.A.Z. auch zuzuordnen),
- eine Wirtschaftsberichterstattung für Spezialinteressen wie sie zum Beispiel in „Capital“ oder der „Börsen-Zeitung“ gepflegt wird und
- eine Wirtschaftsberichterstattung für die tägliche Bewältigung ökonomischer Standardrollen der Rezipienten als Arbeitnehmer, Konsumenten, als Kreditnehmer, Sparer, Steuerzahler oder Transferempfänger, wie sie zunehmend in regionalen Tageszeitungen und im

Rundfunk angestrebt wird. Diese Art der Wirtschaftsberichterstattung wird hier kurz als wirtschaftssubjektbezogen bezeichnet, auch um den Wechsel der Perspektive vom „kleinen Mann“ als Objekt zum Subjekt der Wirtschaftsberichterstattung deutlich zu machen.

Eine solche Gruppierung ist vorläufig, ein Wandel der Präferenzen kann nicht ausgeschlossen werden. Sicher ist aber, daß eine Segmentierung vorgenommen werden muß. Einerseits, um dem Trend zur Spezialisierung im Konsum wenigstens prinzipiell Rechnung zu tragen. Andererseits, um vor allem der Fehleinschätzung vorzubeugen, man könne sinnvollerweise über „den“ Wirtschaftsjournalismus als funktionale Einheit reden.

So unterscheiden sich auch die Probleme einer rezipientenorientierten Wirtschaftsberichterstattung sehr deutlich nach ihrem jeweiligen Zuschnitt. Vor allem die wirtschaftssubjektbezogene Berichterstattung ist in vielerlei Hinsicht problembeladen und mit besonderen Kosten verbunden.

Die Norm der Rezipientenorientierung entspricht exakt der kargen Norm der vom Liberalismus geprägten Wirtschaftswissenschaft: effizient gemäß den Konsumentenpräferenzen zu produzieren. Es wird aber meist nicht akzeptiert, daß sich die Berichterstattung an den Konsumpräferenzen orientieren muß. Die Ablehnung wird gerade im Bereich der Medienpolitik besonders deutlich, die Ökonomie und Kommerz grundsätzlich als Negativargument zu verwenden scheinen.

Gegen dieses Zugehen auf die Bedürfnisse des Bürgers spricht im Journalismus die lange Tradition der Vorstellung von der öffentlichen Aufgabe der Massenmedien, die ohne Zweifel, wenn auch eher normativ als faktisch, ihre fundamentale Berechtigung hat.

Diese öffentliche Aufgabe unterscheidet die Massenmedien und die Journalisten wohltuend und privilegienreich von bloßen Warenproduzenten. Journalisten dürfen und wollen die öffentliche Meinungsbildung per se und im Interesse einer optimalen Funktionsweise demokratischer Ordnungen zu verbessern suchen – oder sie wollen ihre Kollegen beeindrucken, um Karriere zu machen. Nach einer Allensbacher Umfrage vom Juli 1984 sind Wirtschaftsjournalisten mit 45 Prozent etwas weniger „missionarisch“ als andere Journalisten (52 Prozent) – hier wirkt sicher die Prägung durch das herkömmliche wirtschaftswissenschaftliche Studium – aber der Wunsch, Informationen nach eigenen Vorstellungen zu selektieren und zu verarbeiten, überwiegt auch bei ihnen.

Und wenn die Rezipientennorm akzeptiert wird, dann typischerweise eher bei der Art von Wirtschaftsberichterstattung, die der traditionellen Funktionszuweisung der Massenmedien erfolgreich entspricht, also bei F.A.Z., „Spiegel“ oder „Zeit“. Hier ist der aufklärerische Anspruch und das kritische Journalismusverständnis gut mit den Leserinteressen in Einklang zu bringen.

Im übrigen aber scheinen die Wünsche der Leser und das Selbstverständnis der Journalisten im Widerspruch zu stehen. Entscheidend für die Perspektive wäre der private Zuschnitt der Berichterstattung: Verbesserung der Meinungsbildung, nicht für die Demokratie, sondern für die privat vorteilhafte Entscheidung des Lesers oder der Leserin. Aufklärung, nicht für die Verbesserung des öffentlichen Meinungsbildungsprozesses, sondern als privates Konsum- oder Investitionsgut und Unterhaltung als private Zerstreuung. Diese Perspektive schreckt, denn sie stellt Journalisten und Massenmedien auf eine Stufe mit Warenproduzenten und scheint eine billige Verbeugung vor dem Geschmack der Massen zu sein.

Häufig klagen Journalisten, nicht nur Wirtschaftsjournalisten, darüber, daß wohl ihre Werbeabteilung die Sozialstruktur der Leser sehr genau kenne, die Redaktion aber keine Vorstellung vom Leser habe. Dies liegt sicher auch daran, daß die Werbeabteilung im Gegensatz zur Redaktion keinerlei Schwierigkeiten haben dürfte, den Markt als Norm zu akzeptieren, aber vor allem an den unterschiedlich hohen Kosten einer entsprechenden Informationsgewinnung. Daten zur Sozialstruktur der Leserschaft sind einfach zu ermitteln, die Präferenzstrukturen hingegen nicht.

Da das Produkt täglich neu produziert wird, müßten die Präferenzen streng genommen täglich erforscht werden, was technisch nicht machbar und zu teuer wäre. Da das Produkt nur sehr zeitaufwendig zu konsumieren ist, wäre eine Marktforschung entsprechend teuer, vor allem, wenn auch Alternativen getestet werden sollten. Und schließlich sind die Konsumentenpräferenzen für die aktuelle Berichterstattung diffus, vielschichtig und nur mit Mühe zu artikulieren, allenfalls abstrakt oder in Äußerlichkeiten wie Layout und Farbe zu formulieren und zu erfassen. All dies erschwert eine Rezipientenorientierung, wenn sie denn gewollt ist und erleichtert ihre Mißachtung, wenn sie nicht gewollt ist.

Speziell die Orientierung der Wirtschaftsberichterstattung an den Interessen des Durchschnittsbürgers als Wirtschaftssubjekt verursacht relativ hohe Produktionskosten, die vor dem Hintergrund ihrer konzeptionellen Gestaltung deutlich werden. Charakteristika einer rezipientenorientierten Wirtschaftsberichterstattung sind folgende Elemente:

- Orientierung auf die ökonomischen Rollen des Wirtschaftssubjekts als Arbeiter, Konsument, Schuldner, Sparer, Steuerzahler oder Transferempfänger;
- Orientierung auf den persönlichen Nutzen der Rezipienten in diesen Rollen;
- Orientierung auf das Angebot von Handlungsmöglichkeiten, Problemlösungen oder Gesprächsstoff;
- Orientierung auf präzise, verständliche und wenn möglich unterhaltsame Berichterstattung und
- Orientierung auf eine aktuelle und prinzipielle Berichterstattung, um die arbeitsteilige Abgrenzung zu Spezialblättern zu gewährleisten.

Damit soll deutlich werden, daß wirtschaftssubjektbezogene Berichterstattung nicht Verbraucherberatung ist. Es geht dabei nicht um die Information, wo Schlangengurken am billigsten sind, oder wie man am besten Pauschalreisen bucht, sondern es geht darum, die Bedeutung von wirtschaftspolitischen Ereignissen dem Rezipienten in seinen Rollen deutlich zu machen. Was bedeutet zum Beispiel ein Anstieg des Bruttosozialprodukts von 3,5 Prozent für den Arbeiter an Einkommenspotential oder für den Steuerzahler an Entlastungsmöglichkeit, oder was bedeutet ein Tarifabschluß von sechs Prozent für den Verbraucher, für die Hypothekenzinsen oder für die Realeinkommen? Was bedeutet die Fusion von „Daimler Benz“ und MBB für die Arbeitsplätze der Region oder das Einkommen der Stadt?

Eine solche Wirtschaftsberichterstattung erfordert zusätzliche Zeit:

- Zusätzliche Recherchezeit für den regionalen Bezug (welche ortsansässigen Firmen gehören zu „Daimler Benz“ oder MBB) oder für die Auswirkung auf die Wirtschaftssubjekte (Umfrage bei Banken, wie die Quellensteuer Sparzinsen beeinflußt);
- Zeit, um die Ereignisse, die sich zunächst in einer von der Wirtschaftswissenschaft geprägten abstrakten Begriffswelt bewegen, verständlich und platzsparend zu übersetzen;
- Zeit, um die Ereignisse auf ihre Bedeutung hin zu interpretieren (es reicht dann nicht mehr zu berichten, die Geldmenge sei um fünf Prozent gestiegen, man muß vielmehr überlegen, was dies für die Hypothekenzinsen oder Reallöhne bedeuten wird);
- Zeit, um richtig und damit langfristig glaubwürdig zu berichten;

– schließlich erfordert es Zeit, die bisweilen unerläßliche Unterhalt-
samkeit zu produzieren, die sich im Bereich der Wirtschaft in der
Regel nicht von selbst ergibt.

Und die wirtschaftssubjektbezogene Berichterstattung erfordert bis-
weilen viel Platz, mithin, da dieser nicht vorhanden ist, wiederum zu-
sätzliche Zeit, um abzuwägen, was wegfallen kann.

Diese Anforderungen treffen den Wirtschaftsjournalisten sozusagen
unvorbereitet. Die wirtschaftssubjektbezogene Perspektive ist der
wirtschaftswissenschaftlichen Ausbildung fremd, der Blick auf die
Akteure der Wirtschaft, auf Arbeiter und Konsumenten, auf Unter-
nehmen und Haushalte wird verstellt. Institutionen werden vernach-
lässigt, abstrakte Variablen in allgemeinen Gleichgewichtsmodellen
herrschen vor. Und der Journalist hat entsprechende Kommunikati-
onsmuster, rationalisierende Entscheidungsleitlinien und professionelle
Routinen noch nicht hinreichend entwickeln können, weil die
Perspektive relativ neu ist und einer Rationalisierung nicht leicht
zugänglich. Und Nachrichtenagenturen berichten bislang eher tradi-
tionell im Stile eines Generalanzeigers, und ihre Berichte können ohne
erhebliche Redigierarbeit nicht übernommen werden.

Wie zeitaufwendig eine rezipientenorientierte Wirtschaftsberichterstat-
tung sein kann, hat ein am Studiengang Journalistik der Universität
Dortmund entwickelter Pressedienst „Saldo“ praktisch demonstriert.
Themenrecherche und verständliche Aufbereitung erforderten ein Viel-
faches der üblichen Zeit für das Abfassen von Meldungen und Berich-
ten.

Generell ist Wirtschaftsberichterstattung relativ gut nachprüfbar, weil
Fakten und Zahlen genannt werden, die sich einfach überprüfen
lassen, und weil eine Überprüfung im materiellen Interesse des
Rezipienten liegt. Dies zeigt sich deutlich im Bereich der Unterneh-
mensberichterstattung, in dem die Angaben von Unternehmerseite
relativ einfach überprüft werden können und auch tatsächlich
überprüft werden, weil es dem Firmeninteresse entspricht.

Im übrigen scheint das Interesse an einer Überprüfung der Wirt-
schaftsberichterstattung allgemein wirtschaftspolitischen Zuschnitts
eher klein zu sein, weil das private Motiv für die Kontrolle gering ist.
Dies dürfte bei der subjektorientierten Wirtschaftsberichterstattung
wieder anders sein. Eine Überprüfung der Angaben ist relativ leicht
und liegt nahe, weil oft Handlungen initiiert werden, die in Geld be-
wertbar sind. Weniger Schadensersatzforderungen als Ärger und Ent-

täuschung der Leser sind ein spezielles Risiko dieser Art von Wirtschaftsberichterstattung.

Eng damit verknüpft ist das Informationsrisiko, das Risiko, Informationsdefizite verantworten zu müssen, weil man nicht vollständig berichten kann. Dies immer vorhandene Risiko gewinnt im Fall der wirtschaftssubjektbezogenen Berichterstattung eine besondere Bedeutung, weil diese Art der Wirtschaftsberichterstattung wenig platzsparend ist und daher Lücken der Berichterstattung in anderen Feldern erfordert und vor allem, weil die Beschreibung der Wirkungen von wirtschaftspolitischen Ereignissen und Maßnahmen angesichts ihrer allgemeinen Interdependenz besonders unvollständig sein muß. So dürfte es nahezu unmöglich sein, über die Wirkungen einer Zunahme zum Beispiel der Staatsverschuldung umfassend zu berichten.

Schließlich besteht das Risiko, in den Verdacht einer falschverstandenen Resignation zu fallen. Bundesbankpräsident Pöhl hat – in einer Diskussion mit der Führung des ZDF – die Neigung der Wirtschaftsredaktionen kritisiert, die großen Themen der Finanz- und Wirtschaftspolitik zu meiden und sich statt dessen vorwiegend der Verbraucherberatung zu widmen. Dies sei Defaitismus. Jedoch ist diese Hinwendung, wie die für eine Wirtschaftssendung erstaunlich hohen Einschaltquoten von bis zu 20 Prozent für „WISO" zeigen, keine mutlose Resignation, sondern eine bewußt erstrebte Rezipientenorientierung. Dabei wird häufig übersehen, daß eine Vermittlung der großen Themen der Wirtschaftspolitik in der Regel einfacher zu bewerkstelligen ist als eine Darstellung, die sich an den Präferenzen des „kleinen Mannes" orientiert.

Eine subjektbezogene Wirtschaftsberichterstattung soll aufzeigen, wie sich wirtschaftliche Ereignisse und Maßnahmen auf ökonomische Rollen und Lebensumstände auswirken. Die Wirtschaftsredaktion muß eine Auswahl nach der Wichtigkeit und eine Entscheidung nach der Wahrscheinlichkeit des Eintritts vornehmen, denn die Wirkungen sind üblicherweise vielfältig, und ihre Eintrittswahrscheinlichkeit wird von der herrschenden Wirtschaftstheorie nur selten eindeutig beurteilt.

Diese Selektion und Verarbeitung setzt ein überaus hohes Maß an Fachkompetenz und wirtschaftspolitischem Beurteilungsvermögen voraus und erfordert damit eine Wertung durch den Wirtschaftsjournalisten, die seine (und nicht nur seine) Fachkompetenz überfordern mag und die mit der tradierten Norm der Trennung von Nachricht und Meinung kollidiert. Diese Trennungsnorm ist vermutlich auch deswegen weitgehend akzeptiert, weil sie als einfach zu handhabende

Entscheidungsleitlinie Zeit zu sparen vermag. Aber die strikte Trennung von Nachricht und Wertung erschwerte dem Leser das Verständnis und machte eine wirtschaftssubjektbezogene Orientierung unmöglich. Für eine rezipientenorientierte Wirtschaftsberichterstattung wird die Trennungsnorm aufgegeben oder modifiziert werden müssen.

Die praktische individuelle Relevanz journalistischer Aussagenproduktion ist für den Kommunikationserfolg von zentraler Bedeutung. Wichtig erscheint, was nutzt. Daher besteht eine große Chance der Wirtschaftsberichterstattung darin, die Bedeutung von wirtschaftlichen Ereignissen und Maßnahmen für den einzelnen in seinen ökonomischen Rollen herauszustellen. So und nur so kann Interesse geweckt und Einsicht in wirtschaftspolitische Zusammenhänge vermittelt werden. In diesem Sinn ist eine konsequente Rezipientenorientierung eine notwendige, allerdings nicht zugleich hinreichende Bedingung für die Verbesserung der öffentlichen Meinungsbildung. Das Vehikel des privaten Vorteils wäre für soziale Belange zu nutzen, ähnlich wie eine so preisgekrönte Sendung wie „Spiegel-TV“ Sensationelles in den Dienst der Meinungsbildung stellt. Die andere Chance, die die Rezipientenorientierung bietet, ist die angemessene Vereinfachung ökonomischer Ereignisse.

Peter Gillies

Fachlicher Tiefgang, handwerkliches Geschick

Wirtschaftsjournalismus als Fachjournalismus

Das dramatische Tempo der deutschen Einigung hat die Wirtschaftsjournalisten auf besondere Weise herausgefordert: Sie mußten dem – gleichermaßen – überraschten Publikum darstellen, warum die Zentralverwaltungswirtschaften des Ostens zusammenbrachen und gleichzeitig den Systemwechsel informativ und kommentarlich so begleiten, daß sich die handelnde Politik angemessen und ordnungspolitisch sauber reflektiert sah.

Es schlug die Stunde der fachlich versierten Wirtschaftsjournalisten. Dabei hatten sie als Chronisten eine Brache der Wirtschaftswissenschaft zu beackern, denn deren Erkenntnisse über einen Systemwechsel von der Zentralverwaltungs- zur Marktwirtschaft sind in Bibliotheken nur dünn repräsentiert.

Diese in der Nachkriegsgeschichte einmalige Herausforderung reizte die Wirtschaftsjournalisten aller Medien. In den Redaktionsplanungen wuchs ihnen plötzlich eine Darstellungsfülle zu, die sie weidlich nutzten, wobei freilich das Mengenwachstum an Beiträgen nicht mit ihrem Informationsgehalt Schritt hielt. Nicht jedes Interview mit einem Kombinatsdirektor war geeignet, den Leser durch überraschende Novitäten zu bereichern.

Ist der Wirtschaftsjournalist zugleich Fachjournalist? Er ist es nicht in dem Sinne, daß er als Fachmann für Fachleute schreibt, wohl aber insofern, als der Transport ökonomischer Zusammenhänge ohne Fachkenntnisse echolos bleiben dürfte. Daß ein Theaterwissenschaftler ein erfolgreicher Wirtschaftsredakteur werden kann, ist die Ausnahme in den Medien (wiewohl auch sie bei einem prinzipiell offenen Berufszugang möglich sein soll). In der Praxis darf jedoch vorausgesetzt werden, daß eine kompetente Berichterstattung über – oft sehr verzwickte – ökonomische Zusammenhänge der kundige Wirtschaftskenner den besseren Start und die hoffnungsvolleren Aufstiegschancen besitzt.

Für Fachjournalisten, die ihrem Informationsauftrag nachkommen, gilt, daß ihre Kompetenz über eine „Pfahlwurzel" von Sachkenntnis verfügen sollte. Dieser Begriff, den der Gießener Historiker Siegfried

Quandt in die Debatte um den Fachjournalismus einbrachte, gibt die Berufsanforderungen zutreffend wieder: Kompetente Berichterstattung wurzelt tief, wenn sie erfolgreich sein will, während der „Flachwurzler“ mit seinen eher zufälligen Erkenntnissen über kurz oder lang vom Sturm der Tagesnachricht entwurzelt wird.

Die Kompetenz des Wirtschaftsjournalisten speist sich aus zwei Quellen: der professionell-handwerklichen und der wirtschaftlich-fachlichen (oft wissenschaftlichen). Ein Berufsanfänger sollte letztere bereits mitbringen, wenn er ein Volontariat beginnt; den handwerklichen Teil des Journalismus lernt er in der praktischen Redaktionsarbeit. Die vielfältigen Klagen über mangelnde Qualifikation von Wirtschaftsjournalisten basieren weniger darauf, daß jene nicht Glossen, Leitartikel, Nachrichten oder Reportagen zu schreiben verstünden, als vielmehr darauf, daß es ihnen an Fachwissen über ökonomische Zusammenhänge fehle.

Dieser Mangel gipfelt in der Klage, „daß die schlechten Wirtschaftsexperten ihre Irrtümer der Öffentlichkeit besser verkaufen als die guten Fachleute ihre Wahrheiten“ (Henry Hazlitt, 1946). Dazu gehören beispielsweise Behauptungen wie jene, das „Recht auf Arbeit“ verhindere ebenso Arbeitslosigkeit wie die durch staatliche Schuldenaufnahme finanzierten „Beschäftigungsprogramme“.

Halbwahrheiten wie diese leiden daran, daß bei wirtschaftspolitischen Maßnahmen nur die augenblicklichen und direkten Folgen dargestellt werden, nicht aber die längerfristigen Nebenwirkungen und schädlichen Konsequenzen. So nützt ein Mietstopp auf kurze Sicht den Politikern bei ihrer Wiederwahl und den Mietern, die eine Wohnung haben. Auf mittlere und längere Sicht schadet er anderen Gruppen, letztlich aber auch den Mietern, die man eigentlich begünstigen wollte: Mietstopps führten überall zur „Verslumung“ der Städte, zu schwarzmarktähnlichen Erscheinungen, zur Verknappung von Wohnraum, weil Investoren von diesem Markt mangels Rendite abgeschreckt werden. Bei korrekter ökonomischer Würdigung der Marktzusammenhänge kann ein kompetenter Wirtschaftsjournalist seinen Lesern, Hörern und Zuschauern den Zusammenhang nicht vorenthalten: Dieser Dirigismus schadet just denen, die eigentlich davon hätten profitieren sollen.

Die Versuchung zur ökonomischen Halbwahrheit ist die Folge mangelnder Fachkompetenz, weil die fehlende Hälfte der Wahrheit mangels Aus- und Fortbildung nicht ergänzt werden kann. Dieses Halbwissen erliegt der unerträglichen Leichtigkeit des Scheins. „Vor allem ist die Forderung nicht leicht zu erfüllen: den Spezialisten noch spezialistisch genug, den Nichtspezialisten aber verständlich und interessant genug" zu informieren, formulierte der Nestor des wirtschaftsjournalistischen Fachs, Jürgen Eick, 1990 in seinem letzten Buch. Verständlich und gleichzeitig interessant zu formulieren, setzt den Spezialisten voraus, der aber keineswegs für Spezialisten formulieren darf.

Handwerkliche und fachliche Kompetenz bedingen einander. Eine treffliche Feder mag zwar Lesevergnügen bescheren, nicht aber wirtschaftliche Aufklärung des Publikums, wenn der fachliche Tiefgang fehlt. Umgekehrt bleibt der versierte Fachmann wirkungslos, wenn ihm das journalistisch-handwerkliche Geschick fehlt, das Wichtige auch interessant aufzubereiten. Die Schnittmenge zwischen beidem ist die „narrative Kompetenz", also die Fähigkeit, trockene Grundzusammenhänge auch anschaulich zu erzählen. Den Siegeszug von Computer und Hochtechnologie in die Werkhalle eines Unternehmens zu schildern oder den Hintergrund der deutschen Währungsunion für den Sparer und Arbeitnehmer zu erzählen, können höchst spannende „Stories" sein. Die steten Klagen darüber, daß die Wirtschaftsreportage eine Brache geblieben ist, zeigen, daß der Wirtschaftsjournalismus hier noch einiges aufzuarbeiten hat.

Wie bewirkt man Fachkompetenz? Die Antwort beginnt mit der bis heute strittigen Frage, welche Bildungswege zu beschreiten wären, damit aus einem guten Journalisten auch ein guter Wirtschaftsjournalist wird. In vielen Redaktionen gibt es Vorbehalte gegen akademische Wege zum Beruf (merkwürdigerweise auch von solchen Journalisten, die selbst ein wissenschaftliches Studium absolvierten). Vielfach wird eine Berufsausbildung – etwa zum Bank- oder Industriekaufmann – als vorzügliche Basis gepriesen. Beide Wege haben Vor- wie Nachteile. Ein Bankkaufmann bringt viel Praxisnähe mit: aber wenn sich diese beispielsweise nur auf Spezialitäten des Zahlungsverkehrs begrenzt, und er keine volkswirtschaftlichen Kenntnisse mitbringt, litte seine Fachkompetenz. Für Absolventen der Wirtschaftswissenschaften, die sich in hochabstrakter Ökonometrie geübt haben, aber ahnungslos über „Cash flow" und „Optionsgeschäft" sind, ergeben sich ebenfalls Kompetenzlücken.

Ohne den Anspruch wissenschaftlicher Vollkommenheit und allein aus der Sicht der journalistischen Praxis seien einige Eckwerte für die fachliche Qualifikation genannt: Der Berufsanfänger sollte über die Grundstruktur von Volks- und Betriebswirtschaft Bescheid wissen. Der Wirtschaftskreislauf sollte ihm ebenso vertraut sein wie der ordnungspolitische Rahmen, in dem sich die Systeme zwischen Marktwirtschaft und Zentralverwaltungswirtschaft bewegen. Die großen historischen Linien der Nationalökonomie zwischen Adam Smith und Milton Friedman gehören ebenso dazu wie das Instrumentarium von Konjunkturpolitik und Theorie.

Gediegene Kenntnisse der Finanzpolitik sind nicht von Schaden, ohne daß jeder Volontär in der Wirtschaftsredaktion schon ein Steuerexperte sein könnte. In der Sozialpolitik müßte er mit den wichtigsten Systemen der sozialen Sicherung vertraut sein (Arbeitslosen-, Kranken-, Rentenversicherung). Aus den weiteren Segmenten seien erwähnt: Energie-, Verkehrs-, Umwelt-, Entwicklungs-, Außenwirtschaftspolitik. Selbst ein Anfänger sollte nicht verlegen sein zu erklären, warum Protektionismus und „Subventionitis“ schädliche Entgleisungen von Wirtschaftsprozessen sind.

Große Nachfrage besteht nach Kompetenz in Börsen-, Bank- und Währungsfragen. Sie stellen einen kurzen Weg in einen Bereich dar, der Konjunktur hat: die Lebenshilfe. Ein Volk, das derart sparfähig und vermögend geworden ist wie das deutsche, bedarf journalistischer Handreichungen. Bei einem durchschnittlichen Geldvermögen von knapp hunderttausend Mark je Haushalt, aus dem jährlich rund viertausend Mark Erträge fließen, sowie einer steigenden Zahl von Erbfällen mit ansehnlichen Summen, wollen Leser, Hörer und Zuschauer von den Experten wissen, wie man den Wert des Geldes erhält und vermehrt. Diese Art Lebenshilfe stellt einen Wachstumsbereich im journalistischen Gewerbe dar.

Betriebswirtschaftlich sind die Grundkenntnisse über ein Unternehmen, seine Bilanz-, Kosten- und Führungsprobleme wünschenswert. Zur Fachkompetenz gehört es, eine Bilanz, den Geschäftsbericht sowie eine Gewinn- und Verlustrechnung zutreffend deuten zu können. Fehlte diese Fertigkeit, wäre der Journalist seinen Informanten auf der jährlichen Bilanzpressekonferenz oder in der Hauptversammlung noch weiter unterlegen.

Der betriebswirtschaftliche Akzent ist deswegen nötig, weil brisante Fragen der Tagespolitik ohne die Kostenseite nicht zutreffend beurteilt werden können. Das gilt beispielsweise für so simpel scheinende Fragen wie die Kontoführungsgebühr bei Banken, die Alternative zwischen bestimmten Formen der Energieerzeugung oder für ökologische Fragen. Gegen den Verpackungsmüll oder für die deutsche Steinkohle anzuschreiben, ist einfach, die dahinterliegenden Kostenerwägungen und ihre Folgen aufzuhellen, dagegen hochkompliziert und herausfordernd. Der Wirtschaftsjournalist wird nur als Fachjournalist der Versuchung widerstehen, aus dem Bauch heraus zu schreiben.

So wie die unternehmerische Wirtschaft beklagt, von ahnungslosen Journalisten nicht verstanden zu werden, so beklagen die Medienunternehmen die praxisferne Ausbildung des Nachwuchses durch die Universitäten. Beides sind pauschale Urteile, wiewohl oft nicht ohne Berechtigung. Daß mancher akademische Lehrer seine Studenten mit mangelhaftem Rüstzeug für die Praxis ausstattet, sei nicht bestritten. Aber der Student hat andererseits auch die Wahl und die Chance, sich Qualifikationen für den Wunschberuf aus dem universitären Angebot herauszupicken. Praktika und Hospitanzen, wie sie in allen Medien erfreulich stark angeboten werden, verbreitern diese Möglichkeiten.

„Nicht den geringsten Teil der Schuld an der Entartung des Journalismus trägt wohl der unvollkommene Zustand der socialen Wissenschaft", spottete Albert Schäffle in seiner „Allgemeinen Sociologie" (1896). Bis heute gibt es eine derartige Binnenkritik der Wirtschaftswissenschaften (beispielsweise von Herbert Giersch).

Andererseits sollten Qualifikationslücken nicht ausschließlich als Bringschuld der Wirtschaftswissenschaften definiert werden. Kommunikationswissenschaft und Publizistik mit ihren in der Redaktionspraxis wenig geschätzten „Diplom-Journalisten" vermögen die Qualifikationslücke im Wirtschaftsjournalismus kaum zu schließen. Aber die Wirtschaftswissenschaft wäre aufgerufen, etwas näher „an den Markt" zu rücken. Dies lohnt sich deshalb, weil im Wirtschaftsjournalismus die Nachfrage das Angebot übersteigt – trotz eines Heeres von Absolventen. Eine geeignete Wegweisung wäre die Vorgabe, die Studenten an der Universität „nicht berufsfertig, sondern berufsfähig" zu machen (so der Betriebswirt Dietger Hahn, Gießen/Berlin).

Die Wirtschaftspublizistik ist ein Wachstumsfeld in der Medienlandschaft. Ihre Unternehmen haben im letzten Jahrzehnt bedeutend in die Aus- und Fortbildung investiert. Der universitäre Beitrag ist demgegenüber zurückgeblieben und deshalb ausbaufähig. Der „informationelle Hunger" der Öffentlichkeit nach ökonomischer Aufklärung ist gewaltig.

Auch die Kommunikationswissenschaft bezeichnet „die Versorgung der Öffentlichkeit mit allgemeinverständlichen Wirtschaftsinformationen als die vorrangige Zukunftsaufgabe des Journalismus" (Franz Ronneberger). Die vielfältigen Versuche, hier Wissenschaft und Praxis miteinander zu synchronisieren, verdienen die Förderung der Wirtschaft, die Aufmerksamkeit des Nachwuchses und weitere Anstrengungen der Medienunternehmen. Im „Jahrhundert des kleinen Mannes“ (Eick) ist dies nicht mehr ein Problem von elitär-beschaulichen Handelsteilen der Zeitungen, sondern eine zentrale Aufgabe der modernen Industrie- und Dienstleistungsgesellschaft.

Die revolutionären Umbrüche in Osteuropa haben belegt, wie wichtig und prägend die „Pfahlwurzel“ der Fachkompetenz in der Wirtschaftsberichterstattung ist. Das Denken in Ordnungen ist beim Übergang von Systemen besonders gefordert. Über weite Phasen des Umbruchs erwies sich die Wirtschaftspublizistik als dominanter Faktor in der öffentlichen Meinung. Investitionen in die kundige Begleitung dieser Umbruchprozesse versprechen eine hohe „informationelle Rendite“ – was noch nicht alle am Meinungsbildungsprozeß Beteiligten erkannt haben.

Daß der Fachjournalist, wenn er diesen Umbruch begleitet, nicht so schreiben darf, daß er nur von Fachleuten verstanden wird, ist eine Binsenweisheit seines Gewerbes. Sie wird leider täglich verletzt. Demoskopisch belegt ist, daß die meisten Fachbegriffe, die den Experten so leicht von der Lippe springen, von der Mehrheit des Publikums nicht verstanden werden. Journalisten können gar nicht einfach genug schreiben. In der Vereinfachung des Komplizierten (nicht Simplifizierung) liegt ihre Bringschuld gegenüber denjenigen, die die Kommunikationswissenschaft die „Rezipienten“ zu nennen pflegt.

„En passant“ gewinnt die Wirtschaftspublizistik auch eine weitere Kompetenzstufe gegenüber den Kollegen der politischen Ressorts: Sie hat den Kern der politischen Ordnung auszudeuten. Sie steht vor der wichtigen Aufgabe, die auf den Systemwandel schlecht vorbereitete politische Ökonomie aufzuarbeiten. Fachkompetenz ist mehr als die Erklärung der „inversen Zinsstruktur“ – sie ist auch Lebenshilfe für Wirtschaftsbürger, denen ein Wirtschaftssystem plötzlich wieder als wichtiger Teil der politischen Freiheit aufscheint. Wer in diesen Ordnungen zu denken gelernt und sich darin trainiert hat, beugt angelegentlich einem fehlgeleiteten politischen Moralismus vor, den Hermann Lübbe den „Triumph der Gesinnung über die Urteilskraft“ nannte.

Renate Köcher

Weniger missionarisch

Kompetenz und politische Einstellung von Wirtschaftsjournalisten

Auf den ersten Blick wirkt die Haltung der Bevölkerung schizophren: In ihrem Prioritätenkatalog rangieren wirtschaftliche Ziele hoch, weniges scheint ihr so wichtig wie die Sicherung ökonomischer Stabilität; bei ihrer Information rangieren wirtschaftliche Themen dagegen niedrig, wenig interessiert die Bevölkerung bei der täglichen Zeitungslektüre weniger als der Wirtschaftsteil (Tabelle 1). Das Wissen über wirtschaftliche Fakten und Zusammenhänge ist gering, die Vorstellungen von den Voraussetzungen eines marktwirtschaftlichen Systems sind diffus, die Bereitschaft zur raschen unbedenklichen Unterstützung interventionistischer Maßnahmen des Staates ist groß.

Defizite der schulischen Bildung sind eine Ursache dieser unbefriedigenden Kenntnisse und Anteilnahme, erklären sie jedoch nicht vollständig. Auch das Interesse an Politik wird nur begrenzt in der Schule vermittelt und entsteht bei vielen erst nach der Schulzeit. Zwischen dem 18. und 24. Lebensjahr entfaltet sich das Interesse an Politik, aber nur sehr begrenzt das Interesse an wirtschaftlichen Themen.

Diese ungleichgewichtigen Interessen finden ihr Spiegelbild in der unterschiedlichen Bedeutung des politischen und wirtschaftlichen Journalismus in den Medien: Der Gießener Professor Dr. Siegfried Quandt, Leiter des Studiengangs Fachjournalismus, verweist auf den „Widerspruch zwischen der Bedeutsamkeit der Wirtschaft in der modernen Gesellschaft und der moderaten Bedeutsamkeit des Wirtschaftsjournalismus in Presse und Rundfunk" und die Diskrepanz zwischen dem (bescheidenen) Raum, den die Wirtschaftsberichterstattung im Vergleich zu anderen Themen einnimmt (1).

Die laue Anteilnahme der breiten Bevölkerung an Wirtschaftsnachrichten scheint auf den ersten Blick das geringe Gewicht des Wirtschaftsjournalismus zu rechtfertigen – stünde er nicht unter Verdacht, selbst Ursache des mangelnden Interesses zu sein. In einer Studie im Auftrag der Ludwig-Erhard-Stiftung berichtet Günther Käckenhoff: „Die Klagen über einen Qualitätsverlust sind allgemein. Chefredakteure und Leiter von Wirtschaftsredaktionen bemängeln den Verlust an Niveau. Er entsteht vor allem dadurch, daß (wegen des Mangels oder wegen unzureichender Ausbildung) Positionen mit Journalisten besetzt sind, die ihrer Aufgabe nicht voll gewachsen sind" (2).

Siegfried Quandt resümiert: „Der Wirtschaftsjournalismus in der Bundesrepublik gilt – von bekannten Ausnahmen abgesehen – als mangelhaft" (3); konkret moniert er den „Formularjournalismus", das „Unvermögen, vermeintlich oder tatsächlich trockene Themen so zu bearbeiten, daß sie nicht aus dem Rahmen des gesamtjournalistischen Konzepts herausfallen" (4).

Die Kritik an der Qualität des Wirtschaftsjournalismus setzt an zwei Punkten an: Kritisiert werden – vor allem von der Wirtschaft – Mangel an fachlicher Kompetenz, an volkswirtschaftlichen und betriebswirtschaftlichen Kenntnissen und auf der anderen Seite Mangel an professioneller Kompetenz, der Fähigkeit zur Umsetzung der komplexen Wirtschaftsthemen in interessante und für ein Laienpublikum verständliche Beiträge.

Diese Facetten wirtschaftsjournalistischer Kompetenz sind untrennbar verbunden, denn ein Mindestmaß an fachlicher Kompetenz ist die Voraussetzung für die erfolgreiche Ausübung professioneller Kompetenz. Die Beschaffung von Informationen bei Unternehmen, Wirtschaftspolitikern, Verbands- und Gewerkschaftsfunktionären und Wirtschaftsexperten und die Auswahl der relevanten Informationen erfordern Fachwissen, Einblick in die betriebliche und gesamtgesellschaftliche Realität und die Beherrschung der wirtschaftlichen Terminologie. Umgekehrt verurteilt fachliche Kompetenz ohne professionelle Kompetenz den Wirtschaftsjournalismus in der breiten Bevölkerung zur Erfolglosigkeit; Fachwissen, das nicht vereinfacht und in anschauliche Beispiele übersetzt wird, läuft an dem breiten Publikum vorbei.

Die Mängel in beiden Bereichen der Kompetenz von Wirtschaftsjournalisten sind nachweisbar. Ein solides wirtschaftswissenschaftliches Fundament ist nach wie vor nur bei einer Minderheit der Wirtschaftsjournalisten gegeben. Zwar wiesen zwei Untersuchungen von Beginn und aus der Mitte der achtziger Jahre übereinstimmend für Wirtschaftsjournalisten ein, gemessen an dem Durchschnitt ihres Berufsstandes, deutlich überdurchschnittliches Bildungsniveau aus. Ein Drittel aller Journalisten, aber jeder zweite Wirtschaftsjournalist hat ein Hochschulstudium erfolgreich abgeschlossen.

Nur in jedem zweiten Fall steht der Hochschulabschluß von Wirtschaftsjournalisten jedoch für ein fachspezifisches wirtschaftswissenschaftliches Studium: 53 Prozent der Wirtschaftsjournalisten mit abgeschlossenem Hochschulstudium hatten Wirtschaftswissenschaften studiert, 17 Prozent Geisteswissenschaften, acht Prozent Sozialwissenschaften und fünf Prozent Jura (siehe Anm. 5 und Tabelle 2). Die Analyse der Bildungsabschlüsse jüngerer Journalisten zeigt jedoch, daß der Anteil mit abgeschlossenem Hochschulstudium und auch speziell mit einem wirtschaftswissenschaftlichen Abschluß steigt.

Das zur Zeit noch vorhandene Defizit an fundierter theoretischer Ausbildung wird in der Regel nicht durch Praxiserfahrung kompensiert. Nur 37 Prozent aller Wirtschaftsjournalisten haben vor ihrer journalistischen Laufbahn in einem anderen Beruf Erfahrungen gesammelt, darunter nur knapp jeder zweite in einer dem wirtschaftlichen Bereich zuzurechnenden Tätigkeit. Der Anteil der „Seiteneinsteiger" ist damit im Wirtschaftsjournalismus nur geringfügig höher als im gesamten journalistischen Berufsstand; anders als bei den akademischen Abschlüssen zeichnet sich bei jüngeren Journalisten keine verstärkte Tendenz zu mehr Praxiserfahrung ab.

Damit weist der deutsche Wirtschaftsjournalismus zumindest nach den formalen Qualifikationskriterien beträchtliche Defizite an fachlicher Kompetenz auf. Allerdings sind diese formalen Kriterien allein ein unbefriedigender Maßstab für die Bewertung fachlicher Kompetenz, da sie die Qualifizierung durch die ständige Auseinandersetzung mit wirtschaftlichen Themen nicht berücksichtigen. Vor allem ist es jedoch unzulässig, aus den Defiziten an fachlicher Kompetenz der Journalisten unmittelbar auf entsprechende Defizite in der Berichterstattung zu schließen. In die Berichterstattung fließt nicht nur die Kompetenz der Journalisten ein, sondern auch die Kompetenz der Informationsquellen.

Mehr als andere Sparten rekurriert der Wirtschaftsjournalismus von den Quellen – Unternehmen, Verbände, Experten – ausformulierter Informationen. Damit ist die wirtschaftsjournalistische Kompetenz fachlich in hohem Maße abgeleitete Kompetenz. Dadurch werden fachliche Defizite auf seiten der Journalisten zumindest teilweise durch die Kompetenz der Informationsquellen aufgefangen; die fachliche Qualität der Berichterstattung übersteigt teilweise die fachliche Kompetenz der Journalisten.

Gerade der große Einfluß der Informationsquellen ist jedoch eine Ursache der oft mangelhaften professionellen Qualität, der unzureichenden Umsetzung in guten Journalismus. Die Interessen, Denkstrukturen und Argumente der Quellen unterscheiden sich von den Interessen und Denkweisen des breiten Publikums. Durch den hohen Anteil der von Unternehmen, Verbänden und Wirtschaftsexperten vorgefertigten Berichterstattung ist Wirtschaftsjournalismus häufig Verlautbarungsjournalismus und bleibt dadurch inhaltlich und in der Darstellungsweise auf die Mentalität der Quellen zugeschnitten. Das gilt besonders für die aktuelle Tagespresse, der überwiegend die zeitlichen und personellen Ressourcen fehlen, die eine fachliche und professionell kompetente Wirtschaftsberichterstattung erfordert. Bei den Funkmedien, insbesondere beim Fernsehen, prägen die Quellen die Berichterstattung weniger, da die besonderen Anforderungen des Mediums eine Umsetzung der Information erzwingen.

Die Tendenz zu einer unzureichend für ein Laienpublikum aufbereiteten Berichterstattung wird durch eine ausgeprägte Fixierung von Wirtschaftsjournalisten auf ihre Quellen verstärkt, die nicht nur als Informanten, sondern auch als wesentliche Zielgruppe der Wirtschaftsberichterstattung gesehen werden. Die Struktur der Leserschaft der Wirtschaftsmagazine spricht hier eine deutliche Sprache: Das Publikum dieser Publikationen rekrutiert sich in erster Linie aus denjenigen, die selbst auf den verschiedenen Führungsebenen Wirtschaft mitgestalten.

Nach wie vor ist die Wirtschaftsberichterstattung stärker auf eine Elite zugeschnitten als auf die breite Bevölkerung. Haben die Wirtschaftsjournalisten wirklich, wie der frühere Herausgeber der F.A.Z. Jürgen Eick schrieb, „längst begriffen, daß auch für die wirtschaftliche Publizistik das Jahrhundert des kleinen Mannes ausgebrochen ist?“ Er selbst verbindet diese Überzeugung sofort mit der Einschränkung, daß diese Einsicht im Wirtschaftsjournalismus nur begrenzt umgesetzt werden kann: „Einen verwickelten vielschichtigen wirtschaftlichen Gegenstand kann man nicht in Courths-Mahler-Manier darstellen . . . wem nützt es wirklich, wenn so unzulässig vereinfacht wird, daß die Darstellung nicht nur ungenau, sondern geradezu verfälscht wird?“ (6)

Dieser Konflikt zwischen einer sachlich richtigen und einer leicht verständlichen Darstellung wird selten hinterfragt und wie selbstverständlich zugunsten der inhaltlich korrekten Darstellung entschieden. Wenn Wirtschaftsjournalisten sich verteidigen müssen, so in der Regel gegen Vorwürfe der unzutreffenden und unvollständigen Information, kaum jedoch gegen Rügen wegen mangelnder Verständlichkeit ihrer Berichte. Diese Rügen werden lautlos erteilt durch das Desinteresse der Bevölkerungsmehrheit an der Wirtschaftsberichterstattung.

Aber kann man im Ernst verlangen, daß die sachliche Richtigkeit zugunsten einer leichteren Verständlichkeit und auch eines größeren Unterhaltungswertes vernachlässigt wird? Kaum, wenn die Alternative so eindeutig wäre. Wer häufig mit Unternehmen und Wirtschaftsexperten zu tun hat weiß jedoch, daß das Kriterium sachliche Richtigkeit keineswegs eine objektive Größe ist, sondern sich mit dem Grad der Fachkenntnis und durchaus auch der eigenen Interessen – verändert.

Die umfassenden Darlegungen, die ein Experte für unbedingt notwendig hält, um einen Sachverhalt „korrekt“ abzubilden, die Informationen, die ein Unternehmen, das in eine öffentliche Kontroverse verwickelt ist, zur Darstellung des Falls für unabdingbar hält, sind oft so hoch angesiedelte Definitionen sachlicher Richtigkeit, daß sie die Information eines Laienpublikums von vornherein verhindern. Jede Vereinfachung ist dem Experten oft grundsätzlich suspekt als eine Beeinträchtigung der sachlichen Richtigkeit. Diesen hohen Anspruch an sachliche Richtigkeit kann und darf der Wirtschaftsjournalismus nicht akzeptieren.

Der rasche Verweis auf die Komplexität der Materie, die nicht unzulässig vereinfacht werden darf, behindert die Auseinandersetzung mit den Mängeln an professioneller Kompetenz. Viele Wirtschaftsberichte berücksichtigen die Interessen und Voraussetzungen der breiten Bevölkerung zu wenig. Das gilt für die Auswahl der Themen wie die Art ihrer Darstellung. Insbesondere der Wirtschaftsteil der Tagespresse berichtet in erster Linie über (größere) Unternehmen, interne personelle Veränderungen von Unternehmen, die allgemeine wirtschaftliche Entwicklung, die Veränderung von Wirtschaftsgesetzen und das Börsengeschehen. In der Darstellung dominieren die Makroperspektive, der Produktionssektor und die Finanzmärkte.

Die Interessen des „kleinen Mannes“ sind anders gelagert. Die breite Bevölkerung interessiert sich für die Entwicklung der Löhne und Gehälter und der Preise, für das Warenangebot und Warentests, für Geldanlagemöglichkeiten; es dominieren die Mikroperspektive und die Nachfrageseite; es ist die Perspektive des Konsumenten, Kleinanlegers, verschuldeten Reihenhausbesitzers, Angestellten. Daß diese Interessen so wenig berücksichtigt werden, läßt sich nicht mit der Komplexität der Materie begründen. Mehr noch als die Art der Darstellung zeigt die Wahl der Themen, für wen der Wirtschaftsteil in erster Linie gedacht ist. Wenn die Mehrheit der Bevölkerung sich von der Wirtschaftsberichterstattung nicht angesprochen fühlt, so ist das nicht verwunderlich: Sie ist meist auch tatsächlich nicht der Adressat.

Der Zugang der breiten Bevölkerung wird weiter erschwert, da nicht nur die Themen überwiegend auf die Interessen derjenigen abgestellt sind, die Wirtschaft aktiv in verantwortlicher Position gestalten, sondern auch auf die Art der Darstellung. Der Wirtschaftsteil einer Tageszeitung ist in der Regel, verglichen mit den übrigen Rubriken, eine karge Kost für den Leser, der Informationen nicht nur erhalten, sondern auch genießen will. Unterhaltung und Lesespaß sind verpönt, dem ernsten und gewichtigen Gegenstand offensichtlich nicht angemessen.

Die Kunstgriffe, die außerhalb des Wirtschaftsteils selbstverständlich sind, um aus nüchternen Tatbeständen Funken zu schlagen, Daten lebendig zu machen und das Publikum zu fesseln, sind in der Wirtschaftsberichterstattung die Ausnahme: Die Personalisierung von Sachthemen, die anschauliche Situationsschilderung, die Übermittlung der Dramatik und Atmosphäre von Ereignissen, Anekdoten und so weiter. Und wenn einmal ein Beitrag über Wirtschaft zu diesen Mitteln greift und von der kühlen Information zum Lesespaß wird, dann wird dieser Beitrag in der Regel nicht mehr unter der Rubrik Wirtschaft veröffentlicht, sondern im politischen oder Lokalteil oder in der „Süddeutschen Zeitung“ auf Seite drei. Viele Wirtschaftsjournalisten tun sich schwer mit der Vorstellung, ihr Publikum nicht nur zu informieren, sondern auch zu unterhalten; jeder zweite Wirtschaftsjournalist gab bei einer Untersuchung am Beginn der achtziger Jahre an, daß sie die Unterhaltung ihres Publikums als eine ihrer beruflichen Aufgaben ansehen.

Doch nicht nur die Journalisten tun sich schwer mit der Vorstellung, Wirtschaft unterhaltsam zu präsentieren, sondern teilweise auch diejenigen, die Wirtschaft aktiv gestalten. Selbst Unternehmer, die das mangelnde Interesse der Öffentlichkeit an Wirtschaftsthemen aufmerksam registrieren und den niedrigen Informationsstand der Bevölkerung beklagen, tun sich schwer, einen anderen Wirtschaftsjournalismus zu akzeptieren, der bessere Chancen hätte, die Öffentlichkeit zu erreichen. So forderte Wolfgang Oehme zu Recht: „Die Ware ‚Wirtschaftsinformation‘ wird vom Verbraucher nicht ausreichend abgenommen . . . Unternehmer und Medien müssen Wirtschafts-Informationen interessant und begehrenswert machen. Die Wirtschafts-Information muß besser verkauft werden. Das bedarf großer Anstrengungen sowohl der Unternehmer wie der Interpreten in den Medien.“

Im selben Atemzug beklagte Oehme jedoch die Tendenz zur zunehmenden Personalisierung von Sachthemen: „Ein weiteres Phänomen der Wirtschaftsberichterstattung ist die zu beobachtende Gewichtsverschiebung vom wirtschaftlichen Sachverhalt zur Personifizierung. Das ist am ausgeprägtesten beim Fernsehen, dem ohnehin der Ruf anlastet, daß gewandtes Auftreten den Sachinhalt verdrängt und im Extremfall sogar ersetzt. Die Wirtschaftsberichterstattung geht also mehr und mehr dazu über, sich – von der Politik verführt – auf Personen anstatt auf nüchterne Fakten zu konzentrieren. Das ist verständlich. Der einzelne Politiker ist ‚griffiger' als ein Parteiprogramm. Die prägnante Äußerung eines Unternehmers, sein Aufstieg oder Sturz, sind viel dramatischer und zugleich unterhaltsamer als ein trockener Geschäftsbericht ... Dies macht es so schwierig, mit Zahlen und nüchternen Tatbeständen über Wirtschaft zu berichten, da sich das Augenmerk weniger auf wirtschaftliche Fakten als auf Personengruppen richtet ..." (7).

Wenn Information über Wirtschaft Breitenwirkung haben soll, darf nicht die nüchterne Rationalität, die Daten- und Faktenorientierung der Vorstandsetagen dominieren.

„Wirtschaften prägt eine eigene Rationalität aus. Hannah Arendt hat herausgearbeitet, daß die funktionale Differenzierung und Verwissenschaftlichung der modernen Gesellschaften nicht nur für Spezialisierung von Funktionen und Arbeitsteilung steht, sondern auch für eine Differenzierung von Mentalitäten und Gruppen mit eigener (Fach) sprache. Sie prognostizierte wachsende Kommunikationsschwierigkeiten für die immer stärker nach Interessen, Berufen und Wissensvoraussetzungen aufgefächerte Gesellschaft, in der der Informationstransfer nur noch in homogenen Subsystemen, nicht mehr jedoch gesellschaftsübergreifend und -integrierend funktioniert.

Das enorm ausgeweitete Informationsangebot verdeckt die Erfolglosigkeit der meisten Informationsbemühungen; Langzeituntersuchungen in der Bundesrepublik belegen als Folge des gestiegenen Informationsangebots und formalen Bildungsniveaus ein enorm gestiegenes Interesse an vielen Gebieten, aber nur marginale Veränderungen des Wissens, also der erfolgreich kommunizierten Informationen (8).

Vor welchen Schwierigkeiten der Journalismus bei der Aufgabe steht, zwischen einander oft fremden Mentalitäten zu vermitteln, soll an zwei Beispielen illustriert werden. Bei einer Untersuchung über die Chancen, bei komplexen, faktenreichen Themen wie der Kernenergie, den Informationstransfer zwischen Experten und einem breiten Laienpublikum zu sichern, wurden ein repräsentativer Bevölkerungsquerschnitt sowie Stichproben von Kernenergieexperten aus Universitäten und außeruniversitären Forschungseinrichtungen, Repräsentanten der Energiewirtschaft, Fachjournalisten und Politikern mit der folgenden Situation konfrontiert: Bei einer Podiumsdiskussion über Abrüstungsfragen tauschen Experten Informationen über die zahlenmäßige Stärke von „Nato" und „Warschauer" Pakt aus; plötzlich springt ein Zuhörer aus dem Publikum erregt auf und protestiert: „Was interessieren mich Zahlen und Statistiken in diesem Zusammenhang! Wie kann man überhaupt so kalt über ein Thema reden, das über unsere ganze Zukunft entscheidet!"

Ein Protest der Emotion gegen die rationale, faktenorientierte Auseinandersetzung. Die überwältigende Mehrheit der befragten wissenschaftlichen Experten wie der Wirtschaftsrepräsentanten, auch die große Mehrheit der befragten Journalisten und Politiker, begegnen dieser Haltung verständnislos. Nicht so die breite Bevölkerung: 53 Prozent der Bevölkerung unterstützen diesen Protest der Emotion gegen die Ratio.

Das zweite Beispiel: Wirtschaft und Wissenschaft arbeiten selbstverständlich mit einem Begriff von Risiko als einer Rechengröße; es gilt, Risiken abzuschätzen und aufbauend auf diesen Schätzungen vertretbar von unvertretbaren Risiken zu trennen. Mit dieser Rationalität ist es schlechthin unvereinbar, Risiko „grundsätzlich" als negativ und vertretbar abzuqualifizieren. Genau diese Haltung wird jedoch von 43 Prozent der Bevölkerung vertreten, die der Auffassung zustimmen, es solle auf jeglichen technischen Fortschritt, der auch nur minimale Risiken berge, verzichtet werden.

Besonders überraschend mag dabei sein, daß sich der Anteil der grundsätzlichen Risikogegner in den einzelnen Bildungsgruppen nicht unterscheidet. Informationen aus Wissenschaft und Wirtschaft, bestimmte Risiken seien vertretbar, laufen damit bei einem großen Teil der Bevölkerung nicht nur ins Leere, sondern wirken sogar kontraproduktiv, da das unterschiedliche Verständnis von „Risiko" nicht berücksichtigt wird. Der Begriff „Restrisiko", von Wissenschaft und Wirtschaft synonym für ein geringes, nicht auszuschaltendes und vertretbares Risiko verwendet, weckt in der Bevölkerung pikanterweise mehr Antipathien als der Begriff „Risiko" allein. Auf das Wort „Risiko" reagieren 48 Prozent der Bevölkerung spontan mit Antipathie, auf „Restrisiko" 65 Prozent.

Die Schwierigkeit der Vermittleraufgabe ist unübersehbar. Zugleich folgt daraus, daß die überdurchschnittliche direkte Nutzung von Expertenkompetenz in der Wirtschaftsberichterstattung auch Gefahren für die erfolgreiche Kommunikation birgt, die über eine zu faktenreiche und anspruchsvolle Darstellung hinausgehen. Die Rationalität der Quellen ist in der Regel eine andere als die der Rezipienten. Je stärker sich in der Wirtschaftsberichterstattung die Mentalität der Quellen durchsetzt, desto schwieriger wird die Erreichung eines breiteren

Laienpublikums. Die weitgehende Durchsetzung der Rationalität und Mentalität der Quellen ist teilweise durch die Materie selbst vorgegeben und damit nur begrenzt aufhebbar.

Erfolgreiche Kommunikation setzt jedoch zumindest die Erkenntnis dieser Mentalitätsunterschiede voraus und das Bemühen, zur Verständigung beizutragen. Vor allem müssen viele Positionen und Zusammenhänge, die nach der Rationalität der Quellen als selbstverständlich unterstellt werden, für ein Laienpublikum ausführlich und begründet erläutert werden. Der Journalist, der die Expertenaussage auf diese Weise erfolgreich transformiert, riskiert damit oft das Wohlwollen seiner Quelle, die die eigene Rationalität in der Berichterstattung nicht wiedererkennt und daher die erfolgreiche Vermittlung oft als verfälschend empfindet, empfinden muß. Die außerordentlichen Schwierigkeiten, zwischen verschiedenen Denkwelten zu vermitteln, mögen zur besonderen Quellenorientierung von Wirtschaftsjournalisten beitragen, denn sie bedeutet den Rückzug auf ein homogenes Subsystem mit einer störungsfreieren, leichteren Kommunikation.

Ein weiteres Problem der Wirtschaftsberichterstattung liegt in dem hohen Ideologisierungsgrad vieler Themen. Unter einem hohen Ideologisierungsgrad wird hier die Polarisierung der politischen Lager bei wirtschaftlichen Themen und gegenüber wirtschaftlichen Akteuren verstanden. Wenige andere Themen trennen die politischen Lager derart scharf wie die Beurteilung wirtschaftlicher Maßnahmen, Strategien und Grundsatzpositionen. Dies gilt für die Bevölkerung insgesamt wie für den journalistischen Berufsstand.

So trennen sich links- und rechtsorientierte Journalisten bei der Frage nach den heute zu einflußreichen Gruppen besonders scharf bei der Beurteilung von Wirtschaftsgruppen, von Unternehmern und Gewerkschaftlern, Großunternehmen und Großbanken. 24 Prozent der links- aber 58 Prozent der rechtsorientierten Journalisten halten die Gewerkschaften in der Bundesrepublik für zu einflußreich, umgekehrt 48 Prozent der links-, 20 Prozent der rechtsorientierten Journalisten die Unternehmer. 60 Prozent der sich links einstufenden, aber nur 35 Prozent der nach eigener Einschätzung rechten Journalisten beurteilen den Einfluß multinationaler Unternehmen als zu groß (Tabelle 4).

Die Ideologisierung des Themas lenkt den Blick auf den politischen Standort der Berichterstatter. In den 70er und 80er Jahren dokumentierten mehrere Untersuchungen übereinstimmend eine ungewöhnliche Asymmetrie des politischen Meinungsspektrums des gesamten journalistischen Berufsstandes in der Bundesrepublik. Rund drei Viertel der Journalisten sind danach linken und linksliberalen Positionen zuzurechnen (9). Untersuchungen, die aus Zweifel an der Repräsentanz dieser auf kleinen Stichproben aufbauenden Ergebnisse durchgeführt wurden, führten nur zu einer Bestätigung der bereits bekannten Befunde (10). Diese für den gesamten Berufsstand diagnostizierte Asymmetrie gilt auch für den Wirtschaftsjournalismus, wenn auch – besonders in bezug auf wirtschaftliche Themen und die Beurteilung wirtschaftlicher Akteure – in abgeschwächter Form.

Die Parteiensympathien, die zu Beginn der 80er Jahre zur Zeit der SPD-/FDP-Koalition ermittelt wurden, belegen eine – gemessen an dem gesamten journalistischen Berufsstand – unterdurchschnittliche Unterstützung der CDU/CSU: 17 Prozent aller Journalisten, 16 Prozent der Wirtschaftsjournalisten und zwölf Prozent der Wirtschaftsjournalisten in den Funkmedien bekannten sich Anfang der 80er Jahre zu der Partei, die in der Bevölkerung den stärksten Rückhalt genoß. 34 Prozent der Wirtschaftsjournalisten favorisierten die sozialdemokratische Partei, 25 Prozent die damals linksliberal orientierten freien Demokraten. Mit der Parteineigung wird das politische Meinungsspektrum von Journalisten allerdings nur unbefriedigend erfaßt, da ein relativ hoher Anteil die Auskunft verweigert. Die Antwortverweigerungsrate von Wirtschaftsjournalisten liegt mit 24 Prozent (27 Prozent bei Wirtschaftsjournalisten der Funkmedien) noch über dem Durchschnitt der Journalisten insgesamt mit 18 Prozent (Tabelle 5).

Die Zurückhaltung bei dem Bekenntnis des eigenen politischen Standortes wird nur bei einem abstrakteren Indikator aufgegeben, bei der Selbsteinstufung auf einer differenzierten Skala von eins (extrem links) bis 100 (extrem rechts). Die Gegenprüfung mit den Angaben zur Parteineigung zeigt, daß politisch der Mitte und dem rechten Spektrum zuzurechnende Journalisten in höherem Maße als linksorientierte Journalisten die Offenlegung ihrer Parteiorientierung verweigern, ein Befund, der in einer in-group-orientierten, politisch ausgeprägt asymmetrischen Berufsgruppe nicht überraschen kann, sondern den Meinungsklimadruck widerspiegelt (11). Die Selbsteinstufung anhand der abstrakten Rechts-/Links-Skala zeigt für Wirtschaftsjournalisten ein, gemessen an dem gesamten Berufsstand, deutlich zur Mitte hin verschobenes Spektrum, jedoch keine stärkere Favorisierung ausgeprägt rechter Positionen (Tabelle 6).

Noch eindeutiger trennen sich Wirtschaftsjournalisten von dem Meinungsbild des gesamten Berufsstandes bei der Beurteilung von wirtschaftlichen Themen und Gruppen. Der Einfluß multinationaler Großunternehmen, von Großbanken und der deutschen Industrie auf das politische Leben in der Bundesrepublik wird von Wirtschaftsjournalisten wesentlich zurückhaltender beurteilt als von Journalisten insgesamt.

Während 47 Prozent der Journalisten insgesamt den Einfluß multinationaler Konzerne als zu groß bewerten, teilen nur 28 Prozent der Wirtschaftsjournalisten, 30 Prozent der Wirtschaftsjournalisten bei den Funkmedien diese Einschätzung. Den Einfluß der Großbanken stufen 34 Prozent der Journalisten insgesamt, 24 Prozent der Wirtschaftsjournalisten, 26 Prozent der Wirtschaftsjournalisten bei den Funkmedien als unbekömmlich groß ein. Interessanterweise beschränkt sich die von der Gesamtheit des journalistischen Berufsstandes abweichende Beurteilung auf die Unternehmens- und Unternehmerseite, während der Einfluß der Gewerkschaften ähnlich beurteilt wird wie von den Kollegen anderer Ressorts. Soweit Abweichungen auftreten, zeichnet sich die Tendenz von Wirtschaftsjournalisten ab, auch den Einfluß der Gewerkschaften geringer zu veranschlagen (Tabelle 7).

Das gemessen an dem deutschen Journalismus insgesamt ausgeglichenere Meinungsspektrum von Wirtschaftsjournalisten ergänzt ein unterdurchschnittliches missionarisches Sendungsbewußtsein; missionarisches Sendungsbewußtsein kennzeichnet den deutschen Journalismus insgesamt in ungewöhnlichem Maße (12). Bei den Wirtschaftsjournalisten der Funkmedien halten sich die Exponenten eines missionarischen, gezielt nach den eigenen Überzeugungen selektierenden Journalismus und des Ideals objektiver Berichterstattung die Waage, während im Wirtschaftsjournalismus insgesamt ein leichtes, bei den Journalisten anderer Ressorts ein ausgeprägtes Übergewicht der Anhänger einer missionarischen Berichterstattung gegeben ist.

Einseitigkeit, gezielt an politischen Standpunkten orientierte Selektion ist damit nach den Verhaltensdispositionen bei Wirtschaftsjournalisten ein geringeres Problem als allgemein im deutschen Journalismus. Das größte Problem des Wirtschaftsjournalismus ist seine Erfolglosigkeit bei dem breiten Laienpublikum, seine mangelnde Fähigkeit, teilweise auch mangelnde Bereitschaft, die Darstellung der komplexen Materie Wirtschaft den Voraussetzungen und der Mentalität dieses Publikums – soweit möglich – anzupassen.

Die Kommunikationswissenschaft könnte, müßte hier helfen. Eine systematische Erforschung der Chancen, komplexe Zusammenhänge zu transportieren, die geeigneten Stilmittel und Darstellungsformen für die Verständigung zwischen Gruppen mit unterschiedlichen Voraussetzungen und abweichender Rationalität, inhaltsanalytische Bestandsaufnahmen des heutigen Wirtschaftsjournalismus existieren jedoch nicht einmal in den Anfängen. Den Defiziten des Wirtschaftsjournalismus entsprechen eklatante Defizite der wissenschaftlichen Forschung.

Anmerkungen:

1) Siegfried Quandt (Hrsg.): Wirtschaftsjournalismus als Fachjournalismus. Vorwort in: Fachjournalismus im Gespräch. Sonderheft Wirtschaftsjournalismus. Gießen 1986, S. 17 ff.

2) Vgl. Günther Käckenhoff: Gefahr für den Wirtschaftsjournalismus. In: Ludwig-Erhard-Stiftung: Orientierungen zur Wirtschafts- und Gesellschaftspolitik 4 (1980).

3) Siegfried Quandt: a.a.O. S. 1

4) Siegfried Quandt: a.a.O. S. 18

5) Quelle: Allensbacher Archiv, IfD . . Umfrage 2237/J (1984)

6) Jürgen Eick: Spezialisten für das Alltägliche. In: Frankfurter Allgemeine Zeitung vom 21. März 1989.

7) Wolfgang Oehme: „Wirtschaft" verständlicher machen. In: Medienspiegel des Instituts der deutschen Wirtschaft, Nr. 49, 5.12.83, S. 5.

8) Vgl. dazu auch: Elisabeth Noelle-Neumann: Fernsehen und Lesen. Ein Werkstattbericht. In: Gutenberg-Jahrbuch 1982 (57. Jg.) Hrsg. von der Hans Gutenberg-Gesellschaft. Mainz: Selbstverlag der Gutenberg-Gesellschaft 1982, S. 35-46 und: Renate Köcher: Konsument 2000. Vortrag, gehalten auf dem Marketing Forum Linz '84: Vom strategischen zum visionären Marketing. Am 9. Nov. 1984 in Linz/Österreich.

9) Vg. dazu auch: Elisabeth Noelle-Neumann: Die Entfremdung. In: Kepplinger, Hans-Mathias (Hrsg.): Angepaßte Außenseiter: Was Journalisten denken und wie sie arbeiten. Freiburg, München: Alber 1979. S. 260-280 und Renate Köcher: Spürhund und Missionar. Eine vergleichende Untersuchung über Berufsethik und Aufgabenverständnis britischer und deutscher Journalisten. Dissertation. Allensbach 1985.

10) Emnid-Umfrage im Auftrag der RFFU: Praktizierte Freiheit bei Rundfunk und Fernsehen. Bielefeld 1979.

11) Vgl. dazu Elisabeth Noelle-Neumann: Die Schweigespirale. Öffentliche Meinung – unsere soziale Haut. Piper: München 1980. (Taschenbuchausgabe mit neuer Einleitung. Ullstein: Frankfurt 1982)

12) International vergleichende Studien belegen die Sonderstellung des deutschen Journalisten in dieser Beziehung. Vgl. auch: Renate Köcher: Spürhund und Missionar. Eine vergleichende Untersuchung über Berufsethik und Aufgabenverständnis britischer und deutscher Journalisten, Dissertation, München 1985.

Tabelle 1

Was in der Tageszeitung interessiert 1955 – 1988

Frage: „In den Tageszeitungen steht heute soviel, daß man gar nicht immer alles lesen kann. Könnten Sie mir bitte nach dieser Liste hier sagen, was Sie im allgemeinen immer lesen?"
(Vorlage einer Liste/Bundesgebiet mit West-Berlin Bevölkerung insgesamt)

	März 1955 %	Juni 1972 %	März 1978 %	April 1984 %	Juni 1988 %
Lokale Berichte hier aus dem Ort und der Umgebung	72	80	84	83	84
Politische Meldungen und Berichte aus Deutschland (Innenpolitik)	46	61	59	62	58
Anzeigen	51	55	58	52	51
Tatsachenberichte aus dem Alltag	44	42	46	46	50
Leserbriefe	37	38	48	42	46
Sportberichte, Sportnachrichten	35	40	44	41	45
Politische Meldungen und Berichte aus dem Ausland (Außenpolitik)	39	47	44	49	44
Leitartikel	26	38	41	41	44
Die Frauenseite (Mode, Haushaltsfragen, Kindererziehung)	39	33	35	32	35
Gerichtsberichte, Berichte über laufende Prozesse	41	34	39	34	35
Aus dem kulturellen Leben (Film, Theater, Bücher, Musik und Malerei)	37	29	33	30	33
Wirtschaftsteil, Wirtschaftsnachrichten	21	28	28	27	30
Aus Technik und Wissenschaft	24	21	26	25	25
Fortsetzungsroman	30	18	18	13	14
	512	564	603	577	594

Quelle: Allensbacher Archiv, IfD-Umfragen 082, 2083, 3054, 4043, 5006/I

Tabelle 2

Fachrichtung

(Bundesgebiet mit West-Berlin/Wirtschaftsjournalisten 51 % – 100 %)

	Wirtschaftsjournalisten mit Hochschulstudium - ins-gesamt %	aus Funk-Medien %	aus Print-Medien %
Wirtschaftswissenschaften	53	54	53
Geisteswissenschaften	17	19	18
Sozialwissenschaften	8	8	8
Jura	5	x	6
Anderes	17	23	15
	100	100	100

Quelle: Allensbacher Archiv, IfD-Umfrage 2237/J, Juli 1984

Tabelle 3

Seiteneinsteiger

Frage: „Haben Sie immer als Journalist gearbeitet, oder waren Sie auch in einem anderen Beruf tätig?"
(Bundesgebiet mit West-Berlin Journalisten)

	Journalisten insgesamt %	Wirtschaftsjournalisten insgesamt %	bei Funk-Medien %
Als Journalist begonnen	66	63	67
Anderen Beruf	34	37	33
Keine Angabe	x	x	x
	100	100	100

Quelle: Allensbacher Archiv, IfD-Umfrage 1272, Juni 1980

Tabelle 4

Frage: „Sind auf dieser Liste Ihrer Meinung nach Gruppen, die auf das heutige politische Leben in der Bundesrepublik einen zu großen Einfluß ausüben?"
(Vorlage einer Liste/Bundesgebiet mit West-Berlin Journalisten)

– Auszug –	Journalisten insgesamt	Politischer Standort links (Stufen 0-44)	Mitte (Stufen 45-54)	rechts (Stufen 55-100)
	%	%	%	%
Die Beamten, die Bürokratie	50	51	55	44
Die multinationalen Großunternehmen	47	60	37	35
Die Gewerkschaften	36	24	40	58
Die Großbanken und die Finanzwelt	34	50	23	20
Die deutsche Industrie, die deutschen Unternehmer	32	48	20	20
Das Fernsehen	22	14	22	41
Die Kirchen	18	25	12	13
Die politische Linke	18	8	20	38
Die politische Rechte	13	20	9	5
Das Bundesverfassungsgericht	13	17	11	7
Die Regierung	12	13	12	13
Die Zeitungen	3	4	2	1
	298	334	263	295
Keine Angabe	11	8	16	9

Quelle: Allensbach Arrchiv, IFD-Umfrage 1272

Tabelle 5

Wahlneigung zur Zeit der SPD-/FDP-Koalition

Frage: „Wenn schon am nächsten Sonntag Bundestagswahl wäre: Welche Partei würden Sie dann wählen – können Sie mir nach dieser Liste hier sagen, welche Partei das ist – Sie brauchen mir nur die entsprechende Nummer anzugeben!"
(Vorlage einer Liste/Bundesgebiet mit West-Berlin Journalisten)

	Journalisten insgesamt	Wirtschaftsjournalisten insgesamt	bei Funk-Medien
	%	%	%
CDU/CSU	17	16	12
SPD	44	34	37
FDP	20	25	24
DIE GRÜNEN	1	1	x
Keine Auskunft	18	24	27
	100	100	100

Quelle: Allensbach Archriv, IFD-Umfrage 1272

Tabelle 6

Frage: „Medien werden ja manchmal danach eingeteilt, ob sie politisch rechts, links oder in der Mitte stehen. Hier ist eine Skala von links bis rechts. Und wo auf diesem Bandmaß würden Sie sich selbst einstufen?"
(Vorlage eines Bildblattes/Bundesgebiet mit West-Berlin Journalisten)

	Journalisten insgesamt	Wirtschaftsjournalisten insgesamt	bei Funk-Medien
	%	%	%
Stufen 0 bis 44 (links)	44	34	36
Stufen 45 bis 54 (Mitte)	34	41	46
Stufen 55 bis 100 (rechts)	19	22	18
Keine Angabe	3	3	x
	100	100	100

Quelle: Allensbach Archriv, IFD-Umfrage 1272

Tabelle 7

Frage: „Sind auf dieser Liste Ihrer Meinung nach Gruppen, die auf das heutige politische Leben in der Bundesrepublik einen zu großen Einfluß ausüben?"
(Vorlage einer Liste/Bundesgebiet mit West-Berlin Journalisten)

– Auszug –	Journalisten insgesamt	Wirtschaftsjournalisten insgesamt	bei Funk-Medien
	%	%	%
Die Beamten, die Bürokratie	50	49	44
Die multinationalen Großunternehmen	47	28	30
Die Gewerkschaften	36	32	36
Die Großbanken und Finanzwelt	34	24	26
Die deutsche Industrie, die deutschen Unternehmer	32	24	28
Das Fernsehen	22	21	14
Die Kirchen	18	19	22
Die Linken in der Politik	18	23	26
Das Bundesverfassungsgericht	16	15	20
Die konservativen Politiker	13	11	14

Quelle: Allensbach Arcrhiv, IFD-Umfrage 1272

Jürgen Doeblin

„Wir wollen nicht nur Umsatzzahlen hören“

Was halten und erwarten Wirtschaftsjournalisten von Öffentlichkeitsarbeitern?

Täglich werden die Wirtschaftsjournalisten mit Informationen überhäuft: Pressemitteilungen, Geschäftsberichte, Einladungen flattern auf ihre Tische. Mit viel Aufwand versuchen Unternehmen und Verbände, sich via Medien der Öffentlichkeit positiv darzustellen. Dabei zeigt sich: Häufigkeit und Professionalität der PR-Materialien, Images von Unternehmen und die Glaubwürdigkeit der Unternehmensrepräsentanten haben einen großen Einfluß auf die Beurteilung der Journalisten. Nicht immer sind die Medienvertreter zufrieden:

Die nachfolgenden Ergebnisse beruhen auf Umfragen, die das Wirtschaftsforschungsinstitut Dr. Doeblin 1989 bei Wirtschaftsjournalisten durchgeführt hat. Zwischen der von Wirtschaftsjournalisten wahrgenommenen Häufigkeit von Unternehmens-Pressemeldungen und der dadurch erzeugten Aufmerksamkeitswirkung besteht ein enger Zusammenhang.

82 Prozent der befragten Wirtschaftsjournalisten bestätigen zum Beispiel der „Deutschen Bank“ „häufige Presseerklärungen“. Damit führt die „Deutsche Bank“ eine Rangliste an, in der auf den nächsten Plätzen „Siemens“ (78 Prozent), „Daimler Benz“ (70), „Lufthansa“ (68), „Commerzbank“ (65) und „Dresdner Bank“ (64) folgen. Bei der Frage nach der Aufmerksamkeitswirkung von Pressearbeit („Wer erweckt in der Redaktion Aufmerksamkeit?“) ist die Spitzengruppe fast unverändert: „Deutsche Bank“ mit 63 Prozent der Nennungen vor „Siemens“ (57), „Daimler Benz“ (55), „Commerzbank“ (52), BMW (48) und VW (41). Immerhin: Die „Lufthansa“ rutscht bei der Aufmerksamkeitswirkung zurück: Bei nur 37 Prozent vermag ihre Pressearbeit Aufmerksamkeit zu erzeugen. Keine Bruchlandung, aber Anlaß für Ursachenforschung.

Beim Branchen-Vergleich fällt auf:

- Banken und Automobilfirmen schneiden in bezug auf Häufigkeit und Aufmerksamkeitswirkung ihrer Öffentlichkeitsarbeit sehr gut ab;

- Im Bereich Elektro/Elektronik stechen „Siemens“ und IBM die Branchenkonkurrenz in allen PR-Belangen klar aus;
- Chemie- und Pharmafirmen dürfen im allgemeinen mit der Beurteilung der Häufigkeit ihrer Pressearbeit zufrieden sein – deutliche Defizite zeigen sich jedoch bei der Aufmerksamkeitswirkung: Zwar bestätigen 60 Prozent der befragten Wirtschaftsjournalisten BASF „häufige“ Pressemeldungen, aber nur bei 33 Prozent erregen diese Meldungen auch Aufmerksamkeit. Bei „Bayer“ und den Farbwerken „Hoechst“ zeigen sich die gleichen Probleme, die wohl mit der dieser Branche nachgesagten „Wagenburg-Mentalität“ in Krisen-Situationen zusammenhängen.

Die Wirtschaftsjournalisten wurden auch danach gefragt, welche Unternehmensführer durch ihre Sachkenntnis und ihre gut begründeten Vorschläge beeindrucken. Das Ergebnis soll einen Hinweis darauf geben, ob die obersten Repräsentanten der Großunternehmen einen eigenständigen Beitrag zum Imagetransfer zu leisten vermögen.

Die ersten zehn Unternehmensführer:

Reuter / „Daimler Benz“	83	Prozent
Herrhausen / „Deutsche Bank“	82	Prozent
V. Bennigsen-Foerder / VEBA	69	Prozent
V. Kuenheim / BMW	60	Prozent
Röller / „Dresdner Bank“	56	Prozent
Hahn / VW	53	Prozent
Kaske / „Siemens“	50	Prozent
Dürr / AEG	47	Prozent
Ruhnau / „Lufthansa“	45	Prozent
Seipp / „Commerzbank“	41	Prozent

Quelle: Die Kommunikationswirkung von Unternehmen und Verbänden bei der Zielgruppe Wirtschaftsjournalisten / „Dr. Doeblin Wirtschaftsforschung“, Heroldsberg 1989

Der erste Eindruck dieses Ergebnisses ist positiv: Die Topmanager der Großunternehmen hinterlassen beim größeren Teil der Wirtschaftsjournalisten Eindruck ob ihrer Sachkenntnis und der Qualität ihrer Vorschläge. Eine Stellungnahme etwa von Edzard Reuter genießt einen Vertrauensvorschuß, auf den ein Politiker nur neidvoll blicken dürfte. Nachdenklich machen muß, wie umfassend die Dominanz der Automobil- und Bankenvertreter für die Meinungsbildung von Wirtschaftsjournalisten ist.

Die Unternehmensführer aus der chemischen Industrie, deren volkswirtschaftliche Bedeutung sich gewiß mit der der Automobil- und Bankenbranche messen kann, sehen sich nur von einer Minderheit der Wirtschaftsjournalisten als kompetente Gesprächspartner geschätzt. So beeindrucken die Vorschläge von Hermann Strenger/„Bayer" nur 29 Prozent der Wirtschaftsjournalisten, und Hans Albers/BASF (20) sowie Wolfgang Hilger/„Hoechst" (19) liegen mit ihren Werten am unteren Rande dessen, was vom Vorstandssprecher eines weltweit tätigen Chemieunternehmens erwartet werden dürfte.

Warum sitzen die Vertreter der chemischen Industrie in der „Glaubwürdigkeitsfalle", warum fühlen sich so wenige Wirtschaftsjournalisten von den Vorschlägen und öffentlichen Stellungnahmen der Vorstandssprecher der Chemie beeindruckt? Liegt es an den Produkten dieser Branche, die die Emotionen nicht so angenehm berühren wie eine Nobelkarosse, oder an den unvermeidbaren Umweltproblemen, die die Produktionsverfahren der Chemie mit sich bringen? Vielleicht greift dieser Erklärungsansatz zu kurz. Manches an den Defiziten der Kommunikationspolitik der chemischen Industrie scheint aus den Gesetzen der „selffulfilling prophecies" erklärbar: Weil man von vornherein eine unsachgemäße Behandlung der eigenen Probleme durch die Journalisten erwartet, wird zu wenig in die Erläuterung der Firmenposition investiert.

Fragt man Wirtschaftsjournalisten nach der Meinungsführerschaft der Topmanager bei konkreten Einzelthemen, differenzieren sich die Ergebnisse sehr deutlich. Das Thema „Sonntagsarbeit" wurde im Jahre 1989 praktisch von vier Unternehmensführern „besetzt": Olaf Henkel/IBM, dem 46 Prozent der Wirtschaftsjournalisten bestätigten, die öffentliche Meinung „mehr als andere" beeinflußt zu haben, Eberhard von Kuenheim/BMW (38), Karl-Heinz Kaske/„Siemens" (34) sowie Edzard Reuter/„Daimler Benz" (27). Die Diskussion um den „Wirtschaftsstandort Bundesrepublik Deutschland" wurde 1989 von Edzard Reuter (77 Prozent) sowie den inzwischen verstorbenen Alfred Herrhausen/„Deutsche Bank" (68) und Rudolf v. Bennigsen-Foerder/VEBA (57) am stärksten geprägt.

Alles in allem: Wirtschaftsjournalisten akzeptieren die Topmanager von Großunternehmen als sachkompetente Meinungsbildner. Das Bild vom „Wirtschaftskapitän", der abgeschottet vom Lärm der öffentlichen Meinung sein Unternehmen ausschließlich nach den Kriterien von Umsatz und Ertrag steuert, ist schon lange obsolet. Gefragt ist der politisch denkende Manager, der die Kommunikationserfordernisse einer pluralistischen Gesellschaft den rein betriebswirtschaftlichen Betrachtungsweisen traditioneller Unternehmensführung zur Seite stellt.

Es sind die Krisen-Situationen, in denen die Öffentlichkeitsarbeit von Unternehmen die prägendsten Einflüsse bei Journalisten hinterläßt. Bei einer Umfrage im Frühjahr 1989 zum Thema „Krisen-PR" stimmten sechs von sieben Wirtschaftsjournalisten der Aussage zu, „die meisten Unternehmen neigen spontan dazu, bei Konflikten mit der Öffentlichkeit mit Informationen zu mauern". Und gerade Konfliktfälle, krisenhafte Zuspitzungen, sind es, bei denen über 90 Prozent dieser Wirtschaftsjournalisten sogar eine offensive Diskussion der Unternehmensleitung selbst, und nicht nur der Pressestelle, erwarten.

Wie skeptisch im übrigen Wirtschaftsjournalisten die Ziele der Öffentlichkeitsarbeit von Unternehmen beurteilen, verdeutlicht die Ansicht von zwei Dritteln aller Befragten, daß viele Unternehmen ihre PR-Arbeit nur dazu benutzten, für ihre Produkte zu werben, und nicht zu einem Dialog mit der Öffentlichkeit über ihre Unternehmensziele oder ihre Produktionsverfahren.

Der Wirtschaftsjournalist der „Frankfurter Allgemeinen Zeitung", Klaus Broichhausen, formuliert die Kritik seiner Kollegen sehr drastisch: „Die Zeit des Friedens, Freude, Eierkuchens ist vorbei; Journalisten wollen auf Pressekonferenzen nicht nur die neuesten Umsatzzahlen hören."

Dabei dürfen Unternehmen darauf hoffen, Konfliktsituationen etwa im Umweltbereich durch Abwiegeln, Mauern oder schönfärberisches Eigenlob in den Griff zu bekommen, denn die Hälfte der befragten Wirtschaftsjournalisten stimmt der Aussage zu: „Wenn ein Unternehmen eine umweltschädigende Produktionsweise nicht aufgibt, sollten die Medien die Verbraucher dahingehend beeinflussen, Produkte dieser Firma zu boykottieren." Viele Wirtschaftsjournalisten betrachten sich demnach nicht als unbeteiligte, neutrale Berichterstatter, sondern als Akteure, die den Verlauf der Ereignisse mitbeeinflussen möchten. In der Fußballersprache: Sie sind Trainer oder gar Mitspieler der gegnerischen Mannschaft.

Die kritische Einstellung der Wirtschaftsjournalisten tritt besonders bei der Einstufung der Krisen-PR einzelner Groß-Unternehmen zutage. Auf einer Skala von eins (= offener Dialog) bis fünf (= Wagenburg-Mentalität) beurteilten die Wirtschaftsjournalisten die Krisen-PR der meisten Unternehmen mit hohen, also schlechten Noten. So haben die Unternehmen der chemisch-pharmazeutischen Branche zum Teil verbesserungswürdige oder – um eine treffendere Formulierung zu wählen – vernichtende Ergebnisse. Die Unternehmen der Energie- und Rohstoff-Branche tun sich nach dem Urteil der Journalisten ebenfalls schwer, zu einem kooperativen Informationsstil zu finden. Innerhalb eines insgesamt grauen Umfeldes schneiden BP, „Esso“ und „Shell“ noch vergleichsweise akzeptabel ab.

In derselben Untersuchung wurde auch nach dem umweltpolitischen Engagement von Unternehmen gefragt. Immerhin schmückt sich die „Corporate Identity“ vieler Unternehmen mit dem Bekenntnis zur Bewahrung der Umwelt: Was davon erreicht in glaubwürdigem Zustand die Gehirne von Wirtschaftsjournalisten? Antwort: nicht viel. Ganz generell, über alle Firmen hinweg, erregt das umweltpolitische Engagement von großen Unternehmen keine Begeisterung bei Wirtschaftsjournalisten. Auffallend ist auch, daß die Journalisten von einigen Firmen schlichtweg nicht wissen, ob sie überhaupt ein umweltpolitisches Engagement besitzen – eine Beurteilung des Umfangs dieses Engagements erübrigt sich in diesen Fällen natürlich von selbst.

Dagegen „transportieren“ die Unternehmen ihr gesellschaftspolitisches Engagement recht gut zur Zielgruppe Wirtschaftsjournalisten. Besonders positiv schneiden die Automobil-Branche, der Bereich Verkehr/-Kommunikation und die Elektro-/Elektronikbranche ab.

Die wesentlichen Stützpfeiler der Unternehmens-Kommunikation mit Wirtschaftsjournalisten sind die Leiter der Pressestellen. Wie beurteilen Wirtschaftsjournalisten die Zusammenarbeit mit Unternehmens-Pressesprechern? Bei der Gegenüberstellung von Wunsch („Was sind wünschenswerte Eigenschaften von Leitern von Unternehmens-Pressesprechern?“) und Wirklichkeit („Wie schaut es in der Praxis tatsächlich aus?“) sehen die Journalisten bemerkenswerte Unterschiede.

Die befragten Journalisten beklagen sich vor allem über die fehlende journalistische Erfahrung, die teilweise schlechte Zusammenarbeit mit den Medien in Krisensituationen und die lückenhafte Informiertheit über Unternehmensinterna.

Besonders wünschenswerte Eigenschaften von Pressesprechern sind für die Journalisten die „gute Informiertheit über alle wichtigen Vorgänge im Unternehmen“ (Note 1,31 auf einer Skala von eins = sehr wünschenswert bis fünf = überhaupt nicht wünschenswert), „Verständnis für die Belange und Arbeitsweisen der Journalisten“ (Note 1,39) und „die kooperative Zusammenarbeit mit den Medien in Krisenzeiten“ (Note 1,45). Auch die „journalistische Erfahrung“ des Pressesprechers zählt zu den wichtigsten gewünschten Eigenschaften (1,50). Weniger wichtig erscheint den Journalisten dagegen, wenn der Pressesprecher „immer und in jedem Fall“ die Linie des Unternehmens vertritt.

Die tatsächlichen Verhältnisse in der Praxis werden eher negativ kommentiert. So erleben die meisten Journalisten die von ihnen gewünschte kooperative Haltung in Krisensituationen bei Pressesprechern tatsächlich nur selten (Note 3,66 auf einer Skala von eins = sehr typisch bis fünf = überhaupt nicht typisch). Von der „journalistischen Erfahrung" der Pressesprecher (Note 3,10) scheinen Wirtschaftsjournalisten nicht gerade verwöhnt zu werden. Und der Besitz des „Vertrauens der Medien" (Note 3,30) sowie das Einsetzen für die „Belange der Medien" (Note 3,34) zählen offensichtlich ebensowenig zu den Eigenschaften von Pressesprechern.

Wenig Trost wird man in dem Umstand finden, daß es aus der Sicht der Wirtschaftsjournalisten „typisch" für Pressesprecher ist, „immer und in jedem Fall" die Linie des Unternehmens zu vertreten. Diese Eigenschaft ist es ja gerade, die den Journalisten am wenigsten behagt.

Das, was die Wirtschaftsjournalisten sich am meisten wünschen, finden sie in der Praxis kaum: gute Informiertheit über alle wichtigen Vorgänge im Unternehmen; der Pressesprecher besitzt das Vertrauen der Medien; in Krisensituationen ist er kooperativ; er hat journalistische Erfahrung.

Die zentrale Aufgabe der Verbände ist es, die Interessen der eigenen Mitglieder gegenüber der Öffentlichkeit zu vertreten. Das erfolgreiche „Verkaufen" der Verbands-Positionen wird damit zum eigentlichen Verbandszweck und zum Prüfstein der Effizienz der Verbandsführung. Ein Unternehmen kann zur größten Not auch mit einer unzulänglichen Kommunikation überleben, wenn das Preis-/Leistungsgefüge seiner Produkte sich am Markt durchsetzt – ein Verband, dessen Öffentlichkeitsarbeit scheitert, muß sich die Frage seiner Existenzberechtigung stellen.

60 Prozent von 120 im Jahre 1989 befragten Wirtschaftsjournalisten testierten dem „Deutschen Industrie- und Handelstag" (DIHT) ein professionelles Verständnis von Pressearbeit. 50 Prozent der Journalisten fühlten sich von der Pressearbeit des „Bundesverbandes der deutschen Industrie" (BDI) gut bedient. Die „Bundesvereinigung der Deutschen Arbeitgeberverbände" (BDA), in ihren Verlautbarungen auf dem sozialpolitischen Bereich limitiert, erhielt von 37 Prozent die Bestätigung, aufmerksamkeitserzeugende Pressearbeit zu betreiben. Auf der Gewerkschaftsseite ist demgegenüber ein deutliches Gefälle der Qualität der Pressearbeit zu belegen: 35 Prozent der befragten Wirtschaftsjournalisten sahen beim DGB Professionalität am Werke, und die Pressearbeit der DAG überzeugte gar nur 16 Prozent. Der Abstand

zum PR-Niveau der unternehmerischen Spitzenverbände zeigt für die Gewerkschaften ein beträchtliches Kommunikationsdefizit an.

Auffallend sind die Diskrepanzen in den Ergebnissen der Verbände in den einzelnen Branchen. Anlaß zur Zufriedenheit haben vor allem der „Bundesverband Deutscher Banken", dessen Pressearbeit von 52 Prozent der Wirtschaftsjournalisten als professionell eingestuft wird, sowie der „Verband der Automobilindustrie" (43 Prozent). In einem „breiten Mittelfeld" liegen „Gesamtmetall", der „Verband der chemischen Industrie", der „Sparkassen- und Giroverband", der „Zentralverband des deutschen Handwerks" und die „Hauptgemeinschaft des deutschen Einzelhandels" relativ nahe beieinander. Ihnen bestätigen jeweils 30 – 40 Prozent der Wirtschaftsjournalisten professionelle Pressearbeit. ZVEI und VDMA (jeweils 24 Prozent) sowie der „Bundesverband der pharmazeutischen Industrie" (19) haben Anlaß, über die eher zurückhaltende Beurteilung ihrer Pressearbeit durch Wirtschaftsjournalisten nachzudenken.

Es ist nicht ohne Reiz, die von Wirtschaftsjournalisten wahrgenommene Qualität der Pressearbeit von Verbänden zu vergleichen mit der von Unternehmen derselben Branche. In der Automobilindustrie erhalten nur „Daimler Benz" und BMW bessere Noten als der „Verband der Automobilindustrie" (VDA), während VW geringfügig und „Ford", „Audi" und „Opel" deutlich schlechtere Ergebnisse als ihr Verband vorweisen. Im Banken-Sektor hat nur die Pressearbeit der „Deutschen Bank" eine deutlich höhere Aufmerksamkeitswirkung als die des „Bundesverbandes Deutscher Banken"; die „Commerzbank" erreicht etwa die Werte des Bankenverbandes, während etwa die „Dresdner Bank" deutlich schwächer abschneidet. In der Chemie hat der „Verband der Chemischen Industrie" (VCI) ein etwas besseres Standing bei Wirtschaftsjournalisten als jedes der drei wichtigsten Chemie-Unternehmen BASF, „Bayer" und „Hoechst".

Berücksichtigt man die meist knappen PR-Budgets der Verbände – knapp im Vergleich zu denen der Mitgliedsunternehmen –, so stellt dieses Ergebnis der deutschen Verbandslandschaft ein gutes Zeugnis aus. Für die wirtschaftspolitische Diskussion ist die Pressearbeit der Verbände ein weiterhin unverzichtbares Element.

Die Kommunikationswirkung von Unternehmen und Verbänden bei Wirtschaftsjournalisten: eine Mischung aus guten und schlechten Nachrichten. Zweifellos herrscht in den Pressestellen bundesdeutscher Großunternehmen und Verbände ein effizienter, durchorganisierter Arbeitsstil, der Wirtschaftsjournalisten „im Normalfall" ausreichend mit Pressemeldungen versorgt und gelegentlich überversorgt. Probleme, Spannungen treten dort auf, wo das Gelände täglichen Einerleis und gepflegter Langeweile verlassen werden muß: in Krisensituationen, in denen naturgemäß der Informationsbedarf der Medien am größten und die Kommunikationsfreude der Unternehmens- und Verbandsleitungen am geringsten ist. Mancher mag dieses Spannungsverhältnis als unveränderbar und sachzwanggeboten bezeichnen – über die Konsequenzen einer parteiergreifenden und die Öffentlichkeit alarmierenden Berichterstattung von Wirtschaftsjournalisten, die sich falsch und fehlinformiert fühlen, sollte niemand Zweifel hegen.

Knut S. Pauli

Schnell und umfassend informieren

Zum Einfluß von Unternehmen, Verbänden und Gewerkschaften

Um 22.35 Uhr kam die Schreckensmeldung in den „Tagesthemen". Millionen Bundesbürger, die noch vor den Fernsehern saßen, erfuhren, daß ab nächsten Tag „Perrier"-Wasser aus den Regalen der Supermärkte verbannt sei. Was war geschehen? Ende Dezember 1989 entdeckten Lebensmittelkontrolleure der amerikanischen Bundesgesundheitsbehörde bei einer Routineuntersuchung kleinste Spuren krebserregenden Benzols im Wasser und schlugen Alarm. Die Geschäftsleitung des französischen Exporteurs reagierte prompt. Über Nacht verhängte „Perrier" einen weltweiten Verkaufsstop. Rund 160 Millionen Flaschen wurden wieder eingesammelt und etwa 60 Millionen Mark Umsatz aufs Spiel gesetzt. An den Börsen fiel der Kurs der Sprudel-Aktien um 16,5 Punkte. In der Schwächeperiode startete Erzrivale „Evian" auf dem wichtigen amerikanischen Exportmarkt seine bislang größte Werbeoffensive.

Mit einer einzigen Meldung manövrierte sich eine bis dahin glänzend im Markt stehende Firma ins Abseits. Und dennoch erreichte „Perrier" sein Ziel: Die Glaubwürdigkeit des Unternehmens wurde unter Beweis gestellt, und der Vertrauensschwund in die Nobelmarke begrenzt. Bald brachte die Sprudelfirma das Tafelwasser mit dem Etikett „Neue Produktion" wieder auf den Markt und beulte die Umsatzdelle längst aus. Fazit: Kurzer Prozeß und eine positive PR-Wirkung.

In einem ähnlich gelagerten Fall war die PR-Wirkung gleichfalls total. Vor Journalisten verlas der Stuttgarter Regierungspräsident Manfred Bulling am 15. August 1985 eine Liste mit Fabrikanten, die mikrobiell verdorbene Teigwaren auf den Markt gebracht hatten. Dabei nannte er auch eine im Schwabenland bekannte Marke: „Birkel". Die Reaktion der öffentlich an den Pranger gestellten Firma kam postwendend. Firmenchef Klaus Birkel drohte einen Prozeß an und führte ihn auch durch alle Instanzen.

Die PR-Wirkung war in diesem Fall beachtlich und für das Firmenimage verheerend. Über Jahre hinweg begleiteten die Medien vom Boulevard-Blatt bis zu den TV-Stationen alle Etappen des Prozesses. Und währenddessen verblaßte der gute alte Firmenglanz. Der Umsatz fiel von 400 Millionen Mark auf 340 Millionen Mark. Der stolze

Marktanteil von 30 Prozent bröckelte ab. Die Zahl der Mitarbeiter sank von 1 300 auf 800. Die Wende in der öffentlichen Meinung kam erst fünf Jahre später. In letzter Instanz gewann Birkel den Rufmord-Prozeß und strich eine Vergleichssumme über einige Millionen Mark ein. Der unglücklich agierende Beamte Bulling mußte obendrein noch seinen Hut nehmen. Doch Birkel sah nur noch einen Ausweg: den Verkauf. Neuer Besitzer des Traditionsunternehmens wurde der französische Nahrungsmittelkonzern BSN Groupe S.A. aus Paris. Fazit hier: langer Prozeß und fatale PR-Wirkung.

„Birkel" und „Perrier" sind zwei Musterfälle für die Wirksamkeit von Public Relations – PR genannt. Gerade in extremen Situationen zeigt sich nämlich, wie gut die Firmen die PR-Klaviatur beherrschen. Nichts ist gefährlicher für eine Unternehmung als ein spektakuläres Ereignis, auf das die Firmenspitze und ihre Stäbe nicht vorbereitet sind, gab der PR-Autor Gert P. Spindler schon 1974 zu Protokoll.

Seither halten die Krisen-Fälle die PR-Experten auf Trab: Werksschließungen, Unfall- und Brandkatastrophen, wilde Streiks, Umweltverschmutzungen oder Lebensmittelvergiftungen. Der Erfolg von Krisen-PR läßt sich an vielen Indikatoren festmachen: Solidarität der Belegschaft, Dialogfähigkeit mit den Medienvertretern, spontane Vertrauensbeweise der Bevölkerung, das Rückenstärken durch Beamte und Politiker. Gemessen daran sinkt freilich die Waage einseitig zugunsten der mißlungenen Fälle wie „Birkel".

Hierbei versagten freilich nicht die PR-Mechanismen, auch an PR-Einsatz fehlte es nicht. Zum Erfolg fehlte die richtige Denkhaltung der Firmenspitze. Ein Problem, das viele Unternehmer mit Klaus Birkel teilen. „Das Standardproblem vieler Unternehmen ist, daß sie die Sensibilität der Öffentlichkeit unterschätzen", moniert Manfred Harnischfeger, Bereichsvorstand Kommunikation bei „Bertelsmann" in Gütersloh. Dabei geht es gar nicht einmal um die Frage, wer in diesem Stück letztlich der Schurke war – ob der unschuldige „Birkel" oder der schuldig oder nicht, aber zumindest vorsichtige „Perrier". Auch die Moral kommt bei dieser Form der PR – der Krisen-PR – stets zu kurz.

Klaas Apitz, der sich als Kommunikator bei vielen Umweltskandalen bewährte, zieht die Lehre aus den Lehrstücken: „Wenn eine Firma öffentlich an den Pranger gestellt wird – ob zu Recht oder Unrecht, ob von Behördenchefs, Umweltschützern oder Journalisten – stets sollten Rechtsmittel die Ultima Ratio sein." Statt auf juristische Schützenhilfe setzt der Düsseldorfer PR-Spezialist auf die bewährte Politik: „So schnell und so umfassend wie nötig informieren." Oder in Abwandlung des dem deutschen PR-Nestor Georg-Volkmar Graf von Zedtwitz-Arnim zugeschriebenen Bonmots: „Passiert was Schlechtes, dann rede darüber.“ Siehe „Perrier“, meide „Birkel“.

„In Krisenfällen ist die objektive Berichterstattung und das Vertrauen der Presse zu der PR-Abteilung ein untrügerischer Erfolgsindikator für die jahrelange PR-Arbeit“, meint Gerhard A. Pfeffer, Geschäftsführer der „Gesellschaft Public Relations Agenturen“ (GPRA) in Bonn. Natürlich kommen solche Mega-Krisen nicht tagtäglich vor. Doch in den Krisen zeigt sich erst die wahre PR-Meisterschaft. Während nämlich „Perrier“ weltweit die Presse für seine Verbraucherschutz-Aktion einspannte, mißlang dies dem Nudelfabrikanten „Birkel“ völlig. Nach der Devise „Alle Schotten dicht“ ging die Firma, wie jahrelang geübt, gleich auf Tauchstation. Aber sie zog dabei die Presse nicht mit ins Boot. In der Folge wurde wild spekuliert, scharf kommentiert und bohrend recherchiert. Über Wochen füllten die negativen Schlagzeilen die Seiten in der sonst so gewogenen Lokalzeitung. Die zögerliche Presseinformation führte letztlich zum Fiasko.

Überspitzt gedacht, war die Pressearbeit – und darum handelte es sich im Kern und nicht um PR – mit Erfolg bedacht. Denn nach der herkömmlichen Methode werden PR-Erfolge und PR-Wirkung meist noch nach der Anzahl der Abdrucke gemessen. Getreu der alten Journalisten-Devise „bad news are good news“ übertrumpfte wahrscheinlich „Birkel“ sogar „Perrier“. Die Seiten im sogenannten Clipping-Book, also der Sammelband aller Presseabdrucke, dürfte im Fall „Birkel“ doppelt so dick gewesen sein.

Das spitzfindige Beispiel entlarvt die in vielen Firmen meist noch betriebene PR-Kontrolle als das, was sie ist: Erbsenzählerei. Die schnöde Addition von Zeitungsartikeln und Auflagehöhen besagt rein gar nichts über die tatsächliche Wirkung der Pressearbeit. Denn gelungene Pressearbeit soll das Bewußtsein bei Journalisten, Kunden oder Politikern verändern. Das Erreichen solcher psychologischen Veränderungen läßt sich nicht in Auflagehöhen messen. Dennoch beruhigen sich Unternehmer und PR-Chefs in seltsamer Kumpanei mit den Clippings, weil es sich so eingespielt hat und noch dazu so preiswert ist.

Doch hinter vorgehaltener Hand geben alle PR-Experten offen zu, daß die Belegsammlung nicht dazu angetan ist, eine Veränderung der Einstellung bei der Zielgruppe (Kunden, Lieferanten, Politiker, Meinungsmacher) widerzuspiegeln. Aufschluß darüber gibt erst eine nachgeschaltete Image- und Medienanalyse. Gleichwohl kann auch die letztlich nur bedingt taugliche Presseuntersuchung optimiert werden. So läßt sich ein Abdruck einer einspaltigen PR-Meldung in der „Frankfurter Allgemeinen Zeitung" (F.A.Z.) oder eine Erwähnung im „Spiegel" nicht mit einer großformatigen Aufmachung in der Lokalgazette vergleichen.

„Erst die Gewichtung der Botschaftsträger durch die Medienanalyse ermöglicht verläßliche Aussagen über die PR-Wirkung", gibt Christina Heintz von Deutschlands größter PR-Agentur, ABC in Düsseldorf, zu bedenken. Ein mit Akribie erstellter Kriterienkatalog des PR-Spezialisten Dr. Heinz Flieger objektiviert die PR-Kontrolle. Nach Flieger zählen beispielsweise Form, Plazierung, Überschriften und Umfang als Gewichtungsfaktoren dazu, um die Wirkung der Pressenotiz abzuschätzen. Die Schlüsselfrage bleibt jedoch offen. Wie die Zeitungsmeldung letztlich bei den Kunden, Lieferanten oder Meinungsbildnern ankommt, darüber gibt auch Fliegers Bewertungsschema keine Auskunft.

In der Praxis kombinieren die PR-Chefs führender Unternehmen die quantitative mit einer qualitativen Analyse. So schwört zum Beispiel Werner Baier, oberster Kommunikator bei der Düsseldorfer „Henkel KG aA" auf eine repräsentative Befragung. Alle fünf Jahre läßt er eine Firmenbildstudie erstellen. Dazu werden rund 2 000 Personen befragt.

Das Verfahren ist selbstverständlich ebenso aufwendig wie kostspielig. Zwischen 25 000 und 90 000 Mark kostet die perfekte Imagemessung. Wenn es aber dringlich wird und partout ein Medienriegel geknackt werden soll oder ein Artikel lanciert werden muß, dann greift auch der „Henkel"-PR-Chef zum Telefonhörer. Manchmal wendet Baier statt der objektiven die subjektive Marktforschung an und nutzt als ehemaliger Redakteur der Düsseldorfer „Wirtschaftswoche" seinen direkten Draht zu Journalisten, um aus erster Hand zu erfahren, wie die „Henkel"-PR draußen in den Reaktionsstuben gelitten ist.

Ähnlich wie „Henkel" informiert sich auch die „Lufthansa" regelmäßig über ihren PR-Erfolg. Im Mittelpunkt des Interesses steht die wichtigste Zielgruppe: die Kunden. Was Vielflieger (zehn Flüge pro Jahr) von Pünktlichkeit und Service der nationalen Luftlinie halten, bekommt PR-Chef Dr. Klaus-Ulrich Moeller alle drei Monate als Berichtsband auf den Schreibtisch. Die Ergebnisse der intensiven Kundenbefragung nimmt Moeller jedoch weniger als Erfolgskontrolle seiner stets diskreten PR-Arbeit. Vielmehr dient ihm die Mängelliste als Basis für künftige PR-Aktionen.

Daß PR nur langfristig die Zielgruppen positiv auf das Unternehmen einzustimmen vermag, weiß inzwischen jeder PR-Mann. Für den Aufbau ihres untadeligen Images benötigte etwa die Kronberger „Braun AG“ eine Dekade. Aus der richtigen Einschätzung der Zeitdauer verzichtete daher PR-Direktor Friedrich von Friedeburg auf PR-Anzeigen und sorgte dafür, daß die „Braun“-Produktwerbung gleichzeitig Image und Stil des Hauses „Braun“ pflegte.

Auf Imageanzeigen will dagegen Wolf D. Grahlmann nicht verzichten. Der PR-Chef der Leverkusener „Bayer AG“ liebt auch sonst die Offensive. Bei firmeninternen Problemen wie Alkohol mauert er ebenso wenig wie bei akuten Umweltproblemen (Imhausen-Affäre). Das Fechten mit offenem Visier, das der gelernte Journalist wie ein Florettfechter exakt beherrscht, zahlt sich vor allem in Krisenfällen aus. Als eindeutigen PR-Erfolg wertet Grahlmann so den Einsatz der Anonymen Alkoholiker-Selbsthilfegruppe in den „Bayer“-Werken.

Allerdings verläßt sich der Kommunikationsfachmann bei der Auswertung der Presseberichte nicht auf einschlägige Zeitungsausschnittdienste, da nach aller Erfahrung maximal 60 Prozent der Abdrucke gefunden werden. Abhilfe schafft ein eigenes Lektorat. Die geschulten „Bayer“-Leute sortieren die Meldungen nach Medien getrennt und wissen genau, daß man bei der Bilanzberichterstattung nicht eine „Bild“-Meldung mit einem F.A.Z.-Bericht vermischen darf. Ihr Blick ist aber auch für die vielen Fachzeitschriften geschärft, in denen die „Bayer“-Wissenschaftler vor einem kleingezirkelten Leserkreis ihre jüngsten Forschungsergebnisse image- und kompetenzfördernd vorstellen.

Erfolgsindizien für eine gelungene PR-Arbeit gibt es viele: Neben der Häufigkeit der Berichterstattung in den Medien zählen positive Kommentare, vermehrte Anfragen und verständnisvolle Reaktionen in Krisenzeiten statt seitenweise Häme bei der kleinsten Panne, wie es „Mercedes“ mit seiner verpatzten TV-Show zum 100jährigen Geburtstag des Autos im Sommer 1989 widerfuhr. Die Mißerfolge stehen tagsdarauf auf Seite eins.

So manche Imageverbesserung bleibt selbst den Initiatoren ein Geheimnis. Das Firmenimage, auf das ja alle PR-Arbeit zielt, wird durch innere Bilder geprägt, die stark emotional gefärbt sind. „Deshalb vermag die beste Öffentlichkeitsarbeit nichts, wenn das direkte Erlebnis im Umgang mit der Firma für Kunden, Lieferanten oder Mitarbeiter mit unangenehmen Gefühlen verbunden ist“, resümiert Dr. Brigitte Hommerich von der OBI-Baumarktgruppe in Wermelskirchen. Stimmt das interne Stimmungsbild mit dem öffentlichen Bild wie im Fall OBI überein, kann sich der Branchenführer kaum noch vor einer positiven Presse retten.

Fazit: Nur die PR-Botschaft kommt an, die ehrlich, klar und konsensfähig ist. PR-Verschönerungen mögen für kurze Zeit Firmen in der Bredouille eine Atempause vergönnen. Dafür schlägt später die Medienkeule um so schmerzlicher zu. Der gute alte PR-Spruch stimmt: „Tue Gutes und rede darüber." Unternehmer wie OBI-Chef Manfred Maus, die sich danach ausrichten, laufen damit vor dem Wind.

Das Dilemma bleibt indessen: die Meßbarkeit von PR. Bei allen Versuchen, dem PR-Erfolg auf die Spur zu kommen, bleibt es letzten Endes Sisyphusarbeit. Das Ziel wird nie erreicht. Doch zum Steinewälzen gibt es keine Alternative. Um die Gefährlichkeit der öffentlichen Meinung wußten zu jederzeit die Politiker wie die Meinungsmacher. „Die öffentliche Meinung ist eine unsichtbare, unangreifbare Macht; sie ist rätselhaft. Nichts widersteht ihr, nichts ist beweglicher, unsteter und dabei stärker. Obwohl sie voller Launen steckt, ist sie doch aufrichtig, vernünftig, gerecht – ja weit gerechter, als man manchmal glaubt." Dies schrieb Napoleon I den PR-Experten in das Stammbuch. Was Not tut, ist die Öffnung der Firmenspitzen nicht nur in Krisenfällen für die öffentlichen Belange. Daran hapert es noch selbst in vielen Spitzenfirmen.

Auf den Punkt genau formuliert Ferdi Breidbach, PR-Direktor beim Zigarettenkonzern „Philip Morris" in München, die neue Herausforderung des Managements: „Die Vorstände sollten endlich erkennen, daß Öffentlichkeitsarbeit zum fünften Produktionsfaktor neben Kapital, Arbeit, Boden und Information geworden ist." Gelingt die PR-Wende in den Köpfen, bleibt der PR-Erfolg garantiert nicht aus. Denn nur wer nicht redet, bringt sich ins Gerede: siehe „Birkel" und „Perrier".

Volker Schulze

Die Begabung entfalten

Verschiedene Wege führen zum Wirtschaftsjournalismus

Jeder sechzehnte, bei weiterer Auslegung sogar jeder neunte der rund 35 000 Journalisten in der Bundesrepublik Deutschland arbeitet – neueren Erhebungen zufolge – für das Fachgebiet Wirtschaft. Bei der Tagespresse sind insgesamt rund 850 Wirtschaftsredakteure tätig, davon allein 270 bei den national verbreiteten Zeitungen, und etwa 400 im Wirtschaftsressort der regionalen und lokalen Zeitungen sowie 150 – 180 Experten im Lokalressort. Annähernd ebensoviele Journalisten haben sich als freie Mitarbeiter auf Wirtschaftsfragen spezialisiert. Bei politischen und wirtschaftlichen Magazinen festangestellt arbeiten etwa 150 Fachjournalisten, weitere 50 bei anderen Publikumszeitschriften.

Hinzu kommen mehr als 250 Wirtschaftsredakteure bei Hörfunk und Fernsehen sowie bei den Agenturen. In diese Zahlen nicht eingeschlossen sind jene – ihrer Herkunft nach – journalistischen Mitarbeiter in Pressestellen der Behörden, Verbände und größeren Unternehmen, die sich schwergewichtig mit Wirtschaftsfragen befassen und deren Zahl auf rund 2500 geschätzt wird.

Bei einer Umfrage im Juni 1980 hat das „Institut für Demoskopie" (Allensbach) ermittelt, daß praktisch jeder zweite Wirtschaftsjournalist ein abgeschlossenes Hochschulstudium nachweisen konnte – bei den Berufskollegen in allen anderen Ressorts war dies nur bei jedem dritten der Fall. In den letzten zehn Jahren dürfte sich mit dem allgemeinen Hang zur Akademisierung im Journalismus auch die Zahl der Hochschulabsolventen unter den Wirtschaftsjournalisten beträchtlich erhöht haben, zumal immer mehr Medien gerade für das Ressort „Wirtschaft" einen fachgerechten Studienabschluß voraussetzen, wie die Stellenausschreibungen in den Fachzeitschriften belegen.

Ist aber das „klassische" Studium der Volks- oder Betriebswirtschaftslehre die – einzige – geeignete Grundlage für den Beruf des Wirtschaftsjournalisten? „Wir stellen praktisch keine Volontäre ohne diese Voraussetzung ein", sagt Alexander Schettler, Personaldirektor der Verlagsgruppe „Handelsblatt". In der Tendenz ähnlich auch die Auskünfte anderer überregionaler Zeitungen, die aber in Einzelfällen qualifizierten „Seiteneinsteigern", beispielsweise erfahrenen Praktikern, eine Chance einräumen.

Nicht viel anders auch die Ausgangssituation bei den regionalen Zeitungen: „Was ein angehender Wirtschaftsjournalist mitbringen soll, ist das ganze Rüstzeug kaufmännischer, nationalökonomischer und wirtschaftlicher Grundbegriffe. Die Universität ist nicht der einzige, doch sicherlich der wohlfeilste Ort, es sich anzueignen", rät Hans-Joachim Deckert, Chefredakteur des „Kölner Stadt-Anzeiger". Jedenfalls sollte „der/die Berufsanwärter/in das wirtschaftstheoretische Instrumentarium beherrschen, methodisch arbeiten und wirtschaftliche Wirkungsabläufe erkennen und analysieren können", meint Ursula Cramer von der Wirtschaftsredaktion des „Mannheimer Morgen".

So wichtig diese wirtschaftswissenschaftliche Vorbildung ist, so wenig darf sie nach Einschätzung von Experten „vor Ort" alleiniges „Anforderungsprofil" an den angehenden Wirtschaftsjournalisten sein. „Er muß vor allem in der Lage sein, komplizierte Sachverhalte verständlich auszudrücken", sagt Dr. Dieter Keller, Leiter der Wirtschaftsredaktion der „Südwest Presse", Ulm. „Das heißt mit anderen Worten: Weg von der Sprache der reinen Wissenschaft! Das Lesepublikum braucht Informationen, die aber möglichst klar und gedanklich nachvollziehbar sind."

Dieses „Publikum" ist natürlich keine homogene Zieladresse: Für den fachlich ausgewiesenen, auch für den interessierten Leser ambitionierter überregionaler Zeitungen, hat der Wirtschaftsteil einen anderen Zuschnitt als bei regionalen und lokalen Zeitungen, der sich vor allem dem Wirtschaftsleben in der Region widmet und sich vielfach auch zum Ziel setzt, direkte Auswirkungen wirtschaftspolitischer Sachverhalte und Entscheidungen auf den einzelnen Bürger aufzuzeigen. „Spätestens bei dieser praktischen Umsetzung kommt die journalistische Komponente hinzu", meint Dieter Keller. „Auch sie ist – bei geeigneter Prädisposition – erlernbar, beispielsweise im Redaktionsvolontariat."

Noch immer ist das zweijährige Redaktionsvolontariat, das bei Hochschulabsolventen zumeist auf 18 oder sogar zwölf Monate verkürzt wird, der Hauptzugangsweg zum Journalismus. Große Verlage wie das Haus „Springer" oder die „Handelsblatt-Gruppe" bilden den journalistischen Nachwuchs in hauseigenen Journalistenschulen fort. Die Anfang 1986 gegründete Journalistenschule „Axel Springer" macht ihren „Schülern" praktisch alles verfügbar, was im Gesamthaus journalistisch gelehrt und gelernt werden kann. Der Ausbildungsplan sieht ein zwölfmonatiges Volontariat in einer „Stammredaktion" (beispielsweise der „Welt" oder des „Hamburger Abendblatts") vor, ferner sieben Monate Ausbildung bei anderen Blättern des Hauses. Volontären mit entsprechender Vorbildung, die besonders an Wirtschaft interessiert sind, bietet der Verlag ein spezielles Förderungsprogramm.

Die „Georg-von-Holtzbrinck-Schule", 1988 ins Leben gerufen, bietet jeweils zwölf angehenden Journalisten Gelegenheit, sich innerhalb ihres 18monatigen Volontariats in Theorie fortzubilden und in der Praxis zu trainieren. „Jeden Monat gibt es", so Schulgründer Professor Ferdinand Simoneit, „für die Volontäre eine Schulwoche. Jeder Tag beginnt mit der Presseschau, die auch Anregungen für die eigene journalistische Arbeit bringen soll. Im Mittelpunkt stehen die Übungen aller journalistischen Stilformen; Referate über wirtschaftliche und politische Ereignisse, Buchrezensionen und Streitgespräche über aktuelle Themen zum Wochenprogramm."

Auch das Verlagshaus „Gruner + Jahr" verfügt über eine eigene Bildungseinrichtung, die „Henri-Nannen-Schule", die seit 1978 journalistischen Nachwuchs heranbildet. In einer ebenfalls 18monatigen Ausbildung zum Redakteur werden die Schulbesucher intensiv in Theorie und Praxis des Journalismus unterrichtet, ein besonderes Programm für Wirtschaftsjournalisten aber gibt es nicht. Auch die deutsche Journalistenschule in München, die in den 40 Jahren ihres Bestehens fast 2000 Nachwuchsjournalisten zu Redakteuren ausgebildet hat, bietet keinen spezifischen Unterricht für Wirtschaftsjournalisten an.

Dem Typ der „Journalistenschule" nahestehend, der Konzeption nach aber als Ausbildungsstätte für Wirtschaftsjournalisten einzigartig, ist die „Kölner Schule – Institut für Publizistik e.V." in Köln, die der Journalist Heinz D. Stuckmann 1970 zusammen mit dem Kölner Sozialwissenschaftler Professor Dr. Erwin K. Scheuch ins Leben gerufen hat. Die Ausbildung setzt auf eine sinnvolle Verknüpfung von Hochschulstudium (an der Universität Köln) und praktisch journalistischer Arbeit. Stuckmann: „Wenn journalistische Praxis geübt wird, dann steht bei uns kein Professor am Katheder. Journalistische Praxis vermitteln Redakteure." In der Tat ist während der ersten eineinhalb Jahre der angehende Journalist ausschließlich an der Schule beschäftigt und erhält eine Grundausbildung in allen journalistischen Tätigkeiten. Anschließend erst beginnt das Hochschulstudium an der wirtschafts- und sozialwissenschaftlichen Fakultät der Universität Köln. Angestrebter akademischer Abschluß: „Diplom-Volkswirt sozialwissenschaftlicher Richtung."

Parallel zum Studium – und auch während der Semesterferien – wird die journalistische Ausbildung an der Schule fortgesetzt. Dabei erlangt der „Schüler" nach und nach die Qualifikationsstufen „Jungredakteur in der Lokalredaktion", „Redakteur des Ressorts Wirtschaft und Politik", „Redakteur im Bereich Aktuelles" und schließlich „Fach-Journalist für Politik und Wirtschaft bei Presse und Hörfunk". Die Absolventen der Schule, die ja nicht an ein Verlagshaus gebunden ist, haben Studiengebühren zu entrichten (die in begründeten Einzelfällen jedoch erlassen werden können). Von den mittlerweile über 150 Schülern/Studenten, die die Doppelausbildung abgeschlossen haben, hat die Mehrzahl entsprechende Arbeitsplätze bei den Medien gefunden.

Die Erkenntnis, daß ein wirtschaftswissenschaftliches Studium nicht automatisch zum Wirtschaftsjournalismus qualifiziert, war gleichsam der „Motor" zweier Bildungswege, die sich seit Mitte der 70er Jahre konkretisierten: die sogenannten integrierten Studiengänge „Journalistik" und die sogenannten Aufbaustudiengänge.

1976 wurde an der Universität Dortmund ein Modellstudiengang „Journalistik" eingerichtet, in dessen Studienplan ein 14monatiges Volontär-Praktikum integriert ist: Nach dem viersemestrigen Grundstudium in Journalistik und einem Zweitfach (das beispielsweise Wirtschaftswissenschaft sein kann) beginnt ein zwölfmonatiges Volontariat bei einer Zeitung oder Rundfunkanstalt; zwei weitere Volontariatsmonate sind bei einem anderen Medium zu verbringen. Das sich anschließende viersemestrige Hauptstudium dient der Vertiefung und Reflexion der im Grundstudium und in der Berufspraxis erworbenen Kenntnisse und Fähigkeiten. Das Studium wird mit Diplom abgeschlossen.

Als im Jahre 1981 das Dortmunder „Journalistikstudium" Regelstudiengang geworden war, folgten mehrere andere Universitäten, unter anderem Bamberg, Gießen (allerdings ohne spezielle Orientierung zur Wirtschaft), Hamburg (Teilstudiengang) diesem Vorbild. Nach Auskunft der Dortmunder Universität, die hier über die längsten Erfahrungen verfügt, haben die Journalistikabsolventen in der Medienpraxis gute Chancen.

„Aufbaustudiengänge" bieten drei Hochschulen an: Hannover, Mainz und Stuttgart. Ihr Ziel ist es, Interessenten mit einem bereits abgeschlossenen Hochschulstudium innerhalb von vier Semestern ein kommunikations- beziehungsweise medienwissenschaftliches Fachwissen zu vermitteln.

Nur einer dieser Studiengänge widmet sich schwergewichtig der Ausbildung von Wirtschaftsjournalisten: der Aufbaustudiengang in Stuttgart-Hohenheim. „Im Mittelpunkt steht der fachorientierte Journalist", erklärt Professor Dr. Claudia Mast, „wobei neben einem wissenschaftlichen Teil der Ausbildung auch in praxisnahen Kursen die journalistischen Arbeitstechniken vermittelt werden." Das Lehrangebot beinhaltet zur Vertiefung folgende Gebiete: „Technik", „Umwelt" sowie „Wirtschaft und Soziales". Hierzu gibt es Seminare und Übungen, beispielsweise „Wirtschaftsthemen im Hörfunk", „Regionalisierung der Wirtschaftsberichterstattung" oder – bezeichnenderweise – „WISO-verbrauchernah?". Nach Auskunft von Frau Mast sind die Berufsaussichten für die Absolventen sowohl im Wirtschaftsjournalismus als auch in der Öffentlichkeitsarbeit „gut bis sehr gut".

Ein Zugangsweg zum Journalismus blieb bislang noch völlig unerwähnt: Das aus der Zeitungswissenschaft hervorgegangene Studium der Publizistik beziehungsweise Kommunikationswissenschaft, das inzwischen an acht deutschen Universitäten, Bamberg, Berlin, Bochum, Göttingen, Mainz, München, Münster, Erlangen-Nürnberg, ferner im benachbarten Ausland, in Salzburg und Wien, Bern und Zürich, studiert werden kann. Dieses Publizistik-Studium läßt sich natürlich, ähnlich wie die Diplom-Studiengänge „Journalistik", an den meisten Universitäten mit Volks- oder Betriebswirtschaftslehre verknüpfen – doch bieten sich im Verlauf des Studiums kaum Möglichkeiten, mit der Praxis in Berührung zu kommen, es sei denn, der Student hospitierte (oder „jobbte") bei einer Zeitung während der Semesterferien. So räumen denn auch die meisten Kommunikationswissenschaftler ein, daß das Publizistikstudium immer noch eher der „Berufsvorbildung als der Berufsausbildung" diene.

Dies aber gilt für jedwede wissenschaftliche Ausbildung: Das Fachstudium ersetzt die „Lehrjahre" bei den Medien nicht. Wer Journalist werden will muß lernen, verständlich zu schreiben (und dies zumeist unter zeitlich streng limitierten Bedingungen), er muß das journalistische „Handwerkszeug" beherrschen, also recherchieren, sammeln, aufbereiten und redigieren können. Diese Fertigkeiten lassen sich nur unter realistischen Bedingungen in der Praxis erwerben, im Redaktionsvolontariat, sei es in die Ausbildung „integriert" oder „angehängt".

Obwohl in den letzten Jahren die Zahl der Volontärsstellen in den Zeitungsverlagen stark angestiegen ist, steht ihr eine sehr viel höhere Zahl von Bewerbern gegenüber. Verlage, die etwa zehn Ausbildungsverträge jährlich zu vergeben haben, können mit mehreren hundert Bewerbern im gleichen Zeitraum rechnen. Offenbar erklärt sich aber diese große Nachfrage weniger aus der wachsenden Neigung, Nachrichten zu schreiben und Interviews zu führen, als vielmehr aus einer Notlage:

Unter den Bewerbern finden sich mehr und mehr stellungslose Pädagogen, Psychologen, Soziologen, die ihr Heil nunmehr in der Presse suchen. Auch Absolventen der Volks- und Betriebswirtschaftslehre fragen in letzter Zeit verstärkt nach Volontariatsplätzen an.

Wer tatsächlich in den Journalismus will, sollte sich ernsthaft fragen, ob er für diesen schwierigen Beruf die notwendigen persönlichen Voraussetzungen mitbringt. Wer schon in der Schule und erst recht beim Studium Schwierigkeiten hatte, sich präzise und zugleich verständlich auszudrücken, scheint wenig geeignet. Und wenn es auch noch so modern ist, dies zu leugnen: Ich halte es mit Emil Dovifat, der den Journalismus als einen Begabungsberuf bezeichnet hat. Diese Begabung kann durch Studium und Erfahrung zur Entfaltung gebracht werden, ist jedoch nicht anzulernen oder zu erarbeiten.

Klaus Broichhausen

Informationen pfundweise

Wirtschaftskorrespondenten der Bundeshauptstadt

Eine Fundgrube interessanter Informationen erschließt sich dem Wirtschaftskorrespondenten in der Bundeshauptstadt. Nur vom Presse- und Informationsamt der Bundesregierung darf er nicht viel Unterstützung erwarten. Der Chef vom Dienst, gleich wer dort zu welcher Zeit erreichbar ist, bekommt zu wenig Informationen, um einen guten Service leisten zu können. Selbst auf simple Fragen gibt es keine Antwort. Die Angaben zu wichtigen Terminen der nächsten Woche sind lückenhaft. Völlig zwecklos ist es, nach der Tagesordnung der Kabinettssitzung zu fragen. Der Chef vom Dienst kennt sie nicht und soll sie nicht kennen. Sie ist anderswo zu beschaffen. Der Wirtschaftskorrespondent würde wenig vermissen, wenn es die Großbehörde zur Unterrichtung der Öffentlichkeit mit fast 700 Bediensteten nicht gäbe. Nicht einmal diese Zahl der Beschäftigten im Presseamt war auf Anhieb vom Büro des Chefs vom Dienst zu erfahren.

Wirtschaftskorrespondenten sind jahrelang vom Presseamt nicht gründlich und regelmäßig informiert worden. Nach dem Frühjahr 1981 hatten sie keinen Ansprechpartner mehr. Damals wechselte der stellvertretende Regierungssprecher Armin Grünewald in den Deutschen Industrie- und Handelstag. Für Wirtschaftskorrespondenten in Bonn zahlte sich die Arbeitsteilung zwischen dem Regierungssprecher Klaus Bölling und seinem Stellvertreter aus. Grünewald, von Haus aus Wirtschaftsjournalist, war jederzeit als fachkundiger Informant, soweit er selbst über Informationen verfügte, für seine früheren Kollegen ansprechbar.

Erst seit November 1989 fügt es sich für Wirtschaftsjournalisten wieder glücklich, daß Dieter Vogel, zunächst selbst Korrespondent und dann Sprecher des Wirtschaftsministeriums seit Karl Schillers Amtszeit, zum stellvertretenden Regierungssprecher berufen wurde. Wie wichtig es für Wirtschaftskorrespondenten ist, daß ein Sprecher der Bundesregierung viel von Wirtschaft und Wirtschaftspolitik versteht, hat sich bestätigt, als sie von Vogel über die Einzelheiten zur Vorbereitung der Wirtschafts- und Währungsunion der Bundesrepublik und der DDR unterrichtet worden sind.

Aus der langen Reihe der Presseamtschefs und Regierungssprecher stammen zwei aus dem Wirtschaftsjournalismus, Dieter Stolze von der

Wochenzeitung „Die Zeit“ und Friedhelm Ost vom „Zweiten Deutschen Fernsehen“. Das hat Wirtschaftsjournalisten in Bonn wenig genützt. Ein Gespräch über Fachfragen ist zwischen ihnen und diesen beiden Regierungssprechern vom Fach nicht zustandegekommen.

Die Bundespressekonferenz als Veranstaltung ihrer Mitglieder, in der die Regierungssprecher und die Sprecher der einzelnen Ministerien dreimal in der Woche zu Gast sind, ist für den Wirtschaftskorrespondenten nicht entbehrlich. Die Hilfestellung der Bundespressekonferenz für ihn liegt vor allem in der gestrafften Information nach der Kabinettssitzung oder bei Ereignissen von wirtschaftlicher und wirtschaftspolitischer Bedeutung. Was Parteien und Fraktionen zu Wirtschafts- und Finanzfragen aus besonderem Anlaß mitzuteilen haben, erfährt der Wirtschaftsjournalist ebenfalls in der Bundespressekonferenz. Er muß den Überblick über die Verlautbarungen behalten, die der Regierungssprecher und die Sprecher der einzelnen Ministerien in der Bundespressekonferenz oder auf bedrucktem Papier loswerden wollen.

Wenn Ressortchefs selbst vor die Bundespressekonferenz treten, kann das in einer halben oder knappen Stunde eine hilfreiche Erläuterung von politischen Absichten und Beschlüssen sein. Noch informativer sind Vorgespräche eines Ministers über eine Vorlage fürs Kabinett. Die Unterrichtung vorab macht nicht nur mit einer schwierigen Materie vertraut, sondern ermöglicht auch Vorarbeiten, die die Berichterstattung bei knapper Zeit nach der Kabinettssitzung wesentlich erleichtern. Wenn solche Hilfe fehlt, darf der Korrespondent nicht den schwierigen Versuch scheuen, doch frühzeitig Informationen zu erhalten. Soweit Kabinettsvorlagen seine Arbeitsgebiete betreffen, muß er versuchen, an sie „heranzukommen“.

Der Wirtschaftskorrespondent, der seine Zeit richtig einteilt, besucht die Bundespressekonferenz nur, wenn es unbedingt nötig ist. Die Sitzungen dort können quälend lange dauern. Oft muß der Wirtschaftskorrespondent ausharren, bis ein Thema seines Interesses an der Reihe und das Frage- und Antwortspiel über anderes beendet ist. Soviel Zeit auch der Besuch der Bundespressekonferenz kosten kann, schneller werden viele auf einmal über vieles in Bonn nicht unterrichtet.

Der Stoff geht dem Wirtschaftskorrespondenten nie aus. Seit einigen Jahren schon gibt es auch keine Sommerpause mehr. Seit handelspolitischen Querelen zwischen der Europäischen Gemeinschaft und den Vereinigten Staaten, seit der europäischen Einigung, erst recht seit der Öffnung der deutsch-deutschen Grenze treten Wirtschaftsfragen noch stärker in den Vordergrund der Politik.

Ein Thema ohne Ende ist der Zusammenhang zwischen Ökonomie und Ökologie. Es vergeht kaum eine Woche in Bonn, in der nicht über Umweltschutz und über eine umweltverträglichere Energieversorgung debattiert wird. Die Wirtschaftskorrespondenten können die Umweltpolitik nicht den Journalisten überlassen, die sich darauf konzentrieren oder sich nebenbei damit befassen. Umweltpolitik zu verfolgen, bedeutet auch eine nicht endende Beschäftigung mit neuen Verordnungen und Gesetzen. Die Flut neuer Vorschriften zur Verbesserung des Schutzes für Mensch und Umwelt hat nach dem Reaktorunglück in Tschernobyl und nach den Unfällen in der chemischen Industrie begonnen.

Über Jahre hinweg aktuell ist auch die Auseinandersetzung darüber, wie die Abfallmengen am wirksamsten eingedämmt werden können. Das Außenwirtschaftsrecht fesselt, seitdem deutsche Unternehmen und Techniker in den Verdacht geraten sind, an der Vorbereitung für die Giftgasproduktion in Rabta beteiligt gewesen zu sein. Der an Außenwirtschaft und Außenwirtschaftspolitik interessierte Journalist ist auch seit Jahren in die Diskussion über die Cocom-Regeln eingebunden, über die Notwendigkeit von Kontrollen westlicher Lieferungen in osteuropäische Länder.

Vier Reformen haben die Bonner Wirtschaftsjournalisten in der elften Legislaturperiode in Atem gehalten, die aufregende Debatte über Steuer-, Gesundheits- und Rentenpolitik, aber auch die Neuordnung des Post- und Fernmeldewesens. Vor allem an diesen Reformen liegt es wie an der Umweltpolitik, daß die guten Vorsätze, weniger Gesetze und Verordnungen zu verabschieden, nicht gehalten worden sind. Dem Wirtschaftskorrespondenten macht die Gesetzgebung nicht nur wegen der größeren Zahl von Vorschriften mehr Arbeit, sondern auch wegen der immer komplizierter werdenden Materie.

Der Wirtschaftsjournalist soll Politik in Bonn bis in die gesetzgeberischen Details hinein sachkundig begleiten. Das wird ihm in größeren Büros dadurch erleichtert, daß er sich Fachgebiete mit den Kollegen aufteilt. Wer diese Chance zur Spezialisierung hat, muß dennoch journalistisch universell arbeiten. Wirtschaftsjournalisten verstehen sich nicht als Experten mit engem Blickwinkel. Neben dem Fachwissen brauchen sie für ihre Berichte und Kommentare den Überblick über die gesamte Politik.

Eine Fülle von Informationensquellen und vertraute Gesprächspartner helfen, fachlich und auch in der Gesamtsicht „à jour“ zu sein. Die Bundeshauptstadt ist aber auch nicht so „durchlässig“, wie es immer wieder behauptet wird. Exklusive Berichterstattung ist nur durch unermüdliche Kontaktpflege möglich: Die erlesene Information bleibt rar neben den Veröffentlichungen am laufenden Band.

Das Wirtschaftsministerium als originärer Kontaktpartner des Wirtschaftsjournalisten informiert jederzeit verläßlich, ist auch bei vielerlei individueller Anfragen hilfreich. So eng sind auch die Verbindungen des Wirtschaftsjournalisten mit den übrigen großen klassischen Ministerien, wenn er sich mit Finanz-, Haushalt-, Sozial- oder Agrarpolitik befaßt. Berührungspunkte gibt es auch mit dem Auswärtigen Amt oder dem Justizministerium. Seit der Gründung des Umweltministeriums gibt es für Wirtschaftsjournalisten eine neue wichtige Anlaufstelle.

Fast alle Fachressorts stehen mit ihnen in Kontakt, ob es sich um Verkehrs- und Baupolitik, das Post- und Fernmeldewesen, die Entwicklungshilfe oder um Forschung und Entwicklung handelt. Wichtige Gesprächspartner in Fachfragen, die sich spiegelbildlich zur Ressortaufteilung der Bundesregierung spezialisiert haben, sind ebenso unter den Abgeordneten zu finden. Entsprechende Fachinformationen kommen auch aus den Ausschüssen von Bundestag und Bundesrat oder aus den Arbeitskreisen der Fraktionen.

Der Bundeshaushalt, der Jahreswirtschaftsbericht, die Gutachten des Sachverständigenrates zur Begutachtung der gesamtwirtschaftlichen Entwicklung und die Lageberichte der führenden wirtschaftswissenschaftlichen Institute sind feststehende Termine auf dem Kalender des Wirtschaftskorrespondenten. Sonst ist er vor Überraschungen nie sicher. Einladungen zur nächsten Gesprächsrunde und Pressekonferenz treffen oft erst kurz vorher ein. Sperrfristen für die Veröffentlichung von Informationen sind in Bonn selten.

Was den Wirtschaftsjournalisten in der Bundeshauptstadt alles heimsuchen kann, ist Woche für Woche, vor allem in den Sitzungswochen des Bundestages, allein durch eine Woge von Papier aus Regierung und Parlament belegt. Als Beispiel dafür: In der letzten Aprilwoche 1990, einer Sitzungswoche des Bundestages, erreichten die F.A.Z.-Wirtschaftsredaktion in Bonn 2859 Seiten bedruckten Papiers. Es gibt Wochen, in denen noch viel mehr verteilt wird. Das gilt besonders auch für die Wochen, in denen das Plenum des Bundesrates tagt. Pfundweise gehen die Drucksachen von Bundestag und Bundesrat ein. Bei der Zählung in der letzten April-Woche waren es allein 641 Seiten von Drucksachen des Bundestages.

Auffallend zahlreich waren wieder einmal die Mitteilungen aus Wirtschaftsverbänden, Unternehmen, Gewerkschaften oder Umweltorganisationen. Sie ließen allein in dieser Woche 493 Seiten verteilen. Diese Papiermengen dürfen nicht unbeachtet bleiben. Wenn sie nicht für die Tagesarbeit des Wirtschaftskorrespondenten wichtig sind, können sie ihm vielleicht brauchbare Anregungen für die eigene Recherche liefern. Zur Pflichtübung des Wirtschaftsjournalisten gehört es auch, geduldig stundenlang Parlamentsdebatten zuzuhören.

Was allein Ministerien an Papier für Wirtschaftsjournalisten produzieren, verdeutlichen die Jahresbilanzen, die von einzelnen Pressestellen über die Öffentlichkeitsarbeit vorgelegt werden. Neben Pressemitteilungen des Bundesministeriums für Ernährung, Landwirtschaft und Forsten läßt Ressortchef Ignaz Kiechle ziemlich regelmäßig Artikel unter seinem Namen in Lauf bringen. Allein 1989 ist Kiechle mit 177 Artikeln und Interviews an die Öffentlichkeit getreten. Kiechle hat 46 Pressekonferenzen in diesem einen Jahr gegeben.

Das Forschungsministerium erreicht Jahr für Jahr einen Rekord in der Zahl der Pressemitteilungen. 1989 sind 140 Informationen zur Forschungspolitik und zu Programmen und Projekten der Forschungsförderung verbreitet worden. Dazu sind noch 101 Mitteilungen gekommen, mit denen das Ministerium über Forschungsergebnisse berichtet. Forschungsminister Heinz Riesenhuber hat sich mit 60 Pressekonferenzen zu Wort gemeldet, von denen die meisten in Bonn veranstaltet worden sind. Ferner hat das Ministerium noch zu 20 Gesprächen mit Beamten eingeladen.

Veranstaltungen von Verbänden und Organisationen gehören selbstverständlich zu den Informationsmöglichkeiten in Bonn. Wenn sich Interessenvertreter Gehör verschaffen wollen, kann der Wirtschaftsjournalist davor nicht seine Ohren mit der Begründung verschließen, daß nur purer Lobbyismus praktiziert werde. Der Wirtschaftskorrespondent braucht die unmittelbare Information durch Verbände und Organisationen.

Die unterschiedlichen Organisationen zieht es in das Regierungsviertel, um ihre Standpunkte zu bestimmten Fragen zu erläutern. Für größere Verbände, aber auch für manchen kleineren Verband, ist es inzwischen eine Frage des Prestiges, Botschaften ihres Interesses unmittelbar in Bonn über die dort akkreditierten Journalisten in die Öffentlichkeit zu bringen. Die Journalisten erleben ein Gedränge der Verbände, zumal das deutsche Verbandswesen so vielfältig ist.

Nicht selten werden verbandspolitische Forderungen, bevor sie die Adressaten in der Bundeshauptstadt direkt erfahren, über Presse, Funk und Fernsehen als Mittler bekanntgegeben. Man verspricht sich so ein positives Echo in der Öffentlichkeit, das Bundesregierung und Parlament beeindrucken soll. Wer bestimmte interessenorientierte Forderungen früh öffentlich macht, muß aber auch von Anfang an mit journalistischer Kritik rechnen. Es gehört zur Auseinandersetzung in der Demokratie, daß die freie Presse Forderungen von Interessenvertretern der Prüfung unterzieht. So wissen Spitzenverbände oder Verbände einzelner Wirtschaftszweige, daß ihre Aussagen zur Wirtschafts- und Steuerpolitik vom Wirtschaftsjournalismus in Bonn nicht nur übermittelt, sondern auch dahin überprüft werden, ob sie der Gesamtheit dienlich sein können.

Jeder Verbandspräsident, Gewerkschaftsführer oder Unternehmenschef ist gut beraten, wenn er sich vor der Presse in Bonn rar macht. Wer sich in der Bundeshauptstadt der Öffentlichkeit stellt, muß wissen, daß er in der Fülle der Veranstaltungen und Informationen nicht sonderlich auffällt, vielleicht sogar untergeht. Die Sache, die vorgetragen wird, muß auch nicht unbedingt immer der große öffentliche Auftritt sein. Ein Informationsaustausch zwischen Wirtschaftsjournalisten und Repräsentanten aus Wirtschaft oder Gewerkschaft im kleinen Kreis kann für beide Seiten interessanter sein als eine gut besuchte Pressekonferenz. Führende Politiker und hohe Beamte wissen den Wert des vertrauensvollen Gesprächs in einem der Bonner „Kreise“ und „Zirkel“ zu schätzen.

In der Bundeshauptstadt gibt es viele solcher Zirkel von Korrespondenten, die Gäste aus Politik und Wirtschaft zum Hintergrundgespräch einladen. Das ereignet sich im größeren Kreis auch im „Deutschen Presseclub“. Unter den Zirkeln gibt es nur einzelne, in denen sich Wirtschaftsjournalisten zusammengetan haben. Es besteht nur der traditionsreiche „Zencke-Kreis“, allerdings nicht mehr so fest verbunden wie früher, und eine Runde von Journalisten, die sich mit der Energiepolitik befaßt. Eine Gruppierung von Außenwirtschaftlern hat ebenso wenig zusammengehalten wie eine größere Zahl von Wirtschaftsjournalisten von Presse, Funk und Fernsehen, die sich in einem Kreis „Saar II“ versammelt hatte. Das sollte eine Ergänzung zu der Gruppierung „Saar II“ sein, die seit langem ihre Bleibe im Keller der Vertretung des Saarlandes beim Bund hat.

Mit dem Namen „Zencke-Kreis“ bleibt die Erinnerung an den verstorbenen Wirtschaftsjournalisten Hans-Henning Zencke wach, der sich mit Kollegen früh der Sozialen Marktwirtschaft verschrieben hatte. Damals sprach man in Bonn von der „Brigade Erhard“. Im Buch von Daniel Koerfer mit dem Titel „Kampf ums Kanzleramt – Erhard und

Adenauer" (Deutsche Verlags-Anstalt) wird dieser 1958/59 begründete Kreis von Wirtschaftsjournalisten so beschrieben, daß Erhard ihn nicht nur wegen seines Einflusses, sondern auch wegen seines Sachverstandes schätzte. Zur „Brigade Erhard" gehörten zuerst Klaus Emmerich, Hans Herbert Götz, Gerd Hassenkamp, Antonius John, bald auch schon Fritz Ullrich Fack und Fides Kraus-Brewer.

Voraussetzung für die Mitgliedschaft war wirtschaftliche Sachkompetenz und Loyalität zur gemeinsamen Sache, der Marktwirtschaft. Karl Otto Pöhl, damals Korrespondent der Wochenzeitschrift „Der Volkswirt", war in diesem Zirkel trotz seines Mitgliedsbuches bei der SPD gern gesehen. Über diese Gruppierung schrieb Nina Grunenberg 1966 in der „Zeit", sie bilde eine Fraktion der Wirtschaftsjournalisten. „Nichts scheint fester zu verbinden als die gemeinsame Schule der Nationalökonomie," so urteilte die Autorin damals.

Die Fraktion der Wirtschaftsjournalisten gibt es heute nicht mehr. Aus einem kleinen Kreis ist eine größere Schar von Wirtschaftskorrespondenten geworden. Nach der Zahl befinden sie sich im Vergleich zum gesamten Journalisten-Corps jedoch weiter in der Minderheit. Wirtschaftliche und wirtschaftspolitische Fragen werden in vielen Zeitungsberichten oder in Funk- und Fernsehsendungen von Journalisten außerhalb der Zunft der Wirtschaftskorrespondenten „mit abgedeckt", wie das unter Journalisten heißt. Von den 590 Vollmitgliedern und Gästen der Bundespressekonferenz sind 60 als Wirtschaftsjournalisten in Funk, Fernsehen und Presse zu erkennen. Unter den 410 Mitgliedern des Vereins der Auslandspresse in der Bundesrepublik, von denen etwa 90 Prozent in Bonn ansässig sind, gibt es eine ganze Reihe ausgewiesener Fachberichterstatter für Wirtschaft, wie es sich für die „Financial Times", das „Wall Street Journal" oder die „Neue Zürcher Zeitung" und eine beachtliche Gruppe von Wirtschaftsmagazinen, ob aus Amerika, Skandinavien oder Indien, gehört.

Alle Wirtschaftskorrespondenten gemeinsam stehen unter dem Druck der Termine in Bonn, von denen sie sich aber nicht erdrücken lassen dürfen. In Bonn wird so viel an Informationen organisiert und veranstaltet, daß an Tagen, an denen der Wirtschaftskorrespondent nur eine Veranstaltung oder wenige Termine hat, das Wort die Runde macht: „Heute ist nichts los". Wenn nichts los ist – an Terminen – kommt aber erst für den Korrespondenten die Zeit und die richtige Chance, selbst etwas los zu machen.

Auch für Bonner Wirtschaftsredakteure gilt das Wort des verstorbenen Herausgebers der F.A.Z., Jürgen Eick, daß die Pressekonferenz nicht der Höhepunkt des Journalismus, sondern die unvermeidliche Kollektiv-Abfertigung ist. Auf Pressekonferenzen wird viel Zeit vergeudet, die anderswo besser genutzt werden könnte. Das liegt zum einen daran, daß zuviel Pressekonferenzen stattfinden, die überflüssig sind. Pressekonferenzen in Bonn ziehen sich aber auch deshalb in die Länge, weil sie von einzelnen Journalisten zur Selbstdarstellung statt zum Zuhören und Fragen benutzt werden.

Trotz des Risikos für den Bonner Journalisten, etwas zu verpassen, wenn er an einer Pressekonferenz nicht teilnimmt, müßte er bei distanzierter Durchsicht der Termine noch häufiger den Mut haben, auf eine Teilnahme zu verzichten. Ob ein Wirtschaftsjournalist ergiebig arbeitet, läßt sich nicht an der Zahl der Termine ablesen. Einen Namen bekommt der Korrespondent in der Bundeshauptstadt nicht durch Nachsingen im Chor, sondern durch die Informationen, die er sich selbst erschließt und dann möglichst auch noch kommentiert. Wer journalistisch als Einzelkämpfer in Bonn und nicht im Rudel arbeitet, dient mehr noch als sich selbst seinem Publikum. Bei der noch zunehmenden Flut gleichförmiger Informationen wird er nach mehr eigenständiger, jederzeit fachlich gediegener und verläßlicher Berichterstattung suchen.

Die Autoren:

Dr. Heik Afheldt, Diplom-Kaufmann, Geschäftsführer der Verlagsgruppe Handelsblatt und Herausgeber der „Wirtschaftswoche“, Düsseldorf

Adolf Althen, Diplom-Kaufmann und Leiter der Hauptabteilung Programmwirtschaft Fernsehen des Bayerischen Rundfunks, zuvor Leiter der Wirtschaftsredaktion Fernsehen, München

Horst Beloch, freier Wirtschaftsjournalist, München

Ernst Breit, bis Mai 1990 Vorsitzender des Deutschen Gewerkschaftsbundes, Düsseldorf

Klaus Broichhausen, Diplom-Kaufmann, Wirtschaftskorrespondent der „Frankfurter Allgemeinen Zeitung“ in Bonn

Professor Dr. Jürgen Doeblin, Fachbereich Betriebswirtschaft der FH Nürnberg, Eigentümer des Wirtschaftsforschungsinstituts Dr. Doeblin, Heroldsberg

Dr. Peter Gillies, Diplom-Kaufmann, Chefredakteur im Axel-Springer-Verlag, wirtschaftspolitischer Kolumnist der „Welt“ und der „Welt am Sonntag“, Bonn

Dr. Johannes Gross, Herausgeber von „Capital“ und „Impulse“, Köln

Dr. Alexander Großmann, Sprecher des Beirats der Informationszentrale der bayerischen Wirtschaft und ehem. Leiter der Zentralstelle Information der Siemens AG, München

Professor Dr. Jürgen Heinrich, Institut für Journalistik der Universität Dortmund

Hans-Dieter Hillmoth, Diplom-Ingenieur, Programmdirektor Radio FFH, Frankfurt am Main

Manfred Jenke, Hörfunkdirektor des Westdeutschen Rundfunks und Mitherausgeber der Kommunikationswissenschaftlichen Bibliothek, Mainz

Gero Kalt, Chefredakteur im F.A.Z.-Institut für Medienentwicklung und Kommunikation, Frankfurt am Main

Jürgen Kirchner, Leiter der Fortbildungsakademie der Wirtschaft (FAW) Saarland GmbH und freier Journalist, Saarbrücken

Dr. Renate Köcher, Institut für Demoskopie, Allensbach

Rudolf Mühlfenzl, ehem. Chefredakteur des Bayerischen Rundfunks-Fernsehen und Präsident der Bayerischen Landeszentrale für neue Medien a.D., München

Dr. Friedmar Nusch, Diplom-Volkswirt, Direktor Öffentlichkeitsarbeit der Asea Brown Boveri AG, Mannheim

Knut S. Pauli, Diplom-Volkswirt, Chefkorrespondent bei „Impulse", Köln

Dietrich Ratzke, Generalbevollmächtigter der „Frankfurter Allgemeine Zeitung GmbH" und Geschäftsführer des F.A.Z.-Instituts für Medienentwicklung und Kommunikation GmbH, Frankfurt am Main

Dr. Wolfgang Rönnebeck, Leiter der Abteilung Presse- und Öffentlichkeitsarbeit der Rheinbraun AG, Köln

Karl Schawinsky, verantwortlicher Redakteur des „Medienspiegel", Institut der deutschen Wirtschaft, Köln

Dr. Peter Schiwy, Rechtsanwalt, Intendant des Norddeutschen Rundfunks, Hamburg

Wolf Schneider, Leiter der Hamburger Journalistenschule und Autor der Bücher „Deutsch für Profis" und „Deutsch für Kenner", Hamburg

Bert Schnitzler, Wirtschaftsjournalist, Geschäftsführer Private Bayerische Wirtschafts-TV Programmanbieter und Produktionsgesellschaft mbH (PRIBAG), Herausgeber von „Der Wirtschaftsredakteur" und des „European Economics Editor" sowie Leiter „Wirtschaftsforum" bei SAT 1, Egmating bei München

Professor Dr. Wolfgang Schöhl, Fachbereich Information und Dokumentation der Fachhochschule Darmstadt, früher Wirtschaftsjournalist bei ZDF und WDR, Darmstadt

Dr. Detlef Schröter, Akademischer Rat am Institut für Kommunikationswissenschaft der Universität München, München

Volker Schulze, Diplom-Journalist, Geschäftsführer beim Bundesverband Deutscher Zeitungsverleger, Bonn

Manfred Schumacher, stellv. Chefredakteur „Capital“, Köln

Hans Peter Stihl, Diplom-Ingenieur, Präsident des Deutschen Industrie und Handelstages (DIHT), Bonn und Geschäftsführender Gesellschafter der Firma Andreas Stihl, Waiblingen

Dr. Peter Sweerts-Sporck, Mitherausgeber des Informationsdienstes „Medien-Kritik“ und ehemaliger Chefredakteur des „Volkswirt“ und der „Wirtschaftswoche“, Langen/Hessen

Dr. Helmut Thoma, Programmdirektor bei RTLplus, Köln

Peter Turi, freier Journalist mit dem Schwerpunkt Medien und Marketing, Gesellschafter der Fachagentur PBM, Walldorf/Baden-Württemberg

Thomas Uber, Redakteur im Bereich „Tele-F.A.Z.“ der „Frankfurter Allgemeinen Zeitung“, Frankfurt am Main

Professor Dr. Hans Wagner, Institut für Kommunikationswissenschaft der Universität München

Christoph Wehnelt, Leiter des Wirtschaftsfunks beim Hessischen Rundfunk, Frankfurt am Main

Dr. Willy Zeller, stellv. Chefredakteur und Leiter der Wirtschaftsredaktion der „Neuen Zürcher Zeitung“, Zürich

Literaturverzeichnis

Alles über die Zeitung. Hrsg. von der Frankfurter Allgemeine Zeitung GmbH, Bearbeitet von Gerhard Henrich, 21. komplett überarbeitete und nochmals erweiterte Auflage, Frankfurt am Main 1989.

Anhold, Hein: Wirtschaftsnachrichten erklärt und entschlüsselt, Frankfurt am Main 1978.

Apitz, Klaas: Konflikte, Krisen, Katastrophen. Präventivmaßnahmen gegen Imageverlust, Frankfurt am Main/Wiesbaden 1987.

Baerns, Barbara: Öffentlichkeitsarbeit als Determinante journalistischer Informationsleistung, in: Publizistik 24/1979.

Baerns, Barbara: Öffentlichkeitsarbeit oder Journalismus? Zum Einfluß im Mediensystem, Köln 1985.

Baerns, Barbara: PR-Journalismus-Medien. Die Forschung macht verborgene Beziehungen sichtbar, in: Gero Kalt (Hg.), Öffentlichkeitsarbeit und Werbung. Instrumente, Strategien, Perspektiven, Frankfurt am Main 1989.

Baltl, Hermann: Zur Wirtschaftsjournalistik, in: Wirtschaftspolitische Blätter, 6/1975.

Bandermann, Kay: Konjunktur fürs Lokale! Konjunktur im Lokalen? Programmliche Konzeption für ein regelmäßiges Wirtschaftsmagazin im lokalen Hörfunk, Diplomarbeit, Dortmund 1988.

Becker, Holger: Die Wirtschaft in der deutschsprachigen Presse: Sprachliche Untersuchung zur Wirtschaftsberichterstattung in der F.A.Z. und der NZZ, der Presse und im Neuen Deutschland, in: Europäische Hochschulschriften, Reihe 1, Deutsche Sprache und Literatur, Bochum 1988, Diss.

Beger, Rudolf/Hans-Dieter Gärtner/Rainer Mathes: Unternehmenskommunikation in: Gabler-Reihe der Frankfurter Allgemeine Zeitung GmbH, Frankfurt am Main 1989.

Behrens, Günter: Eine Programmsparte im Schatten. Wirtschaftsmagazine im Fernsehen, in: Helmut Kreuzer/Karl Prümm (Hg.): Fernsehsendungen und ihre Formen, Stuttgart 1979.

Beloch, Horst: Wirtschaftsjournalismus. Verständlichkeit ist die Bringschuld der Redaktionen, in: Medien-Kritik 10/1990.

Bender, Klaus: Wirtschaft in der Morgenleiste. Programmpläne der neuen WDR-Regionalfenster, in: Medienspiegel 20/1984.

Bentele, Günter/Robert Ruoff (Hg.): Wie objektiv sind unsere Medien?, Frankfurt am Main 1982.

Berg, Klaus: Grundversorgung. Begriff und Bedeutung im Verhältnis von öffentlich-rechtlichem und privatem Rundfunk nach der neueren Rechtssprechung des Bundesverfassungsgerichts, in: Media Perspektiven 5/1987.

Bergmann, Dirk: Mehr Mut bei heiklen Themen, in: Medienspiegel 6/1988.

Bergsdorf, Wolfgang: Die vierte Gewalt. Einführung in die politische Massenkommunikation, Mainz 1980.

Bergsdorf, Wolfgang: Legitimität aus der Röhre. Zur Konstruktion von Realität durch das Fernsehen, in: Publizistik (1)28/1983.

Bergsdorf, Wolfgang: Demokratie und Fernsehen, in: Politik und Kultur 15/1988.

Berke, Jürgen: Rückt die Wirtschaft bald ins Rampenlicht? Pläne für mehr Berichte aus dem Arbeitsleben in Nordrhein-Westfalen, in: WDR print 124/1986.

Böhme, Gisela/Friedrich H. Korte: Keine Angst vor Journalisten. Was die Sekretärin vom Umgang mit der Presse wissen muß, hrsg. von der Akademie für Führungskräfte der Wirtschaft e.V., Bad Harzburg 1984.

Boschbach, Gerd-Wolfgang/Hans-Walther Rother: Gefragt: Der aktuelle politische Hintergrund. Wirtschaftsthemen in den politischen Montagsmagazinen der ARD, in: Medienspiegel 7/1978.

Brückner, Thomas: Zur Kritik des Wirtschaftsteils von Tageszeitungen. Eine inhaltsanalytische Betrachtung der Rolle von Technik und Arbeit in der Berichterstattung zur ökonomischen Entwicklung, Diplomarbeit, Dortmund 1983.

Buchner, Birgit: Sporadische Glanzlichter, in: Journalist 4/1989.

Burkhard, Michael: Auf der Insel der Wirtschaftsseeligen. Wie informiert WM – das Wirtschaftsmagazin in Sat 1?, in: Funkreport 15/1985.

Buttler, Rolf: Gewinn für beide Seiten. Interview in: Medienspiegel 45/1987.

Bürger, Joachim H.: Wie sage ich's der Presse, Landsberg/Lech 1986.

Classen, Dorit: Die vergiftete Meinung: Eine kritische Analyse ereignisbezogener Berichterstattung von Massenmedien am Beispiel Chemieunglück in Bhopal, Köln 1986.

Dahrendorf, Ralf: Unsere Presse – Schöne Wirtschaft, in: Merkur 8/1989.

Deetjen, Claus: Industriellenprofile in den Massenmedien, Hamburg 1977.

Dichtl, E. (Hg.): Verbraucherschutz in der Marktwirtschaft, Berlin 1973.

Dithmar, Reinhard: Günter Wallraffs Industriereportagen, Kronberg i. Ts. 1973.

Doeblin, Jürgen: Wirtschaftsjournalisten: Bewölkter Himmel über EG 1992, in: Planung und Analyse 11-12/1989.

Donsbach, Wolfgang: Gesellschaftliche Aufgaben der Massenmedien und berufliche Einstellungen von Journalisten. Ein Vergleich kommunikationspolitischer Konzepte über die Funktionen der Massenmedien mit empirischen Ergebnissen zum Selbstverständnis von Journalisten, Diss., Mainz 1981.

Donsbach, Wolfgang: Legitimationsprobleme des Journalismus, Freiburg/München 1982.

Egle, Franz: Wirtschaftsjournalismus als Beruf. Problemorientierte Exploration eines Kommunikationsfeldes, Lizentiatsarbeit am Seminar für Publizistikwissenschaft der Universität Zürich, Zürich 1984.

Eick, Jürgen (Hg.): So nutzt man den Wirtschaftsteil einer Tageszeitung, Frankfurt am Main 1982 und 1985.

Eick, Jürgen: Wirtschaftsjournalismus, in: Von Ahnungslosigkeit bis Zuversicht. Wörterbuch eines Journalisten, München 1989.

Eisele, Hans: PR und ihr Instrumentarium, in: Gero Kalt (Hg.), Öffentlichkeitsarbeit und Werbung. Instrumente, Strategien, Perspektiven, Frankfurt am Main 1989.

Eisemann, Paul: TV-Nachrichten. Wirtschaft fest im Blick, in: Medienspiegel 11/1987.

Eurich, Claus: Konzernmacht in der Informationsgesellschaft. Bertelsmann und die neuen Medien, in: Hörfunk Fernsehen Film 4/1987.

Eversmann, Rudolf Wilhelm u.a.: Wirtschaft und öffentliche Meinung, Köln 1972.

Fabris, Hans Heinz: Das Selbstbild von Redakteuren bei Tageszeitungen, Salzburg 1971.

Fakten für Otto-Normalverbraucher: Nach 15 Jahren hat Quintessenz mehr erreicht als viele Beratungsstellen (2 Beiträge), in: WDR print 132/1987.

Faul, Erwin: Die Fernsehprogramme im dualen Rundfunksystem, in: Rundfunk und Fernsehen, Forum der Medienwissenschaft und Medienpraxis, Baden-Baden 1/1989.

Fleischmann, Gerd: Der kritische Verbraucher, Frankfurt am Main 1981.

Flieger, Heinz/ Franz Ronneberger: Public Relations für die unternehmerische Wirtschaft. Ergebnisse eines Forschungsseminars, Wiesbaden 1983.

Frankenfeld Alfred: Die Verantwortung des modernen Journalisten. Gesetzliche Vorschriften – moralische Postulate, in: Publizistik 10/1965.

Friedrich, Michael: Journalismus am Beispiel Arbeitslosigkeit, Diplomarbeit, Dortmund 1983.

Fröhlich, Hans-Peter: Wirtschaft für Millionen. Die Wirtschaftsmagazine im Fernsehen geben nützliche Tips und machen ökonomische Zusammenhänge verständlich, in: Das Parlament 24-25/1987.

Fuhrmann, Hans-Joachim: Es fehlt die große Wirtschaftsreportage, in: Die Zeitung 3/1988.

Glotz, Peter/ Wolfgang R. Langenbucher: Journalistische Fehlanzeige: Wirtschaftskommunikation, in: Peter Glotz, Wolfgang R. Langenbucher (Hg.): Der mißachtete Leser, Köln 1969.

Grossenbacher, René: Die Medienmacher – eine empirische Untersuchung zur Beziehung zwischen Public Relations und Medien in der Schweiz, Solothurn 1986.

Gruber, Thomas/Karl Vogel: Verbraucherinformation durch Fernsehen, in: Manfred Rühl, Jürgen Walchshöfer: Politik und Kommunikation (Festgabe für Franz Ronneberger zum 65. Geburtstag, Nürnberger Forschungsberichte), Nürnberg 1978.

Hättich, Manfred: Politische Wirkungen von Fernsehnachrichten, in: Akademie für politische Bildung – Politische Medienkunde Bd. 2, Tutzing 1974.

Hagen, Volker von: Wirtschaft im Fernsehen. Das System funktioniert – die Übermittlung nicht, in: Medien-Kritik 44/1989.

Hamm, Ingrid: Inhalt und audiovisuelle Gestaltung. Der Einfluß thematischer Aspekte auf die Gestaltung von Verbrauchersendungen im Fernsehen, Nürnberg 1985.

Hamm, Ingrid/Barbara Koller: Sehen und verstehen: Verbraucherinformation und ihre Resonanz im Fernsehpublikum, Mainz 1989.

Harrington, David E.: Economic News on Television. The Determinants of Coverage, in: Public Opinion Quarterly Vol. 53/1989.

Heidenreich, Gert: Objektiv ist wer die Macht hat, in: Bentele/Ruoff (Hg.), Wie objektiv sind unsere Medien, Frankfurt am Main 1982.

Heinrich, Jürgen: Wirtschaftsjournalismus. Zur Fundierung einer rezipientenorientierten Wirtschaftsberichterstattung, in: Publizistik, Vierteljahreshefte für Kommunikationsforschung 3/1989.

Herrhausen, Alfred: Rede vom 23. Oktober 1989 zum vierzigjährigen Jubiläum der wirtschaftspublizistischen Vereinigung, Düsseldorf. Auszüge in: Frankfurter Allgemeine Zeitung vom 1.12.1989.

Heyn, Jürgen: Fernsehnachrichten im internationalen Vergleich. Auf bestem Wege zur Entpolitisierung?, in: Media Perspektiven 12/1985.

Hintermeier, Josef: PR im journalistischen Entscheidungsprozeß, in: Studien zur Theorie und Praxis der Public Relations, Bd. 5, Düsseldorf 1982.

Höhne, Hansjoachim: Report über Nachrichtenagenturen, 2. Auflage, Baden-Baden 1984.

Holicki, Sabine/Hans Mathias Kepplinger: Der Einfluß des Fernsehens auf die öffentliche Meinung. Annotierte Bibliographie empirischer Forschungsergebnisse 1980-1986, Mainz 1987.

Holzer, Horst: Gescheiterte Aufklärung? Politik, Ökonomie und Kommunikation in der Bundesrepublik Deutschland, München 1971.

Hoven, Herbert (Hg.): Guten Abend, hier ist das deutsche Fernsehen. Zur Sprache der Bilder, Darmstadt/Neuwied 1986.

Hugle, Robert: Nachrichtenagenturen. VWD – der größte deutsche Anbieter von Wirtschaftsinformationen (1), in: Medienspiegel 10/1982.

Jensen, Klaus B.: News as Ideology: Economic Statistics and Political Ritual in Television Network News, in: Journal of Communication, Vol. 37/1987.

Jung, Hugo: Moderne Öffentlichkeitsarbeit. Situationsanalyse und Folgerungen, Düsseldorf 1987.

Jung, Hugo: PR als Seismograph und Kompaß, in: Gero Kalt (Hg.): Öffentlichkeitsarbeit und Werbung. Instrumente, Strategien, Perspektiven, Frankfurt am Main 1989.

Jungblut, Michael: Wirtschaftsberichterstattung im Fernsehen muß unterhaltend und informativ sein, in: ZDF-Presse-Journal 7/1986.

Jungblut, Michael: Wirtschaft als Thema im ZDF, in: ZDF Jahrbuch Mainz 1986.

Jungblut, Michael: Zu wenig Wirtschafts-Sendeplätze, in: Medienspiegel 4/1988.

Käckenhoff, Günther: Gefahr für den Wirtschaftsjournalismus, in: Orientierung zur Wirtschafts- und Gesellschaftspolitik 4/1980.

Kalt, Gero: Lobby am Drücker? Verbände und Firmen auf dem Bonner Parkett, in: Frankfurter Allgemeine Zeitung – Blick durch die Wirtschaft vom 14.12.1988.

Kalt, Gero (Hg.): Öffentlichkeitsarbeit und Werbung. Instrumente, Strategien, Perspektiven, Frankfurt am Main 1989.

Kalt, Gero: Tarifverhandlungen. Medien im Dornröschenschlaf, in: Medien-Kritik 3/1990.

Kalt, Gero: Lobbyisten ihres Fachs? Die Wirtschaftsberichterstattung steckt in einem Dilemma, in: Medien-Kritik 15/1990.

Kalt, Gero: Binnenmarkt. Eingeschränktes Blickfeld, in: Medien-Kritik 12/1990.

Kepplinger, Hans Mathias/Hans-Bernd Brosius: Das deplazierte Drittel: Eine empirische Untersuchung über den Einfluß subjektiver Überzeugungen auf die Tendenz der Nachrichtenauswahl von Wirtschaftsredakteuren und politischen Redakteuren, Mainz (Institut für Publizistik) 1985.

Kepplinger, Hans Mathias: Künstliche Horizonte. Die Darstellung von Technik in Zeitungen und Zeitschriften der Bundesrepublik Deutschland von 1965 bis 1986, in: Joachim Scharioth, Harald Uhl (Hg.): Medien und Technikakzeptanz, München 1988.

Kepplinger, Hans Mathias: Die Kernenergie in den Massenmedien oder Die Rhetorik der Angst, in: Deutsches Atomforum e.V. (Hg.): Kernenergie heute. Die großen Themen, Bonn 1988.

Kepplinger, Hans Mathias: Die Kernenergie in der Presse. Eine Analyse zum Einfluß subjektiver Faktoren auf die Konstruktion von Realität, in: Kölner Zeitschrift für Soziologie und Sozialpsychologie 40/1988.

Kersten, Matthias: Wirtschaft und Fernsehen. Berührungspunkte, in: hr-Pressespiegel vom 13.10.1983.

Kisker, Klaus Peter: Public Relations statt objektiver Berichterstattung, in: Eckart Spoo (Hg.): Die Tabus der bundesdeutschen Presse, München 1971.

Klemmer, Paul: Wirtschaftskritik, in: Heinz-Dietrich Fischer (Hg.): Kritik in Massenmedien, Köln 1983.

Knapp, R.: Der Wirtschaftsteil der Zeitung, 3. Auflage, Stuttgart 1955.

Kneuker, Oliver: Boulevardzeitungen – Auch Wirtschaft ist präsent, in: Medienspiegel 20/1989.

Köcher, Renate: Kompetenz und politische Einstellung von Wirtschaftsjournalisten, unveröffentlichtes Manuskript, Allensbach 1985.

Kommunikationspolitische und kommunikationswissenschaftliche Forschungsobjekte der Bundesregierung (1971-1974). Eine Übersicht über wichtige Ergebnisse, Bonn 1974.

Kopper, Gerd G.: Wirtschaftsberichterstattung. Zu Problemhintergrund und Grundstrukturen in der Bundesrepublik Deutschland, Manuskript, Dortmund 1982.

Kreuzer, Helmut/Karl Prümm (Hg.): Fernsehsendungen und ihre Formen, Stuttgart 1979.

Kroll, Jens M.: Taschenbuch Wirtschaftspresse, Deutsche BP Presseabteilung (Hg.), Seefeld/Obb. 1990.

Krüger, Udo Michael: Aspekte der Nachrichtenpräsentation in Sat 1, ARD und ZDF, in: Media Perspektiven 3/1985.

Krüger, Udo Michael: „Soft news" – kommerzielle Alternative zum Nachrichtenangebot öffentlich-rechtlicher Rundfunkanstalten, in: Media Perspektiven 6/1985.

Kübler, Gerd: Was sagt mir der Wirtschaftsteil einer Zeitung? Taylorix-Wirtschaftstaschenbücher, Stuttgart 1975.

Kuhlmann, Marlies: Der Weg der Wirtschaftsnachricht und ihre Stellung im Wirtschaftsteil der Tageszeitungen, Diss., Köln 1957.

Lambeck, Alfred: Zwischen Tabu und Toleranz: Handbuch der Pressearbeit, Würzburg 1981.

Lamouroux, Hedwig: Das Informationsverhalten der Konsumenten, Göttingen 1979.

Löcht, Heinz van de: Presse und Wirtschaftskrise. Eine Analyse der Berichterstattung ausgewählter Printmedien, Diplomarbeit, Dortmund 1983.

Löffler, Martin/Reinhart Ricker: Handbuch des Presserechts, 2. Auflage, München 1986.

Maassen, Stefanie: Mit fremden Federn? Unternehmerische Pressearbeit und Tageszeitungs-Journalismus, Diplomarbeit, Dortmund 1989.

Mathes, Rainer: Die Politisierung und Umbewertung von Technik und technischem Fortschritt in der Bundesrepublik Deutschland. Zum Verhältnis von Technikakzeptanz, Pressedarstellungen und neuen intellektuellen und sozialen Bewegungen, in: A. Bamme/ E. Katzmann/ H. Reschenberg (Hg.), Unverständliche Wissenschaft, Probleme und Perspektiven der Wissenschaftspublizistik, München 1989.

Medien-Kritik, wöchentlich erscheinender Informationsdienst der Institut für Medienentwicklung und Kommunikation GmbH der Frankfurter Allgemeine Zeitung GmbH, Frankfurt am Main.

Medienspiegel, wöchentlich erscheinender Informationsdienst des Instituts der deutschen Wirtschaft, Köln.

Merz, Friedrich: Erfolg mit „Werkbesuchen", in: Medienspiegel 48/1988.

Mühlfenzl, Rudolf: Was ist Wirtschaft im Fernsehen?, in: ARD-Pressedienst 4/1978.

Müller, Claus Peter: Die Wirtschaftsberichterstattung zur Zeit der Bonner Wende – untersucht am Beispiel der Dortmunder Tageszeitung Ruhr-Nachrichten und Westfälische Rundschau, Diplomarbeit, Dortmund 1983.

Nahrendorf, Rainer: Probleme mediengerechter Umsetzung wirtschafts- und gesellschaftspolitischer Fragen, in: Gerhard Hütter, Hermann Linke (Hg.), Informiert bis zur Unmündigkeit? Beiträge und Ergebnisse eines Symposions am 14./15. Oktober 1988, Herford/Bonn 1990.

Neuber, Friedel: Zum Spannungsverhältnis von Wirtschaft und Journalismus, in: Medienspiegel 47/1987.

Neuber, Friedel: Wirtschaft für Otto Normalverbraucher und Professor Geistesblitz, Rede anläßlich der Verleihung des Friedrich-Vogel-Preises an Wirtschaftsjournalisten am 7.12.1989 in Düsseldorf, in: Medienspiegel 51/1989.

Noelle-Neumann, Elisabeth: Unternehmerbild und öffentliche Meinung, in: Wirtschaft und öffentliche Meinung (Veröffentlichung der Walter Raymond-Stiftung, Bd. 14), Köln 1972.

Noelle-Neumann, Elisabeth: Die Schweigespirale. Öffentliche Meinung – unsere soziale Haut, München/Zürich 1980.

Noelle-Neumann, Elisabeth: Medienwirkung und Technikakzeptanz. Kurzfassung des Allensbacher Berichts über ein Forschungsprojekt des BMFT, in: Joachim Scharioth, Harald Uhl (Hg.): Medien und Technikakzeptanz, (Sozialwissenschaftliche Reihe des Batelle-Instituts, Bd. 12) München 1988.

Nowottny, Friedrich. „Die Wirkung ist entscheidend“, in: Medienspiegel 46/1986.

Oeckl, Albert: PR-Praxis – Der Schlüssel zur Öffentlichkeitsarbeit, Düsseldorf/Wien 1976.

Oehme, Wolfgang: Wirtschaft verständlich machen, in: Medienspiegel 49/1983.

Ost, Friedhelm/Wolfgang Schröder: Wie informiert das Fernsehen? Wirtschaft – eine Herausforderung für das Fernsehen, in: Phänomen Fernsehen. Aufgaben, Probleme, Ziele, Düsseldorf/Wien 1978.

Ost, Friedhelm: Wirtschaft und Soziales, bürgernah dargestellt, in: ZDF-Jahrbuch 1984, Mainz 1985.

Petzold, Lothar: Wirtschaft, in: Themen für Lokaljournalisten, Band 3, Bonn 1988.

Posewang, Wolfgang: Verbraucherinformation in der Tagezeitung. Eine Untersuchung zur wirtschaftspolitischen Berichterstattung in der regionalen Abonnentenzeitung, Diss., Bremen 1982.

Pross, Harry: Die meisten Nachrichten sind falsch, Stuttgart/Berlin 1971.

Quandt, Siegfried (Hg.): Fachjournalismus im Gespräch. Texte des Zentrums für fachjournalistische Studien an der Justus-Liebig-Universität Gießen, Sonderheft Wirtschaftsjournalismus, Gießen 1986.

Reuter, Edzard: Rede anläßlich des Zeitungskongresses ‘89 des Bundesverbands deutscher Zeitungsverleger, Bonn. Auszüge in: Frankfurter Rundschau vom 27.11.1989.

Ricker, Reinhart: Wirtschafts-Fachzeitschriften im Postzeitungsdienst, in: Wettbewerb in Recht und Praxis (1985).

Ricker, Reinhart: Unternehmensschutz und Pressefreiheit, Heidelberg 1989.

Roegele, Otto B.: Strukturbedingte Eigenschaften des Mediums Fernsehen, in: Karl-Otto Saur, Rüdiger Steinmetz (Hg.): Fernsehkritik. Kritiker und Kritisierte, München 1988.

Röper, Burkhardt: Wirtschaftsinformationen, in: Handwörterbuch der Sozialwissenschaften, Bd. 12, Tübingen 1965.

Röper, Burkhardt: Der Wirtschaftsteil (systematisch und historisch), in: Emil Dovifat, Handbuch der Publizistik, Bd. 3, Berlin 1969.

Röper, Burkhardt: Wirtschaftsnachrichten in der Weltpresse, Uni-Taschenbücher 139, München 1977.

Röpke, Klaus/Gero Kalt: Starkes Niveaugefälle. Das Wirtschaftsforum des Privatsenders Sat 1, Medien-Kritik 47/89.

Röpke, Klaus/Gero Kalt: Der Nutzwert ist manchmal fraglich. Die Sat 1-„Telebörse“, Medien-Kritik 50/89.

Röpke, Klaus/Gero Kalt: Börse für jedermann. Das Magazin „3sat-Börse“, Medien-Kritik 4/90.

Röpke, Klaus: Der Zeitdruck sprengt das Konzept. Das RTLplus-Magazin „netto“, Medien-Kritik 7/90.

Ronneberger, Franz: Unruhe in der deutschen Öffentlichkeit, in: Der Arbeitgeber 20/1968.

Ronneberger, Franz: Leistungen und Fehlleistungen der Massenkommunikation, in: Publizistik 18/1973.

Ronneberger, Franz: Legitimation durch Information, Düsseldorf/ Wien 1977.

Ronneberger, Franz: Massenmedien, in: Handwörterbuch der Wirtschaftswissenschaften, Stuttgart/New York/Tübingen/Göttingen/Zürich 1978.

Ronneberger, Franz: Die politische Rolle der Verbände in der parlamentarischen Demokratie und pluralistischen Gesellschaft, in: Manfred Rühl (Hg.): Public Relations der Gewerkschaften und Wirtschaftsverbände, Düsseldorf 1981.

Ronneberger, Franz: Der Zusammenhang von Inhalt und filmischer Umsetzung in den Verbrauchermagazinen des Fernsehens, Nürnberg 1984.

Rühl, Manfred: Markt und Journalismus, in: Manfred Rühl/Jürgen Walchshöfer (Hg.): Politik und Kommunikation (= Festgabe für Franz Ronneberger zum 65. Geburtstag), Nürnberg (Nürnberger Forschungsvereinigung) 1978.

Rühl, Manfred (Hg.): Public Relations der Gewerkschaften und Wirtschaftsverbände, Düsseldorf 1981.

Rühl, Manfred: Wirtschaft und Journalismus, in: Siegfried Quandt (Hg.): Fachjournalismus im Gespräch, Texte des Zentrums für fachjournalistische Studien an der Justus-Liebig-Universität Gießen, Sonderheft Wirtschaftsjournalismus, Gießen 1986.

Sachs, Gerd: Unternehmen im Spiegel der Presse, Dissertation, München 1980.

Saur, Karl Otto/Rüdiger Steinmetz (Hg.): Fernsehkritik. Kritiker und Kritisierte, München 1988.

Schäfer, Klaus: Europa in 30 Minuten, in: Medienspiegel 20/1988.

Scharf, Wilfried: Objektivität und Ausgewogenheit. Bedingungen für die Erfüllung der Integrationsfunktion des Fernsehens, in: Publizistik 26/1981.

Schawinsky, Karl: Informieren – Unterhalten – Motivieren. Wirtschaftsthemen im privaten Sat 1-Programm, in: Medienspiegel 51/1984.

Schawinsky, Karl: Akzent auf Umweltthemen, in: Medienspiegel 20/1988.

Schawinski, Karl: Wirtschaftssendungen – keine Zukunft für Features?, in: Medienspiegel 17/1989.

Schawinsky, Karl: Wirtschaft im Fernsehen. Viele Wünsche offen, in: Medienspiegel 43/1989.

Schawinsky, Karl: TV-Wirtschaftssendungen. Die Angebotsvielfalt nimmt zu, in: Medienspiegel 47/1989.

Schawinsky, Karl: Konzept getreu befolgt, in: Medienspiegel 19/1988.

Schenk, Michael/Ferdinand Simoneit (Hg.): Wege zum Wirtschaftsjournalismus. Ein Workshop mit Diskussionsbeiträgen aus Wissenschaft und Praxis, München 1989.

Scherhorn, G.: Gesucht: Der mündige Verbraucher. Grundlagen eines verbraucherpolitischen Bildungs- und Informationssystems, Düsseldorf 1973.

Scheuch, Erwin K.: Das Bild der Wirtschaft in nicht-wirtschaftlichen Sendungen der Massenmedien, in: Wirtschaft und öffentliche Meinung, Köln 1972.

Schiwy, Peter: Wirtschaft im Fernsehen, in: Medienspiegel 38/1987.

Schiwy, Peter: Wirtschaft im Fernsehen, in: Markenartikel 1/1988.

Schiwy, Peter/ Walter J. Schütz (Hg.): Medienrecht. Lexikon für Wissenschaft und Praxis, Neuwied 1990.

Schneider, Wolf: Deutsch für Profis, Hamburg 1983.

Schneider, Wolf: Unsere tägliche Desinformation, Hamburg 1984.

Schöhl, Wolfgang: Wirtschaftsjournalismus. Bedeutung, Probleme, Lösungsvorschläge, in: Kommunikationswissenschaftliche Studien, hrsg. von Franz Ronneberger, Manfred Rühl, Heinz-Werner Stuiber, Band 6, Nürnberg 1987.

Schöhl, Wolfgang: Wirtschaftsjournalismus – Über den Wolken, in: Journalist 4/1989.

Schöhl, Wolfgang: Negative Bilanz, in: Journalist 4/1989.

Schönbach, Klaus: Trennung von Nachricht und Meinung. Empirische Untersuchung eines journalistischen Qualitätskriteriums, Freiburg/München 1977.

Schröter, Detlef: Die Qualität der Wirtschaftsberichterstattung. Eine vergleichende Analyse, Mühlheim/München 1990.

Schulz, Winfried: Die Konstruktion von Realität in den Nachrichtenmedien. Analyse der aktuellen Berichterstattung (= Alber Broschur Kommunikation, Bd. 4), Freiburg 1976.

Schulze, Volker: Wirtschaftsjournalismus bei Tages- und Wochenzeitungen, in: journalisten jahrbuch '88, Bernd-Jürgen Martini (Hg.), München 1987.

Schweizer, Jochen: „Heisse Themen“ in Plus 3, in: Medienspiegel 51/1987.

Sondergeld, Klaus: Die Wirtschafts- und Sozialberichterstattung in den Fernsehnachrichten, Münster 1983.

Spieß, Brigitte: Wirtschaftsmagazine im Abschattungsgebiet, in: Funkreport 8/1984.

Spieß, Brigitte: Mißachtete Zuschauer. Wirtschaftsberichterstattung im Fernsehen, in: Aus Politik und Zeitgeschichte – Beilage zur Wochenzeitung Das Parlament 26/1990.

Spindler, Gerd P.: Wirtschaftsjournalismus. Die Wirtschaft geht jeden an, in: Handelsblatt vom 30.4.1985.

Spindler, Gerd P.: Wirtschaftsjournalismus. Dem Laien sollte es Freude bereiten, wirtschaftliche Texte zu konsumieren, in: Handelsblatt vom 2.5.1985.

Spindler, Gert P.: Das Unternehmen in kritischer Umwelt, in: Gabler-Reihe der Frankfurter Allgemeine Zeitung, Frankfurt am Main 1987.

Stöhlker Klaus J.: Öffentlichkeitsarbeit ist eine Managementtechnik, in: DPRG Jahrestagung 1988, Public Relations und die neue soziale Verantwortung, München 1988.

Stolze, Dieter: Wirtschaft im Fernsehen, in: Medienspiegel 8/1977.

Stück, Hans-Hermann: Wegweiser durch den Wirtschaftsteil der Tageszeitung, München 1978.

Stützer, Rudolf: Der Wirtschaftsteil einer Tageszeitung. Eine Orientierungshilfe, Stuttgart 1980.

Sweerts-Sporck, Peter: Exklusive Publizität. Persönlichkeitsshows in Wirtschaftszeitschriften, in: Medien-Kritik 2/1989.

Sweerts-Sporck, Peter: Was sollten Wirtschaftsmagazine leisten?, in: Medien-Kritik 3/1989.

Sweerts-Sporck, Peter: Soziale Marktwirtschaft – was ist das? ARD und ZDF vernachlässigen ihre Informationsaufgaben, in: Medien-Kritik 4/1990.

Sweerts-Sporck, Peter: Sind die Banken zu mächtig? Die Kontroverse im Spiegel ausgewählter Medien, in: Medien-Kritik 35/89.

Thelen, Friedrich: Wirtschaft verständlich, in: Die Welt vom 2.5.1983.

Thommen, Andreas: Die Beziehungen der Wirtschaft zur Presse, in: Wirtschaftspolitische Mitteilungen 7-8/1962.

Trebess, Manfred: Mit Verbrauchern für Verbraucher – SWF-Wirtschaftssendung, in: SWF-Journal 5/1987.

Uebbing, Helmut/Klaus Wiborg/Alfred Lambeck: Keine Angst vor der Wirtschaftspresse. Ein Ratgeber aus der Praxis, Frankfurt am Main 1990.

Vogel, Friedrich: Der Wirtschaftsteil (Aktuell), in: Emil Dovifat, Handbuch der Publizistik Bd. 3, Berlin 1969.

Wagner, Hans/Detlef Schröter: Das Thema Wirtschaft im Fernsehen. Eine vergleichende Inhaltsanalyse, Mühlheim/München 1990.

Weber, Max: Wirtschaft und Gesellschaft, 4. Auflage, Tübingen 1956.

Weingaertner, Arnold: Der Boss auf dem Bildschirm. Unternehmer und Wirtschaft in Fernsehen und Hörfunk, Köln 1977.

Wilke, Jürgen: Im Auftrag. PR-Journalisten zwischen Autonomie und Interessenvertretung, in: Hans Mathias Kepplinger (Hg.): Angepaßte Außenseiter. Was Journalisten denken und wie sie arbeiten, (= Alber Broschur Kommunikation, Bd. 8). Freiburg i. Br. 1979.

Windschuh, J.: Über Wirtschaft schreiben. Wirtschaftspublizistik im Wandel der Zeit, Baden-Baden 1963.

Wirtschaftsjournalismus heute, Festschrift zum 60. Geburtstag von Bernd Baehring, hrsg. von der Börsen-Zeitung, Frankfurt am Main 1981.

Register

1. Personen:

2. Stichworte:

3. Programmveranstalter, Verlage, Publikationen: